STOCK MARKET WIZARDS

연평균 수익률 70%, 90%, 그리고 220% 시장을 이기는 마법을 찾아서!

STOCK MARKET WIZARDS

주식시장의 마법사들

잭 슈웨거 지음 | 김인성 옮김

이레미디어

이 책에 실은 인터뷰는 1999년 중반부터 2000년 초반에 걸쳐 이루어졌다. 즉 주식시장이 주요 고점을 기록하기(2000년 3월) 직전이었다. 그때 이후 미국 S&P500지수는 거의 반 토막이 났고, 나스닥지수는 75퍼센트 가까이 하락했다 (2002년 9월 기준).

따라서 이 인터뷰를 읽는 독자들은 "그랬군. 그런데 요즘은 어떨까?" 하고 생각할 수 있다. 아주 적절한 질문이다.

이번 개정판에서는 이 질문에 대한 자세한 답을 각 장의 끝에 덧붙였다. 또 트레이더들이 장기 약세장에서 경험한 내용에 초점을 맞춘 짧은 후속 인터뷰도 함께 소개했다.

이 책에 소개한 트레이더 대부분은 업계의 개인적 인맥을 통해 알게 됐으나 운용인력에 관한 데이터베이스와 간행물들도 유용하게 참고했다. 특히 다음을 언급하고 싶다.

- **윈도우용 바클래이 MAP**Barclay MAP for Windows | 헤지펀드 매니저들에 관한 방대한 데이터베이스를 검색하는 소프트웨어 프로그램이다. 매우 직관적이며, 다양한 사용자 정의를 만족하는 트레이딩 프로그램을 찾아내고 평가할 수 있다. 매달 업데이트된다(바클래이 트레이딩 그룹: www.barclaygrp.com).
- **반 헤지펀드 어드바이저스 인터내셔널**Van Hedge Fund Advisors International Inc., VAN | 헤지펀드 자문회사로 직접 다수의 헤지펀드 지수를 구성하며, 세계 최대 헤지펀드 데이터베이스 가운데 하나를 운영한다. 필자가 극도로 까다롭게 설정한 일련의 기준을 만족하는 헤지펀드 매니저들을 검색으로 찾아내 그 결과를 제공해주었다.
- **CTA 보고서** : 상품거래자문가commodity trading advisory, CTA들의 분기별 성과를 종합해 요약한 보고서다. 각 CTA마다 두 개 면을 할당해 잘 구성된 표와 도표를 제시한다. 웹사이트를 통해 월별 최신 정보를 편리하게 확인할 수 있다. 보고서 이름에서 알 수 있듯 선물 트레이딩을 전문으로 하는 매니

저들을 다룬다. 보고서에 소개된 매니저들 가운데 일부만이 주식 파생상품에 초점을 맞춘다(인터내셔널 트레이더스 리서치 주식회사(International Traders Research, Inc.), www.managedfutures.com).

- **미국 역외펀드 편람**U. S. Offshore Funds Directory : 매년 발간되며 700개가 넘는 역외 헤지펀드를 한 개 지면에 하나씩 펀드 소개와 연간수익률 정보를 제공한다.

이 책에 소개할 트레이더를 찾아 나서며 가장 먼저 전화를 건 사람은 더그 메이크피스Doug Makepeace였다. 그는 뛰어난 트레이더를 발굴해 자신과 고객의 자금을 맡겨 투자해왔다. 자신이 소개한 트레이더가 널리 알려지면 더 이상 그들에게 자금 운용을 맡기기 어려울 수 있음에도 불구하고 더그는 매우 너그럽게 정보를 공유해주었다.

저명한 기술적 분석가로서 직접 개발한 지표가 (미국) 주요 금융 데이터 제공업체들에 인용되는 톰 디마크Tom DeMark도 특히 많은 애를 썼다. 4~5명의 세계 최고 '시장의 마법사'와 그들의 조직을 위해 일하고 있다. 또한 기술적 분석가로서 비공식 세계 기록을 보유하고 있는 그는 이 책에 소개할 트레이더를 찾는 일에 도움을 줄 적임자였다.

이전('이전'은 그들의 재능이 과거형이라는 뜻이 아니라 그들과의 인터뷰를 실은 앞서 낸 책들을 일컫는다) '시장의 마법사'인 마티 슈워츠Marty Schwartz와 린다 라쉬케Linda Raschke 역시 이번 책에서 새로운 '시장의 마법사'들을 찾는 데 도움을 주었다.

탁월한 능력을 갖춘 트레이더를 찾는 데 특히 도움을 준 업계 지인들도 있다. 솔 왁스먼 조지 반Sol Waksman George Van, 밥 모리스Bob Morris, 앤디 굿Andy Good, 토니 시미루스티Tony Cimirusti, 로란 플레켄슈타인Loran Fleckenstein, 제이슨 펄Jason Perl이다.

책을 쓸 때마다 느끼지만 글을 잘 써나가고 있는지 판단하기가 굉장히 어럽다. 글을 보는 시각에 균형을 완전히 잃기 때문이다. 그런 면에서 책을 쓰는 동안 객관적으로 비평해줄 누군가가 있다는 것은 고마운 일이다. 내게는 아내 조 앤이 그런 역할을 해주었다. 아내는 각 장을 마칠 때마다 원고를 읽어주었다. 꽤 신속하게 이 일을 처리해주었는데, 사실 금융시장만큼이나 아내의 관심을 끌지 못하는 주제도 없으니 얼른 원고를 읽고 싶은 열의가 있어서는 아니었을 것이다. 그보다는 내가 하도 들볶아대는 ("아직 안 읽었어?") 바람에 어쩔 수 없이 읽었을 터였다. 조 앤의 평가는 매우 솔직해서 때로는 잔인할 정도였다. 또한 제안한 내용은 상당히 유용해서 거의 모두 반영했다. 이 최종판에 혹시 부족한 점이 있더라도 아내의 조언이 아니었다면 이만큼도 나오지 못했다고 분명히 말할 수 있다.

트레이딩, 본질은 '부분'이 아닌 '전체'다

남자가 화성으로 간 이유는 금성으로 가는 비행기를 놓쳤기 때문이다. 아내와 나는 공항에 언제 출발할 것인지를 두고 늘 의견이 충돌한다. 나는 '짜릿할 만큼 아슬아슬하게' 출발하면 적당하다고 생각한다. 아내는 '교통 체증과 혹시 모를 타이어 펑크, 쇼핑 시간도 생각해야 한다. 그리고 탑승 전에 제대로 된 식사를 할 수 있을 만큼 충분히 일찍' 나서야 한다고 주장한다.

나는 몇 년 동안 아주 빠듯하게 공항으로 출발했지만 비행기를 놓친 적은 한 번도 없었다. 우리는 1년 반 전에 마서스비니어드 섬(휴양지로 유명하다─옮긴이 주)으로 이사했다. 마서스비니어드에서는 공항 출국장까지 가는 데 걸리는 시간을 꽤 정확히 예측할 수 있었다. 비수기에는 교통량이 적고, 공항 전체 규모는 오래 전 방영한 텔레비전 드라마 〈윙즈Wings〉에 나온 공항보다도 더 작았기 때문이다(이 책을 쓰기 시작할 때만 해도 그랬지만 나중에 신공항이 건설되었다).

마서스비니어드로 이사한 몇 달 뒤 어느 날 아침이었다. 아내와 나는 보스턴으로 가는 비행기를 탈 예정이었다. 집에서 공항까지는 차로 약 20분 거리였는데 정시에 도착할 것이라고 자신만만하게 예상하면서 출발 시간을 겨우 35분 남기고 집을 나섰다. 앞지르기가 금지된 1차선 도로를 느리게 주행하는 차들을 뒤따라가느라 생각보다 시간이 늦어지면서 조금 촉박하게 도착할 것이라고 생각했다.

"여유가 많지는 않겠지만 갈 수 있어." 나는 아내에게 장담했다. 아내의 회의적인 반응을 보면서 괜한 걱정을 하고 있다고 생각했다. 우리는 출발 시간 10분 전 겨우 공항 입구에 들어섰다. 주차장은 출국장 바로 근처였지만 아내를 입구에 내려주고 "먼저 가서 도착했다고 얘기해"라고 말했다.

1분쯤 지나 돌아왔을 때 아내는 걱정스러운 표정으로 건물 밖에서 나를 기다리고 있었다. 당황스러웠다. "무슨 문제라도 있어?"

"비행기가 떠났어요." 아내의 목소리에는 실망과 '이럴 줄 알았다'는 원망이 동시에 묻어났다.

"비행기가 떠났다니 무슨 말이야? 아직 10시 8분 전인데." 시간은 알고 있었지만 괜히 시계를 보며 물었다.

나는 비행기가 우리를 태우지도 않고 예정 시간보다 먼저 출발한 데 화를 내며 안으로 들어갔다. 부당한 피해를 항의할 태세를 갖추고 항공사 창구를 지키는 직원에게 말했다.

"이해가 안 되는군요."

직원은 더할 나위 없이 친절했다. "저희 비행기는 승객이 모이는 대로 바로 출발합니다. 늦으신다는 말씀이 없었기 때문에 아예 오시지 않는 줄 알았습니다. 전화를 주셨다면 비행기를 붙잡아두었을 겁니다."

그렇다. 그랬을 것이다. 마서스비니어드는 그렇게 돌아간다. 설명을 듣고 나니 나 자신 외에는 다른 누구에게 화를 낼 수가 없었다.

6개월이 훌쩍 지나 이 책을 쓰기 위한 인터뷰를 시작했다. 나흘 동안 네 개 주를 돌며 여섯 건의 인터뷰를 하는 복잡한 일정을 시작하는 첫 비행기를 탈 예정이었다. 이번 일정은 절대로 비행기를 놓치는 일이 있어서는 안 됐다.

경험을 통해 배운 만큼 이번에는 충분한 여유를 두고 공항으로 출발했다. 공항까지 태워다주려고 함께 나선 조 앤이 내 파란색 겉옷 상의에 보풀이 인 것을 보고 공항에서 창구 직원에게 테이프를 빌려 떼어내라고 알려주었다. 유용한 조언이었다. 우리는 30분쯤 일찍 도착했다. 공항 입구에 내려 조 앤에게 인사를 했다. 수속까지 모두 마치고 앉아 있는데 겉옷에 인 보풀을 손질할 시간적 여유가 있다는 생각이 들었다. 그리고 창구로 가서 테이프를 빌렸다.

작은 대합실에는 열 명 남짓한 사람들이 있었다. 잠시 뒤 내가 탈 항공편에 관한 안내 방송이 들렸다.

"1구역, 좌석번호 1번부터 8번까지 탑승하십시오."

나는 편지봉투만 한 빨간색 플라스틱 탑승권을 꺼내 선명히 새겨진 숫자 11을 확인했다. "참 이상하네. 이렇게 작은 비행기에 구역을 두 개로 나눠 탑승시키다니."

나는 앉은 채로 혼잣말을 하면서 보풀 제거 작업을 다시 했다. 그렇게 겉옷에서 보풀을 떼며 아무 생각 없이 앉아 있는데, 불현듯 불안감이 몰려들었다. 첫 번째 탑승을 알린 지 적어도 5분에서 10분은 지났다는 생각이 들었다. 대합실을 둘러보니 그야말로 텅 비어 있었다. 등줄기가 서늘했다. 나는 벌떡 일어나 활주로로 향하는 문으로 뛰어 들어갔다. 작은 비행기의 프로펠러가 윙윙 돌아가고 있었다.

"기다려요!" 미친 듯이 두 팔을 휘젓고 소리치며 비행기를 향해 뛰었다. 나흘, 네 개 주, 여섯 건의 인터뷰였다. 치밀하게 계획한 일정 전체가 한순간에 흐트러지는 것이 눈에 보였다. 항공사 직원이 나를 가로막았다. 나는 커다란 빨간색 탑승권을 들이밀었다.

"못 가십니다." 직원은 단호했다. 이미 늦었고 비행기는 놓쳤다는 말인 줄 알았다. 직원은 이렇게 덧붙였다. "손님 구역은 5분 후에 출발합니다."

그때 알았다. 마서스비니어드에서 '구역'은 항공편을 가리키는 용어였던 것이다.

슬그머니 자리로 돌아와 앉았다. 공황 상태가 지나고 정신이 돌아오고 나서야 내 바보짓의 전말을 제대로 파악할 수 있었다. 언젠가 오래간만에 본 친

척에게 출산 예정일이 언제냐고 물은 적이 있다. 맙소사, 나중에 알고 보니 벌써 두 달 전에 출산을 했지만, 불어난 체중이 거의 빠지지 않고 그대로였던 것뿐이었다. 공항에서도 꼭 그때만큼이나 당황스러웠다.

'그래, 재미있는 일화가 있었다는 건 알겠는데 그게 트레이딩이나 투자와 무슨 상관이 있지?'라고 생각할 수 있다. 간단히 말해 이렇다. 겉옷에서 보풀을 제거하는 데 집중하면 비행기를 놓치기 쉽다. 세세한 사항에 너무 집착한 나머지 큰 그림을 보지 못하면 안 된다는 뜻이다. 시장을 보는 근시안적 사례를 들면 다음과 같다.

첫째, 가장 유망해 보이는 신기술을 보유한 기업을 가려내기 위해 철저히 조사하고 분석한다. 하지만 과거 6개월간 해당 업종 주가가 70퍼센트 상승한 것은 투자위험이 비정상적으로 높아졌음을 시사한다는 사실은 간과한다.

둘째, 기업의 재무제표와 실적 보고서를 꼼꼼히 검토한다. 하지만 이익의 급성장을 이끈 것은 단일제품이며, 경쟁업체의 등장이 임박해 매출에 위협을 받을 수 있다는 사실은 알아차리지 못한다.

셋째, 더 나은 진입 시점을 찾는 데만 몰입해 '언제, 어떻게 포지션을 정리할 것인가?', '위험관리는 어떻게 할 것인가?' 등과 같은 정작 중요한 질문은 무시한다.

위 세 가지 사례에 담긴 기본 메시지는 동일하다. 늘 전체적인 그림을 보라. 개별 종목이 아닌 업종, 시장 전체에 초점을 맞춰라. 계량적 정보뿐만 아니라 정성적 요소에도 주의를 기울여라. 진입 전략만이 아닌, 모든 측면을 아우르는 트레이딩 계획을 세워라.

차례
CONTENT

PART 1 마법사는 자신만의 길을 개척한다

PART 2 마법사는 시장을 예측하지 않는다

PART 3 마법사는 끊임없이 인내하고 시장을 리서치한다

PART 4 마법사는 늘 혁신한다

마법사는
자신만의 길을
개척한다

PART 1

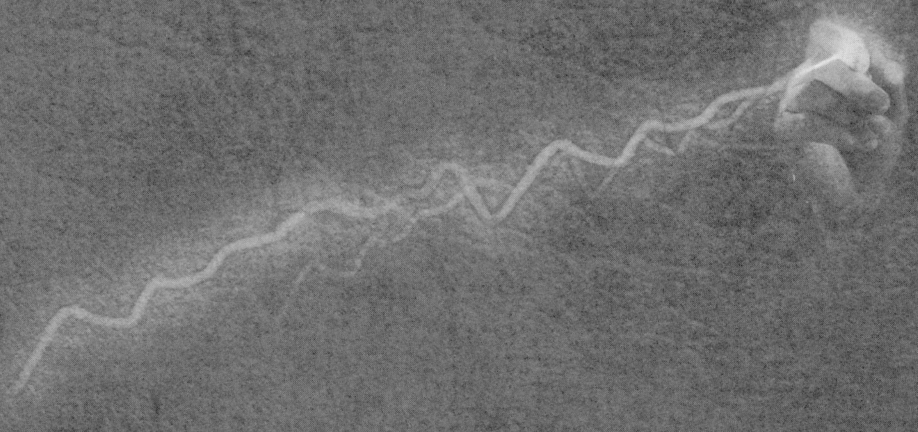

자신만의 성城에서 트레이딩 철학과 방법론을 개발하라

스튜어트 월턴Stuart Walton

1999년 6월, 경력의 정점이었다. 1990년대 8년 동안 주식 트레이딩 실적 가운데 최고를 기록했고, 운용자산 규모만 1억 5,000만 달러에 달했다. 하지만 스튜어트 월턴은 모든 자금을 투자자들에게 돌려주고 트레이딩 세계를 완전히 떠났다. 결혼생활이 파경에 이르면서 감정의 영향으로 매매에 집중하지 못하게 되자 그는 '에너지와 열의를 100퍼센트' 다시 쏟을 수 있기 전까지는 자금을 운용하는 것이 옳지 않다고 생각했다. 그는 지난 8년 동안 복리 기준으로 연평균 115퍼센트라는 놀라운 수익률을 기록했다(운용 수수료를 제한 뒤 고객에게 돌아간 수익률은 92퍼센트였다). 1999년을 제외한 해당 기간의 연간 기준 최고 수익률은 274퍼센트, 최저 수익률은 63퍼센트였다.

트레이더로서 스튜어트 월턴의 경력에는 모순과 역설이 뚜렷하게 보인다. 예술가나 작가를 꿈꾸었지만 트레이더가 되었다. 학계를 높이 평가하고 금융계를 경멸했지만, 금융시장이 일터가 되었다. 잠자리에서 눈을 떴을 때 단 하루도 더는 못 한다는 생각에 그날 아침 바로 회사를 그만두었을 만큼 트레이딩을 중오했지만, 몇 년 뒤 시장은 노력과 열정의 대상이 되었다. 주식 매매에 처음 발을 들였을 때는 기량 부족으로 파산할 지경에 이르렀지만, 노련해진 뒤에는 매년 두 배 이상 자금을 불렸다.

나는 샌프란시스코 시내에 있는 월턴의 사무실을 방문했다. 월턴은 캐나다 출신이다. 운용자산 규모가 수억 달러에 이르지만 트레이딩 보조 인력도 없고 후선 업무 인력, 마케팅 직원, 프로그래머, 심지어 상근 비서도 없었다. 그가 설립한 레인디어 캐피털Reindeer Capital의 직원은 스튜어트 월턴 자신뿐이었다. 의도적인 고립이었다. 월턴은 정보와 의견에 휘둘러 여러 차례 실패를 경험한 이후 매매할 때 타인의 영향을 받지 않는 것이 중요하다는 사실을 깨달았다. 월턴은 느긋하고 외향적인 사람이었다. 우리는 다섯 시간 동안 쉬지 않고 이야기를 나누었다. 시간은 빨리 지나갔다.

회사 이름에 특별한 의미가 있나요? 아니면 단순히 순록reindeer이 좋아서 지으신 이름인가요?

증조부 성함이 윌리엄 글래드스톤 월턴이에요. 유명한 '순록 대이동'을 직접 구상하고 이끌어 레인디어, 즉 순록이라는 별명을 얻으셨죠. 증조부의 별명을 따서 회사 이름을 지었습니다. 증조부에 관한 이야기는 대부분 돌아가신 할아버지께 들었습니다. 100세가 되시던 지난 해 돌아가셨으니 무려 3세기에 걸쳐 사는 생의 대기록을 아슬아슬하게 놓치셨죠. 증조부인 '순록 월턴'은 23세였던 1892년에 선교사의 신분으로 잉글랜드를 떠나 캐나다 북부로 왔습니다. 증조부는 카누와 개썰매를 타고 멀리 떨어진 북극권 근처 교구의 인디언과 에스키모들을 방문하면서 1년에 2,000마일 이상 이동했습니다.

그러던 어느 해, 큰 산불이 퀘벡 북부를 휩쓸었습니다. 그 지역의 식물과 동물은 거의 전멸했고 원주민들은 굶주림 직전까지 내몰렸죠. 그때 증조부는 카리부caribou라고 불리는 시베리아 순록을 알래스카에서 퀘벡 북부까지 이동시키자고 제안했습니다. 캐나다 정부를 끈질기게 설득한 끝에 필요한 자금을 조달해 순록 대이동을 조직하고 이끌었습니다. 캐나다 북부를 가로질러 3,000여 마리의 순록을 이동시키는 데는 1921년에서 1925년까지 꼬박 5년이 걸렸습니다. 순록은 소와 달라서 자기들이 움직이고 싶을 때만 움직이고 각자 다른 방향으로 뿔뿔이 흩어지는 성향이 있습니다.

증조부께서는 어떤 방법으로 순록들이 무리 지어 이동하게 하셨나요?

카리부 순록은 먹이 경로를 따라 이동합니다. 증조부는 많은 가능성을 고려해 신중하게 경로를 선택했고, 무리의 4분의 3을 성공적으로 이주시켰습니다. 나머지는 죽거나 무리에서 이탈했죠. 이 순록 대이동으로 시베리아 순록의 이동 행태가 완전히 바뀌었습니다. 살아남은 순록 무리들은 퀘벡 북부에서 번성했고, 증조부는 지역에서 영웅이 되셨죠.

증조부의 별명으로 상징하고 싶은 어떤 원칙이 있나요? 아니면 단순히 증조부를 기리기 위한 것인가요?

증조부께서는 제가 할 수 있는 그 어떤 것보다 더 큰 가치를 사회에 창출하셨다는 이야기를 하고 싶었습니다.

시장에 언제 처음 발을 들이셨나요?

맥길대학교에서 MBA를 마친 직후였습니다. 원래는 만화가가 되고 싶었죠.

MBA 학위를 보유한 만화가라고요? 세계 최고의 비즈니스 전문 만화가가 되려

고 하신 건가요?

아니요, 더 일찍부터 만화가라는 꿈을 갖고 있었습니다. 대학을 졸업할 때는 만화가가 되고 싶다는 바람이 확고했어요. 학과장님과 면담을 했는데 이렇게 말씀하셨죠. "자네가 대가들 수준만큼 인체를 그리고 표현할 수 있다는 생각이 들고, 그런 다음 만화를 그려서 시간당 5달러를 벌어도 좋다고 각오한다면 그때는 만화가가 확실한 자네 진로라고 생각해도 되겠지." 그 지적이 제 계획에 찬물을 끼얹었죠. 대학을 다닐 때 글도 조금 썼는데 단편 두세 편이 출판되기도 했어요. 그래서 진로를 약간 변경해 저널리즘이 창의력을 허용하는 좋은 대안이 되겠다고 생각했습니다.

예술적 흥미가 굉장히 강하신 것 같습니다. MBA는 어떻게 하게 되셨나요?

저널리스트의 꿈도 실현되지 못해서 돈을 벌겠다고 결심했습니다.

저널리스트의 꿈은 어떻게 틀어졌나요?

저널리즘 학교 몇 군데에 지원했습니다. 그해 여름, 브라질에 계시던 부모님을 뵈러 갔을 때 칼턴대학교에서 불합격 통보 전화가 왔습니다. 처음으로 지원한 저널리즘 학교였죠. 파티를 하던 중에 전화를 받았는데 럼주가 든 브라질 칵테일 카이피리냐를 너무 많이 마신 탓이었는지 모르지만, "인생에는 수많은 갈림길이 있지" 하고 혼잣말을 중얼거렸습니다. 그렇게 해서 저널리스트가 되겠다는 생각을 접었습니다. 끝까지 추구할 만큼 간절하지 않았던 것이었겠죠.

돌아보면 저널리즘 학교 입학을 거절당한 것이 오히려 다행이었을까요?

굉장한 행운이었다고 생각합니다. 아버지께서는 취미와 일을 구분해야 한다고 말씀하셨죠. 아버지 말씀이 옳다고 생각해요. 얼마 전 어머니께서 관심 있던 분야를 밀고 나가지 않은 데 후회는 없는지 물으셨어요. 처음에는 없다고 대답했죠. 하는 일에서 성공을 거두고 있었으니까요. 그렇지만 하루하루 지날수록 후회가 생기더라고요. 결국에는 방향을 틀게 될 것 같습니다.

그림이나 글쓰기로 돌아간다는 뜻인가요?
둘 다일 수도 있고, 어느 쪽도 아닐 수도 있어요. 그림과 글쓰기에 대한 제 관심을 가장 잘 결합할 수 있는 방법은 영화, 그중에서도 단편영화라고 늘 생각해왔습니다. 벌써 여러 가지 구상해뒀어요. 상업 영화와는 거리가 멀고, 세상에 관객이 세 사람밖에 없을 그런 영화예요.

영화를 만들어본 적이 있으신가요?
아니요, 카메라 초점을 맞추는 법부터 배우려면 영화 수업을 들어야 할지도 모르겠어요.

흥미 있는 다른 분야를 추구하기 위해 트레이딩을 그만둘 생각을 하고 계시는 건가요?
다른 것에는 신경 쓰지 않고 자신이 원하는 일을 하는 사람들을 정말 존경해요. 대학 때 록앤롤 스타가 되겠다고 작정한 친구가 있었죠. 이 친구는 카우보이 정키스라는 밴드를 결성했어요. 처음 대학에 들어왔을 때는 기타를 칠 줄도 몰랐던 친구인데, 지금은 콘서트마다 표가 매진되죠. 하지만 저는 저 자신을 잘 알고 있어요. 안락한 생활을 좋아하는 저에게 이 사업은 그것을 누리는 가장 좋은 방법이죠. 결국은 관심 있는 다른 분야를 추구하겠지만 당장은 아닐 겁니다.

저널리즘 학교 입학을 거절당한 뒤에는 어떻게 되었나요?
MBA 학위를 취득하기로 결심했죠. 직장을 구하려면 그게 제일 좋은 방법이라고 생각했어요.

MBA 학위를 받으면 무엇을 할지 생각해두셨나요?

광고업계에서 일하려고 했어요. 창의력이 필요한 일을 하고 싶었는데, 그 부분을 충족시킬 수 있는 직종이라고 생각했어요. 하지만 기회가 전혀 없었어요. 졸업할 즈음 캐나다 경제 상황은 심각했어요. 학교에 들어온 취업 의뢰는 단 두 건이었죠. 그 가운데 하나가 로이드은행Lloyd's Bank 경영 연수생이었어요. 이 일이 제 관심을 끌었는데, 근무지 때문이었죠. 뉴욕 아니면 런던이었거든요. 그 도시에서 일할 수 있다면 좋겠다고 생각해 지원했고, 경영 연수생으로 발탁됐어요. 저는 뉴욕 연수 프로그램에 참여했어요. 연수 과정 대부분이 외환 트레이딩 룸에서 진행됐는데 운이 좋았죠. 원래는 내출딤딩으로 연수를 받은 후 캐나다로 돌아가기로 되어 있었거든요.

그렇다면 트레이딩 환경에 발을 들인 건 순전히 우연이었군요.

누구든 이 일을 할 수 있다고 보는 이유도 그 때문입니다. 타고난 재능이 필요하다고는 생각하지 않아요.

그 점은 잘 모르겠습니다. 트레이딩을 하겠다는 수많은 사람 중에 선생님의 실적에 조금이라도 근접할 수 있는 사람은 극히 드물다고 장담합니다. 외환 데스크에서는 어떤 일을 하셨나요?

단순한 사환 업무였어요. 고객 주문을 접수하기도 하고 다른 잡무도 했습니다. 뉴욕에 사는 독신 남자에게는 잔인한 일이지만, 트레이더들에게 필요한 것을 준비해두려면 새벽 3시 30분에 출근해야 했어요. 신문기사를 스크랩하고 주문서가 떨어지지 않도록 준비해두었죠. 좋게 표현해 경영 연수생이었고, 사실 사환이었죠.

그때는 금융시장에 관심을 갖고 있었나요?

전혀 아니었어요. 그때까지도 학계가 최고라는 이상주의에 사로잡혀 있었죠. MBA 학위도 우습게 여겼죠. '지금까지 배우고 공부한 건 어떻게 되는 거지? 앞으로 내 인생에서 전혀 쓸모가 없는 걸까?' 하고 생각했죠.

외환 부서의 일은 아무런 도움이 되지 않았어요. 날이면 날마다 벌어지는 충돌을 보면서 오히려 트레이딩에 질려버렸죠. 그 일을 하면서 처음으로 미국인들을 접했어요. 그 전까지는 캐나다 사람들 속에서 살았어요. 캐나다 사람들은 좀 더 느긋한 편이에요. 급소를 공격하거나 자신의 주장을 이해시키려고 하기보다는 예의를 갖추는 데 더 신경을 쓰죠.

데스크에서 하루 종일 제게 소리를 질러대는 트레이더도 있었어요. 영문도 모르는 경우가 대부분이었죠. 보유한 포지션이 잘못됐을 때 분노를 퍼부을 대상이 필요했거나, 일하는 제 행동이 굼떠서 그랬겠죠. 누군가 제게 소리를 질러대니 매일 착잡한 마음으로 집으로 가곤 했죠.

그 일은 얼마나 하셨나요?

6개월 정도 했어요. 토론토로 배치될 것이라는 소문을 듣고 그만두었죠. 그때는 뉴욕에 사는 것이 좋았고, 지금의 아내를 만나고 얼마 지나지 않았던 때라 떨어져 지내고 싶지 않았어요. 그래서 다른 캐나다 회사인 우드건디^{Wood Gundy} 뉴욕 지사에 일자리를 구했어요. 영주권 제의도 마음에 들었습니다. 전 직장에서는 임시비자로 미국에 있었거든요.

새로 맡으신 일은 어땠나요?

사환 업무와 크게 다르지 않았어요. 우드건디에서 연수 과정을 마치고 주식 데스크에 배치되었어요. 주문만 받으면 되는 일이었는데, 아주 지루했죠. 고객이 결정을 내리면 장내 중개인이 매매를 실행했죠. 저는 중간 역할을 할 뿐이었죠. 증권사처럼 셀 사이드 sell side(매도 부문)에 있는 중개인들이 트레이더라고 자칭하는 것을 보면 웃음이 나요. 그 사람들은 트레이더가 아니에요. 주문을 받을 뿐이죠. 그들 중 누구도 회사나 자기 자금으로 포지션을 취하지 않죠.

그 일을 할 때 제 계좌로 첫 매매를 했습니다. 그 당시 여자 친구였던 아내가 리즈 클레이본 Liz Claiborne에서 일하고 있었어요. 아내는 "손님들에게 전화를 돌릴 필요도 없어. 오히려 손님들이 먼저 전화를 걸어오거든"이라며 자기 회사가 얼마나 잘나가는지 늘 얘기했어요. 당시에는 투자할 돈이 전혀 없었기 때문에 아버지께 전화로 대출을 부탁드렸죠.

"아버지, 굉장한 아이디어가 있어요. 돈을 좀 빌려주세요."

그렇게 아버지께 빌린 1만 달러를 전부 투자해 리즈 클레이본 주식을 샀어요. 곧 주가가 3포인트 올랐고 이익을 실현했습니다. 그런데 막 입문한 트레이더가 절대로 해서는 안 되는 일이 첫 매매로 큰돈을 벌려고 하는 것이죠. 단 3주 만에 리즈 클레이본으로 벌어들인 이익 전부뿐만 아니라 아버지께 빌린 돈까지 잃고 말았습니다.

어쩌다 그렇게 됐죠?

첫 성공에 사로잡혀서 온갖 정보와 소문에 귀를 기울이기 시작했어요. 아마 아침에 커피를 배달해주는 남자가 주식에 대해서 어떤 얘기를 해도 그대로 믿었을 겁니다. 3주 만에 빈털터리가 됐죠. 아버지께 진 빚은 그 뒤 5년에 걸쳐 조금씩 갚아 나갔습니다.

돈을 잃었다고 말씀드렸을 때 아버지께서는 뭐라고 하셨나요?

"뭐, 그럴 줄 알았다. 하지만 아이디어가 있고 그것을 실행에 옮기고 싶어 했다는 점은 높이 산다"라고 하셨어요. 얄궂게도 애초에 돈을 빌린 이유였던 리즈 클레이본 주식은 꾸준히 올라 1년 만에 가격이 다섯 배나 뛰었죠.

그다음 트레이딩 경험은요?

우드건디의 주식 데스크는 뉴욕식 막말이 오고 가는 또 다른 현장이었어요. 데스크에서 끝도 없이 질러대는 고함을 또다시 듣고 있더라고요. 매일같이 일어나는 일일 뿐이었지만 너무 싫었어요. 맞은편 채권 트레이딩 룸을 보니 모두 조용했어요. 서로 소리를 질러대지 않았고, 굉장히 정중했죠. 그 점에 끌렸어요. 결국 채권 트레이딩 데스크로 옮겨도 좋다는 허락을 얻어냈죠.

당시 우드건디는 미국 채권시장에서 주요 딜러로 나서려고 했고, 많은 트레이더를 외부에서 영입했어요. 그 사람들이 좌충우돌하면서 여기저기서 커다란 손실이 발생했죠. 손실을 감추려고 티켓을 숨긴 사람도 있었어요. 마침내 거의 모든 트레이더가 해고됐지만, 저는 몇몇 사람과 남았습니다.

채권 데스크에서는 좀 더 행복하셨나요?

복합적인 감정이었어요. 막말 세례에서 벗어난 것은 분명히 행복했어요. 매매하는 포지션 규모가 주식에 비해 훨씬 커서 아주 흥미진진했죠. 주식 데스크에 있는 스무 명의 실적을 모두 합한 것의 다섯 배를 벌 수도 있고, 잃을 수도 있다는 사실이 좋았어요. 하지만 온갖 종류의 비유동적인 발행물을 매매하는 일을 맡은 것은 좋지 않았어요. 대부분 해외채권이었죠.

일본 고객들에게서 새벽 2시, 3시에도 전화가 걸려왔는데, 저는 시장의 상황을 모르는 상태에서 비유동적 채권에 대해 대규모 매수·매도 주문을 내야 했어요. 잠이 덜 깨서 틀린 호가를 제시할 가능성도 있었죠. 100베이시스포인트^{BP,} Basis Point(국제 금융시장에서 금리나 수익률을 나타내는 데 사용하는 기본 단위로 100분의 1퍼센트를 의미)나 차이가 나는 호가를 제시하더라도 상대방은 주문을 체결할 겁니다. 누가 보더라도 분명한 실수로 100만 달러 손실이 발생하더라도 상대방은 해당 주문이 유효하다고 주장하겠죠.

그런 일을 직접 겪으셨나요?

그럼요.

100만 달러짜리 실수를 저지르셨다고요?

100만 달러는 아니고 30만 달러짜리 실수였죠.

단순히 호가를 잘못 제시해서요?

깜빡 졸았어요. 채권수익률이 9.5퍼센트인 줄 알았는데 실제로는 10.5퍼센트였죠.

실수가 분명한 호가에 체결된 매매를 유지시키는 게 정상인가요?

북미에서는 분명히 정상으로 여기지 않지만, 일본에서는 통하는지 잘 모르겠습니다.

매매 성적은 전반적으로 어땠나요?

꽤 괜찮아서 우드건디 최연소 부사장으로 승진했습니다.

매수·매도 결정을 내리는 기준은 무엇이었나요?

특별한 방법은 없었어요. 시장은 무작위로 움직인다는 생각을 할 정도였죠.

하지만 돈을 벌었으니 뭔가 제대로 했다는 뜻이겠죠. 오로지 직감이었나요?

저는 모든 매매에 직감을 동원합니다. 하지만 그때는 제 인생에서 구원을 받은 시기라고 생각해요. 채권시장이 굉장히 강세였고, 직감이 제대로 통해서 매도 포지션을 멀리할 수 있었어요. 제일 잘 풀리던 시절에는 데스크에 70만 달러를 벌어준 적도 있지만, 여럿이 나눠야 한다고 생각하면 그 금액은 그리 큰 것은 아니었죠.

한 번은 술자리에서 상사에게 말했어요. "우리가 하는 건 실제로는 매매가 아니라 채권 투자입니다. 우리 고객 계좌로 말이죠. 그런데 어차피 투자를 하는 거라면, 더 좋은 투자 대상도 많잖아요."

상사는 이렇게 말했습니다. "섣부르게 움직이지 마. 우리는 계속 요리조리 잘 피해서 안전하게만 하면 돼."

완전히 지쳐버리기 시작한 것이 그때였어요. 3년 정도 일할 수 있었던 것은 많은 돈을 운용하는 책임이 주어졌다는 사실에 신이 났기 때문에 가능했죠.

그때쯤에는 트레이딩에 대한 열정이 생겼나요?

네, 제가 그 일을 좋아한다는 것을 알게 됐죠. 시장과 저의 대결이라는 점이 좋았어요. 매매했던 시장 자체를 좋아하지는 않았어요. 뉴욕에서 매매하는 채권의 유동성이 굉장히 적다는 점도 답답했어요. 저는 토론토의 우드건디 본사로 옮겨가기로 결정했습니다. 그곳에서라면 훨씬 유동성이 풍부한 캐나다 국채를 거래할 수 있으니까요. 본사에서 유동성이 큰 채권시장을 활발히 매매했는데, 처음에는 좋았어요. 하지만 6개월이 지나자 캐나다에서 일하는 것이 더 이상 좋지 않았어요. 실력보다는 정치가 성공을 좌우하는 사교모임 같은 분위기였죠. 채권도, 금리도 다 지겨워지기 시작했어요.

왜죠?

지나치게 표준화된 시장이었어요. 아침 회의 때마다 기본적으로 "오늘은 어떻게 될까요?" 하는 질문이 나왔습니다. 참석자들은 이런저런 이유를 들어 시장이 오르거나, 내릴 것이라고 떠들어댔죠. 환율의 움직임, 재정정책과 통화정책, 미국과 기타 여러 나라의 금리 추이 등과 그 영향에 관해 이야기하면서요. 제 차례가 되면 저는 간단히 말했어요. "오늘은 내릴 것 같습니다. 어제 올랐으니까요.” 다들 제 말을 진지하게 받아들여도 되는 건지 어리둥절해했죠. 저는 ‘어느 하루 가격이 크게 오르면 다음날은 내린다고 봐도 될 만큼 이 시장은 효율적이다’라고 생각했죠.

어느 날 아침 눈을 떴을 때 앞으로 남은 인생을 금리 걱정이나 하면서 살고 싶지는 않다는 생각이 들었어요. 채권을 매매하는 일을 더 이상은 견딜 수 없다는 것을 깨달았죠. 그 길로 회사로 가서 사표를 냈어요. 캐나다에 온 지 7개월밖에 지나지 않은 때였어요. 회사에서는 말도 안 된다고 했죠.

다른 일을 구하지도 않고 그만두셨나요?

네, 더 이상은 참을 수 없었거든요. 재미있는 것은 아내 역시 바로 그날 직장을 그만두었다고 제게 전화를 한 겁니다. 저도 그렇다는 말은 꺼내지도 못했어요. 아내가 행복하지 않다는 것은 알았지만, 그만둘 정도라고는 생각하지 못했어요. 우리 두 사람이 같은 날 회사를 그만두겠다는 결정을 하다니 놀라운 일이었죠. 우리는 새 일자리를 구하는 것을 미루고 6개월 동안 미국 스키 리조트 곳곳을 여행했어요.

레이크 타호에 머무를 때 샌프란시스코에 잠시 들렀는데, 그 도시가 마음에 들어서 그곳에서 살자고 결정했어요. 여행을 마치고 토론토로 돌아와 실제로 이사하기 전에 한 번 더 샌프란시스코에 가보는 게 좋겠다고 생각했어요. 전에 들렀을 때처럼 여전히 그곳이 좋은지 확인하려고 했죠. 그곳에 머물면서 우리는 둘 다 입사 제안을 받았어요. 그래서 적당한 가격으로 마음에 드는 집을 구했고, 준비가 다 됐다고 생각했어요. 토론토로 다시 날아가 트럭을 빌린 다음 샌프란시스코로 짐을 옮겼어요. 그런데 샌프란시스코에 도착했을 때 우리 두 사람의 일자리가 모두 틀어졌다는 사실을 알게 됐습니다.

어떤 회사였나요?

작은 창업투자회사에서 면접을 봤는데, 면접관이 맥길대학교 출신이었어요.

학연이 유리하게 작용하겠다고 생각하셨겠어요.

네, 그 사람이 아주 적극적이었거든요. "물론이죠. 채용 가능합니다. 돌아오면 자리를 마련해두겠습니다"라고 말했죠. 샌프란시스코에 도착해서 계속 전화를 걸었는데 회신이 없었어요. 마침내 통화가 되었는데, "올해는 MBA를 채용하지 않습니다"라고 말하더군요. 이전에 한 말과는 전혀 달랐죠.

집을 구하고 보증금을 치르는 데 그동안 저축한 돈을 다 썼기 때문에 남은 돈이 거의 없었어요. 처음에는 한두 달 사이에 직장을 구할 것이라고 생각해 걱정하지 않았어요. 그렇게 한 달, 두 달이 지났지만 우리 두 사람 중 누구도 일자리를 구하지 못했어요. 믿을 수 없었죠. 저는 싸구려 맥주를 마시고 늦잠을 자기 시작했어요.

우울증이 생겼나요?

아니요, 저는 그런 사람은 아니에요. 다만 아침에 일어나 일자리를 찾으려고 길거리를 누비는 일이 정신적으로 너무 힘들었어요. 뉴욕에서 그렇게 성공적으로 일했는데 일자리 제의는 기미조차 없다니, 믿어지지 않았죠. 얼마나 절실했는지 보험사 영업직 면접까지 봤어요.

싫어했던 일자리처럼 들리는군요.

맞아요. 하지만 절실했어요. 어떤 일이라도 했을 겁니다. 주택담보대출금을 갚아야 했고, 가족들에게 도움을 구하고 싶지는 않았으니까요.

그런 힘든 시기에 아내 분은 어땠나요?

아내는 굉장히 긍정적이었어요. 우리가 좋은 일자리를 찾아낼 거라고 믿었죠.

가진 돈도 바닥났나요?

그랬어요. 그렇게 6개월을 더 버티다가 아내가 직장을 구했어요. 제이크루 매장 판매직이었는데 전에 리즈 클레이본에서 상품 매니저로 일했던 것에 비하면 크게 강등된 셈이었죠. 아내도 사실상 어떤 일자리든 마다하지 않을 상황까지 갔던 거죠. 아내가 취직한 바로 그달, 가진 돈이 전부 바닥났고, 아내의 첫 월급으로 대출금을 갚아야 했죠.

아내 분이 직장을 구하기 전까지 공황 상태였겠어요.

희망도 포기했죠. 될 대로 되라는 식이었어요. 집도 가져갈 테면 가져가라, 상관없다. 완전히 제정신이 아니었어요. 그때 처음으로 샌프란시스코에 대해 알게 됐어요. 뉴욕이나 로스앤젤레스, 런던 같은 타지 출신은 그곳 사람들에게 별 인상을 주지 못해요. 샌프란시스코는 뉴욕이나 로스앤젤레스처럼 거쳐 가는 도시가 아니에요. 그런 곳에서는 다른 도시 출신도 일을 구하는 데 문제가 없어요. 하지만 샌프란시스코는 지역 공동체에 가까워요. 일정 기간 그곳에서 살아온 사람들을 좋아하죠. 지금은 샌프란시스코의 그런 점을 잘 이해하지만 그때는 아주 절망적이었어요.

지원하신 일자리가 결국 현지 사람들 몫이었다는 뜻인가요?

맞습니다. 그다지 일자리도 많지 않았어요. 한때는 어느 정도 지위까지 올랐는데, 지금은 스타벅스에서 일자리를 구하고 있다니 믿을 수 없었죠. 도서관에 가서 마이크로필름을 샅샅이 뒤져 이름이 금융회사처럼 보인다 싶으면 모조리 이력서를 보냈어요. 마침내 제 이력서를 마음에 들어 한 누군가가 전화를 걸어 왔어요. "저희 회사에는 자리가 없지만 선생님께 관심을 가질 만한 친구가 있습니다."

이력서에서 어떤 점을 마음에 들어 하던가요?

다양성을 좋아했어요. 금융계 경력과 예술적 관심의 조화요.

그곳에서 관심을 보이기 전까지가 인생에서 최악의 순간이었나요?

그렇지는 않았어요. 최악의 순간은 다가오는 중이었죠. 이력서를 받은 그 사람은 그 지역 증권회사인 볼프 웰티 앤드 컴퍼니^{Volpe, Welty & Co.}에서 영업과 트레이딩을 담당하는 자신의 친구가 제게 면접 기회를 줄 거라고 장담했어요. 면접 장소에 도착했을 때만 해도 앞으로 일어날 일에 대해 전혀 몰랐어요. 제 이력을 묻는 질문에 앞에서 선생님께 말씀드린 것처럼 답했죠.

"희망하시는 연봉은 얼마죠?" 그가 물었어요.

"주택대출 상환금에 200달러를 더해 월 2,500달러요." 제가 대답했어요.

"4,000달러는 어떻습니까?"

"좋습니다."

선생님이 곤란한 상황에 처한 사실을 그 사람도 알고 있었던 걸까요?

아니요. 하지만 제가 전에 했던 일을 아는 만큼, 요구한 수준에 맞춰 적게 주는 것은 옳지 않다고 생각했던 것 같아요.

어떤 직무로 채용되었나요?

기관을 상대하는 주식중개인이었지만 고객이 전혀 없었어요. 모두가 보는 앞에서 콜드콜^{cold call}(무작위 전화 영업−옮긴이)을 하는 일이 정말 괴로웠어요. 한때는 서로 저녁식사를 사겠다던 '미스터 채권 트레이더'였는데, 시시한 기관들에 형편없는 주식 아이디어를 영업하는 콜드콜을 돌리게 된 거죠.

콜드콜을 했을 때 그냥 전화를 끊는 사람들이 많았겠어요.

물론이죠. 쉬지 않고 전화를 걸었습니다. 전화를 걸 대상의 목록을 앞에 두고 고개를 파묻은 채 전화를 돌리기 시작했죠. 저는 원래 공격적인 성향은 아니라서 친절한 태도로 사람들을 설득하려고 했어요. 그것도 잘 통하지는 않았죠. 이런 과정이 날이면 날마다 계속됐어요. 제가 그런 전화에 매달리는 동안 다른 사람들은 일을 하고 있는 모습을 보는 것도 힘들었어요. 전화가 끊길 때마다 다들 눈치를 채는 게 보였어요. 5초 동안 얘기를 나눈 다음 전화를 내려놓고 주위를 둘러보았어요. 그리고 또 다음 전화를 걸었죠. 굉장히 모욕적인 과정이었어요. 싫었어요, 정말 싫었습니다. 언제쯤이면 기본급만큼이라도 벌 수 있을지 알 수가 없었어요. 매매를 일으키지 못했거든요.

말 그대로 정말 매매가 없었다는 말씀은 아니죠?

아니요, 정말 매매가 한 건도 없었어요.

그런 상황이 얼마나 계속 됐나요?

아마 8개월 동안 고객도, 매매도 전혀 없었을 겁니다.

단 한 건의 매매도 없이 8개월 동안 콜드콜을 하셨다고요? 가혹하게 들립니다. 그때가 최악의 시기였나요?

아니요. 그때도 최악은 아니었어요(웃음). 최악의 상황은 바로 뒤에 일어났죠. 영업에서 별 성과가 없었던 것과는 별개로 저는 트레이딩과 영업에 큰 차이가 있다는 사실을 알았어요. 결국 시장을 지켜본 뒤 다시 트레이딩을 시작하기로 결정했어요. 가진 돈은 한 푼도 없었지만, 집을 담보로 대출을 받을 수 있고, 그 돈으로 무엇이든 원하는 일을 할 수 있다는 사실을 깨달았어요. '집을 유동화해서 그 돈으로 투자하면 돼'라고 저 자신을 설득했죠.

아, 감이 오는군요.

너무 많이 올랐다고 생각한 주식들을 팔기 시작했어요. 리즈 클레이본, 갭 같은 우량주였죠. 반대로 너무 많이 떨어졌다고 생각한 주식들을 샀어요. 사실상 좋은 회사를 팔고, 나쁜 회사를 산 셈이죠.

주택담보대출은 얼마나 받으셨나요?

보증금 7만 5,000달러를 담보로 5만 달러를 대출받았어요. 그리고 3주 만에 대출금의 75퍼센트를 날렸죠.

이 사건에 대해 아내 분의 반응은 어땠나요?

아내에게 그 돈을 투자하겠다는 말은 했어요. 다만 주택담보대출 이자율보다 수익률이 높은 배당주에 보수적으로 투자할 계획이라고 말했죠. 의도는 그랬어요. 그런데 일단 돈을 손에 쥐고 나서는 '배당수익률과 대출금리 차이에서 나오는 몇 푼을 벌겠다고 지루한 배당주에 이 돈을 넣을 수는 없어' 하고 생각했어요.

증권회사에 있으면 늘 흥미로운 일이 벌어져요. 두 배, 세 배 뛰는 주식은 언제나 있기 마련이죠. 광풍을 피하는 것은 불가능해요. 저 역시 사방에서 떠들어대는 이야기에 귀를 기울이게 됐어요. 영업직원들은 어떤 이야기도 그럴 듯하게 만들어내죠.

정보와 소문을 따르지 않는다는 교훈은 전혀 소용이 없었군요. 같은 실수를 그대로 다시 반복하셨어요.

맞습니다. 아내에게 돈을 전부 날렸다는 말을 할 수가 없었어요. 한 달 내내 제대로 잠도 못 잤어요. 아파 보인다고 하기에 변명거리를 만들어 둘러댔어요. 감기에 걸렸다고 했죠. 진실을 전혀 몰랐던 아내는 걱정했죠.

어느 날, 옆자리 동료가 코모도어컴퓨터Commodore Computer 주식을 사라고 조언했어요. "이건 이야기가 좀 될 것 같아. 최신 게임이 성공작이 될 것이라는 말을 들었거든." 저는 너무나 절실해서 혼잣말을 중얼거렸죠. "이걸 해야겠어." 그러고는 계좌에 남은 돈을 전부 찾아 200퍼센트 레버리지를 활용해 그 주식을 샀어요.

그때 제 인생은 바닥에 있었어요. 보증금 7만 5,000달러는 제가 저축한 돈 전부였죠. 잠깐의 도박으로 10년간 저축한 돈을 모두 잃을지도 모른다는 생각이 들어 정말로 두려웠어요. 시커먼 심연으로 빨려 들어가는 것 같았어요.

주가는 10달러에서 17달러로 올랐고, 저는 주식을 팔았습니다. 주식을 현금화하고 나서도 주가는 20달러대 초반까지 올랐지만, 나중에 회사가 파산하면서 결국 주가는 '0'이 되었죠. 코모도어컴퓨터 한 건으로 거의 원상회복을 할 수 있었습니다.

주가가 결국 00이 됐으니 재앙이 될 수도 있었던 정보였는데, 그야말로 천운으로 구원을 받으셨군요. 단순히 우연으로 가장 좋은 시점에 그 주식을 잡으셨던 거네요.

단순히 운이었어요. 지금도 가끔 인생의 전환점이 된 순간들을 돌아보면 운인지, 정보 덕분이었는지 모르겠지만 상관없습니다. 일이란 건 참 재미있게 풀리죠. 저는 사람들에게 이 업계에서는 운이 아주 중요한 요소라고 늘 말합니다. 다들 운이 좋은 축에 속하기를 바라겠지만, 제 생각에는 모두가 공평하게 운을 나눠 갖는 것 같습니다. 행운이든 불운이든 말이죠. 그저 오는 대로 받아들일 수밖에 없죠.

코모도어 주식이 저를 살렸습니다. '이번 정보가 유용했으니까 다른 정보도 따라야겠어'라고 생각했을 것 같지만, 그 매매에는 전적으로 운이 작용했다는 것을 잘 알고 있었습니다. 주식시장의 신이 저를 구제했다는 것을 알고 있었어요. 이번에는 교훈을 제대로 얻었죠. 그때 이후로 매매 성적이 훨씬 좋아졌습니다.

'하느님, 감사합니다, 다시는 죄를 짓지 않겠습니다' 하는 회개인가요?

정확합니다. 결국 일이 잘 풀렸다고는 해도 정신적 압박은 말할 수 없을 정도로 심했어요. 다시 세상 밖으로 나온 것은 천운이었습니다. 그때부터 손실을 조금씩 줄여가기 시작했어요. 물론 아직 배울 것이 많지만, 제게는 적어도 그런 경험이 있습니다. 그렇게 바닥으로 떨어져 심연을 보는 것이 중요하다고 생각합니다.

어떤 면에서 도움이 되었나요?

그 경험에서 얻은 충격으로 분명히 알게 됐습니다. 주가는 그럴듯한 이야기나 정보, 타인의 의견에 의해 오르고 유지되는 게 아니라는 사실을 깨달았죠. 주가가 오르는 데는 특별한 이유가 있어요. 그 이후로 세상과 차단한 채 그 이유를 찾아내고, 제가 아는 것에 따라 행동하기로 결심했어요. 이 결심에 따라 행동하기 시작했고, 시간이 지나면서 성적은 점점 좋아졌어요.

인생에서 성공을 거둔 진정한 첫 주식 매매였네요. 어떤 효과가 있었나요?

당시 강세장과 약세장을 통틀어 제가 끈질기게 주목한 주제는 '좋은 회사는 어쨌든 계속 오른다'는 것이었어요. 누구라도 알 만한 얘기죠.

좋은 회사는 어떻게 찾아내시나요?

시장의 축복을 받아온 기업들을 찾습니다. 그런 기업들이 축복을 받은 데는 그동안 지나온 수많은 분기(시장의 기대에 부합하거나 기대 이상의 실적을 기록한 분기들), 혹은 또 다른 어떤 이유가 있을 겁니다. 주가가 움직이는 모습을 보고 이런 주식들을 가려낼 수 있습니다. 어떤 이유에서인지 어떤 주식에는 시장이 몰리는 반면, 제아무리 많은 중개인이 고객에게 싸다고 추천해도 시장이 따라붙지 않는 주식이 있습니다.

사실상 이전 방식과는 정반대였네요. 싼 주식을 사서 많이 올랐을 때 파는 대신 비싼 주식을 사셨어요.

이 주제는 지금도 여전히 유효합니다. 높이 날고 있는 주식을 사는 것과 많이 하락한 주식을 파는 것은 가장 어려운 일이지만, 언제나 가장 어려운 일이 가장 옳은 일이었습니다. 배우기 쉽지 않은 교훈이죠. 저도 여전히 배우는 중입니다.

선생님의 표현대로 '축복받은' 주식을 구분하는 방법이 있나요?

여러 가지가 복합적입니다. 주식의 펀더멘털^fundamental(기초 여건) 비중이 25퍼센트 정도예요.

나머지 75퍼센트는 무엇인가요?

25퍼센트는 기술적 요소입니다.

기술적 측면에서는 어떤 것을 보시나요?

상대적으로 선형적인 추세를 보이는 주식을 좋아합니다. 주가가 사방으로 요동치는 주식은 좋아하지 않아요.

여기까지가 50퍼센트군요. 펀더멘털과 기술적 요소는 이미 말씀하셨고요. 나머지는 무엇인가요?

주식이 거시경제 사건과 개별 뉴스 같은 다양한 정보에 어떻게 반응하는지 관찰하는 것이 25퍼센트입니다. 주가가 20달러, 30달러 같은 어림수에 접근할 때 어떻게 움직이는지도 주의 깊게 봅니다. 어떤 회사에 특별한 매력이 있는지 여부를 알아보는 감을 키우려고 노력하고 있어요.

어떤 반응을 보시죠?

긍정적인 실적 발표, 신제품 발표와 같은 호재에 오르고, 악재에도 그 상승분을 크게 반납하지 않는 주식을 좋아합니다. 악재에 형편없이 반응하는 주식은 축복받았다고 할 수 없죠.

이제 75퍼센트입니다. 나머지는 무엇인가요?

마지막 25퍼센트는 시장 전체의 방향에 대한 직감입니다. 거시경제 소식과 기타 사건에 시장이 어떻게 반응하는지 알아차리는 감각을 바탕으로 한 것입니다. 마치 개별 주식을 보듯 시장 전체를 보는 것이죠.

주식을 매수한 뒤 보유 기간은 일반적으로 얼마나 되나요?

단타 매매day trading는 하지 않지만 보유 기간은 평균 2~3주에 불과합니다. 수십만 주나 되는 중요한 포지션이라고 해도 같은 날 두 차례 사고팔 때도 있고, 일주일 만에 여섯 차례 사고팔 수도 있습니다. 제 판단이 맞는지 감을 잡기 위해서죠. 주식이 거래되는 모습이 마음에 들지 않으면 바로 정리합니다. 헤지펀드 운용이 좋은 것 중 하나가 바로 이런 점입니다. 흡사 정신분열증 환자처럼 사고팔기를 반복한 내역을 고객들이 볼까 봐 걱정할 필요가 없다는 것이죠. 모든 매매 내역에 관해 고객들이 일일이 명세서를 받아보는 회사에서 일한 적이 있는데, 그때는 고객에게서 이런 전화가 걸려왔죠. "당신 미쳤어? 지금 뭐하는 거야? 제대로 된 리서치를 하고 있는 줄 알았는데!"

주식을 서둘러 정리하게 하는 요인에는 무엇이 있나요?

주가가 급등했거나 이미 발생한 이익을 잃을 위험이 있을 때, 그리고 너무 짧은 기간에 너무 많은 돈을 벌었을 때 정리합니다.

그런 다음 주가가 조정을 받으면 다시 매수를 고려하시나요?

네.

그 방법이 효과가 있었나요? 추가 상승 기회를 자주 놓치지는 않으셨나요?

추가 상승 기회를 자주 놓치죠. 애초에 좋은 회사의 주식들을 매수했고, 그런 주식들은 대개 상승세를 지속하니까요.

접근법을 바꿔 좀 더 오랫동안 주식을 보유하는 것도 생각해보셨나요?

여러 해에 걸쳐 서서히 바꾸고는 있지만 그래도 너무 빨리 정리하는 실수를 저질러 피해를 보기도 합니다.

주식을 정리한 다음 더 높은 가격에 다시 매수하는 경우도 있나요?

물론이죠. 늘 그렇습니다.

주식을 정리한 것이 실수였다고 인정하고 더 높은 가격에 다시 진입하는 것이군요. '10달러나 싸게 팔았는데 지금 이 가격에 살 수는 없어'라고 생각하지 않고요.

초기에는 그랬을지 모르지만 이제는 더 높은 가격에 주식을 되사는 일이 아무렇지 않습니다. 제 경우 성공적이었던 주식은 10에 사서 100까지 보유했던 주식이 아니라, 여기서 7포인트, 저기서 5포인트, 여기서 8포인트 하는 식으로 수익을 올리면서 큰 흐름을 따라갔던 주식입니다.

하지만 축복받은 주식 가운데 하나를 매수해 오래 보유하는 편이 더 간단해 보이는데요.

그럴 경우도 있겠지만 전적으로 시장 환경에 따라 다릅니다. 예를 들면 지금은 밸류에이션이 너무 높기 때문에 계속 보유하려고 하는 핵심 포지션이 전혀 없습니다.

그렇게 말씀하시니 다음 질문을 드려야겠습니다. 주도주들이 이미 비정상적으로 급등한 이런 시장에서도 같은 방식으로 접근하시나요? 아니라면 접근법은 어떻게 달라지나요?

솔직히 말하면 접근법을 달리 하느라 애를 먹고 있습니다. 제 철학은 해파리처럼 부유하면서 시장의 흐름대로 밀려다니는 것입니다. 저는 어떤 한계를 짓지 않고 시장이 제게 유리하게 움직이기를 기다립니다. 이것이 제 전략입니다. 저는 시장에서 통하는 전략이 무엇인지 알아내려고 노력합니다. 어느 해에는 모멘텀일 것이고, 또 어느 해에는 가치일 수 있겠죠.

시장 환경을 파악하고 거기에 맞춰 전략을 채택하시는군요.

정확합니다. 시장이 어떤 전략에 보답할지 예측하려고 노력하죠.

거대한 변화가 다가오는 것은 어떻게 감지하시나요?

모든 것을 살펴보고, 택시기사에서 주식 애널리스트까지 가능한 많은 사람을 만나 이야기를 듣습니다. 그런 다음 자리에 앉아 어떤 계획이 최고의 성과를 낼 것인지 알아내려고 노력합니다. 너무나 선명해서 놓칠 일이 거의 없는 기회도 있습니다. 그런 기회가 자주 오지는 않는다는 것이 문제죠. 그 전에 돈을 잃지 않는 것이 중요합니다.

기회가 선명하게 보였던 예를 말씀해주세요.

지난 해(1998년) 시장이 8월 중에 큰 폭으로 상승할 가능성이 크다는 것이 아주 분명하게 보였습니다. 미래를 보는 수정구슬이라도 가진 것처럼 들릴까 봐 이런 말을 하는 것을 좋아하지는 않지만요.

그렇게 확신하신 근거는 무엇인가요?

저는 시장의 심리를 끊임없이 평가합니다. 시장에 기대심리가 있는지, 공포에 휩싸여 있는지, 그런 것들 말이죠. 그런 다음 주가가 움직이기를 기다려 제 판단이 맞는지 확인합니다. 지난해 겨울부터 올해 봄까지는 아주 당혹스러운 상황이었습니다. 아시아의 잠재적 문제에 관한 보고서가 쏟아졌지만 시장은 모두 무시했습니다. 따라서 그런 잠재적 문제를 앞에 두고도 오로지 매수 포지션long position을 취해야만 돈을 벌 수 있었죠.

그래서 7월에 정말로 매수 포지션을 취하기로 결정했습니다. 주도주들의 움직임은 좋았고, 시장은 강세였습니다. 그달에만 15퍼센트 수익을 올리고 있었죠. 그런데 갑자기 며칠 만에 상승분을 전부 잃었고, 결국 3퍼센트 손실로 그달을 마감했습니다. 너무나 순식간에 발생한 손실이어서 포트폴리오만 봐도 뭔가 잘못 되었다는 것을 알 수 있었습니다. 펀더멘털이 취약한 주식이 아니라 시장 주도주로만 채운 포트폴리오였으니까요.

그래서 어떻게 하셨나요? 그달을 매수 포지션으로 출발하셨는데 결국 전체 포지션을 정리하셨나요? 아니면 순매도 포지션net short position을 취하셨나요?

처음에는 130퍼센트 매수 포지션이었습니다. 일반적으로 저는 시장에 중요한 약세 사건이 예상되면 전부 팔고 지켜봅니다. 그때도 그렇게 했습니다.

매도 포지션을 취하셨나요?

네, 2주쯤 지나서요. 저는 시장의 상승세에 균열을 초래한 아시아발 위기가 2차 레그^{leg}(밴드, 즉 횡보 구간 이탈―옮긴이)를 일으킬 것으로 보았습니다. 대개 문제가 불거진 다음 바로 해결되지는 않으니까요. 러시아의 잠재적 문제에 관한 기사도 보이기 시작했습니다. 그런 기사들은 전에도 있었지만 주가가 반응을 보인다는 점에서 과거와는 달랐습니다. 러시아 문제는 다음날로 해결될 일이 아니었고, 태국과 한국도 마찬가지였습니다. 이러한 공포를 주가가 반영하고 있었습니다. 8월 둘째 주에 130퍼센트 순매도 포지션을 취했고, 시나리오는 현실이 되었습니다. 그 모든 것이 선명하게 보였던 것이죠.

매도 포지션은 언제 정리하셨나요?

10월 둘째 주에 매도 포지션을 정리했습니다. 저는 호가입력장치에 몇 가지 규칙을 붙여둡니다. 그중 하나가 '극단적인 약세에 사서 극단적인 강세에 팔 것'입니다. 극단적인지 여부를 판단하는 유일한 방법은 시장이 도취 상태인지 또는 비관적 상태인지 그 심리를 파악하는 것입니다. 그리고 갑작스럽게 고점과 저점이 나타날 수 있으니 판단에 따라 재빠르게 행동해야 합니다. 10월 둘째 주에 저는 시장의 극단적 약세를 기회 삼아 매도 포지션을 정리해야 한다고 생각했습니다. 하루 만에 포지션 전체를 정리하고 최종적으로 25퍼센트 순매수$^{net\ long}$ 포지션을 만들었죠.

그날 포지션 전환을 서두르게 만든 특별한 요인이 있었나요?

델^{Dell} 주식이 50에서 40으로 하락했다가 장 마감 직전 단숨에 2~3포인트 올랐습니다.

이런 주식들을 그날 앞서 거래된 가격보다 더 높은 가격에 사들이셨군요.

물론이죠. 사실 주식을 사려고 할 때 제가 좋아하는 상황이 몇 가지 있는데 쉽게 매수할 수 없는 경우가 그중 하나입니다. 델을 42에 사겠다고 주문을 넣었지만 45에 주문이 체결됐습니다. 아주 좋았죠.

매수 주문은 시장가격에 내십니까? 아니면 특정 가격에 주문을 체결하려고 노력하시는 편인가요?

저는 늘 시장가격에 사고팝니다. 최상의 가격에 주문을 체결하려고 미적거리는 일은 결코 하지 않습니다. 중개인들에게는 이상적인 트레이더죠.

약 25퍼센트 순매수 포지션을 만들었다고 하셨습니다. 순매수 상태가 되도록 매수 포지션을 확대한 것은 언제였나요?

매수 진영으로 돌아가기 시작할 때면 늘 시장의 반등이 다음날에도 지속되는지, 더 이상 부정적인 소식은 없는지 관망합니다. 추가로 부정적인 소식이 나왔는데도 시장이 하락하지 않으면 그야말로 대박인 거죠.

그때가 그런 상황이었나요?

바로 다음날은 아니었지만 그 주 후반에 그런 일이 일어났습니다. 롱텀캐피털 Long Term Capital Management(수십억 달러 규모의 헤지펀드로 당시 채권시장에서의 과다 차입으로 인해 막대한 손실이 발생했고, 그것이 전체 금융 시스템에 미칠 파급 효과가 공포를 불러 일으켰다. 데이비드 쇼 인터뷰 참고) 파산 관련 소식이 더 나왔지만, 시장에는 별다른 영향이 없었어요. 거기에서 더 큰 확신을 얻어 매수 포지션을 키웠습니다. 시장 주도주를 최고점에서 크게 하락한 주가 수준에서 전부 사 모을 수 있는 기회였습니다. 저는 이런 상황을 좋아합니다.

'모 아니면 도'식으로 매매해서 잃었던 주택담보대출금 대부분을 회복하셨습니다. 그것이 성공적인 트레이딩 경력의 시작이었나요? 그리고 더 이상 과오를 저

지르지 않겠다는 다짐에 항상 충실하셨나요?

대부분 그랬습니다. 저는 곧바로 우량 성장주들을 매매하기 시작했습니다. 시장이 오를 때 시장 대비 초과 상승했던 주식을 샀습니다. 베팅할 경주마는 이런 주식들이라는 사실을 알았죠. 되도록 시장이 하락하는 날 이런 주식들을 샀습니다. 전에 샀던 비우량 주식들은 1년에 5포인트만 올라도 운이 좋다고 생각했을 텐데, 이런 주식들은 보통 일주일에 5포인트씩 올랐습니다.

활발한 영업활동의 먹잇감이 될 때가 유일한 문제였습니다. 월스트리트에서 가장 위험한 것이 뛰어난 언변에 현혹되는 것입니다. 저는 몇몇 훌륭한 세일즈맨들과 일했습니다. 그들은 "스튜어트, 이건 꼭 봐야 해"라고 말하곤 했죠. 가끔 마음이 약해지면 지금까지 잘해왔고, 투기성 매매를 할 여유자금도 조금 있다고 스스로 합리화하곤 했습니다. 이번에도 잘될 테고, 혹시 안 되더라도 빨리 팔고 나오면 된다고 생각했어요. 그러다 얼떨결에 20~30퍼센트 손실을 보기도 했죠. 저는 두고두고 배워야 한다고 생각합니다.

지금도 정보에 쉽게 영향을 받는다고 생각하시나요?

물론입니다. 도박을 하려는 충동도 어느 정도 있어서 오래 전부터 이 욕구를 작게나마 충족시킬 필요가 있다고 생각했습니다. 그래서 투기성 매매 용도로 적은 금액을 따로 확보해두었습니다.

투기성 매매에서는 돈을 벌었나요, 아니면 잃었나요?

거의 본전이었어요.

어떻게 주식중개인에서 펀드 매니저로 변신하셨나요? 말이 나와서 말인데, 콜드 콜로 계약을 성사시킨 적이 있으신가요?

영업하는 방법을 배우게 되면서 마침내 주식중개인으로서도 괜찮은 실적을 내기 시작했습니다.

어떻게 팔아야 하나요?

고객이 무엇을 원하는지 파악하고 거기에 맞춰 '상품'이 아니라 '판매 전략'을 구상해야 합니다. 상품이 아니라요.

고객은 무엇을 원했나요?

즉각적 만족감, 흥분, 구미가 당기는 이야기, 많은 사람이 나와 같은 주식을 산다는 것을 알았을 때 느끼는 위안, 주가가 오를 수많은 이유 등입니다.

자격이 안 되는 주식이라도 가능한 좋아 보이게 하려고 노력하셨나요?

물론이죠. 그게 바로 주식중개인이 하는 일입니다.

불확실한 것을 확실한 것처럼 말하는 일이 마음에 걸리지는 않으셨나요?

물론 그랬지만 완전히 거짓말은 아니었습니다. 주가가 오를지 내릴지는 전혀 알 수가 없었으니까요. 그렇지만 굉장한 윤색이 가해졌죠. 얼마 후에는 더 이상 감당할 수가 없었어요.

어떻게 그만두셨나요?

제 개인 계좌를 잘 운용하게 된 후 회사가 추천하는 아이디어뿐만 아니라 제 개인적인 아이디어도 일부 추천하기 시작했어요. 그때 제 방식을 좋아하던 한 고객이 자신의 회사에서 자금을 운용하는 일을 제안해서 절 구제해주었죠. 제가 정말 원했던 일이었어요. 그 일자리를 얻지 못했다면 그만두었을 겁니다. 아침에 눈을 떴을 때 더는 못 하겠다는 생각이 드는 그 시점에 다시 와 있었거든요.

어떤 회사였나요?

3억 달러 규모의 기관 계좌를 운용하는 등록된 투자 자문사였어요. 투자 방식에 관한 고유의 전략이 있었습니다.

매매 결정을 직접 내릴 수 있었나요, 아니면 회사가 정한 지침을 따라야 했나요?

제가 원하는 어떤 주식이든 살 수 있었지만, 우선 회사가 정한 투자 요건을 충족해야 했어요.

어떤 요건이었나요?

주가수익비율^{price-to-earnings ratio, PER} 15배 미만이어야 했어요. 연간 이익성장률은 최소 20퍼센트 이상이고요. 재무제표와 유동성 요건도 충족해야 했습니다.

그런 제약은 도움이 되었나요, 아니면 방해가 되었나요?

투자할 수 있는 기업군이 크게 줄어들었기 때문에 커다란 장애물이었어요.

그런 방침 때문에 어떤 주식들을 놓치셨나요?

마이크로소프트^{Microsoft}나 시스코^{Cisco}를 살 수도 있었는데, 대신 노벨^{Novell}이나 쓰리컴^{3Com}을 사야 했죠.

PER이 15배 이상이었기 때문에요?

그렇죠.

PER이 낮은 주식을 사는 투자 전략에 문제가 있었다고 보시나요?

꼭 그렇지는 않습니다. 저라면 절대 그런 전략을 세우지 않겠지만, 모든 우수한 전략은 엄격히 고수하기만 하면 효과가 있다고 생각합니다.

자기 계좌로 매매하는 주식에 대해서도 제약이 있었나요?

회사 고객을 위해 매수한 주식과 동일한 것만 아니면 어떤 주식이든 살 수 있었습니다.

자기 계좌와 회사를 위해 운용한 계좌의 수익률 차이는 어땠나요?

회사 계좌를 운용한 연평균 수익률은 15~20퍼센트였지만, 제 개인 계좌에서는 연평균 100퍼센트 이상 수익을 올렸습니다.

경영진에게 "보세요. 아무런 제약 없이 제 개인 계좌를 운용한 결과입니다. 회사 계좌도 같은 방식으로 운용하게 해주십시오"라는 제안은 해보셨나요?

물론이죠. 하지만 경영진은 자신들의 특정한 철학을 따르도록 회사를 이끌었고, 바로 그 점이 고객들의 믿음을 샀습니다. 투자자들이 제일 싫어하는 것 중 하나가 전략을 바꾸는 것이니까요.

하지만 저는 효과가 있을 것 같으면 어떤 새로운 전략이든 적용하려고 노력했습니다. 결국 제 계좌에는 충분한 자금이 모였고, 독립할 수 있게 되었죠. 130만 달러 규모의 펀드로 시작했는데, 그 가운데 절반은 제 자금이었습니다.

투자자들은 어떻게 모았나요?

순전히 입소문이었습니다. 마케팅은 전혀 하지 않았어요.

완전히 단독으로 일하고 계신데 1억 5,000만 달러 규모 헤지펀드로서는 놀라운 일입니다. 어떤 도움도 받지 않으시나요?

이틀에 한 번씩 출근하는 비서가 있어요.

그게 전부인가요? 도움이 필요하지 않으신가요?

지난 해 한 사람을 고용했는데 좋은 사람이었고, 지금은 독립했습니다만, 제게는 맞지 않는다는 걸 곧바로 알았죠.

어째서죠?

같은 사무실에서 다른 의견으로 부딪친다는 것은 굉장히 불안정한 일이라는 것을 알았죠. 제 문제는 쉽게 외부의 영향에 휘둘린다는 것입니다. 매일 저를 위해 일하는 누군가가 있다면 저는 더 이상 스스로 결정을 내리지 못하고, 그 사람에게도 운용을 맡기게 될 겁니다. 저는 조용한 것을 좋아합니다. 하루 종일 전화로 이야기하는 것만으로도 충분해요. 주가가 하락하는 이유를 합리화하는 위원회나 단체회의, 조언은 필요하지 않습니다. 비서가 격일로 출근하는 덕분에 이틀에 하루는 온전히 혼자 지내면서 이렇게 앉아 새로운 구상을 할 수 있다는 것도 좋습니다.

저도 집에서 일을 하기 때문에 그 점은 완전히 이해합니다. 선생님은 혼자서 일할 때 완전히 열중할 수 있는 것 같습니다.

정확합니다. 바로 그런 이유 때문에 혼자 있기를 좋아하죠. 하지만 "이 많은 돈을 어떻게 혼자서 운용합니까? 회사를 더 키우고 싶지는 않습니까?" 다들 이렇게 묻죠.

그 사람들에게는 뭐라고 대답하시나요?

지금까지는 내게 잘 맞는다, 내게는 얼마나 큰돈을 운용하는지가 아니라 얼마나 잘 운용하는지, 그것 하나만 중요하다고 말합니다.

그동안의 실적이면 더 많은 자금도 쉽게 끌어 모을 수 있으실 텐데요.

그렇게 하면 모든 걸 망칠 겁니다. 지금까지의 실적을 유지할 단 한 가지 방법은 자산에 압도되지 않는 겁니다. 어느 한 분기에 좋은 수익률을 내면 운용하는 돈의 규모도 커지겠죠. 이처럼 자본가치상승^{capital appreciation}을 통해 성장함으로써 증가하는 운용자산에 걸맞게 저의 매매 방식도 진화시킬 수 있을 겁니다.

10억 달러로 20퍼센트 수익을 올리기보다는 1억 5,000만 달러로 50퍼센트 수익을 올리겠다는 말씀이신 것 같습니다.

그렇습니다. 실적이 좋고 자산을 급격히 늘리고 싶어 하는 사람들 대부분의 경우 첫해 성적이 최고 성적이 됩니다. 그다음부터는 내리막길이죠. 물론 벌어들이는 액수 자체는 크겠죠. 하지만 저는 매일 기분 좋게 출근하고 싶습니다. 고객들이 행복하길 바라고, 저의 자산이 꾸준히 성장하는 것을 보고 싶어요. 쇠퇴하는 사업으로 돈을 벌어 호화로운 생활을 하고 싶지는 않습니다. 저는 간접비 지출이 거의 없는 만큼 여전히 큰 이익을 냅니다. 탐욕을 부릴 필요는 없습니다.

파산 직전까지 갔던 경험이 성공에 도움이 되었다고 생각하시나요?

물론이죠.

어떤 식으로요?

이 업계가 특이한 점은 그동안 제아무리 큰 성공을 거두었더라도 자존심이 앞선 잘못된 주문전화 한 건이 사업을 접게 만들 수 있다는 것입니다. 제가 그런 실수를 하지 않을 수 있었던 것은 어쩌면 바닥까지 떨어져 심연을 보았던 경험 덕분일 것입니다. 저는 상황이 얼마나 빨리 나빠질 수 있는지 알고 있습니다. 어떤 주식도 휴짓조각이 될 수 있어요. 그것을 깨달아야 해요.

잠재 고객을 설득할 때 저는 제 실수에 초점을 맞춥니다. 누구든 다른 사람과 함께 투자를 할 때는 상대방이 이미 자신의 돈으로 실수를 해보았고, 그래서 같은 실수를 저질러 또 돈을 잃게 되는 걸 원하지 않을 것이라고 생각합니다. 실수를 해본 적이 없는 사람은 위험합니다. 실수란 일어나게 마련이니까요. 이미 실수를 경험했다면 그런 실수를 다시 저지를 수도 있다는 것을 알고 좀 더 신중해질 수 있습니다.

앞서 경력 초반에 있었던 실수에 대해 이야기를 나눴습니다. 성공적이었던 최근 시기에는 어떤 실수가 있었습니까?

올해 제 판단이 옳다는 것을 주가 움직임을 통해 확인할 때까지 기다리지 못하고 큰 약세 포지션을 취했습니다.

맹목적으로 약세를 예상하신 이유는 무엇인가요?

저는 금리 상승을 크게 걱정했습니다. 과거에 금리 상승은 언제나 주가 하락으로 이어졌고, 올해에도 같은 양상이 반복될 것이라고 생각했죠. 하지만 시장은 다른 요소들에 집중했습니다. 고금리에 대한 공포를 시장에서 확인할 때까지 기다리지 못했고, 그래서 순식간에 돈을 잃었습니다. 3월에 7퍼센트를 잃었는데 한 달간 하락폭으로는 너무 컸죠.

떠오르는 또 다른 실수는 없으신가요?

1998년 1월에는 새로 기업공개IPO를 한 여러 소형주에 투자했는데, 모두 상장 후 첫 분기에 주가가 형편없었죠.

그때는 어떤 점이 실수였나요?

충분한 리서치 없이 유동성이 부족한 주식에 발을 들인 것이 실수였습니다.

그 주식을 매수한 이유는 무엇이었나요?

시장의 분위기였습니다. 시장은 '개념적 IPO(꿈과 이야기는 있지만 이익은 발생하지 않는 기업들)' 주식에 열광하고 있었어요. 이런 주식들은 분위기가 시들해지면 순식간에 70퍼센트 이상 하락할 수 있습니다. 마치 회오리바람이 포트폴리오를 휩쓸고 지나간 것 같았죠. 그달에만 12퍼센트 손실을 본 뒤 모두 청산하기로 결정했습니다. 18달러에 사서 2달러에 판 주식도 있었어요.

하락폭이 그렇게 컸다면 언젠가 반등할 때를 대비해 보유하는 편이 낫지 않았을까요? 청산한 주식들은 나중에 어떻게 되었나요?

반등하기는 했지만 큰 폭은 아니었어요. 그래서 그 주식들을 청산한 돈으로 애초에 샀어야 하는 주식들, 그러니까 훨씬 더 비싸고 좋은 회사들을 매수했습니다.

기존 철학과는 어긋난 결정을 하셨던 셈이군요?

네, 또다시 그랬죠. 3년 동안 약을 끊었다가, 다시 시작해도 괜찮다고 설득해줄 판매상에게 달려가는 마약중독자나 마찬가지였죠. 다른 사람들에게 설득을 당했다고 탓하려는 것은 아닙니다. 그럴듯한 이야기에 반응한 제 탓이었죠. 더 이상 그런 이야기를 근거로 매매하지 않는 법을 배우게 됐습니다. 다행인 것은 재빨리 방향을 전환해 제가 좋아하는 회사들을 매수했다는 것입니다. 그 분기가 끝날 때쯤에는 손실을 모두 만회했거든요.

이 사례는 이런 교훈을 담고 있겠군요. '같은 돈을 다른 곳에 좀 더 효과적으로 활용할 수 있는데도 손실이 발생하는 주식을 붙들고 있는 것은 실수일 수 있다. 그 주식이 훗날 반등하더라도 마찬가지다.'

그렇습니다. 포트폴리오를 깨끗이 정리하고 좋은 주식에 재투자해서 얻은 수익은 기존 주식들을 보유하고 최후의 반등을 기다렸다면 얻었을 수익보다 훨씬 많았습니다.

투자 대상 기업들과 직접 이야기를 나누십니까?

투자자문사에서 일할 때는 늘 기업방문을 했습니다.

도움이 됐나요?

거의 도움이 되지 않았어요. 회사가 제게 말해주는 것들은 다른 사람들에게도 이미 말해서 주가에 반영된 내용이거나, 거짓말이거나 둘 중 하나였습니다. 아주 드물게 가치 있는 정보도 있었지만 쓸모 있는 정보 하나를 얻기 위해 이 회사, 저 회사를 탐방하는 데 드는 기회비용이 막대했습니다.

경영진이 거짓말을 한 사례를 말씀해주실 수 있나요?

너무 많아서 기억할 수 없을 정도예요.

특히 심각했던 사례 하나만 말씀해주세요.

어텀소프트웨어(가명)라는 회사의 투자 설명회에 참석한 적이 있었습니다. 생전처음 듣는 굉장한 이야기였어요. 전 세계 컴퓨터 백업 시스템에 사용되는 소프트웨어를 만들었다고 했죠. 경영진은 아주 믿을 만하고 솔직해 보였어요. 주가는 비쌌지만 모멘텀이 큰 경주마라고 생각했어요. 그렇게 50만 주를 매수하자마자 거의 순식간에 주가가 곤두박질치기 시작했어요.

경영진에게 전화를 걸어 무슨 일이냐고 묻자 "저희도 모르겠습니다. 사업은 지난 달보다 훨씬 잘되고 있어요"라고 대답했습니다. 어느 날 낸터컷에 있을 때 전화가 걸려왔어요. 어텀이 사전발표를 통해 실망스러운 분기 실적을 예고했다는 소식이었죠. 그날 30달러에 장을 마감한 어텀 주식은 다음날 아침 7달러로 출발했습니다. 제가 회사에 물었을 때는 늘 "사업은 전에 없이 잘되고 있다"고 대답했으니 웃기는 일이었죠. 외부 투자자는 결코 진실을 알 수 없다는 사실이 입증된 겁니다.

주가가 뉴스에 어떻게 반응하는지 주의 깊게 관찰한다는 규칙을 무시한 사례인가요, 아니면 분명한 이유 없이 하락한 것인가요?

당시 고용주에게는 미안한 일이지만 그때는 그 교훈을 배워가는 중이었죠.

그 경험 때문에 경영진과의 대화에 완전히 열의를 잃으셨나요?

완전히 잃은 것은 아닙니다. 주가가 크게 하락하고 있는데, 아무도 회사와 이야기하려고 들지 않으면, 경영진에게 전화를 할 수도 있습니다. 그때쯤 되면 회사는 너무나 절박해서 누구와도 이야기하려고 할 테니까요. 저는 회사와의 만남에서 주가 반등을 일으킬 어떤 촉매를 찾기를 기대합니다.

성공하는 트레이더에게는 어떤 특징이 있을까요?

성공한 많은 트레이더는 감정을 드러내지 않고, 열심히 일하며, 자기규율을 따릅니다. 제게는 그런 점이 부족합니다. 저는 쉽게 감정적이 됩니다. 일을 열심히 하는 사람도 아니에요. 저는 자기규율에 철저하지도 못합니다. 제 경우에는 자신의 직감에 대한 확신, 그리고 직감을 재빨리 실행에 옮기는 행동력을 성공의 원인으로 꼽을 수 있습니다. 중요한 요인이죠.

결국 방아쇠를 당기는 능력만으로 다른 모든 단점을 상쇄할 수 있었다는 말씀이시군요.

정확해요. 아주 좋은 지적이십니다.

사람들이 주식시장에 대해 갖는 가장 큰 오해는 무엇일까요?

지금 주식시장에는 트레이딩으로 쉽게 생계를 이어갈 수 있다는 생각이 널리 퍼져 있는데, 그것이 가장 큰 오해입니다. 직장을 포기하고 트레이딩으로 생계를 유지할 수 있다고 생각하지만, 대부분 실망할 겁니다.

컴퓨터에 붙여두고 보시는 트레이딩 규칙이 있다면 무엇인가요?

- 인내하고 기회를 기다려라.
- 자신의 생각과 방식에 따라 매매하라.
- 절대 충동적으로, 특히 타인의 조언을 근거로 매매하지 마라.
- 하나의 사건이나 회사에 너무 큰 위험을 무릅쓰지 마라.
- 시장이 움직일 때는 더욱 집중하라.
- 반응하지 말고 예측하라.
- 외부 의견이 아니라 시장에 귀를 기울여라.
- 매매하기에 앞서 이익과 손실을 실현할 시점을 포함한 매매 과정 전반을 생각하라.
- 포지션에 대한 확신이 없다면 당장 정리하라.
- 시장의 보편적 예상을 거스르는 매매를 하라.
- 패턴인식pattern recognition을 통해 다음 상황을 예측하고 매매하라.
- 내일 이후를 보라. 6개월, 1년 뒤를 전망하라.
- 가격은 펀더멘털보다 먼저 움직인다.
- 시장이 데이터에 제대로 반응하지 않는다면 경고 신호다.
- 융통성을 가져라. 자신이 틀렸다면 인정할 수 있어야 한다.
- 누구든 틀릴 수 있다. 승자와 패자를 빨리 파악하라.
- 최초 매수비용이 아니라 전날 종가에서 하루를 시작하라.
- 물타기는 쉽지만 대개 잘못된 결정이다.

- 극단적 약세일 때도 매수하고, 극단적 강세일 때도 매도할 수 있어야 한다.
- 집중력을 흩트리는 것은 모두 제거하라.
- 자신감을 잃지 마라. 기회는 늘 다시 온다.

다른 사람과 함께 일할 마음은 전혀 없다고 하셨지만, 예를 들어 앞으로 5년 후에 영화업계에 뛰어들기로 결정하신다고 해보죠. 누군가 일을 이어받아 선생님 지침에 따라 투자하도록 훈련시킬 수 있을까요?

기본 원칙은 가르칠 수 있겠지만 제 방법을 복제하도록 가르칠 수는 없습니다. 제가 하는 일의 많은 부분은 경험과 본능에 근거하는데, 그건 사람마다 다른 특성이니까요.

어느 정도 재정적 성공을 이루신 뒤에도 계속해서 앞으로 나아가도록 이끈 동기는 무엇인가요?

성과라는 도전, 그리고 고객들이 경제적 안정을 이루는 데 기여했다는 굉장한 만족감이죠. 환상적인 일입니다. 제게는 많은 고객이 있고, 그중에는 저와 동년배인 분들도 있습니다. 그분들이 완전한 재정적 자립을 이룰 수 있도록 이끌었죠.

손실이 계속될 때는 어떻게 하십니까?

매매 규모를 줄입니다. 그렇게 하면 큰 수익을 올릴 수는 없지만, 큰 손실을 보지도 않거든요. '피트 스톱^pit stop^(자동차 경주 중 재급유, 정비 등을 위한 정차 구간-옮긴이) 같은 것이죠. 저도 재충전이 필요합니다. 재충전을 한 다음 큰 기회가 찾아왔을 때, 제때 그 기회를 잡을 수 있다면 그 사이에 매매 몇 건을 놓쳤다고 해도 아무런 영향이 없죠. 그런 기회는 늘 옵니다.

초보자들에게는 어떤 조언을 해주시겠습니까?

시작했으면 온 힘을 다하고, 그게 아니라면 아예 시작도 하지 마십시오. 잠깐 집적거려 본다는 태도로는 안 됩니다.

미처 나누지 못한 이야기 중에 꼭 들려주고 싶은 말씀이 있으신가요?

저는 사람들을 공정하고 정중히 대하는 것을 아주 중요하게 생각합니다. 어쩌면 저 자신이 뉴욕 트레이딩 룸에서 받은 부당한 대우에 대한 반작용일지도 모릅니다. 이유가 무엇이든, 사람을 대할 때 예의를 갖추려는 노력은 제게 긍정적 결과로 돌아오고 있습니다.

스튜어트 월턴에게는 트레이더가 되겠다는 불타는 열망도 없었고, 특별한 분석력이나 수학적 능력도 없었다. 매매 결정을 내릴 때는 쉽게 감정에 치우쳐 모든 것을 잃기도 했고, 자산 전부를 거의 날릴 뻔한 일도 여러 차례 있었다. 그렇다면 '눈부신 성공'까지는 아니더라도 성공 자체가 어떻게 가능했을까? 그 배경에는 다음 다섯 가지 요인이 있다.

- **끈기** | 실패를 반복해도 그만두지 않았다.
- **자기인식** | 월턴은 타인의 의견에 휘둘리는 것이 자신의 약점이라는 것을 인식하고, 이를 극복하기 위해 철저히 혼자서 일하는 방법을 택했다. 한편 정보성 조언에 솔깃해하는 투기 욕구를 충족하기 위해 혹시 잃더라도 큰 타격을 입지 않을 만큼의 자본을 따로 떼어 투기성 매매에 활용했다.
- **방법론** | 월턴은 시장에 대한 구체적인 철학과 방법론을 개발했을 때 비로소 성공했다.

- **융통성** | 월턴은 처음에는 우량주를 팔고 싼 주식을 샀지만, 시장에서 실제 관찰한 내용을 근거로 이 전략을 완전히 수정할 만큼 충분한 융통성을 발휘했다. 예전에 보유했다 매도한 주식이더라도 앞으로 상승세가 예상되면 주저하지 않고 앞서 매도한 가격보다 더 높은 가격에 되사기도 한다. 실수를 깨달으면 매수가격보다 낮은 가격이더라도 뜸들이지 않고 주식을 정리한다. 마지막으로, 월턴은 시장을 지배하는 분위기를 파악하고 그 판단에 따라 전략을 수정한다. 월턴은 이렇게 말한다. "어떤 해에는 모멘텀에 집중할 수도 있고, 또 다른 해에는 가치에 주목할 수도 있습니다."

- **진단 능력** | 위대한 트레이더들에게는 대부분 특별한 기술이나 능력이 있다. 월턴의 재능은 다른 사람들처럼 뉴스와 정보를 관찰하는 것뿐만 아니라 전체 시장의 방향을 분명히 예측하는 통찰력에 있다. 때로는 시장의 미래 추세를 눈앞에서 보는 듯하다. 시장을 진단하는 이런 능력은 배운다기보다는 타고나는 것에 가깝다. 예를 들어 지능이 같은 두 사람이 같은 의과대학에 들어가 똑같이 열심히 공부한 후 같은 병원에서 인턴을 한다. 그러나 타고난 재능 덕분에 어느 한 사람이 훨씬 더 뛰어난 진단 능력을 갖추는 것에 비유할 수 있다.

월턴의 사례는 일찌감치 경험한 실패가 훗날의 성공에 걸림돌이 되지 않음을 입증한다. 또한 자신만의 방법론을 개발하고 외부 의견을 차단하는 것이 매우 중요하다는 것을 보여주는 본보기이다.

: 스튜어트 월턴의 근황

월턴은 8년 동안 연간 세 자릿수의 놀라운 연간수익률(총수익률 기준)을 기록한 뒤 강세장이 한창 달아오를 때 트레이딩 세계를 떠났다. 그리고 약세장(2001년 1월)이 한창일 때 트레이딩에 복귀했다. 시장에 돌아온 뒤 21개월 동안 기록한 누적 손실은 S&P500 대비 6퍼센트 많고, 나스닥 대비 4퍼센트 적어 전체적으로 지수와 비슷했다. 이어지는 인터뷰에서는 급격히 돌아선 월턴의 수익률과 그 결과 달라진 그의 접근법에 관해 이야기했다.

8년간 이례적인 수익률을 기록하고, 1년 동안 안식년을 가진 뒤 끔찍한 손실을 경험하셨습니다. 어떻게 된 일이죠?

1999년 중반에 트레이딩을 그만두었을 때만 해도 나스닥은 아직 광적인 과열 상태는 아니었습니다. 연간 20퍼센트 넘게 올랐지만 제가 떠난 후 8개월 만에 추가로 75퍼센트 급등했죠. 주가가 폭발적으로 상승하고 시장은 도취에 젖었지만, 그 시기에 저는 매매를 하지 않았습니다.

시장이 지나온 과열 상태를 겪지 않았기 때문에 2001년에 돌아왔을 때는 2000년에 시장이 입은 정서적 타격이 어느 정도였는지 제대로 파악하지 못했습니다. 1990년대에 이리저리 시장의 리듬을 타며 성공을 거두었던 것이 그나마 가장 최근의 매매 경험이었죠. 하락세가 지속된다고 하니 베팅을 해서 큰 매매 기회를 노렸어야 했는데, 그렇게 하지 못하고 상승과 하락 양쪽에 걸쳐 있었어요. 뒤늦게 깨달았지만 시장을 보는 시각에 균형감각이 부족했던 것이 분명합니다.

수십 년 동안 신뢰할 수 있는 움직임을 보였던 많은 지표가 최근 약세장에서는 효과를 발휘하지 못하면서 수많은 전문 시장 참여자를 바보로 만들었죠. 문제는 우리들 대부분이 일생 동안 이런 식의 주식시장을 경험한 적이 없다는 것입니다. 거품붕괴의 후폭풍을 직접 겪은 사람은 거의 없습니다. 1930년대 미국이나 1990년대 일본이 현재 시장과 가장 유사한 사례일 것입니다.

지금의 약세장이 그런 극단적인 사례들처럼 장기화될 수도 있다는 의미인가요?

미국의 현재 경제 상황이 1930년대 미국이나 과거 10~15년간의 일본 경제 상황보다는 훨씬 양호하다는 점에서 제 비유가 완전히 적절하지는 않습니다. 그럼에도 제가 이렇게 생각하는 한 가지 이유는 1990년대 강세장의 기억을 완전히 지우기 전까지는 현재 주식시장의 문제가 제대로 해결되지 않을 것 같다는 점입니다. 시장에는 바닥에서 주식을 사 모으고, 특히 기술주를 매수하려는 사람들이 여전히 너무 많습니다.

일부 기술주의 경우 마이너스 실적, 대규모 부채, 높은 밸류에이션 등 펀더멘털 측면에서 보면 접근할 이유를 찾아보기 힘듭니다. 그런데도 이들 주식이 반등하면 여전히 많은 사람이 달려들죠. 어째서일까요? 1990년대 후반에 이 주식들이 어떻게 10달러에서 200달러까지 올랐는지 기억하기 때문입니다. 컴퓨터가 등장하던 시기의 타자기 회사들이 떠오릅니다. 타자기의 지배에 너무나 오랫동안 익숙해진 나머지, PC 혁명의 시작이 점점 분명해지는데도 불구하고 투자자들은 주가가 0이 될 때까지 스미스 코로나[Smith Corona]를 기꺼이 매수했습니다. 이와 같은 역학이 현재 기술 업종, 그리고 시장의 투기적 움직임을 조종하는 것으로 보입니다.

또 다른 예를 들어보죠. 2001년 9월 11일에 있었던 사건보다 더 무시무시하고 시장을 불안하게 할 만한 사건은 없을 것입니다. 그런데도 당시 시장은 과거, 특히 위기 때마다 여러 차례 경험한 극단적인 수준에 멀리라도 다가가지 않았습니다. 놀라운 일이었죠. 저는 그 과정이 끝나려면 오랜 시간이 걸릴 것임을 깨달았습니다.

2001년 9월 기록했던 저가가 최근 깨진 것처럼 상승 시도가 하나하나 실패하고, 시장이 신저가로 하락할 때마다 점점 더 많은 사람이 환상에서 깨어날 것입니다. 하지만 아직 극단적인 수준이 나타나지 않았다는 것은 약세장이 완전히 끝나기 전까지 이런 과정이 좀 더 반복되어야 한다는 뜻입니다.

극단적이라면, 극단적으로 낮은 밸류에이션을 말씀하시는 건가요?

네, 물론 2001년 9월 저점과 그보다 더 낮아진 2002년 7월 저점의 밸류에이션 수준은 그 전저점들과 비교하면 훨씬 높은 수준이었지만요. 극단적 감정 상태를 평가하는 척도인 상승 종목 수 대비 하락 종목 수도 살펴봐야 합니다. 이런 맥락에서 볼 때 9월 11일의 후폭풍 속에서, 그리고 2002년 7월에 시장이 기록한 저점은 과거 어떤 극단과도 닮은 점이 전혀 없었습니다. 이것이 제가 1990년대 나타난 과열 해소 과정이 좀 더 지속될 것으로 판단한 주요 이유 가운데 하나였습니다. 그럼에도 불구하고, 시장의 강력한 상승세가 3개월간 지속된다면 제 장기 전망과는 관계없이 그 반등에 동참하고 싶습니다.

시장이 중기 상승세에 들어섰는지, 아니면 일주일짜리 반짝 상승을 시작한 것인지는 어떻게 구분하시나요?

기술적 관점에서 많은 추세선이 무너지고 주식의 거래량이 늘어나는지 봅니다. 또한 한 번에 한 종목을 하루만 살펴보는 방식으로 시장에 접근합니다. 단순히 '3개월 동안 이어질 상승세를 노릴 때'라거나, '매수 포지션을 마음껏 쌓을 적기' 같은 말을 하려는 것이 아닙니다. 어떤 주식의 펀더멘털이 양호해 보이고, 그 주식과 해당 업종의 주가가 기술적으로 좋은 움직임을 보이며, 시장의 전반적 기조도 개선되고 있다면 저는 포지션을 취할 것입니다. 그리고 이런 요소가 크게 악화되지 않는 한 되도록 오랫동안 포지션을 유지할 것입니다.

늘 손절stop-loss주문을 활용하십니까?

네.

2001년에 손절주문이 도움이 되지 않은 이유는 무엇인가요?

손절주문을 활용했지만 끔찍한 한 달을 보냈습니다. 2월에만 전체 포트폴리오가 두 번이나 자동청산stop out되었죠. 선도 기업들마저도 50~70퍼센트 하락했습니다. 그래서 이 주식들을 가득 사서 담았는데 순식간에 추가로 10퍼센트 더 하락해 자동청산 당했습니다. 같은 달 후반에 같은 조합으로 매매를 시도했는데 또다시 자동청산되었습니다. 지금은 개별 주식을 손절할 때 뿐만 아니라 포트폴리오 차원에서 위험을 통제합니다. 어느 달에 포트폴리오 가치가 5퍼센트 하락하면 위험노출을 줄이고, 10퍼센트 하락하면 완전히 현금화합니다.

포트폴리오 차원에서 위험에 충분히 주목하는 데 실패한 것 외에, 트레이딩에 복귀한 뒤 저지른 최악의 실수는 무엇인가요?

약세장에서 수익과 위험의 균형이 얼마나 급격히 달라질 수 있는지 인식하지 못했습니다. 예를 들어, 충분한 리서치를 통해 어떤 제약회사의 신약이 미국 식품의약국FDA의 승인을 받을 확률이 80퍼센트라고 판단했고, 그래서 그 회사가 마음에 들었다고 해보죠. 확률을 제대로 판단했다고 해도 현재와 같은 약세장에서는 나쁜 베팅이 될 수 있습니다. 승인 결과가 긍정적일 때 주가의 상승폭은 겨우 5퍼센트에 불과하겠지만, 부정적인 결과가 나왔을 때는 주가가 50퍼센트 하락할 수도 있기 때문입니다.

2001년의 힘든 경험을 통해 얻은 가장 중요한 교훈은 무엇입니까?

유리한 매매를 하는 것이 중요하다는 사실입니다. 그렇지 않으면 굳이 매매를 하지 않습니다.

지금은 매매를 덜 하시나요?

네, 극단적으로 덜 합니다. 헤지펀드를 운용하던 시기의 매매를 다시 검토한 결과 회전율이 최고에 달했던 시기에는 실질적인 성장이 전혀 없었다는 사실을 알았습니다. 돌아보면 그 시기는 감정이 최고로 격렬했던 시기와 일치합니다. 감정에 휘둘리다 보면 회전율이 지나치게 높아지고 잘못된 결정을 내리기 쉽습니다. 즉흥적인 결정을 여전히 좋아하기는 하지만, 이제는 매매를 결정하기에 앞서 더 많은 정신적 훈련을 거칩니다.

다양한 정보의 조각으로
시장의 변화를 읽다

스티브 왓슨Steve Watson

스티브 왓슨에게 위험을 감수하는 일이 문제가 된 적은 없었다. 그는 어린 시절 여름마다 마치 의례처럼 오자크 산지에서 사촌과 함께 뱀을 잡던 일을 애틋하게 회상한다. 왓슨이 열한 살이 되던 해, 그 전까지 독이 없는 뱀을 잡았던 두 사람은 독사를 잡으면 '재미있겠다'라고 생각했다. 독을 품은 커다란 물뱀 두 마리가 그들의 눈에 띄었다. 두 사람은 긴 나뭇가지를 이용해 각자 한 마리씩 꼼짝 못하게 찍어 누르고 머리 바로 밑을 세게 움켜쥐었다. 강에서 1.6킬로미터쯤 아래에 있는 오두막으로 얼른 달려가 아버지께 오늘의 포획물을 당당하게 보여드리고 싶었다.

뱀이 움직이지 못하도록 머리를 단단히 움켜쥐느라 저릿해진 팔에 뱀을 칭칭 감고 얕은 강을 따라 철벅거리며 800미터 정도쯤 내려오자 생각이 달라졌다. "별로 좋은 생각이 아닌 것 같아." 두 사람의 의견은 일치했다. 더는 뱀을 움켜쥐고 있을 수 없었던 둘은 강물에 뱀을 던지고 반대쪽으로 잽싸게 달렸다. 이것과 비교하면 주식을 사고파는 일은 분명히 지루해 보인다.

왓슨은 모든 면에서 기꺼이 위험을 감수해왔다. 트레이딩이라는 목표에 맞지 않는 길을 택했다는 생각이 커지면서 그는 주식중개인이 된 지 2년 만에 일을 그만두고 뉴욕으로 떠났다. 기댈 만한 업계 인맥도, 지원할 일자리도, 든든한 이력서도 없는 상태에서 내린 결정이었다. 사실 스티브 왓슨에게 도전에서 성공을 기대할 논리적 근거는 투지 말고는 전혀 없었다. 몇 년 뒤 왓슨은 안정적으로 일하던 대형 펀드를 그만두고 자신의 헤지펀드를 설립했다. 사무실을 빌릴 돈도 없이 사업을 시작했다.

하지만 트레이딩에 있어서만큼은 달랐다. 왓슨은 위험을 기꺼이 감수하지만 모험을 하지는 않는다. 그는 "어느 정도의 위험은 기꺼이 감수해야 합니다. 그렇지 않으면 절대로 방아쇠를 당기지 못해요"라고 말한다. 그러면서도 위험은 강력히 통제하는 것이 옳다고 믿는다. 그의 순매수 포지션 규모는 대개 자산의 50퍼센트 미만이고, 실제로는 그보다 훨씬 더 작은 경우가 일반적이다. 4년 반 전 자신의 펀드를 출범한 이후 최대 자본인하율drawdown(고점에서 다음 저점까지 자본 하락폭—옮긴이)은 4퍼센트 미만에 불과했다. 이는 수수료를 제한 그의 월평균 수익률과 같은 수준이다. 위험 대비 수익률 기준으로 이런 실적은 펀드매니저들 가운데 최상위권에 속한다.

『시장의 마법사들Market Wizards』을 준비하며 인터뷰를 진행하는 동안 얻은 중요한 교훈이 있다. 성공한 트레이더들은 예외 없이 자신의 성격에 맞는 매매 방법을 활용한다는 것이다. 왓슨은 다른 사람들과 소통하면서 그들에게서 정보를 얻는 접근법을 택했는데, 그의 느긋한 성격과 잘 맞는 방식이다. 전혀 모르는 사람들에게 이야기를 나눌 시간을 얻어내는 일이 어렵지는 않았는지 묻자 그는 이렇게 답했다. "아버지는 한없이 좋은 분이셨습니다. 아버지께서 가르쳐주신 것 중 하나가 '가장 친한 친구를 대하듯 모든 사람을 대하라'는 것이었죠. 그런 태도로 다가가면 대부분 사람들이 도움을 주려고 한다는 것을 알게 됐습니다."

맨해튼에 있는 그의 사무실 회의실에서 왓슨을 만났다. 그는 태도에 여유가 있었고 친절했다. 말투에서는 아칸소 주 출신임이 묻어났다.

➡

처음 주식시장에 흥미를 갖게 된 것은 언제였나요?

저는 〈월스트리트저널〉을 한 번도 읽은 적이 없을뿐더러, 단 한 주의 주식도 사본 적이 없고, 뮤추얼펀드에 투자해본 적도 없는 가정에서 자랐습니다. 대학에 가기 전까지는 주식시장에 대해 전혀 몰랐죠. 아칸소대학에 다닐 때 투자 과목을 수강하면서 흥미가 생겼습니다.

강의의 어떤 점이 흥미를 불러일으켰나요?

주식을 조사하고 분석하는 것이었습니다. 수업의 주요 과제였는데 종목을 하나 선택해 보고서를 쓰는 것이었죠. 저희 조는 부실문제를 겪고 있는 한 전기·가스 업종 회사를 선택했습니다. 자체 분석을 통해 형편없는 회사라고 결론을 내렸죠. 발표 시간에 그 회사를 낱낱이 파헤치겠다고 단단히 벼르고 있었어요.

발표 전날 조원 한 명이 근처 증권회사에 가서 이 기업을 어떻게 평가하는지 알아보자는 그럴 듯한 제안을 했습니다. 증권회사에서는 이 기업에 관한 온갖 긍정적인 평가를 제시하고 주식을 매수하라는 결론을 내린 화려한 보고서를 보여주었습니다. 저희는 투자 기초 과목을 수강하는 학부생에 불과했고, 그 사람들은 이 일을 직업으로 하는 만큼 저희가 틀린 것이 분명하다고 생각했습니다. 결국 보고서를 완전히 뜯어 고쳐서 긍정적인 결론을 이끌어냈습니다. 애초 생각과는 정반대의 결론이었죠.

다음날 그대로 발표를 했는데 교수님께 박살이 났습니다. 교수님은 "형편없는 회사야!'라고 소리를 지르시고는 그 결론을 뒷받침하는 근거들을 나열하셨죠. 모두 처음 저희가 작성한 보고서에 담긴 내용이었어요. 물론 저희는 아무 말도 할 수 없었죠(웃음).

그 회사 주가는 결국 어떻게 되었나요?
떨어졌죠. 그때 주식시장에 관한 첫 교훈이자, 가장 중요한 교훈을 배웠습니다. 자신의 신념을 고수하라는 것이죠.

그 과목 덕분에 주식시장에서 일하기로 결정하셨나요?
네, 대학을 졸업한 뒤 주식중개인이 되려고 댈러스로 이사 갔습니다. 제가 가본 유일한 대도시였죠. 저는 주식중개인이 되면 다른 사람들의 돈을 관리하고 하루 종일 주식을 사고팔 줄 알았습니다. 머지않아 주식중개인은 오히려 영업직에 가깝다는 것을 알게 됐는데, 솔직히 저는 형편없는 영업직원이었습니다. 가장 큰 고객을 확보하게 된 계기도 1987년 10월 주식시장이 폭락한 날 담당 중개인이 차마 고객과 이야기를 나눌 수 없어 전화를 피하는 와중에 유일하게 연락이 닿은 사람이 저였기 때문입니다.

그곳에서 2년쯤 일했을 때 아버지께 전화를 걸어 이런 말씀을 드린 기억이 납니다. "주식중개인 일이 마음에 들지 않아요. 애초에 사람들이 필요로 하지도 않는 것들을 팔겠다고 온종일 무작정 전화를 돌리는 일이 전부거든요."

감정을 말로 표현하고 나니 일을 그만두겠다는 결정을 내리기도 수월했습니다. 제가 정말로 하고 싶은 일은 자금 운용이라는 것을 알았죠. 제 목표에 근접한 일을 찾기 위해 뉴욕 시로 이사했습니다.

중개인 시절 종목 선택은 성공적이셨나요?
아니요, 전혀 성공적이지 못했죠.

그럼 운용을 성공적으로 해낼 수 있다는 자신감은 어떻게 갖게 되셨나요?

곧바로 운용 업무를 맡게 되리라고는 기대하지 않았어요. 우선 그 분야에 발을 들여놓고 싶었죠. 저는 일단 무엇을 하기로 결정하면 어떤 장애물이 있더라도 반드시 성공하고야 말겠다고 다짐합니다. 그런 태도가 아니었다면 결코 해내지 못했을 겁니다.

뉴욕에서는 아는 사람도 전혀 없었고, 아칸소대학의 졸업학점 2.7과 2년간의 주식중개인 경력은 누구에게도 깊은 인상을 줄 만한 것이 아니었습니다. 하버드대학을 졸업하고 골드만삭스에서 인턴을 한 사람들과 경쟁이 되지 않았죠. 그래서 고생을 좀 해야 했어요. 보험회사에 들어가서 신용분석을 했는데, 원래는 공과금이라도 벌자는 생각이었지만 분석 경험을 쌓으려고 했던 측면도 있었습니다. 뉴욕대학교 경영대학원에 지원했지만 입학은 못 했어요. 포드햄대학교에 한 학기를 등록해 좋은 성적을 받은 후 학교를 옮겼습니다.

졸업한 뒤 마흔 명쯤 되는 헤지펀드 매니저들과 면접을 했는데 다른 사람들은 어떤 일을 하는지 대략 감을 잡을 수 있어서 도움이 되었습니다. 그렇게 뱅커스 트러스트Bankers Trust의 소형주 담당부서(시가총액이 작은 주식에 투자하는 부서)에서 일하게 됐어요. 경험은 없었지만 소형주에 대해 다른 사람들보다 잘 알았기 때문에 채용됐죠. 블룸버그 단말기로 새벽 3시까지 종목들에 관한 정보를 찾으며 보낸 날들이 셀 수 없이 많았죠. 그때 아마 시가총액이 3억 달러 미만인 거의 모든 상장주식에 대해 알았을 겁니다.

소형주에 집중하기로 결정한 이유는 무엇인가요?

저는 늘 소형주를 좋아했습니다. 마이크로소프트나 인텔 같은 주식으로는 제가 우위를 점할 수 없으니까요. 그런 기업들의 최고재무책임자CFO와는 통화를 할 수가 없죠. 저는 취직하기 전 대학에 다닐 때부터 최고재무책임자들에게 전화를 해서 회사에 관한 과제를 진행한다고 말하고 질문을 하곤 했습니다. 기업 보고서가 집 안에 산더미처럼 쌓였죠.

뱅커스 트러스트에서는 어떤 일을 하셨습니까?

빌 뉴먼의 오른팔이 되어 회사가 운용하는 소형주 펀드 두 개 가운데 하나를 맡았습니다. 그는 제게 굉장한 재량권을 줬어요. 어떤 아이디어가 좋다고 하면 그대로 적용하게 해주었죠. 제가 고른 종목들을 거의 반대하지 않아서 마치 제가 포트폴리오 매니저가 된 것 같았어요. 하지만 안타깝게도 그는 제가 합류한 지 3개월 만에 회사를 떠났습니다. 그의 후임과는 그리 잘 지내지 못했어요. 서로의 투자 철학이 충돌했거든요.

어떤 식으로요?

새로 온 상사는 빠르게 상승하는 고 PER 주식(수익 대비 주가배수가 큰 주식)을 사는 것이 옳다고 믿는 모멘텀 플레이어momentum player였습니다. 그의 종목 선정 능력은 제가 본 사람 중에 최악이었어요. 저는 가치주 매수와 기업에 대한 철저한 조사·분석이 옳다고 믿었고요. 결국 약 1년 반 뒤 그곳을 떠났습니다. 다시 한 번 월스트리트를 폭넓게 훑으며 구직활동을 했고, 브랜디와인 펀드Brandywine Fund를 운용하던 프리스 어소시에이츠Friess Associates에 들어갔습니다.

어떤 업무에 채용되셨나요?

위성 사무소에서 일했기 때문에 공식적으로는 컨설턴트였습니다. 본사는 델라웨어 윌밍턴에 있었고, 저는 맨해튼에서 일했습니다. 프리스 어소시에이츠에서는 모두가 리서치 담당 애널리스트이자 포트폴리오 매니저였습니다. 그들은 '여물통의 돼지'라고 일컫는 접근법을 활용했습니다. 마음에 들고 사고 싶은 주식을 발견하면 다른 한 사람을 설득해 보유한 주식 하나를 정리하도록 하죠. 그렇게 포트폴리오에 자리를 만드는 겁니다. 돼지가 여물통의 자리를 차지하려면 다른 돼지 한 마리를 밀어내야 하는 것처럼 말이죠.

프리스 어소시에이츠에서는 얼마나 일하셨나요?
2년 정도요.

왜 그만두셨나요?
펀드 자산이 빠르게 증가했습니다. 저는 소형주를 좋아했어요. 하지만 펀드 자산의 규모가 너무 커지면서 소형주에는 신경을 쓸 수가 없었고, 펀드의 초점은 거의 일방적으로 중형주와 대형주 위주로 옮겨갔습니다. 하지만 중·대형주의 경우는 최고재무책임자를 섭외하고 질문하기가 훨씬 어렵습니다. 또한 자산이 증가하면서 애널리스트 수도 늘어났습니다. 애널리스트가 열다섯 명이나 되면 제 개인 실적은 펀드에 그다지 큰 영향을 미치지 못합니다. 저는 펀드의 실적을 제가 통제하는 상황을 원했습니다. 그래서 회사를 나와 직접 펀드를 설립하기로 결정했습니다.

직접 펀드를 설립할 자금은 어떻게 구하셨나요?
당시 제 이름으로 된 재산은 2만 달러가 전부였습니다. 예전에 몇몇 최고재무책임자들의 개인 투자용으로 조언을 한 적이 있는데 추천 결과가 아주 좋았습니다. 그 최고재무책임자들을 방문했습니다. 그렇게 모집한 자산은 단 7만 달러에 불과했습니다. 세계 최악의 영업직원이죠. 하지만 그 정도면 펀드를 설립하기에 충분했습니다.

운영비는 어떻게 충당하셨나요?
운이 아주 좋았습니다. 사무실을 빌려주신 에드 맥권이라는 분이 제 출발에 도움을 주고 싶어 하셨어요. 제가 임대료를 내기 힘든 상황이라는 것을 알고 작은 사무실을 무료로 사용할 수 있도록 해주셨죠. 가로 3.7미터, 세로 1.5미터 크기로 평생 본 것 중에 가장 작은 사무실이었지만, 무척 감사한 일이었어요. 게다가 블룸버그 월 사용료까지 내주셨죠.

펀드 매니저로 일하신 첫해 동안 주식 순편입비중net exposure을 예정보다 두 배 정도로 크게 확대하셨습니다. 어떤 이유였나요?

첫해에는 운용자산 규모가 100만 달러 미만이었기 때문에 위험보상비율risk/reward에 대한 관점이 달랐습니다. 주식 순편입비중을 자산의 70~80퍼센트까지 끌어올렸고, 개별 포지션 규모는 자산의 5~6퍼센트 수준까지 높였습니다. 그 결과 그해 세 자릿수 수익률을 기록했습니다.

매수할 종목은 어떻게 선정하시나요?

저희는 두 개 펀드를 운용합니다. 하나는 시가총액 3억 5,000만 달러 미만의 기업에 투자하는 초소형주 펀드고, 다른 하나는 시가총액이 3억 5,000만 달러에서 15억 달러 사이인 기업에 투자하는 소형주 펀드입니다. 두 펀드 모두 PER 8~12배 사이에 거래되는, 상대적으로 싼 종목을 찾는 것에서 시작합니다. 이렇게 찾은 종목들 중에서 투자자들의 인식이 막 바뀌려고 하는 기업들을 가려냅니다. 지금은 문제가 있지만 곧 사업이 호전될 것으로 예상되는 기업입니다. 다른 사람이 알기 전에 이런 정보를 찾아내려고 노력합니다.

어떤 방법을 이용하시나요?

수없이 전화를 겁니다. 저희 회사가 대다수 헤지펀드와 다른 점은 기업과 이야기하는 데 주안점을 둔다는 것입니다. 직원 2명은 전체 업무 시간의 4분의 3을 회사 경영진과 전화통화를 예약하는 데만 씁니다. 리서치 직원 다섯 명은 사실상 하루 종일 각 기업에 전화를 걸어 최고재무책임자와 이야기를 나눕니다.

이 업계에서는 신제품이 나오고 성공할 때까지 기다릴 수 없습니다. 그때쯤이면 주가가 세 배는 더 뛰어 있을 겁니다. 우리는 직접 리서치를 해서 부가가치를 창출하려고 합니다. 밸류에이션이 희석되어 PER이 8~12배에 불과한 주식을 사면 어떤 것이든 의미 있는 변화가 나타났을 때 주가는 크게 영향을 받을 수 있습니다.

최고재무책임자는 회사에 관해 장밋빛 전망을 내놓는 경향이 있지 않나요?

물론 그랬죠. 그들이 하는 말을 절대적인 판단 근거로 삼으면 안 됩니다. 최고재무책임자도 사람이기 때문에 사업이 얼마나 잘되고 있는지 과장하려는 경향이 있습니다. 하지만 저희는 유통업자, 고객, 경쟁사와도 이야기합니다. 어떤 주식을 매수해 보유하려고 하면 해당 기업은 물론, 그 기업의 제품을 판매하고 사용하는 사람들과도 이야기합니다.

전화 면담에 관해 리서치 직원들에게 어떤 점을 교육하셨나요?

상대를 자기편으로 만들어야 합니다. 최고재무책임자에게 틀렸다거나, 사업을 어떤 식으로 해야 한다고 가르치려고 들면 절대 안 됩니다. 그렇게 하면 다시는 통화를 할 수 없습니다. 질문하는 방식도 적절해야 합니다. 최고재무책임자에게 "이번 분기 이익은 어떨까요?" 하는 식으로 직접적인 질문을 해서는 안 됩니다. 말해줄 수 없을 것이 분명하니까요. 그 대신 경쟁사에서 출시할 예정인 제품이 회사에 어떤 영향을 미칠지 묻는다면 어느 정도 유용한 정보를 얻을 수 있습니다. 우리는 탐정입니다. 널리 알려지지 않은 정보를 찾아내 조각을 일일이 맞춰 유리한 위치를 차지하는 것이죠.

주식을 매수할 때 또 어떤 점을 보시나요?

낮은 가격과 즉각적인 변화 가능성 두 가지를 주로 봅니다. 그밖에 내부 경영진이 회사 주식을 사들이고 있다면 회사 전망이 개선될 가능성을 확인해주는 것으로 도움이 됩니다.

내부자 매수는 늘 참고하는 요소인가요?
네, 하지만 활자로 남기고 싶지는 않네요.

어째서죠?
비법을 누설하고 싶지 않으니까요.

하지만 내부자 매수는 엄밀히 말해 비법이 아닙니다. 사실 이 책을 준비하면서 진행한 다른 여러 인터뷰에서도 이미 등장했거든요.
월스트리트에서 두 차례 일자리를 구하면서 총 여덟 개나 되는 회사에서 면접을 봤습니다. 그때 차트와 증권사에서 제공하는 정보(증권사의 리서치 자료)를 이용하면서도 내부자 매수에 관한 정보를 이용하지 않는 헤지펀드 매니저들이 굉장히 많다는 것을 알고 깜짝 놀랐죠. 사실 많은 매니저가 제게 내부자 매수 정보를 이용하는 것은 어리석은 일이라고 말했어요(웃음).
주식투자는 정밀과학이 아닙니다. 참고할 정보가 많으면 많을수록 이길 가능성도 커지죠. 회사와 이야기하지 않는 것보다는 회사와 이야기하는 것이 옳은 투자 결정을 내릴 가능성을 커지게 합니다. 마찬가지로 내부자 매수가 주가 상승을 보장하지는 않지만, 내부자 매수를 하는 회사에 초점을 맞추면 이길 확률은 분명히 높아집니다.

차트나 월스트리트의 리서치 자료는 이용하지 않는다는 뜻인가요?
저희 펀드는 단 한 번도 차트를 보지 않고 99퍼센트의 주식을 매수했습니다.

차트를 이용하지 않는 이유는 무엇인가요? 시도를 했지만 아무 쓸모가 없었기 때문인가요, 아니면 그런 방식의 리서치를 아예 시도해보지 않았기 때문인가요?

차트를 이용하는 사람들이 너무 많습니다. 너무 많은 사람이 이용하는 접근법으로는 경쟁에서 우위를 차지할 수 없다고 생각합니다.

증권사 리서치 자료는 어떤가요. 절대로 이용하지 않으시나요?

애널리스트들의 이익추정은 참고합니다. 어떤 기업이 사람들의 인식보다 잘하고 있는지, 아니면 기대에 못 미치는지를 알아내는 것도 제 업무의 일부이니까요. 하지만 증권사 애널리스트에게 의견을 구하기 위해 전화를 건 적은 단 한 번도 없습니다. 오해는 하지 마십시오. 훌륭한 애널리스트들도 있습니다. 결국 제 철학의 문제입니다. 직접 조사·분석해서 언제 들어가고 나올지 스스로 결정을 내리는 것이 훨씬 더 가치 있는 일이라는 것이 제 철학이죠.

애널리스트의 추천에 따라 매수한 어느 기업의 주식이 갑자기 20퍼센트 하락하면 저는 정보를 구하기 위해 그 애널리스트에게 의지하게 되겠죠. 애널리스트에게 전화를 걸어 "아무 문제없습니다"라는 말을 듣고 나서 해당 기업 최고재무책임자와 통화해보려고 해도 누구인지도 모르는 제게 회신전화를 해주지 않을 겁니다. 제가 전화를 기다리는 동안 최고재무책임자는 그동안 관계를 쌓아온 사람 열 명과 통화하겠죠. 만일 제가 그 회사와 관계를 쌓아왔다면 그가 첫 회신전화를 하는 상대가 바로 제가 될 수도 있을 겁니다.

또 다른 측면에서 보면 증권사에서 수행하는 리서치는 편향되는 경향이 있습니다. 투자은행 관계에 영향을 받는 것이죠. 어느 증권사가 주식인수로 수백만 달러를 번다면, 그 증권사의 애널리스트로서는 해당 회사에 중대한 문제가 있다고 생각한다고 해도 매수가 아닌 다른 의견을 내기가 매우 곤란할 것입니다. 저희 회사 리서치 담당 애널리스트들 가운데 증권사 애널리스트들과 친한 사람들이 있는데, 좋아하지 않는 주식을 추천하라는 압박을 받는 것을 봤다고 합니다.

PER 8~12배 사이에 거래되고 펀더멘털도 마음에 드는 주식이 있다고 가정했을 때, 그 주식을 언제 매수할지는 어떻게 결정하십니까? 차트는 절대 보지 않는 다고 하셨으니, 시기를 결정할 때 기술적 분석은 분명히 활용하지 않으실 것 같습니다.

주가를 더 오르게 하는 촉매가 있어야 합니다.

매수 결정을 서두르게 했던 촉매가 있었던 사례를 말씀해주세요.

아메리곤Amerigon을 예로 들어보죠. 2주 전 이 회사는 포드자동차Ford Motors와 5년간 통풍시트 공급 계약을 체결했다고 언론에 발표했습니다. 자세한 계약 규모는 발표하지 않았죠. 하지만 저희는 아메리곤뿐만 아니라 포드 쪽 사람과 이야기한 후 계약 규모가 엄청나다는 것을 알았어요. 아메리곤이 다른 자동차 회사와도 비슷한 계약을 추진하고 있다는 사실도 알았습니다.

또 어떤 것이 촉매가 될 수 있을까요?

강력한 수익률 개선으로 이어질 수 있는 변화입니다. 저희가 매수 포지션을 취한 기업 가운데 헤어드라이어 같은 개인생활용품 제조업체인 윈드미어Windmere 가 있습니다. 이 회사는 작년에 블랙앤드데커Black&Decker의 한 사업부를 인수하면서 과도하게 높은 가격을 지불했습니다. 인수한 사업부에서 발생하는 많은 영업비용은 이익에 걸림돌로 작용했습니다. 저희는 최근 이 회사의 주식을 샀습니다. 회사가 수익성이 없는 설비 가운데 일부를 폐쇄할 계획이라는 것을 알게 되었는데, 이는 비용 절감과 예상보다 좋은 분기실적으로 이어질 조치였기 때문이죠.

또 어떤 촉매가 있을까요?

신제품이 촉매가 되기도 합니다. 지난해 저희에게 가장 큰 수익을 가져다준 종목 가운데 LTXX라는 반도체 회사가 있습니다. 이 회사가 신제품을 내놓았는데 저희는 이 회사 고객사와 나눈 이야기를 통해 매출이 아주 좋을 것이라는 사실을 알게 됐죠. 신제품 매출은 아직 실적 보고서에 반영되지 않았기 때문에 월스트리트에서는 알아차리지 못했죠. 회사가 예상보다 좋은 실적을 발표하기 시작하면서 주가가 급등했습니다.

매수한 주식이 오르면 포지션 청산은 언제 하십니까?

너무 빨리요(웃음). 저희는 늘 두루 돌아가며 순환매rotation를 합니다. PER 10배에 매수한 주식이 상승할 경우 보통 PER 20배쯤 되었을 때 청산합니다. 그 자금을 비슷한 다른 주식으로 순환 투자해서 포트폴리오의 위험보상비율을 가능한 한 낮게 유지합니다. LTXX가 좋은 사례입니다. 저희는 이 회사를 약 5달러에 매수하기 시작해서 주가가 15달러로 올랐을 때 정리했습니다. 회사의 이익 전망은 여전히 긍정적이었지만 말이죠. 오늘 LTXX는 45달러에 거래되고 있습니다. 이런 경우가 꽤 자주 있죠. 하지만 주식 청산을 지나칠 정도로 서두르는 이런 특성은 시장이 하락할 때 도움이 됩니다. 시장이 조정받을 경우 타격이 가장 큰 고 PER 주식에 대해 매수 포지션을 취하고 있지 않기 때문이죠.

매수한 주식이 좀처럼 움직임이 없을 때는 어느 시점에 청산을 결정하시나요?

묶인 투자금이 죽은 돈dead money처럼 보이고, 애초에 기대했던 일이 일어나지 않으면 그때는 아마 새 출발하는 편이 나을 겁니다.

그러니까 포지션에 진입한 이유가 더 이상 유효하지 않은 것이 분명해지면 청산하시는군요?

그렇기도 하고, 더 좋은 아이디어가 있기 때문이기도 합니다. 저희가 운용하는 자금은 유한합니다. 따라서 늘 최고의 아이디어에 투자한 상태여야 하죠.

한 번에 취하는 포지션의 종류는 얼마나 됩니까?

100개 이상입니다. 저희는 어느 한 가지 포지션을 크게 보유하지 않습니다. 가장 큰 포지션은 자산의 약 3퍼센트 정도에 해당하는데, 그나마 아주 드문 경우입니다. 매도 포지션의 경우는 그 절반 정도가 최대입니다.

매수 포지션과 매도 포지션은 어떻게 균형을 맞추시나요?

총 노출금액exposure 가운데 20~50퍼센트가 순매수 포지션입니다. 시장에 대한 전망이 매우 부정적일 경우 이 비중은 더 낮아질 수 있습니다. 현재는 포트폴리오의 약 80퍼센트가 매수 포지션이고, 40퍼센트가 매도 포지션인데, 이런 경우가 보통입니다. 저희는 늘 상당히 많은 매도 포지션을 보유해왔고 앞으로도 그럴 겁니다. 제가 영원한 약세론자인 것도 그 이유 중 하나죠.

사상 최고의 강세장에서 영원한 약세론자라는 것이 장점으로 보이지는 않습니다. 약세 편향 이유는 무엇인가요?

다행히도 저희는 어쨌든 돈을 벌어왔습니다. 한동안 어떤 느낌이 있었는데, 이제(2000년 3월) 분명히 알겠습니다. 지금 인터넷과 기술주 등 일부 업종에 형성된 열기는 광적인 수준이라고 생각합니다. 밸류에이션이 오존층까지 치솟았어요. 과거 시장에 광풍이 몰아쳤을 때와 다르지 않습니다. 2~3년 전 러시아, 1980년대 일본, 1970년대 부동산시장, 심지어는 17세기 네덜란드 튤립 파동까지요. 모두들 같이 골프를 치는 친구들이 너도나도 인터넷과 기술주를 사서 돈을 버는 것을 보고 그들을 따라야 한다는 심각한 동료압력peer pressure이 형성된 상태입니다. 주가가 올라가는 동안은 기관차를 타고 달리겠지만, 문제는 기관차가 덜컥 멈춰 방향을 바꿀 때입니다. 늘 예외 없이 일어나는 일이죠.

고점에 가까이 왔을까요, 아니면 지금으로부터 3년 뒤에 고점이 형성될까요? 그 질문에 답할 수는 없습니다. 제가 할 수 있는 것은 제 영향력이 미치는 요인들을 제어하는 것입니다. 하루 동안 최고재무책임자 및 고객 몇 사람과 이야기할지는 제가 통제할 수 있지만, 시장이 무엇을 할 것인지는 제 결정 밖의 일이죠.

매도 포지션을 취한 기업의 최고재무책임자와 이야기하기가 어렵지는 않나요? 자기 회사 주식을 매도하는 매니저들과 대화하는 데 그다지 열의를 보일 것 같지 않은데요.

사실 매도하는 회사의 최고재무책임자와는 더 이상 이야기를 하지 않습니다.

접촉이 어렵기 때문인가요?

아니요, 이야기를 나누는 과정에서 설득을 당해 최고의 매도 포지션을 포기한 경험이 있기 때문입니다. 다 잘되고 있다는 최고재무책임자의 장담을 믿고 주식을 팔겠다는 마음을 바꾸었는데, 결국 주식이 폭락한 일이 초기에 여러 번 있었죠. 지금은 어떤 주식을 매도 측면에서 고려하게 되면 그 회사의 고객, 납품업체, 경쟁사와 많은 시간을 투자해 이야기합니다.

매도 포지션 대상은 어떻게 선정하십니까?

고평가된 주식을 찾습니다. 이익의 30~40배 수준에 거래되거나, 이익이 전혀 없는 회사들이죠. 그중에서 사업계획에 결함이 있는 회사들을 가려냅니다.

사업계획에 결함이 있었던 사례도 말씀해주세요.

제가 매도 포지션을 취할 때 가장 좋아하는 기준은 단일제품 회사인지 여부입니다. 그 제품이 잘못될 경우 대안이 없기 때문이죠. 단일제품 회사는 매출을 검토하기가 훨씬 쉽습니다. 가장 좋은 예가 마일스톤 사이언티픽Milestone Scientific입니다. 이 회사는 치과용 국소마취제 노보카인novocaine을 대신할 무통 주사제를 생산했습니다. 굉장히 좋은 투자 아이디어가 될 수 있다고 생각해서 처음에는 매수 관점에서 이 회사 주식을 살펴보기 시작했습니다. 저희 애널리스트 한 사람이 치의학박람회에 가서 참석한 치과의사들로부터 명함을 한 뭉치 받아왔습니다. 이 회사 주식을 분석한 월스트리트의 주요 애널리스트 한 사람은 모든 치과마다 이 기구를 다섯 대 정도 들여놓을 것이며, 믿을 수 없을 만큼 엄청난 이익이 발생할 것이라고 예상했습니다.

저는 뉴저지에 있는 그 회사를 방문했습니다. 임대한 사무실에 단 세 사람이 앉아서 모든 일을 외주로 처리하고 있었습니다. 저희는 치과의사들에게 전화를 걸기 시작했고, 그 제품이 광고와 달리 제대로 작동하지 않는다는 것을 알았습니다. 즉 통증을 완전히 없애주지도 못했고, 마취제의 효력이 나타나기까지 걸리는 시간도 노보카인보다 길다는 것이었습니다. 회사가 제품을 팔면서 환불을 보장했다는 사실도 중요한 요소였습니다. 회사는 납품 물량 전체를 장부에 매출로 인식했고, 반품 관련 위험에 노출되어 있었습니다.

저희는 회사가 생산 외주를 맡기는 제조업체와도 이야기를 나누었고, 실제 납품 수량은 물론 앞으로의 생산계획에 대해서도 알게 됐습니다. 해당 제조업체의 주문은 급격히 둔화되고 있었습니다. 제가 본 것 중에 현실과 월스트리트 보고서의 차이가 가장 큰 경우였습니다.

그 주식은 결국 어떻게 되었나요?
주가가 1달러 아래로 떨어졌습니다.

그런 상황에서 자세한 정보를 얻어내는 것은 고사하고 제조업체와 이야기하는 것 자체가 어렵지는 않으셨나요?
전화를 걸면 적어도 이야기를 들을 기회는 생깁니다. 저희 애널리스트들에게 당부하는 것 중 하나가 이것입니다. "전화하세요. 우리와 이야기하지 않으려고 할 수도 있겠지만, 분명한 것은 전화를 하지 않으면 어떤 이야기도 들을 수 없다는 겁니다." 이 제조업체는 처음에는 아주 협조적이었지만 저희의 의도를 알아차리고 나서는 전화를 받지 않았어요. 하지만 필요한 정보는 모두 얻은 뒤였죠.

그런 상황에서 제조업체에 전화를 걸 때는 어떤 이야기를 하십니까?

사실대로 말합니다. 펀드 매니저이고 회사와 업계에 관해 조사 중이라고 말하죠. 해당 회사에 전화해 제품 평가에 도움을 줄 만한 주요 고객사 중 일부를 알려달라고 요청하는 경우도 있습니다.

회사가 기대한 만큼 고객들이 그 회사를 좋아하지 않거나, 고객사 정보를 제공한 것이 오히려 회사에 불리하게 작용하는 경우도 있나요?

처음 이 방법을 적용하기 시작했을 때는 해당 회사에서 제품을 공급받는 고객들이 이력서에 적힌 추천인과 비슷할 것이라고 생각했습니다. 지원자에 대해 오로지 좋은 말만 해주는 사람들이죠. 알고 보니 그렇지 않은 경우가 너무 흔해서 놀랐습니다. 고객이 실제로 자신들을 어떻게 평가하는지 해당 회사는 짐작이나 하고 있을까 궁금할 때가 종종 있습니다. 때로는 이런 방법으로 최고의 정보를 얻습니다.

매도 포지션을 취한 또 다른 사례를 말씀해주시겠습니까?

밸런스 바Balance Bars가 좋은 사례입니다. 길을 가다 아무 GNCGeneral Nutrition Centers(건강 관련 기능 식품을 생산, 판매하는 전문 기업) 상점에 들어가 보면 경쟁사 제품은 선반을 가득 채우고 있는데 밸런스 바에만 가격 인하 표시가 붙은 것을 볼 수 있었죠. 그런데도 밸런스 바 주식은 이익의 35배에 거래되고 있었습니다. 10배가 적정한 수준이었죠.

피터 린치가 가족과 함께 쇼핑몰에 가서 트레이딩 아이디어를 얻는다는 이야기와 비슷하군요.

피터 린치는 제게 누구보다 큰 영감을 준 사람입니다. 피터 린치의『전설로 떠나는 월가의 영웅One Up on Wall Street』을 열 번 넘게 읽었죠. 면접을 볼 때도 지원자들에게 이 책을 읽었는지에 대해 항상 질문합니다. 읽지 않았다면 자신의 주장만큼 주식시장에 대해 진지하게 생각하지는 않는다는 뜻이죠.

그 책에서 어떤 점이 특별히 와 닿았나요?

월스트리트의 리서치에 의지하기보다는 자신만의 리서치가 중요하다는 메시지였습니다.

어떤 리서치인가요?

기업들, 고객들과 이야기하는 것입니다.

하지만 일반 투자자들이 회사에 전화를 하기는 어려운데요.

회사의 최고재무책임자에게 전화를 할 수는 없겠지만, 피터 린치의 조언처럼 일반 투자자도 회사의 IR 부서에 전화를 걸어 제대로 질문해서 가치 있는 정보를 얻을 수 있습니다. 피터 린치 조언의 핵심은 이렇습니다. "아는 회사, 즉 자신이 일하는 회사(사업이 잘 되고 있을 경우), 자신이 일하는 분야와 같은 업종에 있는 회사 또는 자신이 만지고 경험할 수 있는 제품을 만드는 회사에 투자하라"는 것입니다. 요점은 중개인의 말만 듣고 전혀 모르는 회사에 투자하기보다는 자신이 잘 아는 회사에 투자하는 것이 훨씬 낫다는 것이죠. 피터 린치 철학의 한 부분을 구성하는 발상은 자신이 어떤 주식을 보유하는 이유를 네 문장으로 요약할 수 없다면, 그 주식을 보유해서는 안 된다는 겁니다.

피터 린치를 만나본 적이 있으신가요?

직접 만난 적은 없지만 피델리티Fidelity에 지원해 여러 차례 면접을 보았습니다. 차세대 피터 린치가 되어서 마젤란펀드Magellan Fund를 운용하고 싶었기 때문에 피델리티에 취직해야겠다는 생각뿐이었어요. 프리스 어소시에이츠에 취직하기 직전에 있었던 마지막 피델리티 면접에서 제프 비닉Jeff Vinik(피터 린치의 뒤를 이어 마젤란펀드를 운용함)을 만나는 단계까지 갈 수 있었죠. 그는 제게 단 두 가지만 물었는데, 그 질문이 영원히 머리에 새겨졌습니다. 첫 번째 질문은 "채권금리가 뭐죠?"였습니다. 저는 주식을 하는 사람이었고 채권시장은 한 번도 관심 있게 본 적이 없었습니다. 나중에 알았지만 비닉은 채권 거래를 많이 했기 때문에 금리에 굉장히 신경을 쓰고 있었죠. 두 번째 질문은 "스물아홉 살이군요. 꽤 늦은 편인데 어째서죠?"였습니다. 면접은 5분도 되지 않아 끝났습니다.

피터 린치처럼 선생님도 쇼핑몰에 가서 트레이딩 아이디어를 얻으시나요?

늘 그렇습니다. 저는 쇼핑몰에 가는 것을 좋아해요. 투자는 다들 생각하는 것처럼 복잡하지 않습니다. 때로는 상식만 있어도 충분하죠. 누구든 쇼핑몰에 가면 봄베이 매장은 텅 비어 있지만, 갭 매장은 사람들로 붐비는 것을 볼 수 있죠. 네다섯 군데 쇼핑몰을 가봐도 상황은 마찬가지일 것입니다. 거기에는 이유가 있어요. 봄베이에는 사람들이 몇 년 동안 계속해서 구입할 만한 제품이 없어요. 하지만 갭은 시대에 맞추어 지속적으로 변화하고, 고객의 요구에 맞는 새로운 제품을 내놓고 있습니다.

그 말씀은 갭을 매수하고, 봄베이는 매도 포지션 취했다는 뜻인가요?

저희는 소형주만 취급하기 때문에 갭을 매매하지는 않습니다. 봄베이에 대해서는 이따금 매도 포지션을 취하죠.

쇼핑몰 방문을 통해 영감을 얻은 트레이딩 사례는 무엇인가요?

지난 크리스마스에 정장 한 벌이 필요해 맨즈 웨어하우스Men's Wearhouse에 갔는데, 옷이 마음에 들지 않았어요. 또 매장도 사실상 텅 비어 있었죠. 매매 결정을 내리기 전에 몇 가지를 추가로 조사한 후 결국 그 주식에 대해 매도 포지션을 취했습니다.

매수 포지션을 취한 사례는요?

그렇게 매수한 주식이 클레어스Claire's입니다. 매장이 늘 십대들로 북적거렸죠. 재무상태도 좋았고 경영진도 적극적이었습니다.

앞서 사업계획에 결함이 있는 회사에 관해 말씀하셨습니다. 어떤 사례가 또 있을까요?

에나맬런Enamalon을 들 수 있습니다. 치아미백 효과가 조금 더 좋다는 치약이 이 회사의 유일한 제품이었죠. 프로모션이나 광고에 많은 돈을 들이지 않으면 경쟁이 치열한 치약시장에 결코 발을 들이지 못할 것입니다. 반면에 폭넓은 고객 인지도를 확보할 정도로 많은 돈을 쓴다면 자본의 대부분이 잠식되겠죠. 애초부터 승산이 없는 상황이었던 것입니다. 또 다른 문제는 이 치약이 일반 치약보다 훨씬 비싸면서도 효과는 그만큼 탁월하지 않았다는 점이었습니다. 시험 삼아 사무실 사람들 전부에게 이 치약을 사용하게 했는데, 좋다고 평가한 사람은 단 한 사람뿐이었습니다.

회사 이름이 에나맬런이라고 하셨나요? 그런 이름의 치약은 한 번도 들어본 적이 없는데요.

그렇죠. 제 말씀이 바로 그겁니다.

그 주식은 어떻게 됐나요?

마지막으로 확인했을 때 1달러에 거래되고 있었습니다.

사무실 사람들 모두에게 그 제품을 사용해보도록 한 것이 매도 포지션 결정을 내리는 데 중요한 요소였던 것 같습니다. '소비자 조사'로 도출한 또 다른 매도 아이디어 사례는 무엇이 있을까요?

(왓슨은 기억을 되짚어보더니 웃었다.) 매도 포지션을 취했던 주식 가운데 울트라펨 Ultrafem이 있습니다. 시가총액이 1억 달러가 넘는 단일제품 회사였죠. 회사의 표현에 따르면 '소프트컵' 기술을 이용해 기존의 여성위생용품을 대체하는 제품을 생산했습니다. 회사는 기존 대체품들과 비교해 자사 제품의 우월성을 대대적으로 알리는 보도자료를 배포했습니다. 저는 회사에 전화를 걸어 무료샘플 다섯 개를 부탁했고, 그것을 받아 친구 다섯 명에게 주었습니다. 제품을 직접 사용해본 뒤 친구들의 반응은 한결같이 "말도 안 된다"는 것이었습니다. 저는 그 주식에 대해 매도 포지션을 취했습니다. 나름대로 '시장조사'를 했을 당시 이 회사 주식은 20달러대에 거래되고 있었습니다. 지금 주가는 3센트 수준이고, 시가총액은 26만 달러입니다.

그 포지션에서 언제 나오셨나요?

포지션은 최근에 정리했습니다.

포지션을 쭉 유지하고 계셨군요!

매도 대상으로는 언제라도 1순위인 주식이었지만, 시장에서 너무 많이 사들여서 불행히도 저희가 가진 주식이 거의 없었습니다.

'사들였다'라고 하셨는데, 빌려서 공매한 주식에 상환 요구가 들어왔다는 말씀이

신가요?

공매도를 하려면 해당 주식을 빌려야 한다. 주식을 빌려준 측에서 상환을 요구하면, 빌린 측은 다른 곳에서 그 주식을 빌려 갚아야 하거나 여의치 않을 경우 시장에서 사서 갚아야 한다.

그렇습니다. 그런데 이 회사 주식이 완전히 묶였습니다lock-up(빌릴 수 있는 주식이 전혀 없는 상태). 그때 공매도 게임은 관계에 크게 좌우된다는 것을 배웠죠. 주식을 빌려야 하는데, 빌릴 수 있는 주식이 부족한 상황에서 저보다 증권사들과 밀접한 비즈니스 관계인 대형 펀드 매니저를 상대로 경쟁을 벌인다면 어느 쪽이 증권사로부터 주식을 빌릴 수 있을지 짐작할 수 있죠. 그때가 1997년이었으니, 저희 규모는 지금보다 작았죠.

빌린 주식에 상환 요구가 들어온 이유는 무엇인가요?
투자자가 자신의 이름으로 주식증서 발행을 요청했기 때문입니다(투자자의 별도 요청이 없는 한 증권회사는 '증권회사 명의'로 해당 주식을 보관하고, 그 주식을 대여할 수 있다).

투자자가 갑자기 주식증서 발행을 요구한 이유는 무엇인가요?
펀더멘털이 취약해 주가가 매우 민감하게 움직이는 회사들에는 종종 많은 공매도 물량이 몰립니다. 이런 회사들은 가끔 투자자 본인의 이름으로 주식증서를 발행할 것을 투자자에게 권장합니다. 빌려간 주식을 상환하라는 요구를 받은 공매도 세력들이 어쩔 수 없이 포지션을 정리하기를 기대하는 것이죠. 일부 펀드들은 공매도 주문이 몰린 주식을 대량으로 사들인 다음 상환을 요구합니다. 공매도 세력들로 하여금 어쩔 수 없이 더 비싼 가격에 주식을 사들여 공매도 포지션을 정리하도록 유도하는 것이죠. 그런 다음 보유한 주식을 청산하는 방법으로 단기 이익을 노립니다.

대형 펀드 매니저들이 함께 쇼트스퀴즈short squeeze(주가 하락을 예상하고 공매도했던 투자자들이 예상과 달리 주가가 상승할 때 매도 포지션을 정리하거나 손실을 줄이기 위해 급하게 해당 주식을 매수하는 행위─옮긴이) **상황을 유도하기도 한다는 말씀이신가요?**

포트폴리오 매니저들이 함께 주가를 끌어올리거나 내리는 행위는 불법입니다. 시장조작으로 여겨지는 행위죠. 그런데도 이런 일이 일어나느냐고요? 물론 이런 일은 늘 일어납니다. 매도 포지션이 많이 몰린 종목들은 지난 5개월 동안 거의 예외 없이 한 번쯤 쇼트스퀴즈 대상이 되었죠.

쇼트스퀴즈 대상이 된 주식들은 결국 대부분 하락하나요?

저는 어떤 주식에 공매도 주문이 몰리는 데는 근본적으로 타당한 이유가 있다고 분명히 믿습니다. 대개 그런 주식들은 결국 더 하락하는 것으로 끝나죠. 하지만 그 과정에서 빌릴 수 있는 물량에 인위적 부족 현상이 발생하면 거의 가치가 없는 주식도 급등할 수 있습니다.

공매도 시점은 어떻게 결정하십니까? 이미 고평가 상태이면서 그 정도가 더욱 심해지는 주식들도 분명히 많은데요.

시점을 정하는 것은 분명히 어려운 부분입니다. 그것이 바로 저희가 여러 종목에 걸쳐 매도 포지션을 취하고, 그 포지션에 관해 철저히 위험을 통제하는 이유입니다. 펀더멘털이 양호하다는 믿음이 있다면 매수 포지션을 취한 주식이 40퍼센트 하락해도 개의치 않습니다. 하지만 매도 포지션을 취한 주식이 저희에게 불리한 방향으로 20~30퍼센트 움직이면, 그 주식에 대한 제 분석이 조금도 달라지지 않았더라도, 쇼트커버링short covering(매도 포지션을 청산하기 위해 주식을 매입하는 행위─옮긴이)을 시작합니다. 사실 저는 회사가 결국 파산할 것이라는 확신이 들어도 쇼트커버링에 나설 겁니다.

1년 뒤 주가가 '0'이 될 모든 요인을 갖춘 회사인데도 회사의 어떤 발표 때문에 처음에는 주가가 다섯 배로 뛰고, 그다음 쇼트스퀴즈가 이어지는 사례를 너무 많이 보았습니다. 말하자면 포트폴리오에서 1퍼센트를 차지하는 매도 포지션이 5퍼센트 손실로 이어지도록 내버려두지는 않을 것입니다. 저희가 취한 매도 포지션 대비 불리하게 움직여 청산했지만, 나중에는 결국 폭락한 종목도 많았습니다. 하지만 저희는 이익을 낼 기회를 놓치지 않는 것보다는 대규모 손실을 회피하는 것에 훨씬 더 관심이 있습니다.

쇼트스퀴즈가 발생할 가능성이 있는 공매도에 내재된 위험에 관한 논의는 이 장 서두에 소개한 왓슨의 어린 시절 독사를 잡은 경험에 대한 대화로 이어졌다.

독사를 잡을 때 두렵지는 않았나요?

아니요, 그때 감정은 흥분에 가까웠다고 표현하고 싶습니다. 저는 한시도 가만히 있지 못하는 아이였죠.

두려워하는 것이 있으신가요?

다음 주에 스카이다이빙을 하는데, 그게 두렵습니다.

왜 두려우십니까?

그것에 대해 생각해보았습니다. 그리고 무엇이 저를 두렵게 하는지 깨달았습니다. 제가 제어할 수 없는 것들 때문입니다. 뱀을 움켜쥐고 있을 때는 제게 통제권이 있죠. 올해 이탈리아에서 경주용 자동차 운전을 배울 계획인데, 자동차는 제가 제어할 수 있으니 두렵지 않습니다. 하지만 스카이다이빙은 제가 통제할 수 없죠. 그저 제 낙하산을 준비해주는 사람의 그날 운수가 나쁘지 않기만을 바랄 뿐이죠.

통제가 불가능한데도 스카이다이빙을 하시려는 이유는 무엇입니까?

지난 토요일이 제 생일이었는데 그때 선물로 받았습니다. 제게 선택권이 없네요. 선물한 사람은 아마 금세 잊어버릴 테지만 저는 어떨지 모르겠네요(웃음).

애널리스트를 채용할 때 어떤 점을 보시나요?

저는 20대만 채용하는데 거기에는 몇 가지 이유가 있습니다. 첫째, 20대 직원들은 일주일에 80~100시간씩 일합니다. 둘째, 아직 많은 돈을 벌지 못했기 때문에 편히 앉아 여유 있게 쉬려고 하지 않습니다. 셋째, 최고재무책임자, 유통업자, 고객에게 전화를 거는 일을 주저하지 않습니다. 또 이기고 싶어 하는 사람을 채용합니다.

종목을 선정하는 일은 과학의 예술입니다. 아무리 열심히 일하고, 아무리 많은 리서치를 하고, 아무리 많은 회사와 통화를 해도 성공하지 못하는 사람들이 있습니다. 무엇은 되고, 무엇은 안 되는지 파악하는 요령이 없기 때문이죠.

채용 결과가 안 좋았던 경우도 있나요?

처음 채용한 직원이었어요. 제가 아는 사람 중에 제일 똑똑한 편이었죠. 하지만 직관력이 전혀 없고 위험을 알아차리는 능력도 없었습니다. 예를 들면 "야후 가치가 0이니까 10에 매도 포지션을 취해야 합니다"라고 말하는 식이었죠. 시장에서 벌어지는 일을 알아차리는 본능적 감각이 없었어요.

선생님의 접근법은 많은 부분에서 '회사 경영진과의 대화'로 연결되는 듯합니다. 내일 아침 눈을 떴을 때 다른 세상이 펼쳐져 있고, 선생님은 수백만 달러 규모 자산을 운용하는 펀드 매니저가 아닌 일반 투자자라고 가정해보죠. 그렇다면

접근법은 어떻게 달라질까요?

음, 무엇보다 그곳에도 전화기는 있겠죠. 최고재무책임자와 통화를 할 수는 없겠지만, 그 회사의 다른 직원은 물론 고객이나 유통업자에게 전화를 걸 수 있을 겁니다. 게다가 요즘은 굳이 누구와 이야기하지 않아도 인터넷으로 어마어마한 양의 정보를 얻을 수 있죠. 회사의 10-Q와 10-K 보고서(미국 증권거래위원회SEC에 제출해야 하는 분기 및 연간 보고서), 보도자료, 내부자 거래 통계, 그 밖에 다른 많은 유용한 정보를 구할 수 있습니다. 쇼핑몰에 가서 회사의 제품을 살펴보는 것도 저희 일에서 큰 부분을 차지합니다.

최고였다고 꼽을 만한 매매가 있으십니까?

(잠시 생각한 뒤) 저는 성공한 매매에 대해서는 큰 감흥이 없습니다. 다음 매매 기회를 찾느라 너무 바쁘거든요.

투자에 관해 배우신 교훈이 있습니까?

직접 리서치하고, 자신의 리서치 결과를 믿어야 합니다. 다른 사람들의 의견에 휘둘려서는 안 됩니다.

또 어떤 교훈이 있을까요?

감정을 배제하고 투자해야 합니다. 감정이 개입되면 잘못된 결정을 하게 됩니다. 손실을 두려워하면 안 됩니다. 이 업계에서는 기꺼이 돈을 잃겠다는 자세로 나서는 사람이 성공합니다.

●

시장의 마법사들은 트레이딩에서 가장 흔히 저지르는 실수 가운데 하나가

타인의 조언을 듣는 것이라고 지적한다. 이 실수 때문에 커다란 비용을 치른 사람(왓슨, 마이너비니)도 있다. 스티브 왓슨은 투자금을 희생하는 대신 대학에서 수업을 통해 타인의 의견에 휘둘려서는 안 된다는 교훈을 미리 배울 수 있었으니 운이 좋았다.

왓슨이 투자 대상을 선정하는 과정은 상대적으로 가격이 싼(PER이 낮은) 종목에 집중하는 데서 시작한다. 이런 주식의 특징은 위험이 제한적이라는 것이다. 싼 주가는 필요조건이지만 충분조건은 아니다. 주가가 싼 주식은 그럴 만한 이유가 있기 때문이다. 이런 주식들은 상대적으로 낮은 주가 수준에 머무른다. 왓슨의 접근법 핵심은 가격이 싼 주식 가운데 투자자의 인식에 변화가 있을 것으로 기대되는 종목은 무엇인지 찾아내는 것이다. 시장의 분위기를 바꿀 만한 변화가 임박했는지 알아내기 위해 왓슨은 해당 기업은 물론 그들의 경쟁사, 고객, 유통업체와 폭넓게 소통한다. 또한 그는 회사의 제품을 직접 사용해보거나, 유통업체일 경우 매장을 방문하는 리서치 방법을 강력히 지지한다.

왓슨은 매매 종목 결정을 확정하는 마지막 요건으로 내부자 매수 정보를 꼽는다. 매도 포지션은 커다란 위험이 따른다고 여겨지므로 일반 투자자에게는 적합하지 않을 수 있다. 그렇지만 왓슨은 무한대로 늘어날 손실을 피할 수 있는 위험통제 수단이 마련되어 있기만 하다면 매도 포지션은 오히려 위험을 줄이는 수단이 될 수 있음을 보여준다. 포트폴리오의 나머지 자산과 역의 상관관계를 갖는 포지션을 취해서 전체 포트폴리오의 위험을 줄이는 것이다. 매도 포지션을 취할 때 왓슨은 사업계획에 결함이 있고, 주가가 비싼 회사를 찾아낸다. 대개 단일제품에 의존하는 회사로 제품의 성능이 광고에서 주장하는 수준에 못 미치거나, 진입장벽이 없어 경쟁에 취약한 회사를 찾아내는 것이다.

왓슨은 분산, 선택, 손실제한이라는 세 가지 규칙을 조합해 위험을 통제한다. 왓슨은 가장 큰 매수 포지션이 전체 포트폴리오에서 차지하는 비중이 최대 2~3퍼센트를 넘지 않도록 포트폴리오를 충분히 분산한다. 개별 매도 포지션의 포트폴리오 비중은 최대 1.5퍼센트이다. 매수 포지션의 경우 주가가 싼 종목으로 매매 대상을 한정해 위험을 제한한다. 매도 포지션의 경우 매매 결정을 뒷받침한 펀더멘털에는 아무런 변화가 없더라도 해당 종목의 주가가 오르면 비중을 축소하거나 포지션을 청산하는 자금 운용 규칙에 따라 위험을 통제한다.

왓슨은 프리스 어소시에이츠에서 접한 '여물통의 돼지' 철학을 고수해왔다. 그는 위험 대비 수익률return/risk 전망이 더 좋은 주식이 나타나면 기존에 보유한 주식을 대체하는 방식으로 끊임없이 포트폴리오를 개선해왔다. 따라서 왓슨은 주가가 더 오를 것으로 기대하는 상황에서도 이익이 발생하는 매수 포지션을 정리하기도 한다. 주가가 오를 만큼 충분히 올랐으니 잠재이익이 같거나 더욱 크면서 위험은 작은 다른 주식을 찾기 위해서다.

"보유해도 좋은 주식인가?"는 적절한 질문이 아니다. 이렇게 질문해야 한다. "아직 포트폴리오에 담지 않은 다른 종목보다 더 좋은 주식인가?"

: 스티브 왓슨의 근황

인터뷰 후 얼마 지나지 않아 왓슨은 웨스트코스트 지역에서 다른 일을 하기 위해 회사의 포트폴리오 매니저 두 사람에게 매일의 펀드 운용 업무를 넘겨주었다(새로운 사업이 무엇인지는 공개하기를 꺼렸다). 왓슨은 펀드의 투자자로 남아서 자신이 지정한 포트폴리오 매니저와 자주 전화로 협의하는 방식으로 투자 결정에 관여하고 있다. 강세장의 거의 막바지에서 갑작스럽게 하던 일을 변경한 만큼, 시장에 대한 타고난 감각이 결정을 내린 시점에 무의식적으로 영향을 준 것은 아닌지 궁금했다.

액티브 펀드운용을 그만두기로 결정하신 이유는 무엇인가요?

제가 아주 높이 평가하는 두 사람을 채용했고, 그들이 잘해내리라고 생각합니다. 햇불을 넘겨주는 노인이라고 할까요?

하지만 선생님은 노인이 아니잖아요. 저보다 훨씬 젊으신 걸요!
새로운 일에 도전하고 싶었습니다.

시장에 대한 장기 전망은 어떻습니까?
초소형주가 이 정도로 싼 것은 처음 봅니다. 하지만 주가를 끌어올릴 만한 촉매가 없는 주식이 이렇게 많은 적도 처음이에요. 반등을 가져올 재료가 있기는 하지만 시기가 임박한 것은 아닙니다. 마침 어제 초소형주 200종목을 검토했는데, 너무 많은 주식이 현금이나 현금 이하에서 거래되는 것을 보고 놀랐습니다. 회사들의 사업이 썩 잘되는 것은 아니지만, 비용을 줄이고 있습니다. 비용 구조가 나아지고 있으니 경제 여건이 개선되기 시작하고, 매출이 증가하면 좋은 실적을 낼 수 있을 겁니다. 약세장은 아마 좀 더 지속되겠지만, 장기적으로 봤을 때 2003년 이후로는 굉장히 낙관합니다(이 인터뷰는 2002년 8월에 이루어졌다).

공매도 전략,
시장에 맞서 승리하다

데이나 갈랑트Dana Galante

수영선수 두 사람이 1.5킬로미터 떨어진 곳에서 동시에 출발해 상대의 출발점에 도달하는 경주를 한다고 상상해보자. 강은 물살이 세기 때문에 하류를 향해 헤엄치는 선수가 이긴다. 그럼 이 선수의 수영 실력이 더 나은 것일까? 이는 분명 의미 없는 질문이다. 물살이 매우 세다면 올림픽 수영선수라도 초보자에게 질 수 있다.

두 명의 자금 운용자가 있다. 한 사람은 주식을 매수만 해서 연평균 25퍼센트 수익을 낸다. 다른 한 사람은 매도만 해서 같은 기간 연평균 10퍼센트 수익을 낸다. 누가 더 나은 트레이더일까? 역시 무의미한 질문이다. 답은 시장에서 물이 흐르는 방향과 물살의 세기에 따라 달라진다. 주식시장이 해당 기간 동안 연평균 30퍼센트 상승했다면, 25퍼센트 이익을 낸 운용자는 무작위로 다트를 던지는 것보다 못한 수익을 올린 셈이다. 반면 다른 운용자는 어려운 환경이지만 두 자릿수 이익을 냈을 수도 있다.

1994~1999년, 데이나 갈랑트는 연평균 복리수익률 15퍼센트를 기록했다.

그다지 인상적인 수치는 아니라고 생각할지 모르지만, 갈랑트가 순수한 공매도 전문 투자자라는 사실을 감안해야 한다. 일반 매니저들과 달리 갈랑트는 포트폴리오의 주식이 하락할 때 이익을 얻고, 상승할 때 손실을 본다. 갈랑트가 연평균 15퍼센트 수익률을 기록하는 동안 대표적 지수인 나스닥지수(갈랑트가 매매하는 주식의 80퍼센트는 나스닥 주식이다)는 연평균 32퍼센트라는 인상적인 수익률을 기록했다. 크게 보면 갈랑트의 성적은 주식시장이 연평균 32퍼센트 하락하는 동안 뮤추얼펀드 매니저가 연평균 15퍼센트 수익을 올린 것에 비할 수 있다. 이와 같이 자신의 포지션과 반대 방향으로 움직이는 전체 시장의 강력한 추세를 극복하는 데는 특별히 뛰어난 종목 선정 기술이 요구된다.

좋다, 강력한 상승장에서 매도 포지션으로 15퍼센트라는 수익률을 올린 것은 감탄할 만한 업적이지만, 그래서 어쨌다는 것인가? 1990년대에 목격한 강세장은 전례가 없는 것이었지만, 어쨌든 주식시장은 출범 이후 장기 상승 추세에 있다. 수세기까지는 아니더라도 수십 년 동안 확인한 추세와 싸우는 이유는 무엇일까? 일반적으로 공매도 투자 방식은 단독으로는 잘 쓰이지 않는다는 것이 중요하다. 공매도는 (역의 상관관계가 있는) 매수 포지션과 결합해 포트폴리오의 위험 대비 수익률 구조를 개선하기 위해 활용한다. 전부는 아니더라도 갈랑트의 투자자 대부분은 자신의 매수 포지션과 균형을 맞추기 위해 갈랑트의 펀드를 이용한다. 갈랑트의 상대 성과는 이미 많은 투자자에게 가치를 인정받고 있어서, 그녀가 운용하는 펀드인 미라마 자산관리Miramar Asset Management는 더 이상 신규 투자금을 받지 않는다.

차입비용 이상의 수익을 내는 공매도 전략을 인덱스펀드나 지수선물 매수 등 수동적 투자와 결합해 지수 대비 고수익, 저위험을 추구하는 새로운 투자 기회를 만들 수 있다는 사실을 대부분 알지 못한다. 공매도 전략의 수익률이 지수의 단독 수익률보다 훨씬 낮은 경우라도 이 투자 기회는 성립한다. 예를 들어 나스닥지수를 기초자산으로 투자한 사람이 같은 금액을 갈랑트의 펀드에 출자해 균형을 맞추었다면(두 가지 투자를 위해 필요한 추가 금액은 차입한다고 가정한다), 이 투자자는 지수 대비 초과 수익률(차입 비용을 제한 후)을 올리는 동시에 위험은 크게 줄였을 것이다. 위험 측정 지표 가운데 하나인 자본인하율을 보자. 이렇게 결합 포트폴리오를 구성했을 때 1994~1999년간 발생했을 최악의 자본인하율 두 건은 10퍼센트, 5퍼센트였을 것이다. 같은 기간 지수의 최대 자본인하율은 20퍼센트, 13퍼센트였다.

갈랑트는 기관자금 운용사의 지원 부서를 통해 금융권에 발을 들였다. 그 뒤 승진해 트레이딩(주문입력) 업무를 맡았다. 처음 펀드 매니저 일을 하게 됐을 때는 놀랍게도 종목 선정 경험이 전혀 없었다. 그러나 주식을 고르는 재능이 상사를 고르는 능력보다 나은 것이 다행이었다. 1997년 직접 회사를 설립하기 전까지 갈랑트의 14년 경력은 고약한 고용주들로 얼룩진 시간이었다.

갈랑트는 시장을 트레이딩 하는 것을 좋아하고, 업계와 반대로 움직여 이익을 내는 도전을 즐긴다. 즉 업계가 매수 포지션을 취한 주식에 대해 갈랑트는 매도 포지션을 취하는 것이다. 그러나 그녀에게 시장은 모든 열정을 쏟는 대상이 아니라 직업일 뿐이다. 매일 퇴근하는 순간 몸은 물론 마음도 사무실을 벗어나고, 집중하는 대상은 시장에서 가족으로 옮겨간다. 그녀는 아이들을 학교에서 데려오기 위해 매일 시간에 맞춰 회사를 나선다. 이런 규칙적인 일상이 가능한 것은 그녀가 정해진 시간에만 일을 하고, 집에서는 의도적으로 어떤 조사·분석활동이나 매매도 하지 않기 때문이다.

인터뷰는 샌프란시스코의 스카이라인이 한눈에 들어오는 회의실에서 진행됐다. 날씨는 맑았고 샌프란시스코 베이 텔레그래프 힐에 위치한 트랜스메리카 건물과 알카트라즈가 하나의 직선으로 우리 눈앞에 뻗어 있었다. 믿기지 않을 만큼 굉장한 경관을 보면서 앞서 두 권의 『시장의 마법사들』 책을 쓸 때 인터뷰를 진행했던 으리으리한 집들을 묘사하지 않을 수 없었다. 갈랑트는 자

신의 집에서 인터뷰를 했어야 한다면서, "그랬으면 저희 집 뒤뜰에 있는 정글
짐 전망을 묘사하실 수 있었을 텐데요"라고 우스갯소리를 했다.

⇒

주식시장을 처음 접하게 된 것은 언제였나요?

아버지께서 장외시장에서 시장 조성자market maker로 일하셨어요. 고등학생 때 여
름방학이나 휴교일에 트레이딩 데스크에서 아버지와 함께 일했어요.

아버지를 도와 어떤 일을 하셨나요?

그 당시는 단말기를 사용했고, 컴퓨터는 없었습니다. 모든 것이 수작업이었죠.
아버지가 매매를 하시는 동안 그 내역을 게시했습니다.

자신도 모르게 시장의 방향을 예측하려는 시도를 하지는 않으셨나요?

잘 기억이 나지는 않지만 선생님 책에 등장한 다른 많은 분처럼 저 역시 실제
로 시장에 집착한 적은 한 번도 없었습니다. 저는 시장을 좋아합니다. 시장이
흥미롭고, 도전의식을 불러일으킨다고 생각해요. 하지만 집에서까지 시장을
생각하지는 않습니다.

대학 졸업 후 첫 직장은 어디였나요?

대형 기관자금 운용사인 킹스턴 캐피털Kingston Capital에서 일했어요. 지원업무와
행정업무로 출발했죠. 그러다 트레이더로 역할이 승진했고, 10억 달러 규모인
킹스턴의 트레이딩 업무를 전담했습니다.

트레이더라고 하셨는데, 의사결정 책임과는 반대되는 개념으로 주문입력을 담당

하셨다는 뜻으로 생각하면 될까요?

맞습니다. 단순히 주문을 입력했죠.

그다음은 경력을 어떻게 발전시키셨나요?

1985년에 킹스턴이 다른 회사에 인수되었습니다. 회사는 인수 후 전체 직원의 직무를 변경했습니다. 모든 트레이딩 업무를 뉴욕 밖에서 처리하기 때문에 제게는 하던 일을 계속 할 수 없다고 했죠. 저를 행정업무로 이동시키려고 했는데, 그것은 후퇴나 마찬가지였죠.

킹스턴에서 지점장으로 일했던 헨리 스키프도 비슷한 경험을 했습니다. 구조화 업무로 옮겼는데 견디기 힘들어했어요. 결국 헨리는 다른 직원 한 명과 함께 킹스턴을 떠나 직접 기관자금 운용사를 차리기로 했어요. 헨리는 제게 트레이더 겸 애널리스트 자리를 제안했습니다. 다른 한 사람은 괜찮았지만, 헨리는 함께 일하기 어려운 사람이었어요. 하지만 다시 행정직으로 돌아가고 싶지 않았어요.

저는 헨리와 함께 킹스턴을 떠나서 그를 도와 새 회사의 사무실을 마련했습니다. 2년 동안 리서치와 트레이딩 업무를 했죠. 좋은 경험이었지만 헨리가 포트폴리오에 대한 통제권을 대부분 포기하려고 하지 않았기 때문에 미래에 한계가 있다는 것을 깨달았어요. 회사를 그만두기로 결정했을 즈음 다른 도시에서 남편에게 좋은 일자리 제안이 들어왔고, 저희는 이사를 결정했죠. 저는 당시 기관자금 운용사였던 아타카마 인베스트먼트에 일자리를 구했습니다. 포트폴리오 매니저로 출발했는데, 약 20억 달러 규모의 소형주 펀드(시가총액이 작은 회사들에 투자하는 펀드)를 공동 운용했습니다.

그 전에 관련 경험이 있었나요?

종목 선정 경험은 없었어요.

그렇다면 어떻게 포트폴리오 매니저 일을 구하셨죠?

처음에는 트레이딩 업무로 면접을 봤어요. 그런데 포트폴리오를 운영하던 제인이라는 사람이 출산휴가에 들어갔죠. 회사는 경력이 6개월밖에 되지 않는 제인의 빈자리를 채울 사람을 찾고 있었어요. 아타카마를 운영했던 마크 해니건은 누구라도 그 일을 할 수 있다고 생각했어요. 그는 우리를 '원숭이들'이라고 불렀어요. "어떤 원숭이를 그 자리에 앉혀도 당신들 일을 하게 할 수 있어"라고 말했어요. 또 저에게 생각이 너무 많다고 했는데, 정말 짜증스러웠죠.

마크의 철학은 이랬어요. 차트를 볼 때 어떤 종목의 주가가 오르고, 그 기업의 이익이 25퍼센트 이상 증가했고, 증권사가 추천했다면 그 종목을 사라는 것이죠. 펀더멘털 분석은 최소한에 그쳤고, 이익의 질이나 경영 상태는 고려하지 않았어요. 이것이 결국 제가 매도 진영에서 시장을 트레이딩 한 배경이 됐습니다.

다른 여직원을 대체하는 자리였던 만큼 여성이라서 유리했나요?

아니요, 훨씬 적은 임금을 줘도 되기 때문에 저를 뽑았을 겁니다.

임금이 얼마나 적었나요?

초봉 연 2만 5,000달러였어요.

제인은 어떻게 되었나요?

2개월 뒤 출산휴가에서 돌아와서 함께 일했습니다. 제인은 영원한 강세론자였어요. 모든 것이 좋았죠. 제인은 늘 어떤 주식이라도 매수를 마다하지 않았어요. 매수하기 전에 잠깐 기다려야 한다는 생각을 하거나, 전부 잃기 전에 보유한 주식을 던져야 한다고 제안하는 사람은 제가 유일했죠.

제인과 동등한 위치였나요, 아니면 제인이 먼저 일했으니 상사였나요?

공동 매니저였어요. 실제 경험은 제가 더 많았지만, 제인이 6개월 먼저 입사했기 때문이죠. 저희는 한 팀으로 일했고, 누구든 포트폴리오에 주식을 편입할 수 있었죠.

공동으로 자금을 운용하는 일에 문제는 없었나요?

둘 다 경험이 많은 편은 아니었기 때문에 큰 문제는 없었습니다. 제가 종목을 선택해서 "이것 좀 봐요" 하고 말하면 제인이 "네, 좋아 보이네요. 10만 주 매수하죠"라고 말했죠. 진짜 문제는 트레이딩 데스크였어요. 매수 주문을 내고 나면 저희는 그 포지션에 대해 아무런 통제 권한이 없었죠. 실제 매매는 몇 포인트 더 높은 수준에서 또는 며칠 뒤에 체결될 수도 있었죠. 그 문제에 대해 저희가 할 수 있는 일은 아무것도 없었어요.

정말인가요? 어떻게 매매 체결이 그렇게 오랫동안 지연될 수 있죠?

담당 트레이더가 선행 매매front-running(곧 처리할 주문이 시장에 미칠 영향에서 개인적인 이익을 얻을 목적으로, 고객이나 회사의 대량 주문을 처리하기 전에 자기 계좌로 먼저 주문을 넣는 행위)를 했기 때문이죠. 저희가 매수하려던 주식이 그날만 10만 주가 거래되었는데, 저희는 한 주도 매수하지 못했고 트레이더는 "해보긴 했는데, 미안해요" 하고 말했죠. 저 역시 트레이더로 일했던 만큼, '타임 앤드 세일즈time-and-sales(모든 매매 내역과 정확한 실행 시간을 보여주는 전자 기록)' 화면을 보는 것쯤은 알고 있었죠. 하지만 그에게 의문을 제기하면, 모두가 보는 앞에서 저희를 공격했어요(커다란 방에서 모두 함께 일했습니다).

어떤 식으로 공격했나요?

"트레이딩은 쥐뿔도 모르면서. 자기 자리로 돌아가!" 하며 소리를 질렀어요.

그 사람이 사기를 치고 있다는 사실을 그때 아셨나요, 아니면 나중에야 알게 되셨나요?

그는 회사에서 제일 많은 연봉을 받는 사람이었어요. 연 수십만 달러는 됐을 겁니다. 그런데 생활수준은 자기 연봉을 훨씬 넘었어요. 굉장히 넓은 집이 있었고, 어디든 리무진을 몰고 다녔죠. 모두 무언가 있다고 의심했어요. 그리고 그 무언가가 정말로 있었습니다. 몇 년 뒤 미국증권거래소에서 조사에 들어갔고, 그 사람이 업계에서 퇴출되면서 드러난 일이죠.

단순한 주문입력을 맡은 트레이더가 포트폴리오 매니저였던 선생님보다 열 배나 더 많은 연봉을 받다니 꽤 역설적인 상황이군요. 굉장히 드문 경우인 것 같습니다.

그렇죠. 보통은 트레이더들이 훨씬 적게 받죠.

매도 측 트레이딩에 처음으로 뜻을 두신 것은 언제였나요?

제 책상은 아타카마에서 헤지펀드를 운용하는 짐 레빗과 가까웠어요. 그의 펀드 운용 성과가 좋았기 때문에 저는 그가 하는 일에 아주 관심이 많았어요.

짐이 매도 진영의 멘토였나요?

네, 짐은 월스트리트의 과열 상태를 통해 현실을 꿰뚫어보는 재능이 있었어요. 저는 매도 진영을 택한 제 결정은 그의 영향 때문이라고 생각해요.

매수 진영과 비교했을 때 매도 진영의 어떤 점에 끌렸나요?

매도 진영이 더 어려운 도전이 될 것 같았어요. 자신이 무엇을 하고 있는지 확실히 알아야만 했죠. 허드레 일꾼에 불과했던 제가 주식을 추천하는 모든 애널리스트, 그리고 그 주식을 매수하는 모든 매니저에게 맞서고 있었죠. 제 판단이 옳았을 때 기분은 굉장했어요. 어떤 주식이 오른다는 이유로 맹목적으로 사지 않은 것만으로도 실제로 돈을 번 것 같았죠. 아무도 찾지 못한 중요한 단서를 발견해낸 탐정이 된 것 같았어요.

언제부터 주식을 공매도하기 시작하셨나요?

1990년에 짐 레빗이 헤지펀드 운용에 관한 회사의 제약에 불만을 품고 자기 펀드를 시작하기 위해 아타카마를 나간 뒤였어요.

어떤 제약이었죠?

헤지펀드를 운용하기에 그다지 좋은 환경이 아니었어요. 회사가 보유한 주식은 어느 것도 공매도할 수 없다는 규칙이 있었어요. 회사는 늘 수많은 종목을 보유하고 있었기 때문에 공매도할 수 있는 주식이 철저히 제한되었죠. 게다가 회사는 어떤 주식이 됐든 공매도한다는 것 자체에 대해 아주 부정적이었어요. 짐 레빗이 그만두었을 때 저는 레이크 타호에서 휴가를 보내고 있었어요. 마크가 제게 전화를 해서 짐이 회사를 떠났으니 제가 그의 헤지펀드를 물려받게 될 것이라고 말했어요. 누구든 매도 포지션에서 매매할 수 있다는 것이 마크의 철학이었으니까요. 마크는 상대강도(시장지수 대비 주가 변동폭)를 기준으로 한 주식의 순위를 보여주는 컴퓨터 화면을 불러온 다음 높은 순위에 있는 종목들을 사고 순위가 낮은 종목을 팔았죠. 문제는 어떤 종목이 순위의 바닥권에 도달할 때쯤이면 대개 강력한 가치주 후보가 된다는 것이죠. 결국 마크의 방식대로 하면 성장주를 사고 가치주를 파는 것이었는데, 이런 접근법은 대체로 효과가 없습니다. 마크는 한 번도 헤지펀드 매니저로 일해본 적이 없었는데, 헤지펀드 매니저들이 그런 방식으로 일한다고 생각했죠.

선생님도 마크의 방법을 활용했나요?

아니요, 전혀 아니었어요.

그렇다면 어떤 방법으로 종목을 선정하셨나요?

이미 이익이 감소하고 있는 주식을 공매도하는 대신, 이익이 감소할 것으로 예상되는 기업을 찾았습니다.

어떤 기업이 언제 이익이 감소할지 어떻게 예측하셨나요?

상당 부분 하향식top down 접근이었습니다. 예를 들면 제가 헤지펀드를 물려받은 그해 걸프전 때문에 유가가 급등했습니다. 경제 여건과 경기 민감주의 약세를 간단히 예상할 수 있는 신호였죠.

아타카마를 그만두신 이유는 무엇이었나요?

1993년 아타카마는 기관자금 운용회사에서 뮤추얼펀드 회사로 사업 영역을 전환했습니다. 마침, 남편과 저는 샌프란시스코로 돌아가고 싶었죠. 그곳의 수많은 헤지펀드와 이야기했는데 포트폴리오의 일정 부분에 대한 권한을 제게 넘겨주려는 사람은 아무도 없었어요. 저는 포트폴리오 매니저로 일하다 애널리스트로 돌아가고 싶지는 않았고요.

썩 내키지는 않았지만 헨리 스키프와 저녁 식사를 했어요. 5년 만에 처음 만났죠. 그때 그는 정상적인 말만 했어요. 자신이 달라졌다고 했고, 제 말에 모두 동의했죠. 그는 100만 달러를 가지고 작게 동업을 하고 있다며 저더러 그것을 헤지펀드로 성장시키고, 제가 원하는 방식대로 운용해서 일정 비율의 수수료를 가져가라고 했어요.

5년 전 같이 일했을 때는 헨리의 어떤 점이 마음에 들지 않으셨나요?

그를 포트폴리오 매니저로서 그다지 존경하지는 않았어요. 이 이야기를 해드리면 잘 아실 겁니다. 그의 밑에서 일했을 당시 정크본드의 인기가 아주 높았죠. 증권회사에 다니는 헨리의 친구가 정크본드 포트폴리오를 운용해주면 큰 계좌를 하나 주겠다고 제의했어요. 저희는 무슨 영문인지 몰랐죠. 헨리는 저희 모두에게 정크본드에 관한 책 한 권을 주고 주말 동안 읽어오라고 했어요. 그리고 다음 주 월요일부터 저희는 정크본드를 매매하기 시작했어요. 헨리가 매니저였고, 저는 트레이더였죠. 책에서는 정크본드의 부도율이 1퍼센트라고 했는데 나중에 알고 보니 완전히 거짓이었죠. 모든 것이 날아갔고 전부 잃었죠. 게다가 지난 후 알게 된 사실인데 헨리는 회사의 마케팅 자료에 학력을 조작했어요. 명문대에서 학사와 박사학위를 받았다고 거짓으로 기술했죠.

어쨌든 헨리는 제게 다시 합류한다면 광장한 기회가 될 것이라고 설득했죠. 지금까지 받은 것보다 더 높은 연봉을 제의했어요. 심지어 이사비용도 지원하겠다고 했어요. 저는 그 일을 통해 샌프란시스코로 돌아갈 수 있고, 설령 잘 풀리지 않아도 언제든 다른 일자리를 찾을 수 있다고 생각했죠. 헨리에게는 뛰어난 마케팅 직원이 있었고, 우리는 펀드 규모를 9,000만 달러까지 키웠어요. 하지만 헨리는 달라진 것이 없었어요. 제 일을 사사건건 간섭하고 의심했죠.

헨리는 어떤 주식이 5달러 오르면 완전히 흥분해서 "이봐 데이나, XYZ를 사지 그래요" 하고 말했어요. 그 회사가 어떤 일을 하는지 알지도 못하면서 말이죠. 단지 그가 원한다는 이유로 저는 그 주식을 사야 했어요. 다음날 그 내용이 장부에 올라오면 "이봐 데이나, 이 XYZ 주식은 뭐죠?"라고 물었어요. 이 경험도 제가 매수 진영을 떠난 또 다른 계기가 됐습니다.

헨리가 직원들을 형편없이 대했기 때문에 이직률이 엄청나게 높았어요. 매일 아침 회의가 있었는데 매니저들은 포트폴리오에 보유한 주식에 관해 발표했죠. 그 회의에서 헨리는 매니저들을 그야말로 갈기갈기 찢어 놓았죠. 자살한 50대 남자 직원도 있었어요. 헨리는 사람들의 자신감을 박탈했는데, 안타깝게도 그 직원은 그것을 감당할 만큼의 능력이 없었던 거죠. 저도 그 직원과 잠깐

같이 일한 적이 있는데 쇠약한 사람이었어요. 일 때문에 자살했다고 말할 수는 없지만, 일이 원인 중 하나라고 생각해요.

헨리는 선생님께도 비판적이었나요?

그는 끊임없이 저를 의심했고, 자신이 동의하지 않는 매매를 할 때마다 언쟁을 벌였죠.

그렇다면 얼마나 독립적으로 일하셨나요?

성과가 좋은 동안은 독립적이었지만, 시장이 급등할 때마다 헨리는 제가 매도 포지션을 전부 정리하기를 원했어요. 그 의견을 받아들이지 않았기 때문에 굉장히 많이 다퉜어요. 한 가지 방법으로, 헨리가 어떤 주식을 매수하라고 끈질기게 요구하면 저는 일단 그 주식을 산 다음 그것에 맞서 즉시 다른 주식을 공매도했죠. 그런 방식으로 헨리가 포트폴리오에 미치려는 영향을 상쇄했어요. 잘해냈지만 2년 뒤에는 더 이상 참을 수 없게 됐고, 그래서 그만두었죠.

두 번째로 헨리를 떠난 뒤 사업을 시작하셨나요?

아니요, 그곳을 그만둔 뒤 피터 보이드가 저를 채용했어요. 그는 최대 규모가 2억 달러에 달했던 헤지펀드를 가지고 있었어요. 저를 추천하는 말을 많이 들었다면서 제게 펀드 일부의 운용을 맡기겠다고 했어요. 얼마든지 제가 원하는 방식으로 운용할 수 있다고 했죠. 저는 그에게 엄격히 매도 진영에서만 매매를 하는 것이 가장 큰 가치를 기여하는 방법이라고 생각한다고 말했어요. 그가 쓰지 않았던 방법이었으니까요. 그는 제게 1,000만 달러를 맡기고 완전한 재량권을 주었어요. 행정업무와 관련해 머리 아플 일 없이 제 사업을 하는 것이나 마찬가지였으니 아주 좋았죠.

처음 2년 동안은 모든 것이 좋았지만 3년째 되던 해 실적 부진으로 펀드에 환매 요구가 크게 몰렸습니다. 보이드는 자신의 포트폴리오 유동성이 그다지 좋지 않았기 때문에 제게서 돈을 가져갔죠. 그 돈으로 OEX^S&P100지수가 기초자신인 풋 포지션을 대량 매수했는데 옵션이 며칠 만에 가치 없이 소멸하면서 그 돈을 잃었죠(보이드가 매수한 옵션은 시장이 급락할 경우 큰 수익이 나지만 그렇지 않을 경우에는 만기에 가치 없이 소멸하는 옵션이었다).

보이드가 포트폴리오로 도박을 한 것처럼 보이는데요.

확실히 도박 같았죠. 돌이켜보면 그는 포트폴리오에 보유한 비공개회사^private company 주식의 가격을 끌어올려서 손실을 감추려고 했던 것 같습니다. 포지션의 가격을 결정하는 것은 전적으로 그의 재량이었거든요.

보이드는 어떻게 자신이 원하는 수준으로 포지션의 가치를 매길 수 있었나요?

비공개회사였기 때문이죠. 그의 포트폴리오에 공개시장에서 거래되는 주식은 하나도 없었어요.

그처럼 커다란 재량권을 가지고 비공개회사 주식의 가격을 정하는 것은 합법적인가요?

네, 비공개회사의 경우 헤지펀드 공시 규정에 따라 일반 파트너^general partner에게 그러한 재량권이 주어집니다. 회계 감사 담당자들도 해마다 그 가격에 동의했습니다. 보이드가 회계 감사 담당자들에게 회사의 가치에 관한 자신의 생각을 말하면 그 가치평가를 그대로 받아들이는 식이었죠. 회계 감사 담당자들은 대학을 갓 졸업한 스물두 살 젊은이였고, 보이드는 연 2,000만 달러를 버는 헤지펀드 매니저였죠. 그들은 보이드에게 이의를 제기할 의사가 없었습니다.

먼저 인터뷰했던 헤지펀드 매니저 한 사람도 큰 규모로 공매도를 하는데, 회계

감사의 가치를 0에서 100 사이 숫자로 표시하면 '0'이라고 말하더군요. 동의하십니까?

네.

선두 회계법인이라고 해도 말이죠?

그렇고말고요.

헤지펀드 투자자들은 매니저가 포트폴리오 주식의 가격을 잘못 매기는지 여부를 어떻게 알 수 있나요?

분기별 성과 보고서에 포트폴리오에서 비공개회사 거래가 차지하는 비중을 밝히도록 정해져 있습니다. 보이드는 오랫동안 좋은 성과를 냈기 때문에 사람들이 가격 결정 오류를 의심하지 않았죠.

포트폴리오의 몇 퍼센트가 비공개회사 거래였나요?

처음에는 10퍼센트 정도였지만 손실이 점점 늘어나면서 비공개회사 비중도 계속 늘어났습니다. 마지막에는 비공개회사가 포트폴리오의 대부분을 차지했죠. 보이드에게 남은 것은 휴지조각이나 마찬가지인 한 무더기의 증서뿐이었습니다.

옵션시장에서 도박을 벌인 뒤 비공개회사 주식의 가격을 부풀리는 방법으로 손실을 숨긴 상황으로 보입니다. 환매한 투자자들이 받은 돈이 장부 기준으로 발표된 순자산가치보다 훨씬 적었을 때 진실이 밝혀지지 않았나요?

확실하지는 않지만 처음 환매한 투자자들은 발표된 가치대로 전액을 다 받았고, 점점 더 많은 투자자가 환매에 나서면서 진정한 손실 규모가 명확히 드러났다고 생각합니다.

그때 보이드가 무슨 일을 벌이고 있는지 아셨나요?

옵션 손실에 대해서는 알았지만, 비공개회사 거래에 대해서는 아무도 몰랐습니다. 장부 외 거래였으니까요.

듣고 보니 굉장히 특이한 사람들과 일하셨던 것 같습니다. 상사를 고르는 일은 썩 잘하지 못하셨나 봅니다.

네, 알아요. 좋은 징후는 아니라고 생각하시겠지만, 어쨌든 그랬죠.

사업은 어떻게 시작하시게 됐나요?

피터를 통해 알게 된 한 고객이 있었습니다. 그가 제게 매도일변도short-only 포트폴리오 운용을 맡겼어요. 그 고객과 함께 회사를 시작했죠.

그때가 언제였나요?

1997년입니다.

과거 실적 자료를 보면 1994년부터의 성적을 볼 수 있습니다.

초기 실적을 자료화하기 위해, 매도일변도 포트폴리오 운용을 시작하기 전 실적에서 공매도 결과만을 추출했습니다.

차트도 활용하시나요?

매매 시점을 잡을 때 활용합니다. 지난 시간 동안 저를 구해준 것 가운데 하나였다고 생각해요. 예를 들면, 제가 공매도한 주식이 급락한 뒤 지지를 받는 모습이 확인되면 대개 그때 포지션을 정리합니다.

지지support는 어떻게 정의하십니까?

과거 많은 매수세가 나타난 가격대로, 이 지점에서 가격이 강화된 후 추가 상승으로 이어집니다. 열성적인 공매도 투자자 가운데 일부는 여전히 포지션을 붙들고 있겠지만, 저는 보통 여기서 포지션을 정리합니다. 저는 시장이 이미 50퍼센트 하락했는지 여부를 봅니다. 시장이 추가로 10~20퍼센트 더 하락할 수도 있지만, 거기까지는 관심이 없습니다. 저는 적정 가치 대비 상대적으로 비싼 주식을 찾습니다.

차익 실현을 위한 차트 활용 사례군요. 손실을 제한하기 위해서도 차트를 활용하시나요?

차트가 신고가를 돌파하면 정말로 납득할 만한 정보가 있지 않고서는 빠져나옵니다.

신고가를 판단하는 기준으로 삼는 기간은 얼마나 됩니까? 주식시장이 1년 신고가에 도달했지만 아직 2년 신고가에는 미치지 못했다면 그때도 빠져 나오십니까?

아니요, 저는 오로지 사상 최고가에만 관심이 있습니다.

신고가에 도달한 주식은 무조건 공매도를 피하시나요, 아니면 가끔씩 포지션을 취하기도 하시나요?

가끔은 공매도 포지션을 취합니다.

사례를 말씀해주실 수 있나요?

올해 산체스컴퓨터 어소시에이츠를 공매도했는데 주가가 하루 만에 32달러에서 80달러로 올랐어요.

하루 만에요?

은행 지원부서 업무 및 거래 내역 처리와 관련한 소프트웨어를 만드는 회사였어요. 고객은 대부분 자체 시스템을 갖추지 않은 저개발국 은행들이었죠. 사업은 둔화되고 있었고, 월스트리트에서는 연간 이익 추정치를 주당 75센트에서 50센트로 낮추었죠. 당시 주식은 여전히 25달러에 거래되고 있었기 때문에 아주 좋은 공매도 후보로 보였죠. 주가가 훨씬 더 내려갈 것이라고 생각했어요. 그런데 잠시 후, 회사가 온라인 뱅킹 소프트웨어 서비스를 시작한다고 발표했어요. 마침 온라인 은행들의 주가가 급등하던 시기였죠.

그 주식의 이전 고점은 어디였나요?

30달러대 초반이었어요. 주가는 계속 올라 이전 고점을 크게 넘어섰죠.

주가가 80달러까지 올랐을 때도 여전히 그 주식에 대해 비관적이셨나요?

네, 달라진 것은 없었어요.

자금을 운용하는 관점에서는 그런 상황을 어떻게 대처하십니까?

전에는 그런 상황에 처해본 적이 없었어요. 간접적으로도요. 저희 포트폴리오는 상대적으로 분산되어 있어요. 그때까지 단일 주식에서 하루 동안 입은 가장 큰 손실은 0.5퍼센트였어요. 하지만 그날 하루 그 주식으로 4퍼센트 손실을 입었죠.

그 주식이 포트폴리오에서 차지하는 비중은 얼마였나요?

주가가 오르기 전까지는 2.5퍼센트 정도였어요. 저로서는 상당히 큰 비중이었지만, 그 매매에 대해 큰 확신이 있었죠.

주가가 급등한 당일, 포지션 일부라도 정리하려고 시도해보셨나요?

장이 열리자마자 주가가 거의 10달러 올랐어요. 대체 무슨 일인지 파악하려고 허둥지둥했어요. 그러는 사이 주가가 20달러 올랐어요. 그다음 30달러로 뛰었죠. 매도 포지션의 일부를 정리하려고 했는데, 결국 가지고 있던 4만 주 중에 1,000주 정도만 주문이 처리됐죠.

결국 4만 주 가운데 3만 9,000주에 대해서는 여전히 매도 포지션을 보유한 상태였는데 주가는 30달러에서 80달러로 급등했고, 회사의 펀더멘털 전망은 여전히 비관적이었습니다. 이런 상황에서는 어떻게 하시나요? 주가가 과도하게 오른 만큼 포지션을 유지하기로 결정하시나요, 아니면 지금 운용상의 이유로 엄격히 포지션을 정리하시나요?

이 경우는 특별한 상황이었어요. 그 전에는 그때처럼 주가가 제게 불리하게 움직인 적이 없었어요. 저는 현실주의자입니다. 처음에는 현실을 똑바로 보려고 노력했어요. 어떤 소프트웨어를 사용하는지 알기 위해 인터넷 뱅킹을 하는 모든 기업을 검토했는데, 산체스라는 이름은 한 번도 언급되지 않았죠.

다음날 주가가 15달러 내려갔어요. 저는 그 주식이 다시 올라갈 것이라고 생각했죠. 이런 상황은 보통 하룻밤 사이에 달라지지 않으니까요. 이때 포지션을 충분히 정리해 이 주식의 포트폴리오 비중을 2.5퍼센트로 낮추었습니다. 앞서 주가가 오른 탓에 포트폴리오에서 차지하는 비중이 7퍼센트로 확대됐는데, 허용할 수 없는 수준이었죠. 그 뒤 주가가 좀 더 내려갔어요. 주가가 50달러가 됐을 때 매도 포지션을 5,000주로 줄였습니다.

이런 일을 겪을 때 어떤 심정이셨나요?

통제권을 완전히 잃었다는 생각에 거의 충격에 빠졌어요. 전에는 한 번도 경험한 적이 없는 상황이었죠. 대부분의 사람들은 위험이 무제한이라는 생각에 공매도를 두려워해요. 제게는 그것이 문제가 된 적이 없었어요. 저는 자기규율에 엄격한 사람입니다. 이때 경험한 수준만큼의 타격을 입기 전에 어떤 매도 포지션이든 정리할 수 있다고 늘 생각했죠. 하지만 이때는 주가가 하루 만에 세 배 가까이 뛰었고, 저는 거의 넋이 나갔죠.

문득 포트폴리오의 다른 주식에도 같은 일이 벌어질 수 있다는 무시무시한 생각이 들었어요. 제가 공매도한 주식들 가운데 어떤 회사가 온라인 서비스를 발표할 차기 종목이 될지 걱정되기 시작했어요. 저는 포트폴리오를 샅샅이 뒤져 제2의 산체스가 될 가능성이 있는 종목을 찾기 시작했죠.

그 주식은 결국 어떻게 되었나요?

다시 올라갔어요. 하지만 산체스 주식이 다시 올라가려는 것처럼 보이기 시작할 때 저는 다시 매도 포지션을 구축했어요. 재미있게도 뒤이어 주가가 폭락하면서, 몇 개월 전 주가 폭등으로 매도 포지션에서 잃은 것보다 더 많은 돈을 새로운 매도 포지션에서 벌었습니다.

선생님 회사의 조직 구성은 어떻게 되어 있나요?

단 두 사람입니다. 함께 일하는 잭은 미라마에서 핵심적인 존재입니다. 시장에는 돈이 넘쳐나고, 관심이 많은 투자자들의 전화가 거의 매일같이 걸려오죠. 하지만 저는 새로운 투자는 받지 않습니다.

선생님의 방법론을 지키려면 더 이상의 자금은 수용할 수 없기 때문인가요?

저는 조직을 키우고 싶지 않습니다. 저는 사람들을 관리하고 싶은 것이 아니라, 포트폴리오를 관리하고 싶어요.

매도 포지션의 개수를 늘리는 대신 단순히 포지션 크기를 키우는 것으로 양적

인 성장을 이룰 수 있을까요?

저는 강세장에서 오로지 매도 포지션만 운용합니다. 그것은 끊임없는 전투입니다. 최소한의 위험을 감당하며 전투에 임하는 가장 좋은 방법을 찾아야 합니다. 필요한 경우 매도 포지션을 정리하는 것이 가능하다는 확신이 있어야 해요. 매도 포지션의 크기가 커질수록 필요할 때 정리하는 것은 더욱 어려워지겠죠. 저는 지나치게 빠르게 성장하는 사람들에게 어떤 일이 일어나는지 보았고, 그 반대쪽을 택해왔습니다. 편안한 마음으로 일하고 싶어요. 더 많은 돈을 운용하게 되어 새로운 매도 기회를 찾아 헤매고 싶지는 않습니다. 제게는 가족이 있고, 집에 가면 일에 대해서는 생각하지 않습니다. 주말에 〈배런즈Barron's〉 같은 금융지를 읽지도 않습니다.

그런 태도는 어느 정도 남성과 여성의 인식 차이를 반영하는 것 같습니다. 일반화일지 모르지만 남성들은 제국을 건설하기를 원하는 반면, 여성들은 그렇지 않죠.

아마 그런 것 같습니다.

공매도할 주식은 어떻게 선정하나요?

성장주 가운데 PER이 높은 고평가된 종목을 찾지만, 그것만으로는 충분하지 않습니다. 촉매가 있는 주식이어야 합니다.

촉매의 예를 들어주세요.

회사의 이익이 악화되리라는 전망이죠.

이익 악화는 어떻게 예상하시나요?

실제로는 매출 증가세가 둔화되고 있지만, 비용을 절감한 덕에 이익은 여전히 좋아 보이는 회사를 찾습니다. 그런 회사들은 이익 성장세가 둔화되는 것도 시간문제입니다. 또한 사업이 굉장히 잘되고 있지만 아무도 주목하지 않는, 그러면서 경쟁자로 서서히 대두되는 회사를 찾습니다. 중요한 것은 시장의 기대와 비교하면서 미래 실적에 무엇이 영향을 미칠 것인지 예측하는 것입니다.

본질적으로 주가를 끌어내릴 촉매가 있는 고 PER 주식을 찾는 것이군요.
맞습니다. 하지만 또 다른 중요한 조건이 있습니다. 저는 수직 상승하는 주식은 공매도하지 않습니다. 주가가 약세 또는 최소한 정체되는 조짐이 보여야 합니다.

대표적인 공매도의 예를 들어주시겠습니까?
지난 2년 동안 가끔씩 네트워크 어소시에이츠 주식을 공매도했습니다. 회사는 매분기 인수와 관련한 막대한 연구개발비를 인식하는 방법으로 높은 영업비용을 감추고 있었어요. 회사는 다른 비용들도 일회성으로 처리했어요. 결국 증권거래위원회가 이런 비용들을 일회성으로 처리하는 대신, 전 시기에 걸쳐 반영할 수 있도록 회계 방식을 바꾸게 했죠. 증권거래위원회의 개입 이후 회사의 회장이 나서서 "단지 회계문제입니다. 회계에 충분히 주의를 기울이지 못했습니다"라는 식으로 말했죠. 그는 또한 공매도 투자자들을 향해 모두 끝장날 것이라며 비난하는 발언을 쏟아냈죠.
회사가 주가 하락을 공매도 탓으로 돌릴 때, 그것은 적신호입니다. 공매도 투자자에게 회사가 할 수 있는 최고의 복수는 좋은 실적을 발표하는 것입니다. 건전한 회사는 공매도 투자자들에게 신경 쓰느라 시간을 낭비하지 않습니다. "주가 하락은 공매도 탓이었습니다"라고 하는데, 적당히 해야죠. 매수 진영 규모가 9조 달러라면 매도 진영 규모는 10억 달러 수준일 겁니다.

네트워크 어소시에이츠의 제품이나 서비스에는 무엇이 있었나요?

바이러스 백신 소프트웨어가 주요 제품이었는데 시간이 지나 제품가격이 떨어지면서 이익률이 저조해졌어요. 회사는 비슷한 제품을 만드는 여러 회사를 인수했는데, 대부분 많은 웃돈을 지불했죠. 네트워크 어소시에이츠가 사들이는 회사들은 제가 공매도 투자했던 회사들이었어요. 그 회사들을 대상으로 더 이상 공매도할 수 없게 됐으니 당황스러웠죠. 어느 순간 회사는 백신 소프트웨어를 사실상 공짜로 나눠주고 있었어요. 구매자 입장에서는 컴퓨터 유통업체 콤프USA 광고만 시청하면 됐죠. 모든 할인을 적용한 소프트웨어 가격은 약 5달러에 불과했어요. 이 회사의 제품이 매력적이지 않다는 증거였죠.

그렇게라도 가격을 매겨야 할 만큼 절박한 상황이었다면, 이미 매출이 급락세를 보이지는 않았나요?

아니요, 유통망으로 가득 밀어 넣었으니까요.

무슨 뜻이죠?

재고를 모두 유통업자들에게 출하하고 있었어요. 수요가 없는데도 말이죠.

제품이 다시 돌아올 것을 알면서 왜 그런 일을 할까요?

매출이 좋아 보이게 하기 위해서죠. 일단 제품을 출하하면 장부에 매출로 기록할 수 있으니까요.

하지만 언제까지 그렇게 할 수는 없을 텐데요.

어쨌든 그렇게 했죠. 하지만 그런 행위는 그들을 괴롭히는 결과로 돌아왔죠. 결국 주가는 폭락했어요.

회사가 주가 하락을 공매도 탓으로 돌리면 위험을 알리는 신호라고 말씀하셨습니다. 또 다른 위험 신호에는 무엇이 있을까요?

회사가 전통적으로 해오던 사업에서 벗어나 인기 있는 사업으로 영역을 확장하는 경우입니다. 예를 들어, 도박 사업 관련 주식의 광풍이 불었을 때 피자 전문점 운영에서 선상 도박으로 사업을 확장한 회사들이 있었습니다. 똑같은 현상이 지금 인터넷 분야에서 일어나고 있습니다. 최근 저희가 공매도한 회사는 평판 디스플레이 판매에서 인터넷 팩스 서비스로 사업을 확대했는데, 그 과정에서 모든 사업계획이 엉망이 되었습니다.

또 어떤 위험 신호가 있을까요?

잦은 경영진 교체, 특히 회사 최고재무책임자의 잦은 교체입니다. 회계 감사 담당자들의 교체도 중요한 위험 신호가 될 수 있습니다.

사례를 들어주시겠습니까?

제가 공매도한 주식 중에 페가시스템즈라는 소프트웨어 회사가 있습니다. 매출채권이 많아서(재화와 용역을 공급한 대가로 받아야 할 대금의 잔액이 커서) 제 관심을 끌었죠. 회사는 월 이용료를 받고 소프트웨어 이용권을 제공했습니다. 대개 5년 계약이었는데, 회사는 앞으로 벌어들일 현금 전체를 할인해 현재의 금전으로 인식했습니다.

그런 회계 절차가 유효한가요?

물론 업계 관례와는 정반대였죠. 짐작컨대, 기존 회계사들은 그 수치에 동의하지 않았던 것 같습니다. 회사가 그 사람들을 해고하고 새로운 회계법인을 고용했거든요. 기존 회계법인이 사업을 이해하지 못했고, 적극적이지 않아서 교체했다는 것이 회사의 설명이었습니다. 믿기 어려운 일이지만, 사람들은 이런 위험 신호도 무시했습니다.

회계 감사 담당자들을 해고한 뒤에도 주가가 계속 올랐다는 말씀이신가요?

네.

선생님은 언제 주식을 공매도하셨나요?

회계 감사 담당자들을 해고한 다음이었습니다.

회계 처리가 의심스러웠던 또 다른 사례는 무엇이 있습니까?

공매도했던 종목 일부가 결국 회계 부정으로 판명이 난 경우가 있습니다. 사람들에게 컴퓨터 사용법을 가르치며 직업학교를 운영하는 한 회사가 있었어요. 정부에서 재정 지원을 받았는데, 형편없는 교육 프로그램을 제공하고 있었죠. 그 회사에 대해 알게 된 것도 역시 매출채권이 많아서였어요.

교육 회사의 매출채권은 어떤 종류인가요?

수업료죠. 학생들이 지불해야 할 수업료를 내지 않고 있었어요. 그 주식에 처음으로 관심을 가진 것도 바로 그 때문이었죠. 그러다 사용하는 소프트웨어도 오래 됐고 강사들의 실력도 부족하다는 학생들의 불만이 교육부에 접수되어 회사가 조사를 받고 있다는 것을 알았어요. 저는 40달러대에 그 주식을 공매도했고, 10달러 부근에서 정리했습니다. 주가는 결국 1달러까지 떨어졌죠.

큰 매출채권을 중요한 지표로 여기시는 것 같습니다.

네, 저희가 지켜보는 화면들 중 하나죠.

그밖에 어떤 요소들을 검토하십니까?

매출 악화, 실적 악화, 높은 PER, 많은 재고를 비롯해 50일 이동평균선 하향 돌파를 포함한 몇 가지 기술적 지표들을 검토합니다.

이런 요소들을 개별적으로 검토하시나요, 아니면 여러 가지 특징을 함께 고려하시나요?

보통은 여러 요소를 검토하지만 모든 요소를 한 번에 적용할 수는 없습니다. 그렇게 해서는 어떤 종목도 찾아내지 못할 겁니다.

100퍼센트 공매도 방식으로도 잘해오셨지만, 강세장이 좀처럼 수그러들지 않는 상황에서 본인의 선택에 대해 다시 한 번 생각해보신 적은 없나요?

아니요, 저는 오히려 그런 도전적인 상황 때문에 공매도가 더욱 보람 있다고 생각합니다. 사람들은 이 업계에서 많은 돈을 벌죠. 얻는 것만큼 일해야 한다고 생각합니다. 가만히 앉아 매일 인터넷으로 주식을 사는 것은 옳다고 보지 않습니다. 저로서는 공감하지 못하는 일이죠. 사실 저는 사람들이 강세장에서 나쁜 소식을 무시하는 것을 기회로 활용하는 데 매우 익숙해졌습니다. 언제든 약세장이 들어서면 제가 어떻게 대처할지 저 역시 궁금하네요.

하지만 약세장이 되면 일하기는 훨씬 더 수월해질 것 같습니다.

1998년 8월에 시장이 빠르고 강하게 하락했을 때는 정신적 압박이 평소보다 더 심했습니다.

그렇지만 그때도 여전히 실적이 좋으셨는걸요.

굉장히 좋았지만, 너무 쉽다고 생각했어요. 전투를 치른 것은 아니었으니까요. 마치 아무 일도 할 필요가 없는 것 같았죠. 제가 공매도한 주식은 모조리 주가가 떨어졌어요. 이것이 바로 매수 방향에서 사람들이 늘 겪게 되는 일이죠. 단순히 주식을 사고, 주가가 오르는 식이죠.

선생님은 그런 방식이 마음 편하지 않으셨죠.

네, 아주 불편했어요. 제가 조금 이상한 것일 수도 있어요. 저라는 사람은 어디가 잘못된 것 같기도 합니다.

시장이 그때처럼 갑자기 크게 하락할 때는 공매도 노출을 줄이시나요?

그때는 그랬어요. 일이 아주 빠르게 벌어졌기 때문이었죠. 한 달 동안 30퍼센트 수익을 올렸어요. 전에는 한 번도 없던 일이었죠. 포트폴리오의 약 40퍼센트를 정리했습니다:

위험관리를 위해 어떤 전략을 활용하시나요?

한 종목에서 20퍼센트 손실이 발생하면 포지션의 3분의 1을 정리합니다. 저는 한 종목이 포트폴리오에서 차지하는 비중이 최대 3퍼센트가 넘지 않도록 제한합니다. 주가가 올라 포트폴리오 안에서 비중이 확대되면 대개 그 종목에 대한 포지션을 줄입니다. 또한 투자 대상을 분산해서 위험을 관리합니다. 보통 여러 업종에 걸쳐 50~60개 종목을 포트폴리오에 편입합니다.

다른 공매도 투자자들을 아시나요?

네. 친해진 몇 사람들을 제외하면 공매도 투자자 대부분은 세상과 삶을 매우 비관적으로 보는 경향이 있습니다. 굉장히 부정적인 성향인 경우가 많아요.

선생님은 그렇지 않으시고요?

저는 그렇지 않다고 생각합니다. 저는 현실주의자라고 생각해요. 제가 다른 공매도 투자자들과 차별되는 한 가지는 바로 매수 진영에서 쌓은 경험입니다.

그 점이 어째서 중요한가요?

결국 사람들이 사고파는 이유에 관한 문제이기 때문이죠. 저는 모멘텀을 추구하는 매니저들과 함께 일한 경험 덕분에 그들의 사고체계를 더 잘 이해할 수 있습니다. 그 덕분에 언제 나오고, 언제 베팅할지 알 수 있죠. 공매도하는 친구들 중에는 매수 진영에서 일한 경험이 전혀 없는 사람들도 있습니다. 그들은 제게 전화를 걸어 묻곤 하죠. "데이나, 사람들이 왜 이 주식을 사고 있죠? 현금흐름도 마이너스이고, 매출채권도 많은데…" 그들은 가공하지 않은 숫자를 봅니다. 현실적이죠. 단지 주가가 오른다거나 차트가 좋아 보인다는 이유로 매수하는 사람도 많다는 사실을 이해하지 못해요. 지금 주가는 최고 수준으로 뛰었습니다. 제가 알던 공매도 투자자 대부분은 이미 나가 떨어졌죠. 제게 더 이상 그런 질문을 하지도 않고요.

매수 진영에서만 트레이딩을 하는 일반 투자자들에게는 어떤 조언을 해주시겠습니까?

좋은 기업도 나쁜 주식이 될 수 있고, 그 반대도 가능합니다. 예를 들어 디즈니는 좋은 회사입니다. 어쨌든 적어도 저희 아이들은 디즈니를 좋아하죠. 하지만 저희는 지난 2~3년 동안 매도 진영에서 돈을 벌 수 있었습니다. 사업이 영원히 고성장을 기록할 것이라는 과도한 낙관으로 인해 주식이 매우 고평가된 덕분이었죠.

데이나 갈랑트는 전적으로 공매도만 하지만, 그녀의 발상은 매수일변도 투자자들에게도 의미가 있다. 갈랑트의 매매 방식은 어떤 주식을 피하고 정리해야 하는지 판단하는 데 매우 유용한 지침이 될 수 있다. 갈랑트가 제시한 여러 요건 가운데 일부는 다음과 같다.

- 매우 높은 PER
- 단기간에 민감하고 부정적인 주가 반응을 일으킬 촉매
- 상승세의 정체나 반전

이 세 가지는 반드시 충족되어야 하는 요건이다. 투자자들은 자신의 포트폴리오를 정기적으로 점검하고, 이 세 가지 요건을 모두 충족하는 주식이 있다면 다른 주식으로 교체해야 한다. 그렇게 함으로써 포트폴리오의 위험을 줄일 수 있다.

또한 갈랑트는 자신의 주의를 끌어 해당 주식을 공매도 후보로 검토하게 하는 여러 위험 신호를 언급했다. 다음 요소 중 어느 하나만 나타나더라도 해당 주식을 보유한 투자자라면 포지션 청산을 심각하게 고려할 필요가 있다. 갈랑트가 제시한 위험 신호는 다음과 같다.

- 대규모 매출채권
- 회계사 교체
- 잦은 최고재무책임자 교체
- 주가 하락의 이유를 공매도에 돌리는 기업
- 우세한 시장의 경향에 편승해 핵심 사업을 완전히 변경하는 기업

**시장이 회계문제를 더욱 면밀히 살피게 되면 또 어떤 변화가 있을 것으로 기대
하십니까?**

앞으로 더욱 주목받을 것으로 기대하는 한 가지 문제는 일반적으로 인정된 회
계원칙generally accepted accounting principles, GAAP이 아닌 프로포마pro forma 방식이 여전
히 널리 쓰이고 있다는 것입니다.

프로포마 회계 방식을 정의해주십시오.

프로포마 회계는 1990년대 후반에 도입된 것으로, 회사가 '영업 외 비용'이라
고 주장하고 실제로도 대개 영업 외 항목에 해당되는 모든 비용을 제거하는 회
계 방식입니다. 심지어 매 분기 발생하는 핵심 영업비용을 제거하는 회사들도
있습니다. 미국 증권거래위원회는 GAAP를 기준으로 재무보고를 하도록 요구
하고, 그것이 바로 회사가 연간 사업 보고서에 기재하는 숫자입니다. 하지만
회사는 원하는 어떤 숫자라도 시장에 발표할 수 있습니다. 기업실적 분석기관
인 퍼스트콜First Call의 가장 큰 단점은 이들이 프로포마 기준 실적을 기업의 추
정 실적으로 인정하기 때문에, 그것이 시장이 보는 숫자가 된다는 점입니다.
메릴린치를 선두로 한 일부 증권회사들은 현재 두 가지 기준 모두를 이용해

실적을 발표합니다. 많은 회사에서 GAAP와 프로포마 기준 실적이 큰 차이를 보입니다. S&P500지수 편입 종목 전체를 대상으로 살펴보면 프로포마 기준 실적이 GAAP 기준 실적보다 20~30퍼센트 좋습니다. 이렇게나 큰 차이가 납니다! 저희는 공매도 가능성을 확인하기 위해 프로포마와 GAAP 기준 실적에 큰 차이가 있는 기업을 찾습니다.

매도 진영에 더욱 많은 세력, 특히 (공매도 펀드만이 아닌) 다른 헤지펀드들이 들어오는 것이 염려되시나요?

시장에서 매매를 해온 20년 동안, 제 일에 영향을 미치는 새로운 관점은 늘 있어 왔습니다. 저는 그로 인해 어떤 피해를 입을지 염려하기보다는 새로운 상황을 유리하게 활용할 방법을 찾으려고 합니다. 매도측에 새로운 참가자들이 들어오는 것은 사실 더 큰 기회를 창출한다고 생각합니다. 자신이 무엇을 하고 있는지 모르는 세력들의 쇼트커버링이 일부 주식의 단기 급등을 가져올 수 있기 때문이죠. 과거에 전적으로 매수 진영에서만 트레이딩을 해서 경험이 없는데도 불구하고 매도 진영에 참여해 헤지펀드를 운용하려는 매니저들도 많이 있습니다.

공매도 투자자들이 시장 하락의 희생양이 되고 있다고 보시나요? 그런 비난에 대해 어떻게 생각하십니까?

그런 말을 하는 사람들은 공매도 투자자가 있어 오히려 다행이라고 생각해야 합니다. 약세장에서 매수하는 사람은 바로 공매도 투자자이기 때문입니다. 공매도 투자자는 매수할 이유가 있고 능력도 있습니다. 이번 약세장에서 저희가 목격한 상승세는 쇼트커버링이 주도한 것이었습니다. 평생 동안 공매도를 후회한 적은 9·11 테러 당시가 유일합니다. 그때는 공매도에 죄책감을 느꼈고, 그래서 매매를 거의 하지 않았습니다.

과도하게 공격적인 회계 방식을 적용하는 기업들을 구분해내는 것은 선생님의 접근법에서 중요한 요소입니다. 최근 회계부정 사건들이 줄줄이 밝혀지고 있는데요, 상황이 의미 있게 달라지고 있나요?

과거에는 기업이 발표한 실적이 좋기만 하면, 심지어 월스트리트 추정치보다 단 1페니만 좋아도 그걸로 그만이었습니다. 어떻게 그 숫자가 나왔는지 아무도 들여다보지 않았죠. 시장은 저희가 찾는 위험 신호들, 즉 마이너스 현금흐름, 과도한 매출채권, 과도한 재고, 공격적인 매출 인식 등을 거의 무시했죠. 지금은 사람들이 기업에서 이런 요소를 발견하면 문제 삼습니다. 저희에게는 좋은 일입니다.

언론의 주목을 끌었고 법적 조치도 취해진(또는 앞으로 취해질) 만큼 부정은 좀 줄어들까요?

탐욕은 결코 사라지지 않습니다. 지금까지 보아온 것과는 다른 종류의 부정일 수는 있겠지만, 투자자를 이용하려는 새로운 속임수는 언제나 있기 마련입니다.

마법사는
시장을
예측하지 않는다

PART 2

Chapter 04

시장에 희망을 품지 말고,
시장에 반응하라*

마크 D. 쿡Mark D. Cook

마크 D. 쿡이 도로를 벗어나 언덕 위로 픽업트럭을 몰고 올라간다. 언덕 위에서는 오하이오 주 이스트 스파르타 외곽에 위치한 그의 아버지 소유의 농장이 내려다보인다. 계절에 맞지 않게 포근한 날씨는 봄날처럼 느껴지지만, 아직 늦겨울이다. 완만한 경사를 이룬 들판은 다양한 갈색 색조를 띠고 우리 앞에 펼쳐져 있다. 그 풍경을 보며 쿡은 이렇게 말했다.

"이 모습을 보여드리고 싶었습니다. 봄에 초록색이 올라오면 세상에 이보다 더 아름다운 풍경이 없죠."

나는 머릿속으로 그 장면을 그려보았다. 봄의 새로운 시작과 함께 펼쳐질 기분 좋은 풍경을 쉽게 상상할 수 있었다. 하지만 쿡의 목소리에 담긴 장엄함을 제대로 느끼기 위해서는 이 땅을 경작한 사람의 눈을 통해, 생명을 유지시

---

* 이 장에서는 옵션에 관한 일부 내용이 언급된다. 옵션이 생소한 독자라면 〈부록〉으로 실은 짧은 입문서를 (필수는 아니지만) 먼저 읽으면 도움이 될 것이다.

키는 자양분의 공급자이자 세대를 잇는 연결고리로서 이 풍경을 보아야 한다.

"아버지께서 약 60년 전에 이 농장을 구입하셨을 때는 돼지풀이 30센티미터도 자라기 힘들 만큼 토양이 척박했습니다. 트레이딩이 잘 풀리지 않고 정신적으로 힘들 때면 저는 늘 이곳에 올라옵니다. 어려운 일도 있었지만 고된 노력 끝에 이루어낸 이 모든 것을 볼 때면 마음에 평정을 찾게 됩니다."

쿡은 트레이딩에 열정이 있지만 애정에 우선순위를 매긴다면 시장은 가족과 이 땅에 이어 세 번째다.

처음 마크 D. 쿡을 본 것은 업계 한 회의에서 발표자로 나섰을 때인데, 말을 꺼내기 전부터 강한 인상을 남겼다. 그는 오버올 작업복을 입고 단상에 올랐다. 자신의 뿌리를 강조하기 위해서였다. 그 의상을 선택한 데는 단순히 보여주기 위한 것이 아닌 중요한 이유가 있었다. 쿡은 트레이딩으로 수백만 달러를 벌어왔지만 농장일도 계속하고 있었다. 이런 육체노동이 경제성 측면에서 적절한지를 논하기는 어렵다. 트레이더로서 일주일에 50~60시간을 일하고, 부수적으로 농장일을 병행하고 있는 쿡은 스스로 일중독이라고 합리화한다. 그가 일중독이라는 것은 분명한 사실이지만, 81세가 되신 아버지가 여전히 전업으로 농사를 짓는 상황에서 트레이딩만 한다는 것에 약간의 죄의식이 있는 것 같았다.

부근을 돌아보다 쿡은 아버지의 농장으로 나를 데려갔다. 함께 차를 타고 가는 동안 쿡은 구획이 잘된 토지를 가리키며 이렇게 말했다. 그는 숫자로 토지를 구분했다. "저기가 1997입니다." 1997년에 트레이딩에서 번 돈으로 구입한 농장이었다. 잠시 후 "저기는 1995입니다"라고 말했고 안내는 계속됐다. 좋은 성적을 거둔 해가 많았음을 짐작할 수 있었다. 또한 쿡은 트레이딩으로 거둔 이익을 실물자산으로 전환하는 일에도 열심이다. 그에게 있어 최고의 실물자산은 바로 농지이다.

투어의 정점은 쿡이 트레이딩으로 거둔 이익의 또 다른 배출구로 이어졌다. 그곳에는 진귀한 농업용 트랙터 수집품들이 있었다. 쿡과 그의 아버지는 모두 골동품 트랙터 수집에 열광했는데, 두 사람의 공통된 취미로 트랙터 박물관이 탄생한 것이다. 박물관은 농장 안 본채에 있는 쿡의 트레이딩 사무실 바로 옆에 위치해 있었는데, 어느 안내책자에도 소개되지 않았다. 쿡은 그 수가 빠르게 늘어나는 희귀 트랙터들을 모두 수용하기 위해 1996년 제작한 커다란 철제 구조물 안에 수집품을 진열했다.

쿡은 중간에 그의 아버지 마빈 쿡을 차에 태워 박물관 관람에 동행시켰다. 전형적인 과묵한 농부였던 마빈 쿡은 철제 진열장에 들어서자마자 전문 인솔자로 변신했다. 그는 전시된 트랙터 하나하나의 특징과 제조사들의 역사를 설명했다. 대부분 미국 시장에서 이미 오래 전에 사라진 회사들이었다. 박물관에는 정말로 희귀한 제품도 있었는데, 생산설비가 완전히 가동을 시작하기도 전에 폐업한 오하이오 주의 한 회사가 제작한 총 다섯 대밖에 없는 미국산 트랙터 가운데 두 대가 그곳에 있었다.

그다음 쿡이 데려간 곳은 1994년의 트레이딩 수익으로 구입한 농장이었다. 쿡은 석탄 채굴 용도로 그 땅을 임대하고 있었는데, 우리는 노천채굴을 보기 위해 완만하게 경사진 들판을 가로질러 걸어간 다음 자갈로 덮인 경사면을 손으로 짚어가며 조심스럽게 내려갔다. 쿡은 이 땅을 구입하고 매우 만족스러웠다. 그의 증조부가 1890년 지금의 가족 농장에 정착하기 전에 매수를 검토한 땅이었기 때문이다.

쿡과의 인터뷰는 전날 저녁 토지스라는 식당에서 시작했다. 한 가족이 8년째 운영하는 식당이었는데 오하이오 주 매그놀리아에서 최고의 식당으로 꼽히는 곳이었다. 토지스는 매그놀리아(인구 1,000명)에 있는 유일한 식당이었다. 하지만 경쟁이 없다는 것이 나쁜 영향을 미치는 것 같지는 않았다. 음식은 꽤 훌륭했고, 서비스는 세심했다. 두 시간에 걸친 저녁식사를 마친 뒤에야 쿡은 비로소 자신의 경력에 관한 이야기를 풀어놓을 준비가 되어 있었다.

우리는 농장으로 돌아가 지은 지 125년 된 본채에 마련한 쿡의 사무실에서 인터뷰를 이어갔다. 사무실은 어두운 색 밤나무 패널로 벽면을 둘렀고, 소를 그린 그림 말고는 아무런 장식이 없었다(참고로 쿡의 아내 테리는 화가였다). 새벽 1시가 되어서도 인터뷰는 끝나지 않았다. 쿡이 다음날 아침 일찍 출발해야 한다는 것을 알았기 때문에 나머지는 다음날로 미루기로 했다. 우리는 다음날 아침식사를 하면서 인터뷰를 이어갔고, 그날 늦게 공항 주차장에서 쿡의 픽업트럭에 앉아 인터뷰를 마쳤다.

초창기 트레이딩에 대한 쿡의 도전은 반복되는 좌절과 시련으로 얼룩졌고, 인터뷰를 통해 이런 경험을 들려주었다. 그러나 그는 결코 포기하지 않았다. 실패의 경험 하나하나가 오히려 그를 더 채찍질했다. 몇 년에 걸쳐 주식시장을 신중하게 추적하고, 시장에 관한 방대한 분량의 일지를 작성하는 한편, 자신의 매매 내역 전부를 기록하고 분석한 끝에 마침내 트레이딩에서 꾸준히 이익을 거두게 되었다.

매매 실력에 자신감을 얻은 쿡은 다수의 시장수익률대회에 참가했다. 1989년에는 넉 달간의 경쟁 끝에 89퍼센트 수익률을 기록했고, 연례대회에 참가해 1992년 563퍼센트, 1993년 322퍼센트라는 수익률을 연이어 달성했다. 그 후 6년 동안 쿡은 30퍼센트에서 무려 1,422퍼센트에 이르는 연간수익률을 기록했다. 이 수익률은 '연초 자본 대비 연간수익'을 기준으로 산출한 것이다. 이는 실제 쿡의 성과를 축소해 표시하는 보수적인 계산법이다. 왜냐하면 그는 계좌에서 자주 수익을 인출했지만, 자금을 추가로 투입한 적은 없기 때문이다. 한 예로 수익이 낮았던 해에(보수적인 수익률 정의 기준) 쿡의 인출 금액은 연초 자금을 초과했다. 쿡은 내게 최근 4년간의 계좌명세서를 보여주었다. 이 기간 동안 그가 수익을 올린 날은 전체 매매 일수의 87퍼센트에 해당했다. 전체의 3분의 1에 해당하는 날에는 매일같이 수익만 기록했다.

농장 출신 소년을 S&P 트레이더로 만든 계기는 무엇이었나요?

소 때문에 트레이딩을 시작하게 됐습니다.

설명이 필요하겠는데요.

1975년 오하이오주립대학에서 농업경영을 전공할 때 전국 소 품질평가단의 오하이오 주 단원으로 활동했습니다. 그 경험 덕분에 '엘시^{Elsie the Cow}'를 데리고 전국을 돌며 보든^{Borden}사의 우유를 홍보하는 카우보이 두 명 가운데 한 사람으로 선발되어 여름방학 동안 일했습니다.

'명견 래시' 같은 건가요? 만약에 혹시 엘시가 죽으면 또 다른 엘시로 교체되었나요?

13주간 이어진 전국 순회가 끝나고 엘시를 교체했습니다.

어느 곳을 방문하셨나요?

전국 곳곳이었죠. 시카고에서는 데일리^{Daley} 시장이 시로 들어가는 열쇠도 수여했죠. 시의 상징물이 소였거든요. TV와 라디오 방송 몇 군데도 출연해 인터뷰를 했어요.

소에 대해 어떤 질문을 하던가요?

'우유 생산량은 얼마나 되죠? 무슨 종인가요? 하루 배변량은 얼마나 되죠? 몇 살이죠? 뭘 먹어요? 발로 차나요? 왜 파리가 한 마리도 붙지 않죠?' 아, 이런 질문을 받을 때면 늘 이렇게 대답했죠. "매일 목욕을 시키거든요. 여러분보다 깨끗해요."

어느 날 밤, 시카고에서 라디오 방송에 출연했어요. 진행자는 에디 슈워츠였는데 그는 대담 형식의 방송이 유행하기도 전인 1970년대에 이미 철야 대담 프로그램을 진행하고 있었죠. 우리는 몇 시간 동안 방송을 했어요. 새벽 3시쯤 되었을 때 그가 물었어요.

"지금 하고 싶은 일이 뭐죠?"

"쭉 이동 중이라 한동안 여자들을 만나지 못했어요." 제가 대답했죠.

"그런 일이라면 문제없어요. 어떤 여자를 좋아해요?"

저는 약간 허세를 부리며 말했죠. "비키니를 입고 여기 내려왔던 두 여자요. 같이 시내에 나가 놀고 싶어요."

"거기 아가씨들, 들었습니까?"

"아니, 그냥 해본 소리예요." 저는 재빨리 덧붙였어요.

"괜찮아요. 거기 들었죠?" 그가 객석에 대고 말했어요.

15분도 지나지 않아 비키니 차림의 두 여자가 스튜디오에 등장했어요. 스튜디오를 나서기 전 그가 우리에게 이런 부탁을 했어요.

"라디오에는 불쾌한 전화가 많이 옵니다. 짜증나는 전화를 받을 때마다 틀어놓을 수 있게 소 울음소리를 녹음한 테이프가 있으면 좋겠어요."

우리는 홍보 여행 중에 늘 엘시를 그 지역 농장에 맡겼어요. 다음날 아침에 농장에서 에디 슈워츠를 만나기로 약속을 정했죠.

잠깐, 잠깐만요. 너무 빠른데요. 비키니 아가씨들은 어떻게 됐나요?

아내도 이걸 볼 테니까, 아무 일도 없었습니다(웃음).

다음날 아침 농장에 도착한 슈워츠가 물었어요. "마크, 정말 소를 울게 할 수 있어요?"

"물론이죠, 뭐든 시킬 수 있어요." 저는 엘시를 마차에 연결해 묶고 마차 안쪽에 녹음기를 두었어요.

"울지 않네요."

"문제없어요. 그런데 다들 물러나주세요. 우선 소를 진정시킬게요. 제가 떠나자마자 울기 시작할 거예요. 엘시는 유명인사고, 유명인사는 주목 받고 싶어 하니까요."

"저를 놀리는군요."

"아니에요, 정말이에요. 그냥 지켜보기만 하세요."

저는 엘시에게서 멀리 떨어졌고, 얼마 지나지 않아 엘시는 폐에서부터 끌어올린 듯한 우렁찬 소리를 내기 시작했어요. 에디 슈워츠는 시카고 라디오에서 몇 년 동안이나 그 소리를 사용했죠.

엘시의 카우보이가 된 덕분에 플레이보이 클럽도 수월하게 들어갈 수 있었어요. 시카고에 머물던 어느 날 밤, 상사가 합류했어요. 저는 "플레이보이 클럽에 가봐야죠" 하고 말했죠.

"물론이지, 마크. 그런데 어떻게 들어가지?" 그가 물었어요. 초청객에 한해 입장이 가능했거든요.

"걱정 마세요. 들어갈 방법이 있어요."

"어떻게 할 생각인데?"

"기다려보시면 압니다."

클럽 앞에 도착해서 입구를 지키는 체격이 당당한 보안요원에게 다가가 말했어요. "유명인사들은 들여보내 주죠, 맞죠?"

"네, 유명인사들은 늘 환영하죠. 선생님은 누구시죠?" 그가 물었어요.

"제가 아니라, 제가 대리하는 분이 유명인사죠." 저는 엘시의 신분증을 꺼냈어요. 데일리 시장이 주최한 축하행사를 마친 직후였죠.

"오, 그렇군요." 미심쩍은 말투였어요. 아마 사람들이 안에 들어가려고 온갖 이야기를 꾸며내는 것을 보았겠죠. 하지만 애완용 소를 이용해 입장하려는 사람은 제가 처음이었을 겁니다.

"여기, 제 여자 친구요." 제 옆에 나란히 선 엘시의 사진을 꺼내 보였죠.
"잠깐 기다려요." 보안요원이 자물쇠가 채워진 문 뒤로 가면서 말했어요. 그는
유명인사용 열쇠를 가지고 돌아와서 우리를 들여보냈죠.

아주 흥미로운 이야기입니다만 트레이더가 된 것과는 어떤 관련이 있죠?
대학을 졸업한 뒤 저는 주식중개인이 되고 싶었어요. 하지만 일자리를 얻지 못
했죠. 이력서에 적은 어느 것도 도움이 될 만한 사항이 없었어요. 성적도, 대학
농구팀 활동도 마찬가지였죠. 결국 이력서를 다시 썼어요. 엘시의 카우보이였
다는 사실을 중요하게 언급했죠. 얼마 뒤 캔턴에 있는 증권회사에서 면접을 보
러 오라는 전화가 걸려왔고, 일자리를 제의받았습니다. 회사에서 이력서 검토
를 담당한 여성이 나중에 말해주었어요. "수백 건의 이력서를 받아요. 그런데
당신의 이력서를 보고, '어머, 그때 엘시를 돌본 사람이구나' 했죠." 홍보 여행
을 할 때 캔턴에도 들렀는데, 그때 지역신문에 사진이 소개된 것을 기억한 것이
죠. 그렇게 이 업계에 들어오게 됐죠. 소 덕분에요.

왜 주식중개인이 되고 싶었나요? 주식 매매를 하고 계셨나요?
주식 매매를 시작한 건 대학을 졸업한 후였어요. 소를 사고팔아서 2만 달러를
자본금으로 장만했죠.

리서치 경험이나 특별한 매매 방법이 있었나요?
아니요, 그냥 뛰어들었어요. 처음 두 건의 매매는 아직도 생생합니다. 컬럼비아
Columbia와 샘보즈Sambo's를 샀어요. 컬럼비아는 다른 회사에 인수됐고, 샘보즈는
파산했죠. 시작부터 최고와 최악을 경험했고, 단단히 중독됐죠.

특별히 두 종목을 매수한 이유를 기억하시나요?

네, 조사를 많이 했어요. 컬럼비아를 매수한 이유는 개봉 예정인 〈미지와의 조우Close Encounters of the Third Kind〉 제작에 관한 다큐멘터리를 보고 영화가 굉장한 성공을 거둘 것으로 기대했기 때문이었어요. 영화가 개봉되기 전에 컬럼비아는 매각됐고, 결과에 큰 차이는 없었습니다.

샘보즈는요?

학교 미식축구팀 동료들과 로즈볼Rose Bowl 경기에 출전했을 때 샘보즈에 식사를 하러 간 적이 있었어요. 처음 들어보는 기업형 식당이었는데, 괜찮은 곳이라는 생각이 들어 주식을 샀죠. 이것이 제가 했던 조사·분석활동의 전부입니다. 두 회사에 대해 더 이상은 아는 것이 없었죠. 그러던 중에 저와 거래하던 주식중개인이 말했어요.

"마크, 당신은 활동적인 것을 좋아하잖아요. 옵션을 해보면 어때요?"

"저는 옵션에 대해서는 전혀 몰라요." 제가 대답했죠.

그가 읽어보라며 작은 책자를 주었어요. 그 책을 처음부터 끝까지 읽고 난 뒤 저는 중개인에게 전화를 걸어 이렇게 말했어요. "너무 위험해 보이는데요."

"아니에요, 주식 매매나 마찬가지예요." 그가 말했죠.

1978년 4월, 생애 첫 옵션 거래를 했어요. 저는 9달러짜리 텔레다인Teledyne 콜 두 개를 사고 총 프리미엄 1,800달러를 지불했어요. 이틀 뒤 그 옵션을 13달러에 매도했고, 1,800달러를 투자해 800달러를 벌었죠. "맙소사, 삽으로 거름 섞기나 소젖 짜기보다 훨씬 간단하잖아" 하며 혼잣말을 했죠.

다음 옵션 거래에서도 다시 텔레다인 콜을 샀고, 또 돈을 벌었어요. 금방이라도 백만장자가 될 것 같았죠. 너무 결과가 좋아서 '가진 돈 일부만 가지고 매매할 이유가 있을까? 전부 활용하는 편이 나을지도 몰라' 하고 생각했죠. 계속해서 텔레다인 옵션을 매매했어요. 마침내 저는 잃고 있는 옵션 포지션에 돈을 걸었어요. 다시 올라올 때까지 보유하자고 생각했는데, 결국 옵션가치가 0으로 떨어졌고 그대로 만기가 됐죠. 가진 돈 전부를 잃었어요.

2만 달러 전부를요?

거기다 그 전에 벌었던 3,000달러쯤을 포함해서요. 그해 소득세 신고가 기억납니다. 옵션 매매로 1만 3,000달러를 벌었고, 2만 달러를 잃었어요. 더 나빴던 것은 소득에서 공제받을 수 있는 손실 금액이 단 3,000달러뿐이었다는 것입니다. 그래서 실제 소득은 마이너스인데도 불구하고 소득세를 내야 했죠.

그 경험에서 배운 것이 있으신가요?

네, 제 돈을 되찾아야 한다는 것을 배웠어요. 저는 무엇이 되었든 중간에 쉽게 포기하지 않아요. 주식과 옵션에 대해 할 수 있는 모든 것을 배우기로 결심했습니다. 그렇게 주식중개인이라는 목표를 정해 나아가기 시작했죠. 주식중개인이 되기로 결심한 유일한 이유는 제 돈을 되찾기 위해서였어요.

돈을 전부 잃었다는 것을 부모님도 아셨나요?

아니요, 부모님은 아마 제가 돈을 CD^{certificate of deposit}(양도성예금증서)에 넣어둔 줄 아셨을 거예요.

사실 CD에 넣은 건 맞죠.

네?

'콜의 대패^{call debacle}'의 약자도 CD니까요.

맞는 말씀이네요. 제 목표는 연 10만 달러 수익을 올리는 것이었어요. 1979년 주식중개인으로 일하기 전까지 저는 옵션을 굉장히 자세히 공부했어요. 다시 옵션 거래를 시작했지만 계속해서 돈을 잃었습니다. 거래 내역을 분석해서 제가 돈을 잃는 이유를 알아냈어요. 옵션을 몇 주 혹은 그 이상 보유했고, 그 옵션들의 가치가 결국 0이 되었기 때문이었죠. 제가 잃은 돈이 제게 옵션을 판 트레이더들의 수익이 되었다는 사실을 깨달았어요. 그때부터 옵션은 오로지 매도만 하겠다고 결심했습니다.

저는 변동성이 높은 주식에 대해 콜옵션과 풋옵션을 동시에 매도하는 전략을 택했어요. 당시에는 옵션 매도 포지션의 증거금^{margin}이 옵션을 매도하고 받은 프리미엄보다 적은 경우도 있었죠. 1979년 금가격이 급등했을 때는 금 관련 주식을 기초자산으로 하는 옵션을 매도했어요. 저는 ASA에 대해 옵션 콤비네이션을 매도(콜과 풋을 동시에 매도)해서 이 매매에 걸어야 하는 증거금보다 더 많은 돈을 벌 수 있다고 생각했어요. 당시 증거금 담당 부서는 이 방법을 몰랐어요. 그래서 저는 포지션 규모에 관계없이 마진콜^{margin call}, 즉 증거금 추가 납부 요구를 받지 않았죠. 하지만 한 가지 작은 문제가 있었습니다. 가치 없이 소멸한 풋옵션에서 약간의 돈을 벌었지만, 깊은 내가격이 된 콜옵션에서 큰돈을 잃었던 것이죠. 처음부터 다시 계획을 세워야 했습니다.

어떻게 손실을 메울 만큼 충분한 자금을 갖고 계셨죠?

중개인으로서 실적은 아주 좋았어요. 실적 기준으로 회사 1년 차 중개인 가운데 전국에서 2위였죠. 1981년 옵션가격(프리미엄)이 지나치게 오르면 옵션 매도 주문을 내는 시스템을 만들려는 계획을 세웠고, 사람을 고용해서 이런 규칙을 프로그램화했습니다. 프로그램은 가능한 트레이드 목록을 매주 쏟아냈어요. 저는 깊은 외가격 옵션을 매도했기 때문에 제가 매도한 옵션은 거의 언제나 가치 없이 소멸했습니다. 저는 매주 금요일 장이 끝난 뒤 그 프로그램을 돌려서 매주 월요일 아침에 매매를 했습니다. 월 수천 달러를 벌면서 순조롭게 잘해나가고 있었죠.

1982년 5월까지 계좌에 11만 5,000달러가 모였습니다. 제 탐욕은 더욱 커졌습니다. 저는 완벽한 시스템을 만들었다고 생각했고, 시스템은 잘 작동되고 있었어요. 그래서 제 계좌와 가족 계좌의 매매 규모를 늘렸어요. 같은 전략을 이용해 그달에만 5만 달러를 추가로 벌었죠.

1982년 6월 저는 매매 규모를 더 늘리기로 결정했습니다. 그달 어느 주에 프로그램을 돌렸더니 컴퓨터는 시티즈서비스Cities Service를 포함한 매매 후보의 목록을 보여주었어요. 시티즈서비스 주식은 당시 27달러에 거래되고 있었고, 35, 40, 45콜옵션은 만기가 일주일 정도밖에 남지 않은 상태에서 가격모형이 제시하는 내재가격보다 훨씬 높은 프리미엄에 팔리고 있었어요(이런 옵션은 기초자산의 주가가 만기 전 행사가격을 넘어서지 않으면 만기에 가치가 0이 된다). 믿기지 않는 프리미엄이었어요. 마치 그 돈이 다 제 것이라도 된 듯했죠. 저는 이 옵션을 수백 계약 매도했어요. 1982년 6월 16일을 아직도 기억합니다. 제게는 영원한 불명예로 남을 그날이 되기 하루 전이었죠. 장 마감 직전에 특정 가격에 옵션 100계약을 추가로 매도하려고 했지만, 주문은 체결되지 않았어요.

다음날 시티즈서비스 매각 발표가 났습니다. 매각가격은 제 옵션 포지션의 최고 행사가격보다 주당 20달러 높았죠. 그 주 내내 시티즈서비스 주식과 옵션거래가 정지되었고, 옵션 만기일이 지나서야 거래가 재개되었습니다. 물론 옵션은 행사되었고(쿡은 매도한 옵션 한 계약마다 100주를 팔아야 했다), 주식 거래가 재개되었을 즈음에는 손실이 50만 달러에 달했습니다.

그 손실 금액에 가족 계좌도 포함됐나요?

아니요, 제 계좌에서 발생한 손실만 그만큼이었어요. 6월 첫날 16만 5,000달러였던 계좌가 35만 달러가 넘는 적자계좌가 됐죠. 게다가 어머니, 아버지, 고모몫으로 운용하던 계좌에서 각각 10만 달러 이상을 잃었죠. 여기 책상 서랍에 그때의 매매 전표를 보관하고 있어요. 그 일이 있은 지 17년이 지난 작년이 되어서야 그 전표를 꺼내 들여다볼 수 있었습니다. 제 계좌에 100만 달러가 넘는 마진콜이 들어왔습니다. 주식을 산 후 매도 포지션을 정리하지 않고, 매도 포지션을 유지하기를 원할 경우 추가로 납입해야 하는 증거금이었죠. 증거금을 마련하기까지 기술적으로 닷새의 여유가 있었지만, 회사는 제게 당장 포지션을 정리하라며 닦달했어요.

그날 밤, 저는 어머니께 전화를 걸었습니다. 제 인생에서 가장 힘든 전화였어요. 완전히 패배자가 된 것 같았죠. 앞으로 쇠사슬에 묶여 질질 끌려다니게 될 것만 같았어요.

저는 어머니께 "어머니, 드릴 말씀이 있어요" 하고 말을 꺼냈습니다.

"무슨 일이니?" 어머니께서 물으셨어요.

"내일 아침 저희 집으로 오셔서 의논을 했으면 좋겠어요."

"아주 일찍 가야 할 텐데. 학교에 가야 하거든." (당시 쿡의 어머니 마사는 오하이오 주 캔턴의 말론 대학교에서 교육부서의 부서장으로 일하고 있었다. 마사는 지금도 이 학교에서 영문법을 강의한다.)

"괜찮아요, 어머니. 빠를수록 더 좋아요."

다음날 아침 6시 30분쯤 창밖을 내다보니 어머니께서는 무거운 발걸음으로 천천히 오솔길을 올라오고 계셨어요. 평소답지 않은 모습이셨죠. 어머니께서 들어와 물으셨어요. "마크, 무슨 일이니?"

"여기 좀 앉으세요, 엄마." 진지하게 이야기를 꺼냈죠.

어머니께서는 소파에 앉으며 물으셨어요. "무슨 일이니, 마크. 심각한 문제인 거니?"

"죄송하지만 맞아요, 엄마. 맡기신 돈에서 10만 달러를 잃었어요."

어머니는 움찔한 기색조차 없으셨어요. 제 눈을 똑바로 들여다보시더니 측은해하며 물으셨어요. "마크, 전부 얼마나 잃은 거니?"

"50만 달러를 잃었어요."

"하지만 50만 달러는 있지도 않았잖니."

"그러니까요."

"다른 건?"

"다른 거라니, 무슨 말씀이세요?"

"돈을 다 잃은 것 말고 또 다른 문제는 뭐니?"

"그 문제였어요, 엄마."

"아, 그랬구나! 네가 혹시 암에라도 걸렸나 했다."

그 말씀을 계기로 완전히 다른 시각에서 상황을 보게 됐습니다. 어머니의 다음 말씀은 믿어지지 않을 정도였죠.

"복구하는 데 얼마나 걸리겠니?"

어머니께서 다른 말씀을 하셨다면 저는 아마 그만두었을 겁니다. 하지만 어머니는 제때, 꼭 필요한 말씀을 하셨어요. 저는 조금 가슴을 펴고 대답했어요. "5년이요." 그 돈을 되찾을 방법이 전혀 떠오르지 않아서 아무 숫자나 나오는 대로 답했죠.

"10년 안에 복구할 수 있다면 괜찮다. 밀고 나가보렴." 어머니께서는 이렇게 말씀하셨어요.

그때 이후 다시는 네이키드 옵션(시장이 급등 또는 급락할 경우 손실이 무제한인 옵션 포지션) 매도를 하지 않았습니다.

증권회사가 선생님 포지션을 강제 청산한 다음 시티즈서비스는 어떻게 되었나요?

그 부분이 재미있습니다. 매각은 실현되지 못했어요. 마진콜 요구에 응해서 추가 증거금을 납입할 수 있었다면 잃은 돈을 되찾았을 뿐 아니라 수익도 냈을 겁니다. 인수 제안은 옵션 만기일 직전에 이루어졌고, 그 후 철회됐어요. 조사를 받아야 하는 일이었지만 아무런 조치도 없었죠. 그래도 다행인 것은 인수 발표 전날 매도하려고 했던 마지막 옵션 100계약까지 주문이 체결됐다면 저는 파산할 수밖에 없었을 겁니다.

계좌의 35만 달러 적자는 어떻게 메우셨나요?

부모님께서 20만 달러를 주셨고, 나머지 15만 달러는 제 농장을 담보로 빌렸습니다. 대출을 받고, 그 대출금을 쏟아부어 결국 주식계좌 잔고를 0으로 돌려놓는 것보다 사람을 피폐하게 만드는 일은 없더군요. 그때 저는 겨우 스물여덟 살이었고 재기하기 위해 이를 악물었습니다. 매일 하루에 열네 시간씩 일했어요. 아침 5시 30분에 일어나 9시에 소젖을 짜고 청소를 한 다음 사무실로 가서 오후 5시 30분까지 중개인 일을 했어요. 퇴근하자마자 옷을 갈아입고 헛간으로 가서 소젖을 짜고 밤 9시에 다시 집으로 돌아와 저녁을 먹고 잠자리에 들었죠. 결국 두 가지 일을 전업으로 한 셈이죠. 낙농업을 정리하기 전까지 5년 동안 이 일과를 계속했습니다.

그렇게 힘든 일과를 계속하신 이유는 최대한 빨리 돈을 되찾기 위해서였나요?

농장을 담보로 돈을 빌렸기 때문에 농장이 계속 돌아가도록 해야 했어요. 게다가 그때는 1982년이었습니다. 금리 사이클이 사실상 고점에 도달한 시기였죠. 매달 이자만 8,800달러를 냈죠. 순자산은 20만 달러 적자였을 겁니다. 파산선고를 하라는 조언도 많았지만, 그렇게 하지 않았어요. 지금 돌이켜보면 파산선고를 하는 것이 사업상으로는 옳은 결정이었을지도 모르겠습니다. 하지만 그것은 패배를 인정하는 것이고, 그랬다면 트레이더로서 지금의 저는 없었을 겁니다.

스스로 초래한 구속이 형벌처럼 느껴지진 않았나요?

실제로 그랬습니다.

이 모든 상황에 대해 아내 분의 반응은 어땠나요?

아내는 정말 많이 지지해주었습니다. 제가 바닥에서 탈출하기 시작했을 때 아내는 이렇게 말했어요.

"당신이 궁지에 몰렸을 때 했던 것처럼 그렇게 돈을 벌 수 있는 사람은 한 번도 본 적이 없어요."

아내 말이 맞았어요. 그녀가 옳았어요. 지금도 어느 달이든 손실이 발생하면 그때마다 호랑이처럼 발톱을 휘둘러 잃어버린 돈을 낚아챕니다. 그때 가장 격렬히 일하죠. 제가 매일 열다섯 시간씩 일을 하면 트레이딩이 잘 풀리지 않고 있다는 것을 아내도 알아차립니다. 반대로 집에 일찍 오면 아내는 "트레이딩이 순조롭게 되고 있나 봐요"라고 하죠.

제가 만난 트레이더 대부분은 손실이 나는 시기일수록 속도를 늦추거나 심지어는 잠시 매매를 쉰다고 하더군요.

저는 완전히 반대죠. 좋지 않을 때는 매매 빈도가 잦아집니다.

하지만 그럴수록 손실이 확대될까 봐 두렵지는 않나요?

저는 노출 규모가 아니라 매매활동을 늘립니다. 실제로 손실이 발생했을 때 가장 먼저 하는 일은 출혈을 멈추는 것입니다. 이런 글을 컴퓨터에 붙여둔 것도 그런 이유죠. (그는 '더 작게'라고 적힌 종이를 가리켰다.) 저는 불리한 트레이딩에서 완전히 빠져 나오지는 않습니다. 포지션의 크기를 줄일 뿐이죠. 다음 매매에서는 반드시 돈을 벌어야 한다는 압박을 느낍니다. 중요한 것은 자신감을 회복하는 것입니다. 다음 매매에서 단 몇백 달러만 벌더라도, 제가 여전히 이익을 낼 수 있음을 입증하는 것이죠. 일단 이기는 매매를 하고 나면 언제든지 다시 시작할 수 있는 준비가 된 것입니다.

손실이 발생하는 상황에 대처하는 방법에 대해 다른 트레이더들에게 어떤 조언을 해주시겠습니까?

희망은 여러분의 사전에 절대 있어서는 안 되는 단어입니다. 희망과 절망은 한 글자 차이죠. "이 포지션이 다시 잘 풀리기를 바란다"라는 말이 나오자마자 즉시 포지션의 크기를 줄여야 합니다.

반대 상황, 그러니까 계속해서 이기는 매매를 할 때는 어떤 조언이 필요할까요?

이기고 있을 때는 절대 포지션을 키우지 마십시오. 그렇지 않으면 결국 지는 포지션을 가장 크게 보유하게 되는 것이라고 장담합니다.

시티즈서비스의 재앙 이후 다시 매매를 시작하기까지 얼마나 걸렸나요?

거의 2년 만이었죠. 큰딸이 태어난 직후인 1984년 4월에 처음으로 다시 매매를 했습니다.

매매를 재개하고 이익을 거두셨나요?

1984년과 1985년에는 손익평형이었습니다. 1986년에 처음으로 큰 이익을 거뒀습니다.

그때 특별히 달라진 것이 있었나요?

네, 저만의 누적 틱^{cumulative tick} 지표를 개발했습니다. 1986년에 매매일지를 작성하기 시작했습니다. 시장을 관찰하며 반복되는 패턴을 매일 기록했죠. 그때 틱^{tick}이 지표로 유용해보였습니다. 뉴욕증권거래소에서 거래되는 주식을 기준으로, 업틱^{uptick}으로 마감한 종목 수에서 다운틱^{downtick}으로 마감한 종목 수를 차감(직전 매매가격보다 높은 가격으로 마감한 종목 수, 직전 매매가격보다 낮은 가격으로 마감한 종목 수—옮긴이)했습니다. 시장이 상승하면 틱은 양(+)의 값을, 하락하면 음(−)의 값을 가지게 되죠. 관찰 결과, 음의 값이 크게 확대될 때마다 시장은 갑작스럽게 반등하는 경향이 있었습니다. 반대로 양의 값이 클 때는 대량 매도세가 뒤따르는 것으로 보였습니다.

저는 업계 경력 30년 차인 한 중개인에게 틱의 양의 값이나 음의 값이 크다는 것은 무엇을 의미하는지 물었습니다. 그는 "틱이 음의 값일 때는 주식시장이 하락하고 있다는 뜻이고, 양의 값일 때는 상승 중이라는 뜻이죠"라고 답했습니다.

"네, 그건 알지만 틱의 양의 값이나 음의 값이 굉장히 클 때는 어떻게 해야 하나요?" 제가 다시 물었습니다.

"뭐, 양의 값이 크면 사고, 음의 값이 크면 파세요." 이것이 그의 대답이었죠. 다른 중개인 여러 명에게 같은 질문을 했는데 모두 똑같은 조언을 했어요.

그 조언은 제가 관찰한 내용과는 모순됐고, 그래서 저는 정확히 반대로 했습니다. 틱이 +400보다 크면 팔고 −400보다 작으면 샀어요. 매매 결과를 일지에 기록하면서 이 전략으로 이익을 낼 수 있다는 사실을 확인했습니다. 그런데 틱의 음의 값이 크면 클수록 시장은 더 크게 반등하고, 양의 값이 커지면 매도세도 더 확대된다는 사실을 알게 됐습니다. 그렇게 해서 틱의 값을 누적해 기록해보자는 생각을 하게 됐고, 이것이 제 누적 틱 지표로 발전했습니다.

제 경우 누적 틱은 실패한 적이 한 번도 없는 지표이지만, 이것을 매매에 활용하려면 담력이 필요할 겁니다. 이 지표가 그처럼 극단적인 수준일 때 시장은 언제나 (주로 외부 사건 때문에) 공황 상태이기 때문입니다.

특허로 보호받는 지적재산인 것을 압니다만, 누적 틱에 관해 말씀해주실 수 있는 부분이 있을까요?

누적 틱을 산출할 때 틱이 중립 구간에 있는 기간은 무시합니다. 저는 그 중립 구간을 −400에서 +400 사이로 정의합니다. 틱이 이 구간 밖에 있으면 일정한 시간 간격을 두고 기록해 누계에 합산합니다. 총계가 역사적으로 다섯 번째 백분위 수보다 작으면(하위 95~100퍼센트─옮긴이) 과매도 상황이라는 신호입니다(매수 기회). 총계가 95번째 백분위수보다 크면(상위 0~5퍼센트—옮긴이) 과매수 상황이라는 신호입니다(매도 기회).

시티즈서비스 매매로 발생한 35만 달러 적자를 회복하기까지는 얼마나 걸렸나요?

시티즈서비스 매매 시점을 기준으로 5년, 중단했다 매매를 재개한 시점 기준으로는 3년이 걸렸습니다. 1987년이 중요한 해였어요. 이렇게 말하면 사람들은 제가 10월 폭락장에서 크게 공매도했을 것이라고 자동으로 추측합니다. 하지만 수익의 대부분은 사실 그해 초반 강세장에서 벌어들였습니다.

그때는 아직 단타 매매를 하지 않았습니다. 1987년 5월 저는 주가지수 콜옵션에 놀라운 매수 기회가 있다고 믿을 만한 요인을 발견했습니다. 두 가지 요인이 수렴하고 있었거든요.

첫째, 제 누적 틱 지표는 극단적인 강세장 상황임을 암시했습니다.

둘째, 변동성이 하락하면서 옵션 프리미엄(가격)은 아주 싸졌습니다.

할아버지께서 예전에 이런 말씀을 해주셨어요. "아무도 찾지 않을 때 사두었다가 사람들이 찾을 때 팔아라."

저는 1/2에서 5/8 사이에 거래되는 만기가 긴 외가격 주가인덱스 콜에 5만 5,000달러를 투자했습니다(이런 포지션에서 옵션 매수자는 주가가 크게 오르면 초기 투자액의 몇 배를 벌 수 있지만 그 외의 경우에는 투자금 전부를 잃을 수 있다).

콜옵션을 1,000계약 이상 매수했어요. 그다음 몇 개월 동안 주가는 폭등했고, 변동성도 급격히 확대되었습니다. 이 두 가지가 결합되면서 제 옵션가치는 크게 올랐습니다.

1982년의 시티즈서비스 사태 이후 저는 늘 부모님께 제가 패배자가 아니라는 사실을 입증하고 싶었습니다. 1987년 8월 7일, 부모님께 "다시 옵션을 거래하고 있습니다"라고 말씀드렸죠.

"오 이런! 이번에는 또 무슨 나쁜 소식이냐?" 아버지께서 물으셨습니다.

"아버지, 바로 그것 때문에 왔습니다." 제가 대답했죠.

"대체 왜 그런 것들을 거래하는 거니, 마크. 뭐 깨달은 게 없어? 또 문제가 생긴 거니?"

"네, 소득세가 골치 아프게 됐습니다. 제가 매수한 콜옵션 가치가 75만 달러가 됐거든요."

"투자금은 얼마였니?"

"5만 5,000달러요."

"어이쿠, 얼른 실현해라!"

"안 돼요. 내일은 더 올라갈 겁니다."

저는 다음날 포지션을 현금화해서 140만 달러 이익을 올렸습니다.

누적 틱 지표 외에 무엇을 기준으로 매매를 결정하십니까?

누적 틱 지표는 기본적인 수단으로, 1년에 약 2~4회 정도만 구성할 수 있습니다. 나머지 기간에는 틱이 중립 구간에 있죠. 저는 여러 가지 다양한 매매 방법을 활용합니다.

몇 가지 예를 들어주시겠습니까?

제가 '동시발생 매매conjunction trade'라고 이름 붙인 매매 방법이 있습니다. 두 가지 요건이 동시에 발생해야 매수 신호로 볼 수 있기 때문이죠.

첫째, 틱이 −400 아래로 내려가야 하고, 둘째, 다우존스 30개 종목을 기준으로 한 틱 지표인 미니 틱tiki이 −22이 아래로 내려가야 합니다. 이 신호가 나타나면 저는 타이머를 맞춥니다. (그는 책상 위에 있는 타이머를 돌려 감았다. 대화가 이어지는 동안 타이머가 작동하며 째깍째깍 소리를 냈다.)

저는 이 타이머가 시한폭탄이고, 폭탄이 터지기 전에 포지션에서 빠져 나와야만 한다고 상상합니다. 저는 다음 세 가지 중 하나라도 해당되면 포지션을 청산합니다. 3포인트라는 이익 목표를 달성했을 때, 6포인트 손절 지점에 도달했을 때, 그리고 제한시간 21분이 다 되어갈 때입니다.

어째서 21분이죠?

제가 작성하는 매매일지 때문입니다. 저는 이런 매매 경험을 반복해서 기록해 왔습니다. 가장 성공적인 매매는 가장 빨리 이루어진 매매였습니다. 처음 10분 안에 3포인트를 벌어야 한다는 것을 알았습니다. 10분이 지나도 매매는 여전히 가능하지만 이길 확률은 훨씬 낮아집니다. 15분이 되면 확률은 더 낮아지고, 그때는 오로지 최선을 다해 빠져나갈 방법만 생각하게 됩니다. 시간이 더 지날수록 목표를 달성할 가능성도 더 낮아집니다.

수용하는 위험 분기점risk point이 목표하는 이익보다 두 배나 더 큽니다. 굉장히 이례적인데요.

확률 문제입니다. 저는 승률이 높은 매매를 좋아합니다. 말씀드린 매매 방식은 제가 하는 다른 매매들과 마찬가지로 평균 여덟 번 가운데 일곱 번 효과가 있습니다. 일곱 번 3포인트를 벌고 한 번 6포인트를 잃어도 총 여덟 번의 매매에서 15포인트 이익을 올리는 것이죠.

또 다른 매매 방법으로, S&P와 나스닥의 상대강도를 관찰합니다. 이 정보를 활용해 매매 신호가 나타났을 때 둘 중 어떤 시장을 매매할지 결정합니다. 제가 활용하는 다른 지표들 중 하나에서 매수 신호가 나타나면 그날 상대적으로 강세인 시장의 지수를 삽니다. 매도 신호가 나타나면 상대적으로 약세인 지수를 팝니다.

어떤 매매 신호들이 있나요?

제가 '틱 매수tick buy'라고 부르는 매매가 있습니다. 틱이 −1,000이 되면 그것을 매수 신호로 봅니다. 그 시점 이후 시장이 급등하는 경향이 있기 때문입니다.

다시 말해 급락장 상황을 암시하는 틱 매수 신호가 나타나면 S&P와 나스닥 가운데 약세가 덜한(상대적으로 강세인) 지수를 사는 것이군요.

그렇습니다.

또 다른 매매 방법의 예를 들어주실 수 있나요?

제가 '새총 매매catapult trade'라고 부르는 매매가 있습니다. 한껏 뒤로 밀렸다가 튀어나가면서 발사체는 의미 있는 지점을 넘어 날아간다는 점에서 새총과 비슷하기 때문이죠. 예를 들어, S&P지수가 1,350과 1,353 사이에서 등락을 반복하며 거래되는데 매번 후퇴했다가 조금씩 더 높이 올라갑니다. 그렇다면 저는 시장이 그 등락 구간 범위만큼, 즉 1,356을 뚫고 올라가리라 기대합니다. 이 매매가 효과가 있는 이유는 '새총 발사 지점' 바로 위에 손절 주문이 쌓이는 경향이 있기 때문입니다.

또 다른 방법으로 '채권비율 매매bond ratio trade'가 있습니다. 채권과 S&P는 마치 한 쌍의 남녀와 같습니다. 늘 주식시장보다 먼저 움직이는 채권시장은 여성입니다. 주식시장인 남성은 늘 여성의 뒤를 따라 다니죠. 한 쌍의 연인이 처음 만남을 시작할 때는 아직 서로를 잘 알지 못해서 어딘지 어색합니다. 시장도 비슷합니다. 채권시장이 강세면 S&P도 상승하지만, 아주 밀접하게 그 흐름을 따라가지는 않습니다. 연인이 약혼을 하면 관계는 더욱 긴밀해집니다. 그다음 결혼을 하고 신혼여행을 떠나죠. 신혼여행 중에는 모든 것을 함께합니다.

시장이 '신혼기간'에 있을 때는 채권시장이 몇 틱 올라가면 S&P도 즉각 같은 움직임을 보일 것임을 알 수 있으므로, 단타용으로 S&P를 매수합니다. 신혼여행이 끝나고 결혼생활이 자리를 잡으면 채권은 남편인 S&P를 힘겹게 끌고 가지만, 둘은 예전만큼 긴밀하게 연결되어 있지는 않습니다. 그러다 부부 사이가 멀어지고, 시장 용어로 표현하면 채권시장이 강세를 보일 때마다 S&P는 하락할 가능성이 커집니다. 그 후 쓰디 쓴 이혼이 찾아옵니다.

'이혼기'에 채권시장과 S&P는 정반대로 움직입니다. 저는 매일같이 그날 하루가 어떤 날에 해당하는지를 판단합니다. 예를 들어 오늘 채권시장은 강세였고, S&P는 매도세가 이어졌습니다. 월스트리트는 이를 '안전자산 선호 현상flight to quality'이라고 말하고 있지만, 제가 보기에 오늘은 그저 두 시장이 '이혼'하는 날입니다.

자금 운용도 하셨나요, 아니면 늘 자신의 계좌로만 매매를 하셨나요?

1989년에 자금 운용을 해보겠다고 마음먹었죠. 배경이 전혀 없고 경력도 없는데다 유명하지도 않은 제가 투자자들을 모으려면 무엇을 해야 하는지 업계 지인들에게 물었습니다. 누군가 사람들에게 인지도를 높이려면 미국 투자선수권대회(지금은 사라진 실전 투자대회)에 참가해보라고 제의했습니다. 그때 이 대회를 처음 알았습니다. 1989년에는 대회가 4개월 간격으로 열렸습니다. 저는 옵션부문에 출전했고, 4개월 동안 총 89퍼센트 수익률을 기록해 2위로 대회를 마쳤습니다. 그 덕분에 할 수 있다는 충분한 자신감을 얻었습니다. 저는 주식중개업을 그만두고 저 자신을 위한 매매에만 집중하기로 결정했습니다.

두 가지를 계속 병행할 수는 없었나요?

매매 중이거나 급히 처리할 일이 생길 때마다 어김없이 고객의 전화를 받는 것 같았습니다. 고객들은 유틸리티 업종 주식이나, 다른 급한 문제들을 이야기하고 싶어 했죠.

저는 뉴욕의 한 청산회사clearing firm에 개인계좌를 개설했는데, 그 청산회사는 다른 매니저들과도 거래를 하고 있었어요. 계좌를 운용한 지 서너 달쯤 됐을 때

컴플라이언스 부서(모든 계좌가 정부와 업계 규정을 준수해 거래하고 있는지 점검하고 관리하는 부서)에서 전화를 받았어요. 순간 '이런, 이번에는 무슨 문제지?' 하는 생각이 제일 먼저 들었죠.

"선생님 계좌를 지켜봤는데 옵션만 매매하시는 것 같습니다." 담당자가 말했어요.

"그렇습니다." 저는 약간 경계하며 답했습니다.

"게다가 매수만 하시는 것 같은데요."

"맞습니다. 저는 옵션 매도는 별로여서요."

"어째서죠? 저희와 계좌를 연 이후 실행하신 모든 매매를 검토했습니다."

"문제가 있나요?"

"아니요, 사실 선생님처럼 매매를 하는 사람은 처음이라서 그렇습니다."

"정확히 무슨 말씀이시죠?"

"그러니까, 첫째로 선생님은 제가 본 트레이더 중에 매매 기간이 가장 짧습니다. 실제로 3일 이상 포지션을 보유하신 적이 없는 것 같았어요. 왜죠?"

"왜냐하면 다년간에 걸친 매매 경험을 통해서 3일 이상 포지션을 보유하면 수익이 줄어든다는 것을 알기 때문이죠. 옵션을 매수하면 시간이 흐름에 따라 프리미엄이 꾸준히 증발합니다. 손 안에 얼음조각을 쥐고 있는 것과 마찬가지죠. 더 오래 쥐고 있을수록 얼음조각은 더욱 작아지고 결국 모두 녹아 없어져버리죠. 컴플라이언스 부서라고 하셨는데, 무슨 문제라도 있습니까?"

"저희는 오랫동안 선생님 같은 분을 찾고 있었습니다. 저희 고객들에게 선생님을 운용인력으로 소개하기에 앞서 1년 동안 실적이 쌓이길 기다리고 있었죠. 지금까지는 선생님과의 접촉이 허락되지 않았다가 이제야 연락할 수 있게 됐습니다. 저희가 지켜보고 있다는 것을 아시면 매매 패턴을 바꿀지도 모른다고 생각했거든요."

"저를 모르시는군요. 그런 일은 일어나지 않을 겁니다."

"지켜보겠습니다." 그가 말했죠.

내부 운용인력을 찾기 위해 선생님 계좌를 관찰해왔던 건가요?

그렇지는 않습니다. 처음 제 계좌를 관찰하기 시작한 것은 컴플라이언스 업무 차원에서 제 계좌를 폐쇄하기 위해서였죠. 제가 오로지 옵션만 매매하고, 매매 회전율$^{turn\ over}$도 너무 빠르기 때문에 위험 신호들이 있는 대로 작동했을 것이라고 생각해요.

그는 계속해서 제 계좌를 관찰했고, 1년을 채운 후 그가 다시 전화를 걸어왔어요. "저희가 지켜보고 있다는 사실을 아신 다음부터 정말로 더 성과가 좋아졌군요." 그가 말했어요.

"어느 정도 동기부여가 된 것 같습니다." 제가 답했죠.

"그래도 이건 이해시킬 수 없을 것 같습니다."

"어째서죠?"

"너무 잘하셔서요. 아무도 이런 숫자들을 믿으려고 하지 않을 겁니다. 하지만 걱정 마십시오. 어떻게든 선생님을 위해 자금을 조달할 테니까요. 과거 실적을 보여줄 필요도 없어요. 제 추천만으로도 사람들은 선생님과 함께 투자하려고 할 겁니다."

그는 여러 개의 작은 계좌들을 100만 달러 규모의 계좌 하나로 통합했고, 저는 1991년 초부터 그 계좌를 매매하기 시작했습니다. 돌아보면, 당시는 미국이 이라크에 대한 공습을 개시하기 직전이었고, 주식시장은 가파른 매도세를 보이고 있었습니다. 누적 틱 지표는 시장이 심한 과매도 상태라는 신호를 보내고 있었어요. 1월 4일, 저는 S&P지수 콜(시장의 상승 가능성에 투자하는 옵션 포지션)을 매수하기 시작했어요. 그 후 며칠 동안 계속해서 포지션을 추가했죠.

잠깐만요. 포지션을 최대 3일 동안만 보유한다고 하신 것 같은데요.

대부분 그렇지만 한 가지 중요한 예외가 있습니다. 1년에 두세 번 형성되는 누적 틱 지표에서 매수 신호가 계속되면 3일 넘게 포지션을 보유합니다. 틱 지표가 형성될 때 시장은 즉각 반응할 때도 있지만, 반응이 나타나는 데 최장 7주가 걸리는 경우도 보았습니다. 누적 틱 지표가 여전히 같은 신호를 보낸다면 저는 오로지 같은 방향으로만 매매합니다. 과매도 신호면 오로지 콜만 매수하고, 과매수 신호면 풋만 매수하는 식이죠(풋은 매수자에게 행사가격에 해당 주식이나 지수를 매도할 권리를 부여하는 옵션 포지션이다. 풋 매수자의 경우 시장이 하락할 때 이익이 발생한다).

저는 여전히 시장을 사고팔았지만 핵심이 되는 콜 매수 포지션은 유지했습니다. 그런데 이 핵심 포지션이 25퍼센트 하락했습니다. 하지만 총 투자금액을 자본의 3분의 1로 제한하는 운용전략을 활용했기 때문에 총 자본 대비 손실은 8퍼센트였습니다.

1월 7일, 처음으로 그 회사 회장에게 전화를 받았습니다. 계좌를 매매한 지 겨우 일주일 만이었죠.

"시장에 대해 어떻게 생각합니까?" 회장이 물었습니다.

무슨 일이 벌어지고 있는지 알았습니다. 회장은 저로서는 누군지도 모르는 투자자들에게서 걸려올 전화를 걱정하고 있었어요.

"제 누적 틱 지표로 보면 시장은 상당한 과매도 상태입니다." 저는 회장에게 제 지표가 깊은 과매도를 가리킬 때는 언제나 중요한 매수 기회를 가리키는 신호였다고 설명했어요.

"시장이 상승하기까지 얼마나 걸리겠습니까?" 그가 물었어요.

"언제라도 반등할 수 있습니다. 촉매가 필요한데, 언제라고 정확히 말씀드릴 수는 없습니다."

"당신의 지표들은 전혀 맞지 않아요. 시장이 곤두박질치고 있단 말입니다."

"그만 끝내셔도 좋습니다만, 이것만은 알고 계십시오. 그렇게 될 경우 투자자들은 포지션을 정리한 사람이 바로 회장님이라는 사실을 알게 될 겁니다. 제가 아니라요."

제 비서는 옆에서 제가 대화를 마무리 짓는 것을 듣고 있었죠. 전화를 끊자 비서가 말했어요. "어휴, 너무 거칠게 말씀하셨어요."

"걱정 말아요. 회장은 계좌를 정리하고 책임을 떠안는 일은 하지 않을 거예요. 제물로 삼기 위해서라도 나를 남겨둘 겁니다."

1월 10일 밤, 미국은 이라크에 대한 공습을 개시했고, 그다음 날 시장은 폭등했습니다. 시장이 엄청나게 상승했을 뿐 아니라 변동성도 크게 확대돼서 옵션 프리미엄이 급등했죠. 1월 12일, 회장이 다시 전화를 걸어왔습니다.

그때 계좌 상태는 어땠나요?

제가 보유한 옵션 포지션의 가치가 거의 네 배가 됐습니다(쿡은 자본의 3분의 1을 투자했으므로 계좌의 자본이 거의 두 배가 되었음을 뜻한다).

이때쯤 저는 이미 포지션에서 이익을 실현하기 시작했습니다. 물론 회장도 다시 전화했을 때 제가 포지션을 청산하기 시작했다는 것을 알고 있었죠.

"어떻게 할 계획인가요?" 그가 물었어요.

"계속해서 포지션 크기를 줄일 계획입니다."

"하지만 지금 제대로 올라가고 있는데, 이런 추세가 계속될까요?"

"네, 그렇습니다. 제 누적 틱 지표가 여전한 과매도 상태를 가리키거든요."

"그렇다면 어째서 포지션을 유지하지 않는 거죠?"

"이해를 못 하시는군요. 옵션 프리미엄이 이렇게까지 오른 한 가지 이유는 바로 변동성이 폭등했기 때문입니다(옵션가격은 기초자산의 시장가격과 변동성이라는 두 가지 요인 모두에 좌우된다). 변동성이 완화되기 시작하면 시장의 상승세가 계속된다고 하더라도 옵션가격은 크게 오르지 못할 겁니다. 그리고 지난 주 전화를 주시기 전까지는 몰랐다가 이제는 알게 된 사실입니다만, 회장님의 투자자들은 굉장히 소심하고 주머니에 돈이 들어와야 안심한다는 것입니다. 그렇지 않습니까?"

"그건 사실입니다."

"좋습니다. 우리는 계속 포지션을 청산하고 거기서부터 시작할 겁니다."

"마크, 역시 지금의 트레이더가 된 데는 이유가 있군요." 그는 정확히 그렇게 표현했습니다.

"제가 좋은 트레이더라고 말씀해주셔서 감사합니다."

통화에 잔뜩 귀를 기울이고 있던 비서에게 저쪽에서 한 말을 들려주려고 이렇게 말했죠.

"이제 제 지표들이 효과가 있다는 것을 아시겠군요. 그렇지 않나요?"

"아, 네. 당신 지표들은 효과가 있네요." 그가 말했어요.

전화를 끊자 비서가 말했어요. "회장님께서 직접 전화해 칭찬을 하시다니, 참 친절하시지 않나요?"

"두고 봐요. 회장은 할 수 있기만 하면 투자금을 낚아채 갈 테니까." 제가 말했어요.

"왜 그런 일을 하겠어요?" 비서가 못 미더워하며 물었죠.

"왜냐하면 변동성을 견딜 수 없거든요. 고객들을 다룰 줄도 모르고요. 게다가 내 일을 이해하지 못해서 중재자로서의 역할을 지독히도 못 하고 있죠. 회장이 관여할수록 고객들 사이에는 의심과 회의만 자라날 겁니다. 고객들에게 내가 직접 설명하고, 내 목소리에서 고객들이 자신감을 읽을 수 있었다면 상황은 달랐을 겁니다."

재미있는 것은 이런 구조를 선택한 사람이 바로 저 자신이었다는 겁니다. 투자자들의 감정에 영향을 받지 않기 위해 투자자들과 적당히 거리를 두고 싶었거든요. 대신, 상황을 악화시킬 뿐인 중재자 역할을 하는 누군가를 상대하게 된 것입니다.

"회장은 계좌에서 돈을 인출할 핑계를 찾아낼 겁니다." 저는 비서에게 이렇게 말했어요.

"돈을 거의 두 배나 불려주었는데, 어떻게 핑계를 찾아낼 수 있겠어요?" 비서가 물었어요.

"모르죠, 하지만 뭐든 만들어낼 겁니다."

그때쯤 옵션 프리미엄은 더욱 상승해서 저처럼 옵션을 매수하기만 하는 사람은 이익을 낼 기회가 사실상 사라졌습니다. 그 시기에 옵션을 매수하는 것은 구형 소형차 유고Yugo를 구입하면서 럭셔리 세단 롤스로이스Rolls-Royce 가격을 지불하는 것이나 마찬가지였죠.

매매를 중단하셨나요?

네, 일단 물러서야 했어요. 저는 이길 확률이 최소 75퍼센트는 된다는 확신이 있을 때만 돈을 걸죠. 그 뒤 몇 달 동안은 아주 가벼운 매매를 계속했고, 계좌의 수익률은 제자리걸음이었습니다.

4월 말이 되자 회장이 다시 전화를 걸어왔습니다.

"어째서 더 이상 매매를 하지 않죠? 두려워서 그래요?"라며 비웃더군요.

"네, 두렵긴 하지만 회장님께서 생각하시는 그런 것은 아닙니다. 제가 두려운 것은 시장입니다. 이길 확률 75퍼센트를 기대할 수 있는 매매 기회가 전혀 보이지 않습니다. 저는 동전을 던져 결정하는 무모한 매매는 하지 않거든요."

"뭐, 우리 투자자들은 당신이 매매해주기를 바라고 있어요. 왜 1월에 했던 것처럼 똑같이 할 수 없는 겁니까?"

"시장이 똑같지 않으니까요. 올해 남은 기간 동안 아무것도 할 수 없겠지만, 그래도 올해 성적은 여전히 좋을 겁니다."

"그렇죠, 올해 연간 기준으로 여전히 85퍼센트 수익을 기록하고 있으니까요." 그가 인정했습니다.

"그런데도 투자자들이 만족하지 않는다는 말씀입니까?"

"1월에 당신이 돈을 두 배로 불려주는 것을 보았으니 당신이 계속 잘해주기를 바라고 있어요. 매매를 좀 더 늘리는 편이 좋을 겁니다, 마크."

"이번에는 뭘 요구하던가요?" 통화가 끝난 뒤 비서가 물었어요.

"이번에는 나에게 매매를 하라고 강요하네요. 재미있는 일 아닌가요. 1월에는 계좌를 닫으라고 하더니 매매를 하면 안 되는 시기인 지금은 오히려 매매를 더 하라고 하네요."

어떻게 하셨나요?

회장의 기분을 맞춰주는 차원에서 매매를 한 건만 더 해야겠다고 생각했어요. 그런 다음 결과가 안 좋으면 매매하라는 압박을 그만 하라고 회장을 설득할 수 있을 테니까요. 하지만 매매에 나서자마자 어리석은 일이라는 생각이 들었죠. 단지 제 생각이 옳다는 것을 입증하기 위해 손실이 날 것을 알면서 매매하는 셈이었으니까요. 아니나 다를까, 매매는 손실을 기록했어요. 자본의 5퍼센트 정도로 그렇게 큰 손실은 아니었지만, 거기서 손을 떼고 더 이상 매매를 하지 않았습니다.

운용한 계좌에 대한 보상은 어떻게 이루어졌나요?

수익의 일정 비율을 보수로 지급받기로 되어 있었어요.

일반적인 수준인 수익의 20퍼센트 정도였나요?

이 말씀을 드리면 그때 제가 얼마나 순진했는지 아실 겁니다. 그들은 제게 이렇게 말했어요. "걱정 마세요, 성과에 대한 보상은 제대로 해드리겠습니다." 서면으로 된 약속은 전혀 없었죠. 당시 저는 그 일로 돈을 버는 것보다 경력을 쌓는 데 더욱 관심이 있었기 때문에 동의했습니다. 시작하고 싶은 마음이 너무나 절실했기 때문에 사실상 어떤 계약이라도 받아들일 상황이었죠.

5월 말, 회장이 다시 전화를 했어요. 두 고객이 투자금을 인출하고 있다고 했어요. 저는 "그래요, 급하게 돈이 필요한가 보죠"라고 말했죠.

"솔직히 말할게요, 마크. 계좌를 닫기 직전인 투자자들이 더 있습니다." 그가 말했어요.

"어째서요?" 제가 물었어요.

"그게, 최근에 완전히 손을 놓고 있었잖아요."

"계좌에 수익이 얼마나 났는지는 알고 계십니까? 올해 초에 투자자들에게 투자금 대비 80퍼센트 수익이 기대된다고 말했다면 모두들 열광하지 않았을까요?" 제가 물었어요.

"그렇죠. 하지만 처음 한 달은 그보다 훨씬 더 잘했잖아요. 지난 4개월 동안은 한 푼도 못 벌었고요."

"잠깐만요, 투자자들은 대체 뭘 기대했던 거죠?"

"투자자들에게 당신의 지난해 실적을 보여주었어요."

"뭘 어쨌다고요?" 제가 소리를 버럭 질렀죠. "그 실적은 자본을 100퍼센트 전부 운용해 매매한 제 개인 계좌에서 거둔 이익이에요. 제 개인 계좌는 레버리지 덕분에 회사 계좌보다 세 배 큰 수익을 낸 겁니다. 그렇지만 자본인하도 세 배 더 크죠. 회장님의 투자자들이 40퍼센트 자본인하율을 감당할 수 있다고 생각하지 않습니다."

10분 뒤 회장이 다시 전화를 걸어 통보했죠. "계좌를 폐쇄합니다."

저는 너무 화가 나고 분했어요. 회장이 고객들에게 대체 무슨 말을 했기에 고객들이 동시에 투자금을 인출했는지 알 수 없었죠. 그것이 여러 투자자의 자금을 집합해 운용한 제 처음이자, 마지막 경험이었습니다.

수익에 대해 어떤 식으로든 보상이 있기는 했나요?

단 한 푼도 없었어요.

사무엘 골드윈 Samuel Goldwin**이 말하길 "구두 계약은 그 계약의 가치가 종이만큼도 안 된다는 뜻이다"라고 했죠. 계좌가 폐쇄된 다음에는 어떻게 되었나요?**

남은 한 해를 별 활동 없이 보냈습니다. 상황이 옵션을 매수하기에 좋지 않았거든요. 1991년 11월에 1992년에 열리는 미국 트레이딩 선수권대회에 참가를 신청했는데, 총 대회 기간이 4개월에서 1년으로 확대되었습니다. 대회를 준비하면서 과거에 왜 돈을 벌었고, 왜 잃었는지 파악하기 위해 1970년대까지 거슬러 올라가 제 모든 매매 내역을 조사했어요. 그 결과, 화요일이 성과가 제일 좋았고, 금요일이 제일 나빴다는 것을 알게 됐죠.

어째서죠?

몸이 풀리기까지 시간이 조금 걸렸던 겁니다. 월요일에 슬슬 시동을 걸고, 화요일에 본격적으로 달릴 준비가 되는 거죠. 금요일쯤이면 에너지를 소진한 상태이고, 그 주에 성과가 좋았다면 더 이상 투지와 열의가 남아 있지 않게 되는 것이죠. 그래서 1992년에 어떻게 했냐고요? 금요일에는 매매를 하지 않고, 화요일에는 더 공격적으로 매매했죠.

그 분석으로 매매 방식이 완전히 달라졌나요?

네, 제가 한 일 중에 가장 잘한 일이었습니다. 그때 비로소 아주 능숙하게 트레이딩할 수 있게 됐죠.

선생님의 뒤를 따라 전업 트레이더가 되려는 사람들에게 어떤 조언을 해주시겠습니까?

전업 트레이더가 되기로 결정했다면 다른 사업을 추진할 때나 마찬가지 자세로 임해야 하고, 반드시 계획을 세우고 뛰어들어야 합니다. 사업을 시작한다면서 준비라고는 은행에 가서 상냥하게 웃으며 20만 달러를 빌려달라고 청하는 게 전부라면, 과연 그 돈을 빌릴 수 있을까요? 은행에서 "웃는 얼굴이 참 좋으시네요, 여기 돈 있습니다"라고 말하며 돈을 내줄까요? 아니요. 확실한 사업계획이 있어야 합니다. 문제는 대부분의 사람들이 확실한 계획 없이 매매에 나선다는 것입니다.

트레이더의 사업계획이라면 어떤 것이 있을까요?

사업계획은 다음 질문 하나하나에 대한 명확한 답변을 포함해야 합니다.

●어떤 시장을 매매할 것인가? 시장은 그것을 매매하는 사람을 반영하기 때문에 개인의 특성에 맞는 시장을 선택해야 합니다. 인터넷 업종 주식을 매매하는 사람은 전기·가스 업종 주식을 매매하는 사람과는 분명히 다릅니다.

●총 매매 자본금은 얼마인가? "만에 하나 이 돈을 전부 잃어도 내 삶이 달라지지는 않는다"라고 진심으로 말할 수 있을 정도로만 매매해야 합니다. 하지만 최소 기존에 하던 일에서만큼은 벌겠다는 목표를 실현할 수 있을 정도의 자본금 규모는 갖추어야 합니다. 그만큼도 벌지 못한다면 스스로 패배자라고 여길 것입니다. 트레이딩을 하면서 기존에 하던 것보다 훨씬 더 열심히 일했을 것이니까요.

●주문은 어떻게 넣을 것인가? 포지션을 서서히 늘려갈 것인가, 아니면 한 번에 걸 것인가? 지는 매매에서는 어떻게 빠져나올 것인가? 이기는 매매에서는 어떻게 나올 것인가?

●어느 정도의 자본인하가 발생하면 매매를 멈추고 자신의 접근법을 재점검할 것인가? 어느 정도의 자본인하에 매매를 완전히 중단할 것인가?

●자신의 접근법으로 실현 가능한 단기 목표 이익은 얼마인가?

●어떤 절차로 자신의 매매를 분석할 것인가?

- 매매에 악영향을 미칠 수 있는 개인적 문제가 발생하면 어떻게 할 것인가?
- 매매에 도움이 되고 성공 가능성을 높여주는 업무 환경은 어떻게 조성할 것인가?
- 성공적인 매매를 했을 때는 스스로에게 어떤 보상을 할 것인가? 특별휴가나 신차 구입 등으로 보상할 것인가?
- 트레이더로서 꾸준한 자기계발을 위한 방안은 무엇인가? 어떤 책을 읽을 것인가? 어떤 새로운 리서치 과제에 착수할 것인가?

트레이더가 되려는 사람들에게 또 어떤 조언을 해주시겠습니까?

트레이딩을 취미가 아닌 생업으로 접근해야 합니다. 저는 정기적으로 트레이더를 위한 세미나를 엽니다. 한 번은 4일 일정의 세미나를 열었는데, 프로 테니스 선수가 참가했어요. 세 번째 날, 참가자들에게 지금까지 무엇을 배웠고, 그것을 어떻게 적용할지 질문했죠. 차례가 되어 테니스 선수가 대답했어요.

"저는 테니스를 그만두지 않을 겁니다. 화요일과 목요일에 코치로 강습을 하니까 월요일, 수요일, 금요일에 매매를 하면 돼요."

"그렇게 하시면, 장담하는데 시장에서 눈을 떼서는 안 되는 그날이 바로 화요일과 목요일이 될 겁니다. 강습으로 100달러를 벌고 시장에서 1,000달러를 잃게 될 거예요." 제가 말했죠.

"그런 문제는 없을 겁니다. 매일 포지션을 정리하면 되니까요."

6개월 뒤 그는 트레이딩을 포기했습니다. 잘못은 두 가지였습니다. 첫째, 그에게는 테니스에 대한 열정이 우선이었습니다. 둘째, 트레이딩은 그에게 생업이 아니었습니다. 그저 취미였을 뿐이었죠. 취미에는 돈이 들죠.

사람들이 트레이더로서 실패하는 또 다른 이유에는 무엇이 있을까요?

트레이더로서 성공하기 위해 필요한 시간을 과소평가합니다. 저와 같이 일주일 정도 앉아 시간을 보내는 것만으로 훌륭한 트레이더가 될 수 있다고 생각하는 사람들도 있죠. 대학교에서 교수님께 "한 학기짜리 수업인 것은 알고 있지만 저는 일주일이면 충분히 이해할 수 있을 것 같은데요"라고 말할 사람이 있을까요? 트레이딩의 숙련도를 높이는 것도 다른 여느 직업과 마찬가지입니다. 경험이 필요하고, 경험하는 데는 시간이 필요하죠.

오래 전 세미나에 참석한 어떤 남성이 제게 물었습니다. "전문 트레이더가 되어서 지금 직장을 그만두고도 가족을 부양할 수 있으려면 시간이 얼마나 걸릴까요?"

"3년에서 5년이요." 제가 대답했죠.

"설마요! 저는 6개월 만에 해낼 겁니다."

"선생님은 저보다 훨씬 똑똑하신 것 같네요. 저는 처음 5년 동안은 전혀 수익을 올리지 못했거든요."

어느새 7년이 지났지만 그는 여전히 트레이더로서 수익을 올리지 못하고 있습니다. 하루아침에 의사나 변호사가 되리라고 기대할 수 없듯이 트레이딩도 마찬가지입니다. 트레이딩은 시간, 공부, 경험이 필요한 직업입니다. 지혜는 지식과 경험의 산물입니다. 지식이 풍부하면 적은 경험으로도 잘해낼 수 있고, 경험이 풍부하면 지식이 조금 부족해도 괜찮겠죠. 둘 다 갖추려고 한다면 초기에 배워야 할 것은 훨씬 많아지겠죠.

트레이더로서 실패하는 데는 또 어떤 이유가 있을까요?

부족한 자본금 역시 가장 흔한 이유 가운데 하나입니다. 세미나에 참가한 사람들 중에는 1만 달러로 트레이딩을 시작하려는 사람들도 있습니다. 저는 그 사람들에게 1만 달러를 100달러 지폐로 바꾼 다음 한 번에 화장실에 쏟아붓고 물을 내리라고 얘기합니다. 1만 달러로 매매를 하면 고통의 시간이 좀 더 길어진다는 것만 다를 뿐 결과는 같을 테니까요. 1만 달러는 자본금으로 충분하지 않습니다.

지금까지 언급하신 실패의 원인, 즉 전념하지 않는다거나 투입하는 자본이 부족하다는 것들은 모두 트레이딩에 접근하는 태도와 관련이 있습니다. 태도 이외에 또 어떤 약점이 트레이더로서 실패하게 만들까요?

머리가 좋고 나쁘고의 문제가 아닙니다. 심지어 시장에 대한 지식과도 관계가 없죠. 저는 트레이딩 기술이 훌륭한 사람들도 실패하고, 전혀 경험이 없는 사람들도 성공하는 것을 봐왔습니다. 중요한 것은 트레이더라면 자신의 약점에 솔직해야 하고, 그것을 해결해야 한다는 것입니다. 그 방법을 배우지 못하면 트레이더로서 살아남을 수 없습니다.

몇 년 전, 한 옵션 트레이더가 제 사무실로 찾아오겠다며 미리 자신의 과거 1년 매매 내역을 검토해줄 수 있을지 물었습니다. 저는 진심으로 사람들에게 어떻게 트레이딩을 할지 가르쳐주고 싶었기 때문에 그러겠다고 했죠.

"지난 해 전체 매매의 84퍼센트에서 수익을 냈습니다." 그가 말했어요.

"좋아요, 돈은 좀 버셨나요?" 제가 물었어요.

"아니요, 연간으로는 잃었어요."

"그렇다면 우리가 주목해야 할 것은 나머지 16퍼센트군요."

"바로 그것 때문에 제 매매 기록을 보내드렸어요."

그가 보내준 매매 내역을 검토한 결과, 그해 있었던 약 400건의 매매 가운데 5건의 매매에서 전체 손실의 거의 대부분이 발생했다는 사실을 발견했습니다. 처음에는 어떤 공통분모도 찾지 못했어요. 그런 다음 날짜를 확인하고 5건의 매매 가운데 4건이 금요일 만기일에 실행되었다는 사실을 발견했습니다.

저는 그에게 전화를 걸었죠. "문제를 찾았어요."

"아, 잘됐네요, 어떤 문제를 찾으셨죠?" 그가 물었어요.

"큰 손실을 기록한 5건의 매매 가운데 4건이 금요일 만기일에 실행되었더군요."

"아, 그건 알고 있었습니다."

"문제를 해결할 방법이 있어요."

"잘됐네요. 선생님이라면 답이 있을 줄 알았습니다."

"금요일 만기일에는 매매를 하지 마세요."

"무슨 말씀이세요? 그날은 매매하기에 제일 신나는 날이잖아요."

"매매로 재미를 얻고 싶은 건지, 돈을 벌고 싶은 건지에 대해 확실히 하세요. 돈을 벌고 싶다면 금요일 만기일 매매를 끊으세요. 그날은 밖으로 나가 뭔가 다른 일을 하시고요."

"안 돼요, 그럴 수는 없어요. 그날 매매하는 것만큼은 포기할 수 없습니다. 문제를 해결할 다른 방법을 찾아보겠습니다."

"매매를 끊는 것으로 이 문제를 해결하지 않으면, 선생님이 끝장날 겁니다." 제가 말했죠.

그는 결국 6개월 뒤에 파산했습니다. 그는 지표들을 속속들이 알고 있었어요. 일중독이었고 굉장히 똑똑한 사람이었죠. 초기에 손실을 잘라내는 대부분의 방법도 알고 있었죠. 단 하루만 매매를 멈추고 뒤로 물러나면 되는데 그걸 못 했어요. 문제를 알아냈지만 해결할 수 없었던 것이죠.

도움을 주려고 했지만 결국 실패한 트레이더 가운데 생각나는 또 다른 사례가 있나요?

몇 년 전, 세미나에 참석한 한 남자가 조언을 구했어요. 그는 전업 트레이더가 되고 싶지만 그때까지 실적이 좋지 못했다고 말했어요. 저는 그에게 트레이딩을 위한 사업계획 구상과 관련해 몇 가지 조언을 했어요. 그 뒤로도 두세 차례 더 조언을 구하는 전화가 걸려왔습니다. 한 번은 통화 중에 그의 목소리가 갑자기 작아졌어요.

"잘 안 들리네요. 연결이 좋지 않은 것 같아요." 제가 말했어요.

"그게 아니라, 아내가 지금 막 방으로 들어왔거든요." 그가 속삭였어요.

"지금까지 얼마나 잃었는지 아내 분이 모르고 있군요. 그렇죠?" 제가 물었어요.

"네." 그가 시인했어요.

"사실대로 말하셔야 해요. 아내 분은 선생님을 지지하지 않고, 선생님은 아내를 두려워하는 상황에서는 제가 가르쳐드리는 것이 아무런 도움이 되지 못합니다. 계속해서 몰래 매매하면 결과는 둘 중 하나일 겁니다. 돈을 전부 잃든지, 아니면 결혼생활을 잃든지."

그는 제 조언을 듣지 않았고, 결국 둘 다 잃고 말았죠.

1997년 9월에서 12월 사이에는 어떤 일이 있었나요? 선생님께서 보내주신 명세서로 확인했을 때 유일하게 손실이 지속된 기간이었고, 평소 트레이딩과는 전혀 달랐습니다. 4개월 동안 손실 금액이 30만 달러가 넘었는데요.

저는 시간이 흐를수록 잘 풀리지 않는 경향이 있는 것 같습니다. 한 해의 후반부로 갈수록 피로가 쌓이거나 느슨해지기 때문이 아닌가 생각합니다.

하지만 그것만으로는 설명이 되지 않습니다. 이 시기의 실적은 다른 해의 후반부를 포함한 어느 때보다 훨씬 나빴어요. 뭔가 다른 설명이 있어야 할 것 같습니다.

(쿡은 그 시기에 실적이 저조했던 이유가 될 만한 것들을 두루뭉술하게 설명하려고 애쓰며 두서없이 말을 이어갔다. 그러다 마침내 기억을 떠올렸다.) 아, 맞습니다! 한 가지를 잊고 있었어요. 1997년 7월에 넘어지면서 전방십자인대(무릎 중앙에 위치한 인대)가 심하게 파열된 적이 있었어요. 금속으로 된 보조기구를 차고 진통제를 먹어야 했죠. 12월에는 결국 수술까지 받았어요.

진통제 때문에 정신이 나른해졌나요?

진통제가 집중력을 흩뜨렸어요. 그전만큼 생각이 예리하지 못했어요. 저 자신이 느린 화면처럼 움직이는 것 같았어요. 다시는 제 아이들과 농구를 할 수 없을지도 모른다는 걱정이 들었죠.

정신적으로 침체되었던 시기였던 것 같습니다.
네, 운동이든 농장일이든 신체적으로 왕성하게 활동하다 걷는 것도 가까스로 할 수 있는 상태가 됐으니까요. 몇 달 동안 몸무게가 15킬로그램이나 늘었죠.

수술을 받으신 것이 12월이니 곧바로 트레이딩 실적을 회복하셨네요.
네, 그랬습니다. 기분이 훨씬 나아졌어요. 그리고 지나칠 정도로 재활에 집중했죠. 저는 매사에 열성적인 편이에요. 수술을 받고 2주 뒤에 기구를 이용해 근력운동을 하고 있는데 물리치료사가 와서 말했어요.
"저희는 전방십자인대 부상 환자들의 재활치료를 수없이 돕고 있습니다. 한 가지만 말씀드릴게요. 아마 바로 마음에 와 닿으실 겁니다. 이곳을 거쳐 간 어느 누구도 전방십자인대 재건수술을 받고, 선생님이 지금 하고 계신 것만큼 중량을 들어 올린 사람은 없었어요. 제 말씀을 이해하시겠습니까?"
저는 즉시 기구를 내려놓았습니다.

인터뷰를 마치고 일주일쯤 지나 쿡과 통화를 했다. 그는 무릎 부상에 시달리던 기간 동안 자신이 어땠는지 비서 스테이시에게 물었다. 스테이시는 이렇게 답했다고 한다. "걷지도 못하셨죠. 통증 때문에 편히 앉지도 못했고요. 고통스러운 표정이었어요. 텅 빈 껍데기만 남은 것 같았고, 그것이 매매에 영향을 미쳤죠. 수술을 받은 다음에는 다른 사람이 된 것 같았어요."

개인적인 시련이 매매를 방해한 또 다른 시기도 있었나요?

1995년 9월, 아버지께서 심장마비를 일으키셨어요. 8일 동안 중환자실에 계셨죠. 그때 저는 트레이딩에서 일어날 수 있는 모든 실수를 저지르는 것으로 스스로에게 벌을 주었죠.

아버지의 심장마비를 두고 자책한 이유가 있나요?

아버지는 정말 열심히 일하셨어요. 심장마비가 온 그날은 섭씨 32도가 넘는 날이었는데, 아버지께서는 건초더미를 만들고 계셨죠. 어머니 말씀으로는 아버지께서 낮에 약간 메스꺼움을 느끼고 집으로 돌아오셨다가 다시 일을 하러 나가셨다고 해요. 그날 아버지께서 만드신 건초더미가 400개였어요. '아버지는 700~800달러를 벌기 위해 밖에서 저 많은 일을 하시는데, 나는 시원한 사무실에 앉아 7,000~8,000달러를 벌고 있구나' 하는 생각이 들었습니다. 뭔가 부당하다고 생각했고, 스스로에게 벌을 주어야만 했습니다. 그 시기에 했던 매매들을 돌아보면 한동안 정신이 나가 있었던 것 같습니다.

평소처럼 매매하신 것이 아니었군요.

네, 평소와는 거의 완전히 반대였죠.

스스로도 인식하고 있었나요?

상관없었어요. 완전히 실의에 빠진 상태였으니까요. 생각해보면 오히려 돈을 잃고 싶었던 것 같습니다.

선생님 매매 방식대로라면 하루 종일 시장을 주시해야 합니다. 혹시 그 일이 방해를 받아서 손실이 발생한 상황도 있었나요?

가장 기억에 남는 것은 1987년 1월에 있었던 매매입니다. 비서의 생일이었죠. 저는 포지션을 보유하고 있을 때는 하루 종일 절대로 사무실을 떠나지 않습니다. 하지만 그날만큼은 좋은 사람이 되어 보겠다며 비서의 생일을 축하하려고 밖에서 점심을 샀어요. 사무실을 나올 때 제가 보유한 옵션 포지션 가격이 3만 달러 상승했어요. 점심을 먹고 돌아오니 4만 달러 하락했더군요. 믿기 어려운 호가였어요. 저는 그 매매를 항상 기억합니다. 이제는 생일날 비서에게 신용카드를 줍니다. (그가 키득거리며 웃었다.)

굉장히 비싼 점심을 드셨군요. 사무실에 남아 있었다면 그 포지션을 정리할 수 있었다고 확신하시나요?

물론이죠. 그것은 저의 가장 중요한 규칙 가운데 하나입니다. 저는 수익이 손실로 돌아서는 것을 절대로 두고 보지 않습니다.

준비한 질문은 다 드렸습니다. 마지막으로 하실 말씀이 있으신가요?

저는 미국 중서부 시골에 사는 평범한 남자입니다. 증조할아버지가 사시던 농가 주택에 앉아 컴퓨터 화면을 주시하고, 트레이딩으로 생계를 꾸립니다. 이처럼 어디에 있는 누구라도 가능성이 있습니다. 하지만 열심히 할 준비가 되어 있어야 하고, 수업료도 기꺼이 지불해야 합니다. 트레이딩을 배우는 과정에서 감수해야 하는 손실이 바로 수업료입니다. 사람들은 늘 제게 "성공하려면 얼마나 걸릴까요?" 하고 묻습니다. 저는 "하루 24시간씩 3~4년이요. 돈도 좀 잃어야겠죠"라고 대답합니다. 이런 이야기를 하면 대부분 싫어하더군요.

⟫

포기할 때까지는 끝난 게 아니다. 마크 D. 쿡은 초기에 실패에 맞닥뜨렸을 뿐만 아니라, 거듭해서 보기 좋게 실패했다. 그리고 몇 번이나 자본금 전부를 잃었고, 순자산$^{net\ worth}$ 이상의 돈을 잃은 적도 있다. 시작에는 운이 따르지 않았고, 잘못 끼운 첫 단추가 10년 가까이 영향을 미쳤다. 하지만 쿡은 결코 포기하지 않았고, 마침내 승리했다. 직접 개발한 자신만의 방법, 사업계획, 자기규율로 놀라울 만큼 일관되게 세 자릿수 수익을 거둔 것이다.

위험 대비 잠재이익이 훨씬 큰 매매 기회를 찾으라는 일반적인 조언과는 달리 쿡의 전략 대부분은 2달러를 투자해 1달러를 버는 것을 추구한다. 여기에는 두 가지 중요한 교훈이 있는데, 목표 수익보다 더 큰 위험을 감수하는 것은 일반적으로 매력적인 접근법이 될 수 없음을 보여준다.

첫째, 이길 확률은 위험 대비 잠재수익 못지않게 중요하다. 쿡이 보여주었듯 매매에서 졌다고 해도, 발생할 손실이 이겼을 때 얻을 수익보다 크더라도 이길 확률이 충분히 높으면 여전히 훌륭한 전략이다. 역으로, 매매에서 졌을 때 발생할 손실보다 이겼을 때 얻을 수익이 열 배나 더 크다고 해도 이길 확률이 너무 낮다면 이는 재정적 파멸로 이어질 수도 있는 전략이다. 예를 들어 카지노 룰렛 게임에서 연속해서 번호 7에 돈을 건다고 가정하자. 이기면 원금의 36배를 손에 쥐겠지만 게임이 길어지면 가진 돈 전부를 잃게 될 것이 분명하다. 이길 확률, 즉 번호 7에 공이 멈출 확률은 38분의 1에 불과하기 때문이다.

둘째, 반드시 자신의 성격에 맞는 접근법을 택해야 한다. 쿡은 매매에서 발생하는 작은 수익에도 만족했지만, 아무리 작은 손실이라도 질색했다. 이런 성향을 보면 그가 개발한 방법, 즉 이길 확률이 높은 매매 기회를 추구하기 위해 위험 대비 낮은 수익률도 감수하는 전략은 그에게 적합하다. 하지만 같은 방법도 다른 사람에게는 매우 거북하고 쓸모없는 전략이 될 수 있다. 트레이딩에 있어 모두에게 통하는 만능 전략은 없다. 트레이더 각자 자신만의 맞춤형 접근법을 개발해야 한다.

개인적 사건은 트레이더의 실적을 크게 악화시킬 수 있다. 쿡은 무릎 부상에 시달리고, 아버지가 심장마비를 일으켰을 때 이례적으로 큰 손실을 기록했다. 이 사례의 교훈은 신체적 또는 정신적으로 괴로운 일을 겪고 있다면 매매를 완전히 중단하거나 큰 손실을 입지 않을 정도로 매매활동의 수위를 낮추어야 한다는 것이다. 지난 10년간 트레이딩에서 쿡에게 중대한 잘못이 있다면 이런 교훈에 귀를 기울이지 않았다는 점이다. 쿡은 같은 실수를 절대로 반복하지 않겠다고 다짐한다.

야심에 찬 트레이더 대부분은 성공에 필요한 시간, 노력, 자금을 과소평가한다. 쿡은 트레이더로서 성공하려면 완전히 헌신해야 한다고 단언한다. 취미삼아 하는 부업이 아닌 정식 사업으로 트레이딩에 접근해야 한다. 벤처기업을 시작하는 것과 마찬가지로 탄탄한 사업계획, 충분한 자금 그리고 장시간 근무도 얼마든지 해내야겠다는 각오가 있어야 한다. 지름길을 찾는다면 이 길로 들어서서는 안 된다. 심지어 모든 것을 제대로 하더라도 처음 몇 년 동안은 돈을 잃을 수 있다. 쿡은 이것을 트레이딩 학교에 지불하는 수업료라고 보았다. 이 모든 것은 있는 그대로의 명백한 사실이지만 장차 트레이더가 되려는 사람들은 이런 내용을 듣고 싶어 하지도, 믿으려고 하지도 않는다. 그러나 모른 척한다고 해서 현실이 달라지는 것은 아니다.

: 마크 D. 쿡의 근황

쿡은 여전히 순조롭게 트레이딩을 해나가고 있다. 그의 접근법은 주식시장이 강세든 약세든 성과에 큰 차이가 없는 방법이다. 굳이 비교해보면 S&P500이 45퍼센트, 나스닥이 75퍼센트 하락한 2000년 4월부터 2002년 9월까지 쿡은 복리로 계산해 누적 기준 114퍼센트의 수익률을 기록했다(누적 달러화 수익을 계좌 평균 자기자본으로 나눈 수익률은 84퍼센트였다).

지난번 뵈었을 때, 개인적으로 힘든 시기에 트레이딩 패턴이 급격히 악화된 것

에 관해 이야기를 나눴습니다. 지난 2년 동안 가족 중 한 분께서 많이 편찮으셨던 것으로 알고 있는데요. 트레이딩 측면에서 보면 이번에는 상황을 좀 더 잘 이겨내신 것 같습니다. 대처하는 방법을 달리 하신 건가요?

무엇보다 매매 규모를 줄였습니다. 개인적인 문제가 있을 때는 능력을 100퍼센트 발휘할 수 없다는 것을 예전 경험을 통해 알고 있었으니까요. 개인적인 문제가 있을 때 매매 성적이 나빴던 이유 가운데 하나를 깨달았습니다. 이미 정신적으로 약해진 상태에서 또 다른 무언가가 잘못되면 그것이 저를 벼랑 끝까지 몰고 갔던 겁니다. 그때는 이성을 잃은 상태에서 늘 너무 큰 손실을 감수하고 끝이 났죠. 매매를 전혀 하지 않는 대신 포지션의 규모를 줄이기만 해도 이성을 지킬 수 있겠다고 생각했습니다.

모든 것이 정상이고, 외부 스트레스가 없을 때 제게 적합한 포지션 규모가 어느 정도인지 알고 있습니다. 그리고 시장의 변동성을 반영해 그 규모를 조정하죠. 하지만 외부 문제로 시달릴 때는 동일한 규모의 포지션을 매매하기에 적절한 상태가 아닙니다. 지난 2년 동안 이런 상황을 반영해 포지션의 규모를 조정했습니다. 과거에는 없었던 일이죠.

포지션 규모를 축소했을 뿐만 아니라 매매 일수도 줄였습니다. 선생님 전화를 기다리면서 월별 매매 요약서를 훑어보았습니다. 보통 한 달에 18~20일 매매를 했는데, 그중에는 11~12일 만 매매한 달도 있었습니다. 매매를 덜 하면서 최적의 지점을 기다리고 있었던 것이죠. 완벽한 신호가 나타나지 않으면 그날은 매매하지 않았습니다.

지난 2년 동안 트레이딩 방법을 완전히 바꾸신 건가요?

네, 그렇습니다. 예전에는 제게 불리하게 진행되는 거래도 그냥 두고 보았고, 그것이 큰 자본인하로 이어지곤 했습니다. 이제는 매일 실행하는 첫 매매에 제가 '보험스톱insurance stop'이라고 이름 붙인 방법을 적용합니다. 집에 화재보험을 드는 것과 비슷합니다. 필요할 일이 절대로 없기를 바라지만, 만일의 경우를 대비해 보험을 드는 것과 마찬가지죠. 보험스톱은 어떤 기술적 요소나 분석을 기초로 한 것이 아닙니다. 단순히 일일 최대 손실을 특정 금액으로 제한하기 위한 것이죠.

한 해를 시작하며 사업계획을 세울 때, 저는 하루 첫 매매에서 감당할 수 있는 최대 손실로 2만 5,000달러를 정했습니다. 그 정도는 아주 간단하게 회복할 수 있는 금액이기 때문이죠. 제가 설정한 보험스톱이 발동되면 시장에서 제가 알지 못하는 어떤 일이 벌어지고 있다는 뜻입니다. 그때는 트레이딩을 해서는 안 되는 상황입니다. 예를 들어 2주 전에 S&P500이 900선 아래로 하락했을 때 보험스톱이 발동됐습니다. 처음에는 손실이 발생했다는 사실에 짜증이 났지만, 바로 뒤이어 시장이 30포인트, 40포인트 추가 하락하는 것을 보면서 기분이 훨씬 나아졌죠.

손절을 하지 않았다면 그 매매에서 얼마나 잃었을까요?
아마 10만 달러 정도를 잃었을 겁니다.

오로지 하루의 첫 번째 매매에만 보험스톱을 설정하시나요?
네.

하지만 다음 이어지는 매매에서는 대규모 손실위험에 그대로 노출되는 것 아닌가요?
아니요. 그런 매매를 할 여지는 거의 없습니다. 보험스톱은 손절 범위가 굉장히 넓습니다. 그날 시간이 흐르면서 스스로 훨씬 신중하게 매매 결정을 하게 되고, 따라서 뒤이은 매매에는 보험스톱이 의미가 없습니다. 첫 매매에서 보험스톱이 발동하면 그 뒤를 이어서는 오로지 이길 확률이 높다고 판단하는 매매만 시도할 것이고, 그 경우도 극히 제한적일 것입니다.

바로 그 점이 저를 다른 사람들과 차별화합니다. 예를 들어 제가 훈련시킨 사람들은 대부분 시장의 돈으로 투자할 때 더 큰 위험을 감수하는 경향이 있었습니다. 저는 그 반대입니다. 일단 이익이 발생하면 그것은 제 돈입니다. 시장이 제 주머니에서 그 돈을 가져가도록 내버려두지 않죠. 그래서 이기고 있다면, 그 대부분을 시장에 되돌려주는 일은 절대 없게 하려고 노력합니다.

보험스톱에도 부작용이 있습니다. 매매가 잘못되더라도 안전망이 있다는 사실을 알고 있는 만큼, 더 많은 이익을 추구하게 된다는 것입니다. 아래 그물이 있으면 공중제비 2회전 대신 3회전을 시도하는 공중곡예사와 비슷하죠.

선생님이 훈련한 사람들 대부분은 강세 편향이 있는 것이 분명해 보입니다. 강세 편향은 지난 2년 동안 문제가 되었을 것입니다. 그런 경우를 보신 적이 있나요? 그렇다면 어떤 조언을 해주셨나요?

맞습니다. 1990년대 후반 주식시장에 나타난 강력한 상승 추세는 단순히 매수 포지션만 매매했던 많은 사람을 구제했습니다. 시장이 매수 포지션에 불리하게 움직였다가도 결국 되돌아오곤 하던 시기였으니까요. 저는 사람들에게 시장의 방향에 대해 어떤 선입견도 갖지 않도록 가르치려고 합니다. 시장을 기대하지 말고, 시장에 반응하도록 가르치는 것이죠.

함께 일했던 한 헤지 그룹은 매수 포지션을 취하기 전에 매매 기회가 갖추어지기를 기다렸습니다. 그 전에는 절대 움직이지 않았죠. 그래서 그들은 늘 매수 포지션을 취하거나, 물러나 손을 놓고 있거나 둘 중 하나였죠. 저는 결국 그들을 변화시켜서 매수 포지션에 불리한 상황일 때 중립을 유지하는 대신 공매도 하도록 했습니다. 전략은 효과가 있었고, 그들은 큰돈을 벌었지만 공매도 상태를 견디지 못했습니다. 그들이 보기에는 시장이 내려갔으니 틀림없는 매수 기회라고 본 것이죠.

결국 어떻게 되었을까요? 그들은 다시 매수 포지션으로 되돌아갔고, 시장은 계속해서 내려갔습니다. 그들이 사용하는 표현조차 편향을 반영했죠. 시장이 떨어질 때 그들은 '하락세downtrend'가 아니라 '조정correction'이라는 단어를 썼어요. 실제로 약세장에 진입한 것일지도 모른다는 생각은 하지도 않았죠.

그 약세장이 선생님의 매매에 조금이라도 영향을 미쳤나요?
전혀 아니었습니다. 변동성이 있는 한 저는 괜찮습니다. 시장을 기대하지 않고 시장에 반응하기만 한다면, 진정한 트레이더는 어떤 상황에서든 돈을 벌 수 있습니다. 시장의 흐름을 감지해야 하고, 시장과 싸우지 말아야 합니다. 가끔 틀릴 수도 있겠지만 절대로 융통성을 잃어서는 안 됩니다.

수익창출의 기회는
언제나 있다

알퐁스 '버디' 플레처 주니어Alphonse 'Buddy' Fletcher Jr.

커다란 위험을 감수하지 않고서는 연간 40퍼센트, 50퍼센트의 고수익을 올릴 수 없다는 것은 투자자라면 누구나 아는 사실이다. 이 기본 개념을 알퐁스 플레처 주니어에게 설명해준 사람은 없었던 것 같다. 그렇지 않고서야 어떻게 13년 전 첫 매매 주문을 낸 이후 지금까지, 손실이 발생하는 달은 거의 없이 꾸준히 고수익을 올리기 위한 노력을 우직하게 계속할 수 있었겠는가.

플레처는 베어스턴스Bear Sterns에서 연구원이자 회사 고유 자금 트레이더로 금융업계에 발을 들였다. 2년 동안 성공적인 실적을 기록한 후 그는 키더 피바디Kidder Peabody*로 옮겨 유사한 업무를 맡았다. 베어스턴스에서 일하는 것이 좋았고 굳이 떠나고 싶지 않았지만, 키더 측의 제안이 굉장히 매력적이어서 거절할 수가 없었다. 키더는 플레처에게 월급 이외에 수익의 20~25퍼센트를 보너

---

* 플레처의 키더 피바디 입사에 관련된 사실들은 법원의 사건 요약서와 〈비즈니스위크Business Week〉(1994년 10월 24일 자)와 〈뉴요커The New Yorker〉(1996년 4월 29일, 5월 6일 자), 〈포천Fortune〉(1999년 7월 5일 자)에서 인용했다.

스로 지급하기로 약속했다.

키더에서 일한 첫해, 플레처는 회사에 2,500만 달러 이상을 벌어주었다. 그러나 키더는 기대했던 보너스 500만 달러가 아닌 170만 달러만을 지급하면서 앞으로 2~3년에 걸쳐 나머지 금액을 주겠노라고 약속했다. 플레처는 회사에 계약 위반이라고 항의했지만, 그가 미국에서 '최고 수준의 임금을 받는 흑인 남성 가운데 한 사람'이니 불평을 하면 안 된다는 말이 돌아왔다. 한 임원이 회사가 플레처에게 지급해야 할 보너스가 '젊은 흑인 남자에게 지급하기에는 그야말로 너무 많은 금액'이라고 말했다는 이야기도 들렸다. 여기에 인용한 표현들은 플레처가 전 고용주·키더를 상대로 제기한 소송의 재판 과정을 기록한 법원 속기록에서 가져왔으며, 그밖에 구체적인 내용은 정식으로 발행된 기사와 글을 근거로 했다. 플레처가 이 사건에 관해 자세히 이야기하기를 꺼렸기 때문이다. 플레처는 결국 조정위원회를 통해 126만 달러를 추가로 지급받았다. 키더를 그만둔 후 플레처는 자신의 회사 플레처자산운용Fletcher Asset Management을 설립했다.

나는 야만적으로 뜨겁고 습한 뉴욕의 전형적인 여름 어느 오후에 플레처를 방문했다. 늘 도시에서는 택시를 타거나 대중교통을 이용하기보다 가능한 걷는 것을 선호한다. 하지만 이날은 플레처와의 인터뷰 약속에 조금 늦을 것 같아 택시를 탔다. 교통상황은 끔찍했다. 짧은 거리의 두 개 블록을 지나는 데만 5분이 걸렸는데, 평소 걸음의 3분의 1밖에 안 되는 속도였다. 나는 운전사에게 5달러 지폐를 건네주고 택시에서 뛰쳐나왔다. 목적지까지는 아직 2.5킬로미터를 더 가야 했다.

플레처자산운용에 도착했을 때 내 꼴은 아마 소나기를 뚫고 걸어온 사람처럼 보였을 것이다. 사무실은 어퍼이스트 사이드에 위치한 120년 된 낮은 석회암 건물에 자리하고 있었다. 커다랗고 무거운 나무로 된 문을 열고 현대 도시의 열기와 소음에서 벗어나 우아하게 꾸민 시원하고 조용한 건물 내부로 걸어 들어갔다. 입구는 넓은 원형 로비로 이어졌다. 천장은 높았고, 손으로 조각한 나선형 나무 계단이 네 개 층 위에 있는 사무실로 연결됐다. 따뜻하고 풍부한 보색으로 칠한 벽은 높은 천장과 넓은 장식용 몰딩, 고풍스러운 가구와 어우러져 1999년의 뉴욕과는 전혀 다른 시대, 다른 장소의 분위기를 만들어냈다. 만일 내가 영화를 촬영하고 있고, 수천만 달러에서 수억 달러를 가진 고객들을 상대하는 유서 깊은 스위스 투자은행을 배경으로 하는 장면이 필요하다면 바로 이곳이 완벽한 촬영장소가 될 것이다. 대기실로 쓰이는 서재로 이끌려 들어가자 얼음물이 담긴 커다란 물주전자가 있었고, 나는 안내원이 방을 나가자마자 벌컥벌컥 물을 들이켰다. 10분 쯤 뒤 안내를 받으며 계단을 올라가 플레처의 사무실로 향했다.

플레처는 의도적으로 전형적인 현대식 맨해튼 사무실과는 완벽히 대비되는 공간을 꾸민 것이 분명했다. 그 결과는 매우 효과적이어서 도시의 광기가 미치지 못하는 고요한 보호구역이 탄생했다. 이곳의 분위기는 투자자들에게 '당신의 돈은 이곳에서 안전하다'는 메시지를 보내고 있는 것이 분명했다.

하지만 플레처가 투자자를 모으는 데 인상적인 사무실은 필요하지 않다. 그의 실적은 믿기 어려울 정도다. 그가 최고의 수익을 기록해왔다는 뜻은 아니다. 결코 그렇지는 않았다. 하지만 오로지 수익만 본다면 지나치게 순진한 접근법이다. 중요한 것은 수익이 아니라 위험 대비 상대수익률이다. 플레처는 바로 이 점에서 뛰어나다. 1995년 9월 출범한 그의 대표 펀드인 플래처펀드는 연평균 복리수익률 47퍼센트를 실현하고 있다. 이 자체도 매우 인상적이지만, 정말 주목할 만한 일은 이 같은 수익률을 기록하는 동안 손실이 발생한 달은 단 4개월뿐이었다는 것이다. 그리고 그중 최대 손실은 1.5퍼센트에 불과했다는 사실이다.

직접 펀드를 출범하기 전 플레처가 거둔 실적은 더욱 놀랍다. 플레처는

1991년 회사 설립 이후 처음 4년 동안 주로 고유계정proprietary account 매매를 했다. 회사의 고유계정은 플레처펀드보다 훨씬 높은 레버리지를 활용해 거래됐는데, 이 기간 동안 연평균 복리수익률은 무려 380퍼센트에 달했다(회사의 고유계정이었기 때문에 당시의 수익은 공표나 보고되지 않았지만 이는 감사를 받은 수치다).

처음 플레처의 과거 실적을 보았을 때는 사실상 아무런 위험 부담 없이 어떻게 그처럼 높은 수익률을 달성할 수 있었는지 이해하지 못했다. 우리가 만난 자리에서 플레처는 어떻게 그것이 가능했는지 명확히 설명했다. 그렇다. 이 장을 읽으면 독자도 그 방법을 알게 될 것이다. 하지만 헛된 기대가 생기지 않도록 처음부터 확실히 해두자면 그의 방법은 일반 투자자들이 모방할 수 있는 것이 아니다. 그렇다고 해도 플레처가 기꺼이 자신의 방법을 밝힌 이유는 무엇일까? 그 답은 인터뷰에 있다.

처음 시장에 관심을 갖게 된 것은 언제입니까?

아마 중학생 때 아버지와 함께 우승할 경주견을 예측하는 컴퓨터 프로그램을 개발하면서 시작되었던 것 같습니다. (그가 당시 기억을 떠올리며 웃음을 터뜨렸다.)

경주 결과를 성공적으로 예측한 경우도 있었나요?

네, 컴퓨터는 예측이 불가능한 한 경기를 제외합니다. 남은 경기에서 돈을 걸 경주견 한 마리(1위(win), 1·2위(place), 1·2·3위(show))를 80퍼센트 정확도로 선택했습니다.

굉장히 인상적이군요. 그렇게 해서 얼마를 따셨나요?

배당률에 관한 흥미로운 교훈을 배웠죠. 배당률이 나쁘면 80퍼센트 정확도도 충분하지 않을 수 있다는 것이죠. 정확한 숫자는 기억이 나지 않습니다만, 이익의 40퍼센트는 주최 측 몫이었습니다.

와, 믿을 수 없군요. 심지어 슬롯머신이 좋아 보일 정도네요!
승률이 80퍼센트였는데도 돈을 벌 수가 없었죠.

어떤 정보를 활용해 경주 결과를 예측하셨나요?
경주마다 개들의 주파시간, 구간별 순위, 날씨 등 경주와 관련된 모든 정보를 활용했습니다.

배당률 문제를 해결하기 위해 어떻게 하셨나요? 다중회귀분석을 활용하셨나요?
저, 아직 중학생이었다고 말씀드렸는데요.

주식 매매에 실제로 발을 들인 것은 언제인가요?
대학에 다닐 때 여름방학 동안 화이자Pfizer에서 일했는데, 직원은 25퍼센트 할인된 가격에 회사 주식을 살 수 있는 내부 프로그램이 있었어요. 아주 괜찮은 조건 같았죠. 그때 했던 일들, 즉 컴퓨터를 이용해 확률을 분석하고 싼 값에 주식을 매수하는 것이 트레이딩의 전형적 특징이라는 점이 재미있습니다. 물론 말 그대로의 의미는 아닙니다. 주식을 할인가에 사려는 것도 아니고, 어느 종목이 이길 것인가에 베팅하는 것도 아니니까요. 그럼에도 불구하고 개념 측면에서는 우리가 현재 활용하는 전략과 놀랍도록 밀접하게 연관된 경험이었습니다.

선생님의 경력 이야기로 돌아가 보죠. 시장을 매매하는 일에 실제로 발을 들인

것은 어떤 계기였나요?

하버드대학에서 수학 전공으로 학사학위를 받았습니다. 당시에는 모두 진학해 MBA를 하거나 월스트리트로 진출했죠.

하버드대학에서 수학을 전공하셨다니, 대학수학능력시험(SAT) 점수가 굉장했을 것 같습니다.

아주 잘했다는 정도로만 해두죠. 재미있는 것은 SAT 준비 과정을 수강한 적은 없었다는 것입니다. 저는 무엇이든 요령을 배우기보다는 스스로 문제를 해결하기를 좋아하는 편입니다. 지금도 여전히 그렇고요. 가끔씩 재미로 단어나 수학 게임을 하기도 합니다.

예를 들면 어떤 게임이죠?

요즘은 이것입니다. (주판을 집어 들었다.) 사용설명서를 읽는 것에는 별 관심이 없는데 직접 사용법을 연구하는 일은 제 호기심을 굉장히 자극합니다. 이 도구로 덧셈, 뺄셈, 곱셈, 나눗셈을 하는 데 어떤 알고리즘이 활용되는지 알아낼 생각입니다.

대학을 졸업하고 월스트리트로 진출하실 계획이셨나요?

아니요, 사실은 공군에 입대하려고 했습니다.

왜 공군이죠?

저는 대학 공군 학군단ROTC 출신이었고, 무기장교가 되어 첨단기술 장비를 책임진다는 것에 매력을 느꼈죠.

공군에 입대하셨나요?

아니요, 1980년대 후반에 국방예산이 크게 삭감됐습니다. 공군은 인원 부담을 줄이려고 사람들에게 예비역 편입을 권했죠. 친한 친구 한 명이 월스트리트에서 일자리를 구하라고 저를 설득했어요. 그때 베어스턴스에서 제의를 받았는데 그곳이 정말 마음에 들었어요. 모두 가족처럼 편안하게 대해주었죠. 무슨 마법이 통했는지는 모르겠지만, 이사회 구성원이자 옵션 부서장이었던 엘리엇 워크Elliot Wolk가 저를 마음에 들어 했어요.

하버드대학에서 배운 과목 가운데 사회에서 일하는 데 도움이 된 과목이 있나요?

4학년 때 금융공학 대학원 과정을 들었어요. 옵션시장에 관한 프로젝트를 진행하면서 굉장히 매력적인 시장이라고 생각했어요. 예를 들면, 대규모 매수나 매도 주문 때문에 시장이 움직이고, 따라서 옵션가격이 이론적 가치로부터 멀어짐으로써 경우 발생할 경우를 예측하는 모형을 만들고 싶었어요. 그 예측 결과를 보고 옵션시장에서 지속적으로 수익을 낼 수 있는 방법을 찾았다고 확신했습니다. 그러나 지속적으로 돈을 버는 모형을 개발하는 것이 가능하다는 생각 자체가 그 전에 배운 시장에 관한 모든 이론과 상충하는 것이었죠.

그 말씀은 하버드대학에서 배운 효율적 시장가설efficient market hypothesis을 믿으셨다는 뜻으로 이해되는군요.

네, 사실입니다. (그는 크게 웃음을 터뜨렸다.) 여러 측면에서 여전히 그 가설을 믿고 있습니다만, 아시다시피 그 이론의 이면에는 흥미로운 점이 있습니다.

그 가설을 믿는다는 것은 어떤 의미죠? 선생님의 실적 자체가 시장이 완벽하게 효율적이라는 이론은 틀렸음을 보여주는 것 같은데요.

IBM이 바로 지금 100달러에 거래된다면 그 가치는 100달러겠죠. 유동성 있는 시장을 한 수 앞서나가는 것은 굉장히 어려운 일이라고 생각합니다.

미래 가격의 방향을 맞추는 데 의존하는 방법을 활용해서는 시장을 이기기가 어렵다는 말씀이신가요?

그렇습니다.

그렇다면 선생님의 찾아내신 효율적 시장가설이 적용되지 않는 경우는 무엇인가요?

제 분석 결과에 따르면 서로 상쇄하는 매매를 이용해 위험은 거의 또는 전혀 수반하지 않으면서 이익을 창출할 기회가 있는 총 포지션을 구성하는 것이 가능했습니다. 이러한 이론과 실제의 괴리는 현실 세계에서 가끔 발생합니다. 대량 매수나 매도 주문으로 인해 특정 옵션이나 주식이 나머지 시장과 어긋나게 작동하기 때문입니다. 효율적 시장가설이 옳다면 지속적으로 무위험risk-free 수익 기회를 발견하는 것은 이론적으로 불가능할 것입니다. 결국 제 모형은 옳았습니다. 이 모형은 실제로 제가 베어스턴스에서 최초로 실행한 매매의 기반이 되었고, 회사에 많은 수익을 안겨주었습니다.

말씀하신 무위험 수익 기회는 사실상 시장에 항상 있었나요?

이 개념은 조달비용cost of financing(자본조달에 소요되는 금융비용─옮긴이)을 근거로 한 것입니다. IBM은 얼마에 거래되든 그만한 가치가 있을 것입니다. 그런데 각자 어디든 자기 돈을 투자했을 때 저는 7퍼센트, 선생님은 9퍼센트 수익을 올릴 수 있다고 가정해보죠. 투자 금액 대비 수익률 차이를 감안해 제가 IBM을 사서 미래 어느 시점에 합의한 가격으로 선생님께 팔면 저희 모두에게 유리한 결과를 얻을 수 있을 것입니다. 예를 들어 제가 IBM을 100달러에 사서 1년 뒤 선생님께 108달러에 팔기로 합의합니다. 이 경우 제 수익률은 8퍼센트로 앞서 다른 자산에 투자해 얻을 수 있었던 7퍼센트 수익률보다 큽니다. 선생님의 경우는 다른 투자를 포기한 데 따른 연 환산 기회비용인 9퍼센트보다 낮은 비용으로 IBM에 대한 소유권을 획득합니다. 서로에게 이로운 매매입니다.

차익거래arbitrage가 남아 있는 이익 기회를 몰아내는 것은 아닌가요?

차익거래는 단지 두 사람의 조달비용이 동일할 때 기대할 수 있는 기회를 제거할 뿐입니다. 하지만 어느 한 사람의 조달비용이 현저히 크거나 작을 경우에는 기회가 있을 것입니다. 일반적으로 모두의 조달비용이 동일하고, 배당금이 동일하고, 거래비용이 동일하다면 시장은 매우 효율적으로 가격이 매겨질 것입니다. 하지만 특정한 투자자 집단이 특별한 대우를 받고, 그 특별한 대우가 계속된다면 꾸준한 수익을 창출할 기회가 있는 거래도 성립할 수 있습니다.

구체적인 예를 들어주세요.

IBM이 아니라 이탈리아의 한 컴퓨터 회사에 관한 이야기라고 해보죠. 세금 원천징수로 미국 투자자들이 배당금 1달러당 실제로 손에 쥐는 금액은 70센트에 불과한 반면, 이탈리아 투자자들은 1달러를 온전히 받는다고 가정합니다. 이 경우 미국 투자자는 해당 주식을 이탈리아 투자자에게 매도해 위험을 헤지hedge하고, 배당금이 지급된 후 그 주식을 되사는 방법으로 지속적인 차익거래가 가능합니다. 양쪽 모두에 이로운 거래입니다.

마치 서비스업처럼 들립니다. 제가 제대로 이해했다면, 먼저 과세 방법의 차이 등 왜곡을 일으키는 요인 때문에 서로 부담하는 비용과 발생하는 수익이 달라지는 매수자와 매도자를 찾습니다. 그런 다음 그 차이를 이용해 양쪽 모두에게 더욱 유리한 거래를 고안하고, 그 매매를 실행해서 이익을 얻는 것이군요.

정확합니다. 말씀하신 것 중에 '서비스'가 핵심 단어입니다. 그것이 바로 일단 매수, 매도를 하고 희망을 걸어보는 전통적인 투자 매니저들과 저희의 성과를 크게 차별화하는 핵심 요인 가운데 하나입니다.

이런 거래에서도 손실이 발생할 수 있나요?

아주 쉽게 발생합니다. 이탈리아 투자자가 실제로 주식을 매수한 후, 배당금이 지급되는 그 시점에 해당 주식을 보유하고 있는 실질적인 경제적 교환real economic trade이 있다는 것이 중요합니다. 실제로 거래가 발생하여 경제적 이익과 손실에 노출되면 일이 잘못될 수도 있습니다. 예를 들어, 매매 후 미처 충분히 헤지하기 전에 가격이 불리하게 움직이면 돈을 잃을 수 있습니다.

하지만 선생님께서 대학에서 고안한 옵션모형을 근거로 한 매매 기회는 오직 미국 시장에 적용된다는 점에서 분명한 차이가 있습니다. 이 전략은 어떤 발상이 바탕이 된 것인가요?

제 모형은 이자율 두 가지를 이용했습니다. 저는 그 가정이 지속적인 이익 기회로 이어진다는 사실을 알아냈습니다.

두 가지 이자율을 활용하신 이유는 무엇인가요?

저는 옵션의 이론가치를 계산하기 위해 무위험이자율risk free interest rate(미국 재무부 단기채권 수익률)을 활용했습니다. 그리고 무위험이자율보다 높은 차입비용cost of borrowing을 부담하는 옵션 매수자의 시각을 반영하기 위해 상업이자율commercial interest rate을 활용했습니다. 이 두 종류의 이자율을 활용한 결과 매매 기회가 나타났습니다.

정확히 어떤 이례 현상anomaly을 발견하셨나요?

시장은 무위험이자율을 적용해 가정한 이론적 모형을 근거로 옵션의 가치를 매기고 있었습니다. 하지만 대다수 투자자에게 의미 있는 이자율은 그보다 높은 금리인 차입비용입니다. 예를 들어, 옵션가격결정모형은 7퍼센트 이자율을 가정하는데 투자자의 차입비용은 8퍼센트일 수 있죠. 이러한 괴리에서 수익창출 기회가 발생합니다.

이러한 이례 현상이 시사하는 매매 전략은 무엇이었습니까?
옵션박스 스프레드입니다.

이 개념을 이해하는 몇 안 되는 독자 가운데 한 사람에 해당한다면, 축하한다. 그러나 옵션박스 스프레드가 퀼트 도안이나 성적 체위 또는 다른 비슷한 무엇이 아닐까 생각한다고 해도 걱정할 것 없다. 여기서 자세한 설명을 하는 것은 오히려 혼란만 가중시키는 일이 될 것이다. 믿어도 좋다. 다음에 이어질 내용을 이해하기 위해서는 이 한 가지만 알아도 충분하다. 옵션박스 스프레드란 네 가지 개별 옵션 포지션을 동시에 구축하는 것과 관련이 있다.

옵션박스 스프레드의 상당한 거래비용(수수료, 매수·매도 호가 차이)**을 고려할 때, 이 방법은 실제로 적용이 가능한가요?**
좋은 지적이십니다. 거래비용을 감안하고도 지속적인 수익창출 기회를 제공할 만큼 이자율 차이가 충분히 큰 것은 아닙니다. 하지만 예외가 있다는 점이 중요합니다. 수익창출 기회는 바로 예외가 있다는 기대에서 발생합니다. 예를 들어, 큰 자본손실이 발생한 기업의 경우 이자수익에 대해서는 세율을 온전히 적용받지만 같은 수익을 옵션 매매로 벌었다면 세금 부담이 전혀 없습니다(옵션 매매에서 발생한 자본이익capital gain이 기존의 자본손실capital loss로 상쇄될 것이기 때문이다).
단기 금리가 8퍼센트이고, 동일한 8퍼센트 수익률을 거둘 수 있는 옵션박스 스프레드를 구축할 수 있다고 가정해보죠. 이 경우 수익의 크기는 같지만, 수익의 성격이 이자수익이 아닌 자본이익이기 때문에 회사 측에는 더 유리합니다. 회사로서는 11퍼센트의 수익이나 마찬가지인 셈이죠.

이런 매매에서 선생님의 수입은 어디서 발생하나요?

처음에는 기업들에게서 수수료를 받고 거래를 구축해주거나, 거래 상대방이 되어 돈을 벌었습니다. 거래 당사자마다 다른 과세처리 방법이 수익창출 기회를 제공합니다. 덧붙일 말씀이 있는데, 앞서 세제 혜택으로 경제적 이득이 향상되는 경우들을 예로 들었습니다만, 저희가 하는 매매의 대부분은 세금과 관련이 없습니다.

베어스턴스에서는 어떤 업무를 맡으셨나요?

특정한 업무를 맡은 것은 아니었어요. 다만, 회사의 가치를 높일 방법을 알아내라는 지시를 받았죠. 제가 입사한 시기는 1987년 주식시장이 붕괴되기 두세 달 전이었습니다. 친구들은 모두 주식과 채권을 거래하고 있었고, 시장이 붕괴되면서 해고가 이어졌어요. 하지만 저는 특정 담당업무 없이 베어스턴스 방식으로 돈을 벌 방법을 알아내라는 임무를 띠고 자리를 지켰습니다.

베어스턴스 방식이란 정확히 무엇인가요?

아주 적은 돈을 투자하고, 아주 작은 위험을 부담하면서도 큰 이익을 지속적으로 창출하는 것입니다. 그렇게 할 수 없는 매매에는 돈을 걸지 않습니다. 베어스턴스는 굉장히 영리한 회사입니다.

자신만의 아이디어를 찾아 제시하라는 임무가 주어지기는 했지만 직속상관은 있었겠죠?

물론이죠, 엘리엇 워크였습니다.

그에게서 배운 것이 있나요?

아주 많습니다. 베어스턴스의 철학을 한마디로 표현한 유용한 조언을 해주었습니다. 손실을 감당할 수 없는 베팅은 절대로 하지 말라는 것입니다. 저의 극단적인 위험회피 성향은 베어스턴스에서 유래한 것입니다. 지금까지도 베어스턴스가 준 기회와 그곳에서 배운 것들에 마음 깊이 감사하고 있습니다.

베어스턴스를 떠난 이유는 무엇인가요?

키더가 굉장한 제안을 해왔습니다. 베어스턴스를 떠나기는 정말 힘들었어요. 원래는 직장생활 전부를 베어스턴스에서 보내고 싶었거든요.

소위 말하는 거절할 수 없는 계약이었나요?

그렇습니다.

베어스턴스에서는 역제안이 있었나요?

저는 당시 베어스턴스의 대표이사였던 에이스 그린버그 씨와 2주에 걸쳐 면담을 했습니다. 다른 반응은 없었고, 줄곧 조언만 해주었죠. 제안 받은 조건이 너무 좋아서 의심이 간다고도 했고, 계속해서 베어스턴스에 미래를 걸어야 한다고도 말했어요. 결국 그가 옳았죠. 부끄럽지만 저는 키더 피바디에 간다는 생각에 정말로 들떠 있었습니다. 키더 피바디 자체의 역사도 굉장했을 뿐만 아니라, 대주주인 제너럴 일렉트릭General Electric과의 관계에서 오는 기회에도 주목했습니다. 하지만 유감스럽게도 일부 오해와 경영진과의 잘못된 의사소통으로 상황이 불편해졌죠. 그때는 키더 피바디를 떠나는 것이 최선이었습니다.

말씀하시는 상황에 대해서는 알고 있습니다. 언론에서 상세히 보도했죠. 하지만 간접적으로가 아니라 직접 말씀을 들을 수 있다면 좋겠습니다. 제가 알기로는

관련된 법적 소송도 마무리되었으니 그 일에 대해 말씀하시는 데 법적인 제약도 없을 테니까요.

단 한 가지 제약은 제가 정말로 그 일을 다시는 떠올리고 싶지 않다는 것이죠(웃음). 모두 끝나서 다행입니다. 키더는 여러 가지 면에서 제게 좋기도 했고, 나쁘기도 했습니다. 근본적으로 키더는 저를 데려가려고 굉장한 조건을 제시했고, 나중에 약속을 바꾸었죠. 그다음에는 몹시 무신경하고 무례한 말을 꽤 했고요. 그래서 키더를 떠났고, 계약 분쟁 중재재판에서 이겼습니다. 인종차별에 대한 소송에서는 이기지 못했지만요. 어쨌든 끝났으니 속이 시원합니다.

공개된 문서에 따르면, 인종차별 관련 소송에서 진 것이 아니라 플레처가 취업 조건으로 서명한 표준등록 양식이 중재를 강제한다고 뉴욕 주 항소법원이 판결한 것이다. 법원은 법률 조문이 지시한다고 믿는 바에 따라 플레처의 진정을 기각했지만 서면 의견서의 어조를 통해 불편한 심경을 읽을 수 있다. "이 법정의 모든 구성원은 인종, 성별 그리고 다른 무엇과 관련한 부당한 차별에도 동의하지 않으며, 어떤 가능한 방안을 동원해서라도 반드시 시정해야 하는 추악한 현실이라는 일반 명제에는 어떤 이의도 없음을 강조한다."

이 사건 외에 업계에서 또 편견에 부딪친 일이 있으신가요?

분명히 몇 가지 일들을 경험했지만 대개는 좀 더 미묘한 방식이었습니다. 정말로 다시 떠올리고 싶지는 않습니다.

아직도 편견이 실제로 존재하는지 궁금합니다.

솔직히 말하면 인종은 껄끄러운 상황이 있을 때마다 늘 간단히 활용할 수 있는 카드 가운데 하나죠. 예를 들어, 누군가 자신을 시기합니다. 그는 직접적으로 문제를 일으키는 경우는 없습니다. 아주 미묘해서 확신하기가 어렵죠. 어떤 방식의 행동을 보면 그런 느낌이 오지만, 결국 그런 것은 아닐 것이라는 결론을 내리죠. 지난 8년 동안 직접적인 경우는 한 번도 보지 못했… 아니, 사실 어느 정도 직접적인 경우는 수없이 보아왔다고 생각합니다(웃음). 제 견해는 이렇습니다. 저를 신뢰하는 사람들, 그러니까 투자자들과 직원들 그리고 제가 투자하는 회사들을 위해 제가 할 수 있는 최선을 다 한다면 다른 모든 문제는 자연히 해결될 것입니다.

사건에 관해 전부 읽으면서, 선생님이 합의 대신 법적 소송에 나선 것을 보고 굉장한 배짱이라고 생각했습니다. 맞서 싸우길 원하셨던 것 같습니다.

관계를 적대적으로 만들고 싶지는 않았지만, 그들은 너무나…. 결국 말을 하게 만드시는군요. 이 이야기는 하고 싶지 않습니다. (그는 오랫동안 크게 웃었다.) 키더는 좋은 회사였고, 제너럴일렉트릭도 좋은 회사였습니다. 저는 정말로 그곳에서 오랫동안 일하고 싶었습니다. 그들이 제게 "약속한 금액의 절반을 지급하고 나머지도 해결해보겠다"라고 말했다면 아마 감수할 수 있었을 겁니다. 키더 측에서 저로 하여금 조직의 일원으로 참여하고, 진정으로 기여하게 할 준비가 되어 있었다면 그런 문제들에 개의치 않았을 것입니다. 보상 문제보다 더욱 나빴던 것은 사람을 대하는 방식이었습니다. 제가 회사의 일원이 아니라는 태도 그리고 고위 경영진의 몇몇 언급들 말입니다.

한 사람만이 아니었군요.

네, 한 사람의 문제가 아니었죠.

회사를 위해 좋은 실적을 안겨주었는데 이상하군요.

가끔은 오히려 그래서 문제가 더 악화되었다고 생각합니다.

바로 그 점이 이해가 안 됩니다. 선생님을 채용한 것도 그 사람들입니다. 선생님이 흑인이라는 사실을 갑자기 알게 된 것이 아니잖아요. 물론, 편견에 어떤 논리가 있을 것이라고 기대할 이유는 없겠지만요. 키더를 떠나 직접 사업을 시작하는 일은 어떻게 착수하셨어요?

에이스 그린버그에게 돌아갔습니다. 베어스턴스는 제게 사무실을 구하는 데 필요한 자금을 대주었고, 전문 투자자들에게 융자 및 중개 서비스를 제공하는 사내 결제부서의 접근을 허락했어요. 이 부서는 지원을 아끼지 않았습니다.

이 거래로 베어스턴스가 얻는 것은 무엇이었나요?

저는 베어스턴스 사람들과 여전히 가깝게 지내고 있었어요. 어느 정도는 순수하게 저를 돕고 싶어 했죠. 하지만 고객을 얻는다는 점에서 그들에게도 이득이 되었습니다. 과거에 함께 일한 경험을 바탕으로 제가 그들에게 상당한 중개 업무를 창출해줄 것이라는 기대가 있었다고 분명히 생각합니다.

에이스 그린버그의 사무실을 나선 뒤 아래층에 내려가 컴퓨터 매장에 들러 매킨토시를 한 대 샀어요. 그 컴퓨터를 저희 집 식탁에 설치했죠. 며칠 안으로 실행할 수 있을 것으로 보이는 매매 기회들을 정리해 표로 만들어서 그것을 〈포천〉이 선정한 상위 50개 기업의 담당자들에게 팩스로 전송했어요. 담당자들은 과거에 저와 비슷한 거래를 해서 좋은 성과를 냈던 사람들이었죠. 그들은 제 구상을 마음에 들어 했고 매매를 허락했습니다. 다음날 저는 베어스턴스에 계좌를 열었고, 트레이딩에 필요한 다른 것들을 준비했어요. 셋째 날 매매를 실행했고, 넷째 날에는 은행에 가서 100달러를 입금하고 수수료를 송금받을 계좌를 열었어요. 사실상 100달러로 플레처자산운용을 설립한 셈이죠.

현재 이용하시는 전략을 자세히 설명해주실 수 있나요?

저희가 사용하는 모든 전략에는 공통적인 주제가 있습니다. 유리한 종목과 불리한 종목을 찾아내 유리한 점은 기회로 활용하고, 불리한 점은 최소화하는 식입니다. 그렇지 않으면 차익거래 기회를 발굴하기가 매우 어렵습니다.

앞서 말씀드린 배당금 획득dividend capture 전략을 여전히 적극 활용합니다. 하지만 현재 주력하는 것은 장래가 유망하지만 추가 자본을 필요로 하는, 일시적인 어떤 상황 때문에 전통적인 방법으로는 자금을 조달할 수 없는 우수한 기업을 찾는 것입니다. 앞선 분기 실적이 하락해 모두가 손을 떼라고 하는 상황이거나 전반적인 업황 부진이 문제일 수도 있습니다. 이유가 무엇이든 회사는 일시적으로 불리한 상황에 있습니다. 이때가 저희가 개입할 훌륭한 기회입니다. 저희는 이런 기업에 접근해 일정한 권리를 대가로 재정 지원을 합니다.

예를 들어, 최근 유럽의 한 소프트웨어 기업과의 계약에서 저희는 그 회사 주식을 대가로 7,500만 달러를 제공했습니다. 하지만 당시 시장가격인 주당 9달러로 가격을 매기는 대신 3년 이내 저희가 원하는 시점의 주가로 매수가격을 결정하되, 그 가격은 최대 16달러를 넘을 수 없다는 것이 계약 내용이었습니다. 만일 주가가 6달러로 내려가면 저희는 주당 6달러에 7,500만 달러어치 주식을 인수합니다. 만일 주가가 20달러로 오르면 합의한 최대 가격인 주당 16달러에 해당 주식 7,500만 달러어치를 매수합니다. 이렇게 하면 주가가 하락하더라도 저희는 사실상 완전히 보호되고, 주가가 상승할 경우에는 굉장한 기회를 얻게 됩니다.

위험을 완전히 제거하는 것인가요?

위험이 크게 줄어들지만 완전히 제거되는 것은 아닙니다. 회사가 파산할 위험이 남아 있으니까요. 하지만 애초에 상대적으로 건전하다고 판단하는 기업을 선택해 투자하기 때문에 파산 위험은 미미합니다. 사실 저희가 이전에 투자했던 한 기업의 고위 임원 출신이 지금 저희 회사에서 신규 투자 대상의 재정 전망을 평가하는 일을 돕고 있습니다. 이처럼 내부 전문성을 갖춘 만큼 파산할 기업을 고르는 일은 극히 드물 것입니다.

상당히 분명한 논리군요. 회사가 파산하지만 않는다면 주가가 내려가거나 변동이 없어도, 혹은 약간 오르더라도 최소 손익평형이고, 주가가 크게 오르면 초과 이익을 거두는 방식이군요. 문제는 전혀 없습니다만, 이 조건 자체만 보면 손익평형으로 끝나는 경우가 압도적으로 많고 커다란 수익이 발생하는 경우는 아주 드물어야 하지 않나요? 그런데 선생님의 누적수익곡선equity curve을 보면 큰 상승세가 가끔씩만 나타난 것도 아니고, 완만한 곡선이 대부분인 것도 아닙니다. 어째서죠?

두 가지 이유가 있습니다.

첫째, 저희가 기업에 투자하는 돈은 단순히 묵혀두고 있는 것이 아닙니다. 매수가격을 결정할 때까지 연간으로 수익(위에서 제시한 사례의 경우는 8.5퍼센트)을 창출하죠.

둘째, 주식을 매수하기 위해 지불해야 할 최대 가격의 한도(16달러)가 정해져 있기 때문에 저희는 이 포지션에 대해 외가격 옵션을 매도할 수 있고, 따라서 최소 수익이 추가로 보장됩니다.

매수자에게 현재 가격보다 높은 특정 가격에 주식을 매수할 수 있는 권리를 부여하는 옵션을 매도함으로써 플레처는 주가가 급등할 경우 그의 초과 이익 가운데 일부를 포기한다. 이렇게 옵션을 매도한 대가로 받는 프리미엄(옵션가격)은 주가에 관계없이 그의 수입에 추가된다.

하지만 이런 방식의 주식 매수 계약을 맺고 자금을 조달해준 회사에 늘 옵션 거래가 있나요?

완벽한 헤지가 언제나 가능한 것은 아닙니다. 그러나 특정 회사 주식에 대해 공개시장에서 거래되는 옵션이 없더라도 사적인 '장외over-the-counter' 옵션을 활용할 수 있습니다. 여러 회사를 한 데 묶어 지수옵션을 활용할 수도 있죠. 주가지수가 크게 상승하면 우리가 투자한 회사의 주가 역시 크게 오른다는 것이 기본 가정입니다. 사실 저희가 매수하는 주식은 자금 압박을 겪는 회사의 주식이고, 본질적으로 투기적 성격이 강한 주식입니다. 시장이 상승할 때는 이런 주식들도 평균 이상으로 상승할 수 있습니다.

이자 수입과 옵션 매도로 발생하는 수입을 고려하면 이런 종류의 거래 건마다 사실상 최소 중간 정도의 이익은 보장되고, 최악의 상황에서만 손실이 발생하는 것으로 보입니다.

다시 한 번 말씀드리자면 투자 대상을 선택하는 저희의 방식 덕분에 최악의 상황이 발생할 가능성은 작습니다. 하지만 최악의 상황에서도 파산 가능성이 행사가격에 반영된 저렴한 외가격 풋옵션을 매수하는 방식으로 보호장치를 마련합니다.

이런 전략은 얼마 동안 활용해오셨나요?

7년 정도 됐는데 지금은 이 전략이 저희에게 가장 중요한 시장활동으로 발전했습니다. 이 전략은 사실 배당금 획득 전략(앞서 플레처가 미국 투자자들이 이탈리아 컴퓨터 회사의 주식을 보유하는 사례에서 기술한 전략)에서 진화한 것입니다. 배당금 획득 전략을 변형한 것 중 하나가 배당금 재투자입니다. 기업이 주주들에게 배당금을 재투자해 할인된 가격으로 회사 주식을 살 수 있도록 해주는 것을 활용한 전략이죠. 저희는 재투자로 골치 아프고 싶지 않은 투자자들에게서 적극적으로 주식을 사들였습니다. 그렇게 해서 배당금으로 100만 달러를 받은 다음 그것을 재투자해서 105만 달러에 해당하는 신주를 발행받았죠.

회사가 배당금 액수보다 많은 주식을 부여하는 이유는 무엇인가요?

이런 제안을 한 회사들은 자본금 보존을 원하기 때문에 주주들이 배당금을 재투자하는 것을 장려하기 위해 기꺼이 5퍼센트 할인된 가격에 주식을 제공한 것입니다.

회사가 이런 형태의 배당금 재투자를 허용하는 것은 일반적인 방식인가요?

고배당 기업으로서 배당금 삭감은 원하지 않지만 자본금을 보존하려는 회사들이 흔히 택하는 방식입니다. 특히 1990년대 초반에 은행들이 자기자본을 늘리는 수단으로 널리 활용했죠.

결국 일부 회사들이 재투자한 배당금 액수에 해당하는 주식을 할인된 가격으로 제공하기 시작했습니다. 그다음에는 매수 규모의 제한을 없애고, 투자자들로 하여금 할인된 가격에 사실상 얼마든지 주식을 매입할 수 있도록 허용한 회사들도 있었습니다.

1990년대 초, 많은 은행이 적극적으로 이런 종류의 프로그램을 추구했고 저희도 큰 비중으로 참여했습니다. 그 경험으로 1992년 미국의 한 주요 전자회사와 저희는 최초 사모 자본조달 계약을 맺었습니다. 당시 이 회사는 공모를 통해서는 자본을 조달할 수가 없었습니다. 분기 실적이 나빠서 "이 회사의 신주는 사고 싶지 않다"라는 분위기가 지배적이었기 때문이죠. 신주를 사기에 가장 적절한 시기가 바로 그런 때일 것입니다.

사람들이 신주를 사고 싶어 하는 때는 언제죠? 사상 최고 실적을 기록한 다음에요(웃음)? 하지만 그것이 바로 저희의 방식입니다. 저희에게는 그때가 앞으로 나서서 "여기 수표가 있습니다"라고 말하며 개입할 완벽한 기회였습니다.

우리는 그 회사에게 1,500만 달러어치 주식을 일정 기간에 걸쳐 매입하겠다고 했습니다. 또한 이 계약이 매우 우호적인 것이며, 도움이 되었으면 한다고 강조했습니다. 따라서 주식을 할인가격에 매입하는 대신, 나중에 더 많은 주식으로 보상받는 선택권을 달라고 제의했습니다. 저희를 위한 우대 방안은 이런 방식으로 경영진 및 주주의 이해와 완벽하게 조율되었습니다. 저희는 헤지를 한 덕분에 지속적으로 이익을 창출하겠지만, 이런 계약에서는 앞서 말씀드린 것처럼 회사의 실적이 아주 좋을 때 커다란 이익 기회가 창출됩니다.

저희는 이 전자회사와 좋은 관계를 맺었습니다. 이 회사의 전 최고재무책임자는 나중에 우리 회사에 입사했습니다. 그는 현재 플레처자산운용에서 투자 대상 회사에 우리 회사에 대해 설명하고, 협상 과정과 사후관계를 관리하는 책임을 맡고 있습니다.

만족한 고객보다 더 좋은 영업사원은 없죠. 이런 방식의 거래에 경험이 전혀 없었을 때 어떻게 주요 회사들을 납득시켜 융자 거래 영업을 하셨나요?

좋은 질문입니다. 처음 기업에 접근했을 때 저희는 베어스턴스의 공간을 임대하고 있는 아주 작은 회사였죠. 첫 반응은 이랬습니다.

"누구시죠? 메릴린치Merrill Lynch도 저희의 증자secondary offering를 주관하지 못했고, 라자드Lazard가 저희 자문사인데, 그쪽은 난데없이 전화를 걸어 자금조달을 할 수 있다고 하시는군요."

저는 아파트의 이웃이자 라자드에서 시니어뱅커로 일하고 있던 스티브 레트너와 이야기를 했습니다. 라자드가 자문 역할을 하는 한 회사와의 거래에 관심이 있다고 말했어요. 그에게 도움을 요청했죠. 그는 전화를 몇 통 걸었고, 깜짝할 사이에 저는 라자드의 뱅커, 저희 회사의 변호사와 함께 그 기업을 만나기 위해 시카고행 비행기를 타고 있었습니다.

계약이 성사되었을 때 스티브가 제게 말했어요. "굉장히 흥미로운 거래였습니다. 외부 투자를 받는 것에 대해 생각해보셨습니까?"

이 계약 전에는 외부 자본을 조달해 거래 자금을 충당한다는 생각을 하지 않으

셨나요?

물론 전에도 그런 생각은 여러 번 했습니다. 하지만 그런 방법을 고려할 때마다 차입금을 이용하면 이익을 100퍼센트 누릴 수 있는데, 어째서 투자자들에게서 자금을 받으면서 이익의 상당 부분을 포기해야 하는지 스스로에게 물었죠.

맞는 말씀입니다. 그렇다면 외부 투자자들에게 공개한 펀드를 출범한 이유는 무엇인가요?

스티브와 같은 친구들이 그때처럼 굉장한 거래를 일으킬 수 있는 기회로 저희를 안내할 수 있다고 깨달은 것이 큰 변화였습니다. 우리의 성공에 흥미를 갖는 다른 친구들이 있다면 좋지 않겠습니까.

그러니까 반드시 추가 자본을 조달하기보다는 협력자가 될 투자자들을 얻는 것이 주요 동기였군요.

네, 제 관심을 끈 스티브의 요지가 바로 그것이었습니다. 하지만 자본조달에는 대출과 비교해 추가적인 장점도 있었습니다. 바로 더 많은 거래가 가능하기 때문에 분산을 통해 포트폴리오 위험을 줄일 수 있다는 점입니다.

말씀하신 미국 전자회사의 사례에서는 만일 스티브가 아니었다면 그 계약은 결코 성사되지 않았을 수도 있었겠군요.

그렇습니다. 저희는 놀라운 통찰력을 갖춘 분들이 투자자로 함께하고 있어서 그분들께 전화를 걸어 조언을 구할 수도 있습니다.

투자자를 선택하신다는 말씀으로 들립니다.

기본적으로 그렇습니다. 저희는 수많은 투자자, 특히 미국 펀드를 거절해왔습니다.

누군가 와서 200만~300만 달러를 투자하겠다고 해도 자동으로 계좌를 열어주지는 않는다는 말씀이시군요?

그렇습니다. 저희는 투자를 받기 전에 실제로 투자자들에 대한 조사를 해왔습니다.

그러니까 실제로 투자자들을 가려 받는다는 말씀이시군요.

네, 저희나 저희 마케팅 담당자들 선에서 걸러집니다.

어째서죠?

가능한 많은 자금을 조달하는 것만이 목적이었다면, 물론 투자자들이 많을수록 좋겠죠. 현재 시점에서는 저희를 지지해주는 투자자들만이 필요합니다. 굳이 집중을 방해하는 투자자까지 둘 필요는 없죠. 어쩌면 나중에는 다른 자금을 받아들이게 되면서 저희도 덜 까다로워질지 모르겠습니다. 하지만 지금으로서는 친구이자 협력자가 필요합니다.

하지만 모든 투자자가 유용한 인맥을 보유했거나, 조언을 해줄 수 있는 것은 분명히 아닐 텐데요.

그렇지 않은 투자자들이 있다면 대개 친구나 가족일 것입니다. 예를 들어, 저희 수석 트레이더의 어머님은 도서관 사서로 은퇴하셨는데 저희 투자자 중 한 분이십니다. 학교 교장선생님으로 은퇴하신 저희 어머니도 마찬가지입니다. 사실, 저희 직원이나 직원 배우자의 어머님 총 여덟 분이 저희 펀드에 투자하셨죠. 그런데 제일 까다로운 투자자들이 바로 이 어머님들이십니다.

어떤 점에서 그렇죠?

어떤 해에 출발이 더딘 이유에서부터 어떤 달에 특별이 실적이 좋은 이유에 이르기까지, 모든 것에 관해 전혀 거리낌 없이 설명을 요구하시죠.

경쟁자들이 진입해 선생님이 미국 전자회사나 유럽 소프트웨어 회사를 대상으로 했던 것과 유사한 사모 형식의 자금조달 계약을 하는 것은 어떻게 방지하십니까?

경쟁자들은 항상 들어옵니다. 앞에서 말씀드린 전략 하나하나마다 경쟁이 늘고 있고, 앞으로도 그럴 것입니다. 그것이 시장의 본성이죠. 저희의 장점은 시장을 선점했다는 것입니다. 저희 회사가 특별한 것은 결코 다른 누군가의 전략을 모방한 적이 없다는 점입니다. 또 기업과 저희 양쪽 모두에게 공정한 방식으로 계약을 구성하려고 노력한다는 것도 저희의 장점입니다. 이런 방법으로 접근할 결과, 시간이 흐르면서 저희는 수백만 달러 가치의 기업에서 시가총액이 수십억 달러에 이르는 기업들을 상대로 거래하도록 진화했습니다.

아무리 유리한 위치에 있다고는 해도 한 가지 핵심 전략에서 이익의 대부분이 나오는 만큼, 만일 시장 참여자가 지나치게 늘어 수익률이 유의미하게 하락하면 어떻게 하죠?

저희는 항상 새로운 전략을 개발하기 위해 노력하고 있습니다. 저희는 이렇게 생각합니다. '경쟁자가 들어와도 상관없어. 우리는 다음 전략으로 옮겨갈 테니까.'

예를 들면, 어떤 전략이죠?

예를 들면, 지금 저희는 일부러 주식시장과 상관관계가 없는 전략들을 활용하고 있습니다. 하지만 주식시장과 상관관계가 있는, S&P500을 지속적으로 초과 상승할 수 있는 투자 프로그램에 대한 수요가 굉장히 많습니다. 저는 그 도전을 기꺼이 받아들이고 싶습니다.

많은 사람이 S&P 인핸스먼트enhancement(지수 대비 초과 수익을 추구—옮긴이) 프로그램에 관한 아이디어를 제시하고 있습니다. S&P 인핸스드 펀드들 가운데 성공적인 것은 없었나요?

목표에 근접했던 펀드들마저도 목표를 완전히 달성하지는 못했습니다. 몇몇 펀드들이 S&P 대비 1퍼센트 혹은 단 몇 퍼센트나마 초과 수익을 내려고 시도해왔지만, 지속적으로 초과 수익을 내지는 못했습니다.

어떤 시도를 했나요?

극단적인 예를 들면 핌코는 S&P 선물을 매수해 주식시장에 노출되는 동시에 채권 포트폴리오를 운용함으로써 추가로 100베이시스포인트 수익을 올리려고 합니다.

물론, 금리가 안정적이거나 하락할 경우에는 효과가 있을 것입니다. 하지만 금리가 오르면 채권 포트폴리오에서 손실이 발생할 위험이 있는 전략 아닌가요?

네, 물론 그렇습니다. 사실상 핌코의 이 같은 전략은 주식시장이 아닌 채권시장에서 적극적 운용위험active manager risk을 떠안는 것입니다.

사람들이 S&P500 벤치마크 대비 초과 수익을 지속적으로 창출하기 위해 활용하는 또 다른 접근법에는 무엇이 있을까요?

각 업종에서 최고의 종목을 선택함으로써 S&P500을 이기려는 사람들도 있습니다. 이들은 업종에 대한 투자 비중을 S&P500과 일치하도록 구성하는 한편, 각 업종 내에서는 다른 종목 대비 특정 종목의 비중을 훨씬 크게 가져갑니다. 예를 들어, 자신이 분석한 내용에 따라 포드 대비 GM의 비중을 크게 가져가거나 또는 그 반대로 하는 거죠.

S&P500 대비 지속적으로 초과 수익을 창출하는 방법을 생각해보신 적이 있으신가요?

물론입니다.

그렇다면 그 프로그램을 모델로 매매를 시작하지 않은 이유는 무엇인가요?

너무 바빴습니다. 아마 조만간 시작하게 될 것입니다.

S&P500 인핸스먼트 프로그램에 관한 아이디어는 어떻게 얻으셨나요?

액티브 매니저들이 더 잘한다는 사람들과 지수를 이길 수 없다고 믿는 패시브 passive 매니저가 낫다는 사람들 사이에 벌어지는 끝없는 토론을 계속해서 읽었습니다. 지수를 꾸준히 이길 수 있다면 정말로 신나겠다고 생각했죠.

상품을 구상하신 배경은 알겠습니다만, 제가 알고 싶은 것은 실행 방법에 관한 아이디어는 어떻게 구하셨는지에 대해서입니다.

프로그램이 아직 출시 전이니만큼 그 점에 관해서는 말을 아껴야만 하겠습니다. 다른 전략의 경우는 경쟁자들이 이미 저희가 하는 일을 파악했고, 시장에 진입하기 시작했기 때문에 말씀드릴 수 있었습니다.

그러니까 이 S&P500 인핸스먼트 프로그램은 아직 출범하지는 않았지만, 일단 시작하면 경쟁자들이 파악해낼 수 있겠군요.

그때는 얘기할 수 있겠죠(웃음).

말씀하신 전략들은 헤지가 잘 이루어진 것처럼 보이고 위험 발생 가능성도 작습니다. 정말로 나쁘게 풀린 매매가 있었나요? 그런 경우가 있었다면 무엇이 잘못이었는지 궁금합니다.

저희가 투자한 회사들 가운데 하나가 파산을 선언했습니다. 보호 전략은 제대로 작동했습니다만, 그저 제한선까지만 작동했죠.

전체 이야기는 어떻게 되나요?

다시 한 번 겪게 하지는 마세요(웃음). 이것이 지금까지 저희가 겪은 최악의 경험입니다.

최악의 경험은 최고의 경험보다 언제나 흥미롭죠.

네. 저는 새로운 투자자들에게 이야기할 때는 언제나 늘 이 사건에 초점을 맞추었습니다. 선불전화카드를 판매했던 이 회사는 자금을 조달할 필요가 있었습니다. 수익이 미미한 건이었지만 계약하기로 결정했죠. 계약이 성사되고 2주 후에 회사는 자신들의 모든 재무제표가 잘못됐고, 지난 2년간의 자료도 모두 수정될 것이라고 발표했습니다. 주가는 하룻밤 사이 70퍼센트 넘게 하락했죠. 너무나 일이 빠르게 일어나서 저희가 준비한 헤지 수단들을 작동시킬 시간도 없었어요. 회사는 성공할 수 있는 사업 역량과 자산이 있었지만, 사실상 모든 자산을 다른 회사에 좀 더 쉽게 매각할 목적으로 파산을 선언했습니다.

그 상황을 어떻게 벗어나셨나요?

다행히 일부는 담보부 계약이었기 때문에 파산 절차상 저희가 최우선 순위 저당권자가 되었습니다. 이미 상당 부분을 회수했고, 나머지 금액에 대해서도 지급을 청구해둔 상태입니다. 실사를 제대로 했다면 저희가 투자한 회사들은 청산가치가 상당해야 합니다. 이 경우도 그랬습니다. 인수 기업이 써낸 금액이 1억 달러가 넘었으니까요. 물론 회사의 자산은 그대로 있지만 저희가 청구한 금액은 회수가 가능할지, 가능하다면 얼마나 회수할 수 있을지 모르겠습니다.

그 경험에서 무엇을 배우셨나요?

상대 회사가 저희의 보호 수준을 일반적인 경우보다 낮추는 방식에 대한 합의를 공격적으로 추진할 때 그것을 경고신호로 여겼어야 한다는 사실입니다. 재무제표 수정이라는 기습공격은 정말로 인정사정없는 것이었습니다만, 피할 방법이 있었는지는 모르겠습니다.

1인 사무실에서 직원 수 3인 이상의 회사로 성장했습니다. 사업을 시작한 뒤 사람들을 채용하는 과정에서 배운 점이 있으신가요?

사업을 시작한 후 배운 것 가운데 가장 중요한 것은 적합한 사람을 채용하는 방법입니다. 그 전에는 스스로 해당 업무에 최적이라고 주장하는 사람이라면 누구나 뽑았습니다. 공석이 발생했을 때 누군가 "문제없습니다. 할 수 있어요"라고 말하면 그 사람을 고용했습니다. 제 경우 그런 말을 했을 때는 정말로 할 수 있다는 뜻이니까요. 하지만 경험을 통해 대단히 공격적으로 의사를 표하며 일자리를 얻으려는 사람들 대부분은 그 일을 할 수 없다는 것을 알게 되었습니다.

채용 관행에서 달라진 점이 있다면 무엇인가요?

제일 결과가 좋았던 사람들은 회사에 합류하기 전부터, 사업관계상 이미 수년간 성공적으로 함께 일해온 사람들이었습니다. 그 사람들이 제게 온 것이 아니라 말 그대로 제가 그들을 따라다녀 채용했죠. 가장 크게 달라진 것이 바로 그 점입니다.

플레처가 초기에 이룬 성공은 탁월한 통찰력에 기인한다. 그는 "시장이 효율적이라고 하더라도 모든 투자자가 동등하게 취급되는 것이 아니라면 수익 창출 기회가 있다"라는 사실을 알았다. 모든 전략의 핵심은 거래 당사자들에 대한 대우가 동일하지 않다는 데 있다. 예를 들어, 플레처의 현재 주요 전략은 사모펀드를 통한 자금 공급으로 이익 기회를 찾는 것이다. 이러한 전략이 가능한 이유는 장기 펀더멘털이 동일하더라도 다른 회사에 비해 투자금 모집에 더 큰 어려움을 겪는 회사가 존재하기 때문이다. 플레처는 이처럼 일시적으로 소외당한 회사들을 찾아내 다른 곳보다 싼 비용으로 자금을 제공함으로써 이익 가능성은 크고, 위험은 적은 기회를 창출하는 자금공급 계약을 체결할 수 있었다.

플레처가 매매에서 거둔 성공에 담긴 또 다른 주제는 혁신과 위험관리이다. 플레처가 활용한 접근법의 구체적인 사항을 일반 투자자들이 직접 적용할 수는 없지만, 이 두 가지 원칙은 모든 시장 참여자에게 훌륭한 목표를 제시한다.

: 알퐁스 버디 플레처 주니어의 근황

플레처는 약세장에서도 성공적으로 자본을 지켜냈지만 수익률을 유지하지는 못했다. 약세장의 초기(2000년 4월)부터 2002년 9월까지 플레처의 원펀드 누적 수익률은 단 2퍼센트로 미미했다. 그러나 그의 실적은 시장과 비교하면 훨씬 나았다. 같은 기간 누적 기준으로 S&P500은 45퍼센트, 나스닥은 75퍼센트 하락했다.

약세장이 시작된 지 2년이 조금 넘었습니다. 그 이후 대표 펀드의 수익률은 지수들보다는 훨씬 나은 성적이지만, 단 몇 퍼센트포인트 상승하는 데 그쳤습니다. 주가 하락이 지속되는 동안 단지 자본금을 지키는 것이 목표였나요, 아니면

여전히 연간 두 자릿수 수익률을 기대하셨나요?

저희의 헤지 방법이 보험 역할을 한 덕분에 성공적으로 자본금을 지킬 수 있었습니다. 하지만 그것이 좋은 투자 기회를 창출하는 것은 아닙니다. 기업에 직접 투자할 수 있는 기회는 더욱 많아졌지만, 흥미롭게도 적절한 기회는 훨씬 줄어들고 있습니다. 그 결과, 공격적 펀드들의 경우 역사적 평균보다 수익률이 훨씬 낮아졌습니다. 하지만 좀 더 보수적인 차익거래펀드income arbitrage fund는 약세장 시작 이후 계속해서 평균 연환산 수익률 9퍼센트를 기록하고 있는 중입니다.

2년이 조금 넘는 약세장에서 그 전에는 몰랐거나 또는 완전히 진가를 알아보지 못했던 것 가운데 새롭게 배우신 것이 있나요?

배움보다는 강화의 문제라고 봅니다. 지난 2년 동안 시장은 저희가 중점을 둔 유동성과 인내의 미덕이 얼마나 중요한지 분명히 보여주었습니다. 저희는 적절한 기회가 나타날 시기를 조절할 수는 없지만, 그 기회가 나타나기 전까지 자본금을 보존하기 위해 노력하는 것은 가능합니다.

선생님의 핵심 전략의 본질은 기업에 자금을 제공하는 것입니다. 따라서 이 접근법에서는 회사 재무제표의 정확성이 매우 중요합니다. 이와 관련해, 지금은 거의 일상이 되어버린 듯한 회계상의 속임수로 인해 피해를 입으신 사례가 있나요?

저희 전략의 핵심 요소는 회사에 직접 투자하는 것이고, 다행히 요즘 문제가 되는 회계 사고로 피해를 입은 적은 없습니다. 현재와 같은 회계부정 문제가 쏟아지기 오래 전, 이미 저희는 모든 회사의 재무제표가 완전하고 정확한 것은 아니라는 결론을 내렸습니다. 이런 회의적인 태도 덕분에 일부 위험을 피할 수 있었습니다.

반드시 이익을 실현한다는
인내심으로 승리한다

애멋 오큐머스Ahmet Okumus

애멋 오큐머스는 열여섯 살 때 당시 개장한 지 얼마 되지 않은 이스탄불증권거래소Instanbul Stock Exchange의 입회장을 방문했고, 그곳에 매료되었다. 그는 트레이딩에 강한 매력을 느꼈는데, 이스탄불거래소에서 트레이딩은 투자라기보다는 투기에 훨씬 가까웠다. 처음 가진 열정은 머지않아 집착으로 발전했고, 수업을 빼먹고 거래소에서 주식을 매매하는 일이 잦아졌다.

자금 운용이야말로 자신이 하고 싶은 일이라는 것을 깨달은 오큐머스는 목표를 실현할 최고의 기회가 미국에 있다고 생각했다. 1989년, 오큐머스는 미국으로 왔다. 표면상 이유는 대학 진학이었지만, 그 결정이 자신의 직업적 목표를 달성하는 데 디딤돌이 될 것이라는 강한 확신이 있었다. 오큐머스는 어머니에게 빌린 1만 5,000달러를 밑천으로 1992년 미국 시장에서 주식을 매매하기 시작했다. 이 투자 원금은 연평균 복리수익률 107퍼센트(총수익률gross returns)를 기록하며 2000년 초 600만 달러 이상으로 불어났다. 1997년 그는 자신의 첫 헤지펀드인 오큐머스 오퍼추니티펀드Okumus Opportunity Fund를 출범했다.

오큐머스를 만난 곳은 그의 맨해튼 사무실이었다. 사무실은 특별히 인상적일 것이 없었다. 엘리베이터에서 내리자 응접 담당자가 맞아주었는데, 오큐머스 소속은 아니고, 해당 층의 모든 입주사가 공유하는 직원으로 보였다. 오큐머스의 작은 사무실은 도색이 절실한 상태였고, 보기 흉한 가구들이 공간을 채우고 있었다. 하나 있는 창문은 옆 건물의 측면으로 가득 차 밀실공포를 불러일으킬 지경이어서 어떠한 시각적 위안을 주지 못했다. 이런 사무실에도 한 가지 장점이 있었다. 임대료가 저렴했다. 사실, 공짜였다(수수료 기반 사업의 특전이다). 오큐머스는 확실히 이 점을 뿌듯하게 여겼다. 사무실에서부터 회계사에 이르기까지 어떻게 해서 굉장한 조건으로 계약했는지를 이야기하며, "제 성격입니다. 저는 좋은 가격에 거래하는 것을 좋아해요. 비싼 거래는 안 합니다"라고 말했다. 이 설명은 그의 트레이딩 철학과도 일맥상통한다.

인터뷰 당시, 오큐머스는 마케팅과 여러 가지 행정 업무 처리를 위해 영입한 대학 친구 테드 코클리 3세와 작은 사무실을 함께 쓰고 있었다(이후 직원이 늘어 더 넓은 공간으로 이전해야 했다). 오큐머스에 대한 코클리의 신뢰는 개인적인 경험을 바탕으로 한다. 대학 시절 코클리는 오큐머스의 첫 번째 투자자였다. 코클리는 투자 목적으로 (500달러씩 두 번에 걸쳐) 1,000달러를 맡겼고, 투자 원금은 7년 만에 12만 달러로 불어났다.

1998년 이전에는 연간 수익률 61퍼센트(총수익률)가 오큐머스가 기록한 최악의 실적이었다. 그러나 1998년 S&P가 28퍼센트 상승했을 때 오큐머스는 단 5퍼센트 수익률로 그해를 마감했다. 인터뷰는 1999년 중반에 진행됐다. 나는 1998년의 이례적인 실적 부진에 관한 질문으로 인터뷰를 시작했다.

지난해에는 어떻게 된 일이죠?

12월이 문제였습니다. 월 초까지만 해도 연간 수익률 30퍼센트를 기록하고 있었죠. 인터넷 주식의 상승세가 과열됐다고 생각했어요. 한 번도 본 적 없는 수준까지 밸류에이션이 치솟았죠. 예를 들어 슈왑Schwab은 상장된 지 10년이 지난 회사입니다. 제가 공매도한 당시 주가 밸류에이션 지표들, 즉 주당 매출액, 주당순이익EPS, 현금흐름(이익에 감가상각비를 더한 값), 주당장부가치BPS는 사상 최고 수준을 기록했습니다. (이 내용을 이야기하며 당시 고통이 목소리에 그대로 묻어났다.)

각 지표들은 몇 배였습니까?

PER은 54배였습니다. 전고점은 20배에서 35배 사이에서 형성됐죠.

밸류에이션 지표들이 이미 사상 최고 수준인 데다 줄곧 올라가고 있었군요. 그런 상황에서 굳이 공매도를 결정하신 이유는 무엇인가요?

내부자들(경영진)이 주식을 대량으로 매도하고 있었어요. 슈왑의 경우 내부자의 주식 매도는 늘 있는 일입니다만, 이 경우 특히 매도 규모가 컸습니다.

단순히 호기심에서 여쭤봅니다만, 슈왑의 내부자들은 어째서 늘 주식을 순매도했나요?

회사가 경영진에게 옵션을 다량으로 발행했고, 시간이 지나면서 그 옵션이 행사되었기 때문입니다.

공매도한 이후에 주가는 어떻게 되었나요?

주가는 한 주 만에 34퍼센트 상승했고, 제가 포지션을 정리했을 때도 여전히 오르는 중이었습니다.

1998년 12월에 공매도한 다른 인터넷 또는 인터넷 관련 주식이 있나요?

아마존입니다.

이익은 없고, 따라서 주가수익비율^{PER}이 무한대인 아마존 같은 회사들은 대체 어떻게 평가가 가능하죠?

전통적인 방식으로는 평가할 수 없죠. 하지만 저는 주가가 어느 정도 수준에 도달해서는 안 된다는 생각이 있었고, 아마존의 주가는 바로 그 수준에 있었습니다. 제가 공매도를 실행했을 때 아마존의 시가총액(발행주식 수×주가)은 170억 달러였는데, 이것은 미국에서 네 번째로 큰 유통업체의 시가총액과 같은 수준이었습니다. 터무니없다고 생각했죠.

또한 크리스마스를 전후해 매출이 크게 늘어난 뒤 돌아온 첫 분기에 장부상 매출이 급락했습니다. 다음 분기 매출 하락 전망이 주가 약세로 이어질 것이라고 생각했어요. 공매도 당시 아마존 주가는 직전 1년 동안 아홉 배, 직전 2개월 동안 세 배나 뛴 상태였습니다.

공매도 당시 아마존 주가는 얼마였나요?

실제로 주식을 공매도한 것은 아니었습니다. 외가격 콜옵션을 매도했죠(이 거래에서 콜옵션 매도자는 기초자산이 되는 주식을 시장가격보다 높은 특정 가격에 팔 의무를 지는 대가로 프리미엄을 받는다)*.

저는 깊은 외가격 옵션을 매도했기 때문에 시장이 더 크게 올라도 손해를 보지

---

* 옵션이 생소한 독자는 〈부록〉으로 실은 옵션에 관한 짧은 입문서를 참고하면 도움이 될 것이다.

않을 상황이었습니다. 제 판단이 잘못돼 주가가 좀 더 오를 수도 있다는 생각은 했지만, 그 정도로 크게 오를 줄은 몰랐습니다.

매도하신 옵션의 행사가격은 얼마였나요? 당시 시장가격은 얼마였나요?

주가는 220선이었고, 저는 250콜을 매도했습니다. 손해를 보기까지 30포인트 여유가 있는 상황이었죠.

> **Tip**
>
> 행사가격은 옵션 매수자가 자신의 옵션을 행사해 해당 주식을 구입할 수 있는 가격을 말한다. 물론, 옵션 매수자는 만기 시점에 시장가격이 행사가격보다 높을 때만 옵션을 행사할 것이다.

그 옵션을 얼마에 매도하셨나요?

1.12에 매도했지만 만기일까지 단 3일이 남은 상태였죠. 사흘 만에 주가가 15퍼센트 오르지는 않을 것이라고 생각했어요. 제가 옵션을 매도한 다음 날 아마존을 담당하는 저명한 애널리스트가 주가 예상치를 150달러에서 400달러로 올렸습니다. 시장가격이 기존의 예상 주가를 이미 넘어섰기 때문이죠. 하룻밤 사이 주가는 220에서 260으로 급등했고, 또 하루가 지나자 300에 다가갔습니다. 제가 1.12에 매도했던 옵션은 48에 팔리고 있었고요(옵션은 100주 단위로 거래되므로 그가 112달러를 받고 매도한 옵션 한 계약이 이제 4,800달러가 되었다는 뜻이다.).

그 거래에서 얼마나 잃으셨나요?

그 거래가 저를 끝장냈습니다. 아마존으로 제 자본의 17퍼센트를 잃었고, 슈왑에서 추가로 12퍼센트를 잃었죠.

외가격 콜을 매도하는 전략을 전에도 사용하신 적이 있나요?

물론이죠. 하지만 이런 식의 가격 변동은 전례가 없는 일이었어요. 지난 한 해 동안 주가가 스무 배, 서른 배 오른 인터넷 주식들이 많지만 저는 그 종목에는 손을 대지 않습니다. 그저 제가 가장 잘 아는 것, 펀더멘털과 가치에만 집중하고 있습니다.

이 경험을 통해 얻은 교훈이 있다면 무엇인가요?

인터넷 주식은 공매도하지 말 것!(웃음)

좀 더 포괄적인 교훈이 있다면요?

광기가 형성됐을 때는 발을 들이지 말라는 것입니다. 어느 정도 예측 가능한 것에 집중해야 합니다. 광기는 애초에 예측이 불가능합니다. 10에 거래되어야 할 주식이 100에 거래되고 있다면, 그것이 500까지 가지 않는다고 누가 장담하겠습니까?

이런 일을 겪는 동안 감정 상태는 어땠나요?

재미있는 것은 12월 초부터 저는 이미 심리적으로 혼란스러운 상태였다는 것입니다. 그해가 거의 끝나 가는데 수익률은 25퍼센트에 불과했고, 제 연간 수익률로서는 사상 최저 수준이었기 때문입니다. 결국 슈왑과 아마존에서 손실을 기록하고, 그해를 간신히 수익을 내는 정도로 마무리하고 나자 정신적으로 완전히 황폐해졌습니다. 한 번은 여자 친구와 블루밍 데일스에 들렀는데 가격표를 볼 때마다 주식시장이 떠올라 도저히 매장 안에 머물 수가 없었습니다. 10분 만에 밖으로 나왔죠. 그 매매를 끝내고 일주일 정도는 〈인베스터즈 비즈니스 데일리Investor's Business Daily〉에서 그날의 시장 상황을 보여주는 지면에 눈길도 주지 못할 정도였습니다.

그것이 시장에서 겪은 최악의 감정적 경험이셨나요?

그렇습니다. 단연코 최악의 경험이었습니다. 전에는 한 번도 느껴본 적이 없는 감정이었죠.

하지만 선생님의 실적을 되짚어보면 1998년 12월에 16퍼센트 손실이 발생했는데, 월 수익률 기준으로는 두 번째로 나쁜 수준이었습니다. 1998년 8월에는 이를 훌쩍 넘는, 무려 53퍼센트의 손실을 기록했습니다. 기록상으로는 1998년 8월이 훨씬 나빴던 것으로 보이는데, 그때의 충격은 특별히 남아 있지 않으신가요?

1998년 8월에 손실폭이 그처럼 컸던 이유는 그달 주식시장이 폭락하는 동안 제가 200퍼센트 매수 포지션 상태였기 때문입니다. 8월 손실폭이 훨씬 크기는 했지만, 그때는 제가 투자한 주식들의 펀더멘털에 대한 확신이 있었습니다. 다만 터무니없이 낮은 밸류에이션에 거래되고 있었을 뿐이죠. 제 포트폴리오의 PER은 5배에 불과했습니다. 제가 매수 포지션을 취한 주식들 중 몇몇은 순현금 이하로 거래되고 있었어요. 그런 상황은 본 적이 없었습니다. 제가 보유한 주식들이 절대적으로 싸다는 것, 그리고 그렇게 낮은 가격에서 오랫동안 머물지는 않을 것이라고 판단했습니다. 주가가 더 하락하는 것에 대해 걱정하지 않았어요. 반면 12월 손실은 인터넷 주식들에 대해 매도 포지션을 취했기 때문이고, 그 주식들의 상승세가 언제 멈출지 알 길이 전혀 없었습니다.

그러니까 8월과 12월의 차이는 확신의 수준에 있었군요. 8월에는 전적으로 자신감이 있었고, 12월에는 통제 불능이라고 느끼셨고요.

정확합니다.

8월의 막대한 손실을 단 두 달 만에 전부 회복하기는 했지만, 약세장에서 200

퍼센트 매수 포지션 상태를 유지한 것은 실수라고 생각하시나요?

네. 1999년 초, 저는 트레이딩 원칙 가운데 세 가지를 수정했는데 그중 하나는 이 경험이 계기가 되었습니다. 새로운 원칙은 이렇습니다.

첫째, 앞서 말씀드린 것처럼 광풍에 휩쓸리지 말라는 것입니다.

둘째, 매도든 매수든 절대로 100퍼센트가 넘는 순포지션을 취해서는 안 된다는 것입니다(1998년 8월, 오큐머스의 포지션은 200퍼센트 매수와 0퍼센트 매도, 즉 200퍼센트 순매수 포지션 상태였다).

트레이딩 원칙의 세 번째 수정사항은 무엇인가요?

가격 하락 변동성을 줄인다는 특정한 목적을 위해 옵션을 활용하기 시작했습니다.

원칙을 변경한 것은 투자자들의 반응 때문이었나요? 선생님의 순수익률^{net returns}에 감명을 받았던 투자자들이 수익률의 변동성, 특히 1998년 8월에 기록한 53퍼센트 손실에 불안을 제기한 것인가요?

네, 제가 원칙을 변경한 것은 분명히 투자자들의 반응에 영향을 받은 것입니다. 투자자들은 저희에게 월별 수익률이 들쑥날쑥 하는 것은 원하지 않는다고 말했습니다. 따라서 저는 전월 대비 실적에 더욱 집중하기 시작했습니다. 예전 저와 가족, 그리고 소수의 고객을 위해 자금을 운용했을 때 유일한 목표는 자본가치의 장기적 상승이었습니다. 그때는 마라톤 경기를 하면서 오로지 결승점을 통과하는 시간에만 신경을 쓰는 것과 마찬가지였죠. 구간별 통과 시간에 대해서는 신경 쓰지 않았어요. 이제 저는 더욱 많은 돈을 운용하고, 투자자들은 월별 수익률에 관심을 갖습니다. 마라톤 경기를 하고 있지만 모든 사람이 주목하는 것은 100미터 구간별 기록인 셈이죠. 그 결과 자본가치의 장기적 상승이라는 주된 목표는 변함이 없지만, 월별 수익률에 더욱 초점을 맞추게 되었습니다. 펀드를 더 크게 키우고 싶기 때문이죠.

어떤 계기로 주식시장에 발을 들이게 되셨나요?

저는 늘 금융과 환율에 관심이 있었습니다. 어릴 때 다른 친구들과 마찬가지로 신문의 스포츠 면을 주로 읽었지만 금융 면도 읽었습니다. 1986년에 이스탄불증권거래소가 개장했습니다. 1987년까지도 신문은 주식시장을 위해 따로 지면을 할애하지 않았죠. 신문이 주식시장을 다루기 시작하면서 저는 주가가 매일 달라진다는 것을 알게 됐습니다. 그것이 제 관심을 끌었죠. 가격이 달라지는 데는 분명히 이유가 있을 테니, 머리를 잘 쓰면 돈을 벌 수 있겠다는 생각이 들었습니다.

처음에는 단순히 신문에 난 가격만 관찰했습니다. 그러다 증권거래소가 학교에서 가깝다는 것을 알게 되었습니다. 거래소가 어떻게 움직이는지 보고 싶어서 하루는 학교를 빠지고 거래소로 갔습니다.

이스탄불증권거래소에 대한 설명해주세요.

지금은 완전히 현대화되었지만 당시에는 방 한가운데를 가로지르는 긴 막대기로 장내 중개인과 관중을 구분했죠. 전면에는 각 종목의 매수, 매도 호가를 보여주는 전광판들이 있었어요.

당시 거래되는 종목의 수는 얼마였나요?

30개 정도였어요.

각 종목마다 장내 중개인이 한 명씩 있었나요?

아니요. 장내 중개인들은 서로 다른 증권회사 소속이었고, 모두 어떤 주식이든 거래할 수 있었어요.

어떤 주식을 매매하고 싶을 때는 어떤 방식으로 중개인과 소통했나요?

"이봐요, 여기요" 하고 소리를 질렀죠.

거래소 크기는 어느 정도였나요?

이 사무실보다 열 배 정도 컸을 거예요(극도로 작았다는 뜻이다).

처음으로 매매하기까지 시장을 관찰한 기간은 얼마나 되나요?

몇 주 정도 지켜보았습니다. 한 건설회사의 경우, 제가 알기로 신규 계약을 꾸준히 체결하고 있었는데 거의 매일같이 주가가 하락했습니다. 이것이 전혀 이해가 되지 않아서 그 회사 주식을 몇 주 사기로 결정했습니다. 중개인은 주가가 더 하락할 것이라고 장담하면서 그 주식을 사지 말라고 경고했죠. 하지만 저는 좋은 회사라는 것을 알았기 때문에 어쨌든 그 주식을 샀죠. 제가 매수한 뒤 2주도 지나지 않아 주가는 두 배로 올랐습니다. 그 경험이 저를 사로잡았습니다. 저는 주가가 움직이는 데는 이유가 있다는 사실을 알았고, 그 이유를 찾기로 결심했습니다.

당시에는 어떤 형태로든 시장에 대한 리서치가 없었기 때문에 저 스스로 리서치를 하기 시작했습니다. 이스탄불증권거래소에서는 올해와 전년도의 매출, 이익, 부채를 비롯한 몇 가지 통계 수치를 보여주는 자료를 발행했습니다. 아무도 그 숫자들에 관심을 갖지 않았죠. 주식시장에 관한 책이나 기사들이 없었기 때문에 오로지 그 통계들을 이론적으로 해석하려고 노력했습니다.

예를 들어, 어떤 회사가 매출 100달러당 20달러 이익을 낸다면 좋은 회사라고 가정했습니다. 매출 100달러당 이익이 2달러에 불과하면 그다지 매력적이지 않다고 판단했죠. 발행주식 수와 이익 규모를 보고 해당 주식이 어느 정도 가격에서 거래되는 것이 적절할지 계산했습니다. 제 나름대로 PER을 만든 셈이죠. 대학에 진학하기 위해 미국에 왔을 때 PER과 제가 검토한 다른 통계들이 주식을 분석하는 데 활용하는 기본 자료라는 사실을 알게 됐습니다.

첫 번째 매매에서 이익을 낸 후 순이익을 지속하셨나요?

1년이 채 지나지 않아 제가 이용하는 증권회사 직원이 제게 조언을 구하기 시작했어요. 이 기간 동안 터키 주식시장은 900에서 350으로 하락했다가 다시 900으로 반등했죠. 이런 급락장에서 저는 버텨내는 것 이상으로 그럭저럭 잘해냈고, 그 후 시장이 다시 올랐을 때는 아주 잘해냈습니다.

주식시장이 급락하는 시기에 어떤 방법으로 작은 수익이나마 낼 수 있었나요?

터키 주식시장은 투기적 성격이 굉장히 강합니다. 거래소가 정한 일일 가격 변동폭은 10퍼센트입니다(각 주식에 허용되는 일일 주가 움직임(상승 또는 하락)은 10퍼센트로 제한되었다. 일반적으로 시장이 가격 제한폭까지 오르면 주식을 사려는 사람은 많고 팔려는 사람은 거의 없어 사실상 매매가 중단된다. 시장이 가격 제한폭까지 하락할 때도 비슷한 상황이 벌어진다).

그리고 주가가 일일 가격 변동폭까지 움직이는 경우는 매우 흔합니다. 저는 어떤 주식이 사흘 연속해 가격 제한폭까지 하락할 경우 첫 번째 반등이 나타날 때 매도한다는 규칙을 세웠습니다.

다시 말해 투기적 과잉speculative excess을 이용하셨군요. 지금도 같은 방식으로 매매하시나요?

아니요, 지금은 펀더멘털을 근거로 매매합니다.

펀더멘털을 보고 주식을 고른다고 하셨습니다. 매수 시점은 어떻게 결정하시나요? 여전히 매수 전에 급격한 매도세가 나타나기를 기다리시나요?

반드시 그렇지는 않습니다. 제가 생각한 적정가치 대비 주가가 충분히 하락하면 매수합니다. 예를 들어, 어떤 주식의 적정가치를 35달러로 판단했다고 해보죠. 저는 어느 정도 여유를 두고 주가가 20달러로 하락하면 그 주식을 살 것입니다.

언제나 주가가 적정가격에 도달하기를 기다린 뒤 매수하시나요?

물론입니다. 절대로 서두르지 않아요. 인내심을 갖고 주가가 제가 생각한 수준이 될 때까지 기다립니다.

이 접근 방식으로 많은 주식을 놓쳤으리라고 생각됩니다.

물론입니다. 하지만 제 주된 목표는 모든 매매 기회를 잡는 것이 아니라 실행하는 모든 투자에서 돈을 버는 것입니다. 반드시 큰 이익을 낼 필요도 없습니다. 얼마가 됐든 모든 매매에서 이익을 내기만 하면 됩니다. 1992년 이후 전체 매매의 90퍼센트에서 이익을 냈습니다.

직접 리서치를 해서 매수하기로 결정한 주식 가운데 선생님이 생각한 적정가격에 실제로 도달한 주식은 몇 퍼센트였나요?

많지는 않았어요. 아마 10~20퍼센트일 겁니다. 저는 업계의 다른 가치투자자들과 같은 방식을 활용하고, 그들이 어떤 근거로 주식을 매수하는지 알고 있습니다. 하지만 주문을 입력할 때 저는 그들보다 더욱 엄격합니다. 그들은 PER 16배에도 기꺼이 주식을 사겠지만 저는 12배 이상은 지불하지 않으려고 합니다. "싸게 사서 비싸게 팔아라"고들 말하지만 실제로 그렇게 하는 사람은 극히 일부입니다. 하지만 저는 실제로 그렇게 합니다.

미국에는 언제 오셨나요?

1989년 대학 진학을 위해 왔습니다. 터키 주식시장은 900에서 350으로 하락했다 제가 매매하던 당시 900선을 회복했습니다. 그런데 제가 미국에 오자 900 에서 4,000으로 6개월 만에 반등을 기록했습니다. 너무나 안타까웠죠.

단지 대학 진학이 목적이셨나요, 아니면 미국에 쭉 머물겠다는 생각이 있으셨 나요?

애초에 제 의도는 미국에서 펀드 매니저가 되는 것이었어요. 미국은 거대한 시 장이고 기회가 무한하지만, 터키에서는 기회가 매우 제한적이었으니까요.

미국에 오기 전에 미국 주식시장을 관찰하신 적이 있으신가요?

아니요, 하지만 미국에 도착한 첫날부터 미국 주식시장을 집중적으로 관찰하 기 시작했습니다. 주가를 움직이는 것이 무엇인지 배우고 싶었죠.

시작은 어떻게 하셨나요?

읽을 수 있는 모든 것을 읽었습니다.

어떤 책이 가장 유익하거나, 영향력이 있었습니까?

노먼 포스백Norman Fosback이 쓴 『주식시장의 이론Stock Market Logic』이 아주 좋았습 니다. 무엇보다, 제 접근법에서 중요한 요소가 된 내부자 거래(회사의 고위 경영진 과 이사회 구성원에 의한 매수와 매도)에 주목해야 한다는 것을 가르쳐주었죠. 워런 버핏의 방법론도 아주 유용했습니다.

워런 버핏의 방법론 중에서 어떤 점이 매력적이었나요?

주식의 적정가치를 결정한 다음 그보다 싼 값에 주식을 매수해 안전마진margin of safety을 확보한다는 개념이었습니다.

또 어떤 책들이 유용했나요?

피터 린치가 쓴 『전설로 떠나는 월가의 영웅』을 읽고 주식투자에 있어 '보편상식'의 중요성에 공감했습니다. 피터 린치 역시 상당한 규모의 내부자 매수가 있을 경우 해당 주식에서 수익을 낼 확률은 더욱 높아진다고 지적했습니다.

내부자 매수 규모가 상당한지 여부를 판단하는 기준은 무엇인가요?

내부자가 자신의 순자산을 이용해 매수한 주식의 규모와 임금을 비교합니다. 예를 들어, 매수한 주식의 규모가 그 사람의 한 해 연봉을 초과하면 저는 그것을 '상당한' 규모로 판단합니다.

내부자 매수의 총 규모뿐만 아니라 통계를 세분해서 보시는군요.

저는 굉장히 세부적인 사항을 검토합니다. 내부자들의 매매활동을 저보다 더 집중해서 보는 사람은 없을 겁니다.

내부자 매매에서 또 어떤 것이 중요할까요?

내부자 매수가 옵션 행사의 결과가 아니라 신주 매수여야 합니다.

내부자 매수는 절대적인 전제 조건인가요? 아니면 내부자 매수가 없더라도 좋아하는 주식이 목표 진입가격에 도달하면 매수하는 경우도 있나요?

대부분은 그렇게 하지 않습니다. 내부자들이 자신의 돈을 자신의 회사에 투자하는 것을 확인해야 합니다. 물론 경영진이 이미 회사 지분의 상당 부분을 소유하고 있다면 더 이상 사들일 필요는 없겠죠. 예를 들어 제가 현재 좋아하는 종목인 J. D 에드워즈J.D. Edwards의 경우 내부자 지분이 이미 약 65퍼센트에 달하고 있어 내부자들의 추가 매수를 기다리지는 않습니다. 반면, 내부자 지분이 전체 주식의 1퍼센트에 불과한 회사들도 있습니다. 내부자 지분율이 낮은 회사의 경우, 경영진의 우선순위는 주가 상승이 아닌 고용 안정과 성과급 지급이 될 것입니다.

리서치는 컴퓨터를 이용하시나요, 아니면 수작업을 하시나요?

수작업을 합니다. 그 편이 더 많은 것을 배울 수 있어서 최선의 방법이라고 생각합니다.

어떤 주식을 관찰하시나요?

S&P와 나스닥 주식이라면 무엇이든 봅니다.

대량 몇 종목이나 되나요?

약 1만 종목입니다.

1만 개나 되는 종목을 수작업으로 조사하고 분석하는 것이 어떻게 가능하죠?

리서치에만 주당 100시간을 투자합니다. 지난 11년 동안 저의 리서치 대상이 된 모든 주식을 관찰했는데, 그 수가 상당합니다. 또한 52주 신저가를 기록한 주식들에도 주목합니다. 과거에 리서치를 통해 좋은 회사로 구분했다면 신저가에 도달하지 않아도 관심을 갖습니다. 그런 회사의 주가가 크게 하락할 경우 신저가에 도달하지 않아도 투자할 용의가 있습니다.

크게 하락한 주식은 어떻게 찾아내시나요?

52주 신저가 종목 목록을 봅니다. 그 외에도 제가 관찰하는 주식의 절반가량이 〈데일리 그래프Daily Graphs〉의 도표집에 포함되어 있는데, 어떤 주식이 크게 하락했는지 알기 위해 이 도표집을 매주 검토합니다.

주가 움직임이 저조한 주식을 늘 지켜보고 계시는군요.

늘 그렇습니다. 저는 일반적으로 주가가 고점에서 60~70퍼센트 하락하지 않는 이상 매수를 고려하지도 않습니다. 미국 시장에서 주식을 매매한 7년 동안 신고가를 기록한 주식을 매수한 적은 한 번도 없었습니다. 분명히 특이한 경우라고 생각합니다.

도표를 볼 때 오로지 주가가 하락세인 종목에만 주목하신다는 뜻인 것 같습니다.

그렇습니다만, 한 가지 예외가 있습니다. 주가는 횡보하는 데 이익은 증가하고 있다면 관심을 가질 가능성이 있습니다.

그렇다면 모든 주식을 최근 저점이나 그 근처에서 매수하시나요?

그렇지는 않습니다. 제가 잘 알고 있고 펀더멘털도 매우 탄탄한 회사라면 주가가 저점보다 훨씬 높은 수준에 있더라도 매수할 수 있습니다. 예를 들어, 마이크로칩 테크놀로지Microchip Technology의 현재 주가는 35달러입니다. 전고점인 50달러에는 훨씬 못 미치지만, 지난해 기록한 저점인 15달러보다는 훨씬 높은 수준입니다. 저점에서 크게 올랐지만 저는 이 주식에 대해 여전히 풋을 매도하고 있습니다. 사업이 굉장히 개선되고 있으니까요.

간편하게 주식을 매수하는 대신 그 주식에 대한 풋옵션을 매도하는 이유는 무엇인가요?

어떤 주식이든 그것을 기초자산으로 풋옵션을 매도했다면 저는 옵션 매수자들이 제게 그 주식을 파는 것을 환영합니다(풋옵션을 행사해 오큐머스로 하여금 행사가격에 해당 주식을 매수하도록 요구하는 것). 저는 행사가격에 기꺼이 보유할 만한 주식이 아니라면 풋을 매도하지 않습니다.

예를 들어, 저는 현재 13달러 부근에서 거래되는 J. D. 에드워즈에 대해 10달러짜리 풋 계약을 몇 개 매도한 상태입니다. 저는 10달러에 이 주식을 기꺼이 보유할 의사가 있기 때문에 풋옵션 매수자들이 권리를 행사하기를 바랍니다. 이 경우 저는 옵션 매도로 프리미엄도 받고, 10달러에 주식을 매수해 그것으로 또 돈을 벌 수 있습니다. 하지만 풋을 매도한 경우 대부분은 옵션이 행사될 만큼 시장이 충분히 하락하지 않습니다. 물론, 옵션 프리미엄이 이익으로 남기 때문에 이 경우도 괜찮습니다.

Tip

풋 매도는 강세를 전망하는 포지션이다. 풋 매도자는 옵션의 유통기간 동안 '행사가격'에 주식을 매수할 의무를 지는 대가로 프리미엄을 받는다. 이 의무는 매수자가 옵션을 행사할 때 발동한다. 풋 매수자는 옵션 만기 시점에 주가가 행사가격 밑으로 떨어질 경우 권리를 행사한다. 예를 들어, 시장에서 13달러에 거래되는 어떤 주식을 기초자산으로 하는 행사가격 10달러짜리 풋옵션 한 계약이 1달러에 거래된다고 가정하자. 이 주식이 옵션 만기 시점에 10달러 이상에서 거래되고 있다면 풋 매도자에게는 주당 1달러의 이익이 발생한다(실물 100주를 거래하므로 옵션 1계약당 총 100달러 이익이다). 이 주식이 옵션 만기 시점에 10달러 미만에 거래된다면 옵션이 행사될 것이다. 그 시점에 주가가 얼마나 하락했든 관계없이 풋 매도자는 해당 주식을 10달러에 되살 것을 요구받는다. 오큐머스는 주로 현재 시장가격보다 낮은 행사가격의 풋(외가격 풋)을 매도하기 때문에 주가가 완만하게 하락하거나, 횡보하거나 상승하면 옵션 매수자가 지불한 프리미엄을 이익으로 인식한다. 반면, 주가가 큰 폭으로 하락하면 옵션 만기 시점에 시장가격보다 높은 가격(행사가격)에 이 주식을 사들여야 한다.

다시 말하면 풋옵션 매도는 선생님이 원하는 주식을 매수하는 또 다른 방법이군요. 주가가 행사가격까지 하락하지 않으면 프리미엄을 벌 수 있고, 행사가격까지 떨어져도 어차피 그 가격에 주식을 사려고 했던 만큼 그것도 괜찮고요.

그렇습니다. 풋을 매도함으로써 제가 생각한 가격까지 주가가 내려오기를 기다리는 동안 시장에서 돈을 받는 거죠. 또한, 직접 주식을 매수하는 것이 아니라 풋 매도를 통해서만 돈을 벌 수 있는 주식도 있습니다.

예를 들어, 가치주는 최근 몇 년간 크게 외면당했습니다. PER이 5~6배에 불과한 주식들이 있습니다. 이익은 성장하고 내부자들은 매수하지만 주가는 그대로죠. 동시에 S&P는 미친 듯 상승하고 있습니다. 이런 주식들을 매수해서는 돈을 벌 수 없지만, 풋을 매도하면 가능합니다. 풋옵션을 매도하면 주가가 얼마나 상승할지 정확히 예측할 필요가 없습니다. 주가가 크게 하락하지만 않으면 돈을 벌기 때문입니다.

35에 거래되는 주식을 30에 매수하고 싶다고 해보죠. 항상 행사가격이 30인 풋을 매도하고 프리미엄을 받은 다음 주가가 30이 되면 사는 방식으로 거래를 하면 안 될까요? 이렇게 하면 주가가 30으로 내려가는지 여부에 관계없이 늘 프리미엄에서 이익이 발생하니까요.

언제나 기회비용을 생각해야 합니다. 풋을 매도할 경우 그 포지션에 대해 증거금을 납입해야 합니다. 풋을 매도해서 프리미엄을 받으려고 일정한 자금을 증거금으로 묶어두는 것이 타당하지 않을 때가 있습니다. 그 돈을 다른 곳에 투자하는 것이 더 나을 경우가 있습니다.

미국에 오셨을 때로 돌아가 보죠. 처음 미국에 오셔서 미국 주식시장에 대한 조사를 시작했다고 하셨는데, 그때는 대학에 입학하신 시기와 거의 일치합니다. 학교 공부와 주식시장에 대한 연구 시간은 어떻게 배분하셨나요?

평균적으로 35퍼센트는 학교 공부에, 65퍼센트는 주식시장에 배분했지만 시간이 갈수록 주식시장의 비중이 더 커졌습니다. 4학년이 시작될 무렵에는 제 시간의 90퍼센트를 주식시장에 쏟았고, 결국 학교를 완전히 그만두었습니다.

학위를 받기까지 1년밖에 남지 않은 상황에서 학교를 그만둔다는 결정에 조금

의 주저함도 없으셨나요?

아니요, 얼른 제대로 시작하고 싶어서 안달이 날 지경이었어요. 게다가 금융 전공이었는데, 주식시장과 투자에 대해 교수들이 저보다 아는 것이 훨씬 적었습니다.

대학에서 교수들은 주식시장에 대해 무엇을 가르쳤나요?

이론을 가르쳤고, 이론은 대부분 통하지 않는다는 것을 배웠습니다.

예를 들면요?

효율적 시장가설(시장은 알려진 모든 정보를 즉시 반영한다는 개념)이 대표적이죠. 제가 보기에는 터무니없습니다.

왜 터무니없죠?

시장 참여자들의 리서치 수준은 천차만별이니까요. 시장가격은 모든 투자자가 평가한 가치의 평균을 반영합니다. 다른 투자자 대다수가 하지 않는 방식으로 리서치를 할 수 있다면 시장 참여자들 대부분은 알지 못하는 어떤 것을 발견하고, 그 지식에서 이익을 얻을 수 있습니다. 제가 투자한 회사들의 경우, 다른 투자자들 대부분은 모르지만 저는 알고 있는 것이 많습니다. 따라서 이들 회사에 대한 제 평가는 그들과 같지 않을 것입니다. 그렇다면 어떤 주식이 언제나 제 가격에서 거래된다고 볼 이유는 무엇인가요?

주식을 매수하실 때는 진입하기 전에 이미 빠져나올 시점을 정해두시나요?

물론입니다. 펀더멘털에 변화가 없다는 가정하에 저는 언제나 빠져나올 목표가격을 정해두고 있습니다. 펀더멘털이 더욱 탄탄해지면 목표가격을 올릴 수 있겠죠.

목표가격은 무엇을 기준으로 하시나요? 구체적인 수익률인가요?

네, 일정한 수익률을 기준으로 합니다.

몇 퍼센트인가요?

해당 주식을 얼마나 싸게 매수했는지에 따라 다릅니다만, 평균 20~25퍼센트입니다.

'10루타 종목을 담으라(10배 상승할 수 있다고 생각하는 주식을 사라)'는 피터 린치의 조언과는 정반대로 들립니다. 심지어 두 배도 아니고, 그 근처에도 못 미치는군요.

저는 절대로 홈런을 노리지 않습니다. 바로 그 덕분에 약세장에서도 잘해낼 수 있는 것입니다.

주식을 매도하실 때, 주가가 하락하면 다시 사들이겠다는 생각을 하신다고 볼 수 있겠군요.

물론입니다, 펀더멘털에 변화가 없다면요.

하지만 적당히 이익을 실현한 뒤 다시 매수할 기회를 줄 만큼 주가가 충분히 하락하지 않는 경우도 종종 겪으셨을 텐데요.

굉장히 자주 있는 일이지만, 걱정하지는 않습니다. 제 주된 목표는 돈을 잃지 않는 것입니다. 꾸준히 돈을 벌 수 있다면 그것으로 괜찮습니다.

트레이딩을 시작한 이후 줄곧 적은 금액으로 매매를 해오셨습니다. 이제 펀드를 출범했고, 잘 운용하고 계신 만큼 매매 금액도 크게 증가할 것입니다. 금액이 크게 늘어나면 선생님의 접근법에는 어떤 영향이 있을까요?

달라지는 것은 전혀 없습니다. 제가 매수하는 주식은 유동성이 풍부하고 잘 알려진 종목들입니다. 이것은 의도한 것입니다. 저는 처음 시작할 때부터 크게 봐야 한다는 태도로 접근했습니다. 따라서 반드시 매매 금액이 훨씬 늘어나도 적용할 수 있는 투자 방식을 채택하려고 했습니다.

선생님의 트레이딩 시기는 사상 최고의 강세장 시기 가운데 하나와 일치합니다. 심각한 약세장이 들어설 경우 선생님의 접근법은 어떻게 될까요?

약세장이 오길 바랍니다. 그러면 모멘텀 주들은 전멸하겠죠. 인터넷 주식도 전멸할 겁니다. 성장주도 전멸하겠죠. 하지만 가치주는 괜찮을 겁니다. 제가 매수하는 종목은 이미 약세장에 있습니다. PER 5~6배에 거래되고 있죠. 더 이상 하락할 여지가 없습니다. 저는 이미 고점에서 60~70퍼센트 하락한 종목들을 매수한다는 것을 기억하십시오.

좋습니다. 다른 접근법을 활용하는 투자자들보다 약세장에서의 손실이 훨씬 적은 이유를 알겠습니다. 하지만 S&P지수가 20~30퍼센트 하락하면 선생님의 주식도 마찬가지로 하락할 것 같은데요.

그냥 보유하면 되기 때문에 상관없습니다. 저는 투자한 회사들의 가치를 압니다. 제 투자 결정을 나중에 후회하지 않습니다. 주가가 특정 수준만큼, 예를 들면 7퍼센트 또는 10퍼센트 하락할 경우 주식을 처분한다는 규칙을 세운 매니저들도 있습니다. 자신이 매수한 종목에 확신이 없기 때문에 그렇게 해야만 하는 겁니다. 저는 매수하는 모든 주식을 대상으로 방대한 리서치를 수행하고, 따라서 그 주식의 가치를 알고 있습니다. 제가 매수한 주식이 10퍼센트 하락했지만 펀더멘털에는 변화가 없다면, 저는 당연히 그 주식을 추가로 매수할 것입니다.

하지만 손절을 전혀 이용하지 않을 경우 혹시라도 매수한 회사가 파산하면 어떻게 되죠? 이런 사건이 선생님의 포트폴리오에 얼마나 영향을 미칠까요?

그런 일은 결코 일어나지 않습니다. 저는 파산할 가능성이 아주 희박하다고 해도 그런 회사는 절대 매수하지 않습니다. 제가 사는 주식은 재무제표가 양호하고, 장부가치가 높고, 업력이 꾸준하고, 경영진이 건전하며, 내부자 지분율이 큰 회사입니다. 이런 회사들은 파산과는 거리가 멀죠.

포지션이 잘못되었는지 여부를 판단하는 기준은 무엇인가요?

펀더멘털에 변화가 있고, 현재 주가에 보유하기에는 제 기준에 맞지 않는 경우입니다.

주가가 불리하게 움직이지만 펀더멘털에는 변화가 없을 경우에는 어떻게 하시죠?

그럴 경우 추가로 매수합니다.

한 번에 보유하는 포지션의 수는 대개 얼마나 되나요?

약 10개입니다. 논리는 간단합니다. 제가 선정한 상위 10개 종목은 제 상위 100개 종목 대비 언제나 초과 수익을 낼 것이기 때문입니다.

포트폴리오 안에서 단일 종목의 비중은 최대 어느 정도인가요?

현재 포트폴리오에 보유하는 단일 종목 비중은 최대 30퍼센트를 넘지 않습니다. 예전에는 70퍼센트까지 보유했습니다.

단일 종목에 허용하는 최대 비중이 굉장히 큰 것 같습니다. 해당 매매가 잘못되면 어떻게 하시죠?

반드시 펀더멘털을 파악하고, 틀리지 않도록 확인합니다.

하지만 미처 알지 못한 어떤 이유로 주가가 하락할 수도 있을 텐데요.
아니요.

어떻게 아니라고 확신하시죠?
저는 제가 매수하는 회사를 아니까요. 예를 들어, 비아소프트를 7달러에 매수합니다. 회사는 주당 5달러를 현금으로 보유하고 있고, 부채는 없습니다. 그렇다면 제 잠재손실은 얼마일까요? 2달러입니다.

매도 포지션은 어떤 방식으로 접근하십니까?
PER이 높은 주식을 찾습니다. 그런데 지난 해 인터넷 주식들과 관련된 경험 이후 촉매가 있어야 한다는 규칙을 추가했습니다. 이제 어떤 주식이 얼마나 과도하게 고평가되었는지는 상관없이, 포지션을 변경할 정도의 촉매가 나타나기 전까지는 매도하지 않습니다.

그러니까 지난해 아마존과 슈왑을 공매도했을 때, 광풍에 휩쓸려 판 것 말고도 촉매가 없이 매도한 것이 또 다른 실수였군요?
정확합니다. 그 주식들이 고평가되었을 수는 있지만 펀더멘털이 가리키는 방향은 여전히 강력했습니다. 아마존의 경우 아직 이익은 내지 못했지만 매출은 계속해서 증가했고, 목표 매출액도 달성하고 있었습니다. 시장은 이런 주식을 갑작스럽게 투매하지는 않습니다.

매도 진영에 선생님의 방법론을 적용하기는 매우 어려울 것 같습니다. 매수 진영에서는 이미 크게 주가가 하락한 상태에서 추후 상승 가치를 반영한 가격에

거래되는 주식을 삽니다. 즉 위험노출이 상대적으로 낮은 가격에서 매수하는 것이죠. 반면, 주식을 공매도할 때는 얼마나 높은 가격에 매도하든 위험은 언제나 무제한입니다. 매수할 때의 접근법과는 정반대 방법입니다. 매도 진영은 어떤 식으로 접근하시나요? 아니, 접근이 가능하기는 한가요?

저는 공매도하기 전에 펀더멘털이 확실히 훼손되었는지 여부를 확인합니다. 지금 슈왑이 PER 100배에 거래된다고 해도 펀더멘털이 계속해서 향상되고 있는 한 슈왑을 공매도하지는 않을 것입니다. 공매도하기 위해서는 펀더멘털의 훼손이 시작되기를 기다릴 것입니다.

하지만 펀더멘털이 훼손되고 있더라도 또 다른 광풍이 주가를 끌어올릴 수도 있을 텐데요.

일단 펀더멘털이 손상되면 시장의 광풍도 사그라집니다. 예를 들어, 몇 년 전 아이오메가Iomega에 광풍이 불었지만 펀더멘털이 무너지기 시작하자 광풍도 끝났죠.

하지만 공매도가 수반하는 무제한 위험은 어떻게 처리하시나요?

제 매수 포지션은 모두 장기 투자인 반면, 매도 포지션은 대개 단기 투자입니다. 바로 무한한 위험 때문입니다.

월스트리트의 리서치 수준에 대해서는 어떻게 평가하십니까?

그다지 좋지 않다고 봅니다.

이유는요?

애널리스트 대부분이 어떤 주식이, 어떤 이유로 얼마가 되어야 한다는 논리적인 근거를 제시하지 못합니다. 그들은 회사가 잘나가기만 하면 주가가 얼마든 개의치 않습니다. 일반적으로 어떤 주식이 목표 주가에 도달하면 애널리스트들은 단순하게 목표 주가를 올립니다. 펀더멘털은 달라지지 않았는데도 말이죠.

1990년대에 우리는 놀라운 강세장을 목격하고 있습니다. 펀더멘털 측면에서 볼 때 이만큼의 강세는 정당한가요?

저는 두 가지 이유로 현재 주식시장의 강세를 유례없는 광풍이라고 해석합니다. 첫째, 주식시장의 PER이 사상 최고 수준입니다. 둘째, 기업들의 평균 이익률 역시 사상 최고입니다.

어떤 이익률을 말씀하신 것이죠?

단위 매출당 이익의 비율입니다. 이익률이 20이라면 회사가 매출 100달러당 이익 20달러를 창출한다는 뜻이죠.

그렇다면 높은 이익률은 어째서 부정적인가요?

이익률이 추가로 개선될 여지가 사실상 없기 때문입니다.

어떤 자료를 보시나요?

금융신문, 잡지, 무수히 많은 기업 보고서, 갖가지 트레이딩 전문지, 매매일지를 봅니다. 트레이딩과 관련해 어떤 정기간행물을 읽는지는 기존 포지션, 그리고 앞으로의 예상 포지션에 따라 달라집니다. 예를 들면, 지난 해 비뇨기 장애 관련 제품을 생산하는 회사의 주식을 보유했을 때는 〈유리너리 타임스Urinary Times〉를 읽었죠.

주식을 매수하기 전에 구체적으로 어떤 항목을 검토하시나요?

반드시 다음 기준을 만족시켜야 합니다.

- 회사의 주당순이익EPS, 주당매출액, 주당현금흐름이 꾸준히 증가해온 이력이 있다.
- 회사의 장부가치(회사의 모든 자산이 유동화되고 부채가 상환되었을 경우 해당 주식의 이론적 가치)가 매력적이고 자기자본이익률ROE이 높다.
- 주가가 급락해 최근 저점 수준에서 거래되고 있다. 단, 주가 약세는 일시적인 이유여야 하며, 장기 펀더멘털은 양호하게 유지해야 한다.
- 내부자 매수 규모나 내부자 보유 지분율이 상당하다.
- 다른 기업들의 실적을 반전시킨 이력이 있는 새로운 경영진으로의 교체는 주식을 매수할 추가 근거가 될 수 있다.

반드시 고수하는 매매 원칙이 있다면 무엇인가요?

- 스스로 조사·분석하고, 자신이 매수하는 회사를 분명히 알라.
- 저가에 사라.
- 자기규율에 충실하고 감정을 개입시키지 마라.

어떤 목표를 가지고 계신가요?

제 목표는 업계 최고의 운용인력이 되는 것입니다. 펀드 설립 10주년이 지난 뒤 돌아보았을 때 최근 10년, 9년 그리고 5년 기준으로 최고의 실적을 쌓아왔기를 바랍니다. 5년 미만의 실적은 단순히 운이 좋았거나 일시적으로 시장의 수혜를 입는 방식을 택한 덕분일 수도 있으니까요.

오큐머스는 자신이 찾아낸 이기는 주식의 80~90퍼센트를 놓치고, 매수한 주식에서도 상승폭의 아주 작은 부분만을 실현할 수밖에 없는 매매 방식을 개발해왔다. 그는 신고점을 기록하는 주식은 보유해본 적이 없다고 자랑스럽게 이야기한다. 이러한 점은 도무지 훌륭한 접근법의 특징으로는 보이지 않는다. 그러나 단점으로 보이는 이런 것들은 사실 그의 성공에 필수적인 요소들이다. 오큐머스에게는 다른 무엇보다 중요한 한 가지 목표가 있을 뿐이다. 이익을 낼 가능성은 매우 크고, 위험 수준은 매우 낮은 매매 기회를 찾아내는 것이다. 이 목표를 달성하기 위해 그는 다수의 이기는 주식들을 기꺼이 포기해야 하며, 많은 돈을 투자하지 않은 채 쥐고 있어야 한다. 오큐머스에게는 이런 선택도 괜찮다. 그는 이런 접근법으로 전체 매매의 90퍼센트 이상에서 이익을 거두고 평균 세 자릿수의 연간 수익률을 기록해왔다.

트레이딩에서 오큐머스에게 가장 기본이자 중요한 것은 펀더멘털이 양호한 주식을 싼 가격에 사는 것이다. 그는 이익, 매출, 현금흐름이 크게 증가하고 내부자 매수 규모나 지분율이 상당히 큰 주식을 찾는다. 하지만 강력한 펀더멘털은 그림의 절반일 뿐이다. 주가도 매력적이어야 한다. 오큐머스가 매수하는 주식은 대개 고점에서 60퍼센트 이상 하락하고, PER 12배 이하로 거래되는 주식들이다. 또 그는 최대한 장부가치에 가깝게 거래되는 주식을 매수 대상으로 선호한다. 이러한 펀더멘털과 가격 기준의 조합을 만족시키는 주식은 거의 없다. 펀더멘털 요건을 만족하는 주식들 대부분은 결코 그가 정한 매수가격까지 하락하지 않는다. 오큐머스가 조사하는 1만여 개 주식 가운데 그의 포트폴리오에 담기는 주식은 언제나 단 10개 남짓에 불과하다.

"손실을 잘라라." 이는 시장에서 성공하기 위한 한 가지 요소로 이 책을 비롯해 앞서 두 권의 『시장의 마법사들』 시리즈에서도 자주 언급된 트레이딩에 관한 오래된 격언이다. 그런데 오큐머스의 방법론은 이러한 일반상식에 위배되는 것처럼 보인다. 오큐머스는 주식 포지션을 청산하는 것은 손실을 실현하는 것이기 때문에 옳지 않다고 생각한다. 그는 매수한 주식이 하락하면 오히려 추가로 더 매수할 것이다. 이처럼 훌륭한 많은 트레이더의 조언과는 정반대로 움직이면서도 오큐머스는 어떻게 성공할 수 있을까?

역설은 없다. 특별히 찾기 쉽거나 머물기 쉬운 길은 없지만 성공적인 매매로 이르는 길은 다양하다. 손실을 잘라내는 것이 중요한 단 한 가지 이유는 그것이 위험을 통제하는 수단이기 때문이다. 성공한 트레이더는 모두 자신들만의 위험통제 수단이 있고, 위험을 통제하기 위해 모두가 손절을 활용하지는 않는다. 오큐머스는 극도로 제한적인 조건을 적용해 주식을 선정하는 방법으로 위험을 통제한다. 먼저 재무적으로 양호한 회사여야 하고, 그 가운데 이미 전고점에서 50퍼센트 이상 하락한 주식만을 매수하는 것이다. 오큐머스는 자신이 매수하는 주식들이 매수 시점에 극히 작은 위험만 안고 있다고 깊이 확신한다. 이만큼 확신을 갖기 위해 오큐머스는 이익을 낼 수 있는 많은 기회를 지나친다. 하지만 굉장히 엄격한 기준으로 종목을 선택하기 때문에 그는 손실을 줄이라는 원칙을 따르지 않고도 위험을 통제할 수 있다.

오큐머스가 수익률을 높이기 위해 활용하는 기법 가운데 하나는 보유하고 싶은 주식을 기초자산으로 외가격 풋옵션을 매도하는 것이다. 자신이 어차피 매수하려는 가격을 행사가격으로 하는 풋옵션을 매도한다. 이런 방법을 이용하면 첫째, 원하는 매수가격까지 주가가 하락하지 않더라도 일정한 이익(옵션 프리미엄—옮긴이)을 얻을 수 있다. 둘째, 만일 주가가 하락하면 이미 받은 옵션 프리미엄을 보태 주식을 되사서 매수비용을 줄일 수 있다.

오큐머스는 자기규율에 철저하고 인내심이 있다. 대단히 까다로운 자신의 기준을 충족하는 주식이 없다면 그는 기회가 나타날 때까지 기다린다. 예를 들면 1999년 2분기 말 오큐머스는 펀드 자산의 단 13퍼센트만 투자하고 있었다. 당시 그는 "싼 주식이 없고, 아주 싼 주식을 찾기 전까지는 투자금을 위태롭게 할 수 없다"라고 그 이유를 설명했다.

: 애멋 오큐머스의 근황

오큐머스는 대표 펀드에서 2000년 49퍼센트, 2001년 31퍼센트의 인상적인 수익률을 기록하며 약세장의 첫 두 해를 그럭저럭 잘 꾸려왔다. 2002년 오큐머스의 앞에 과속 방지턱이 놓였다. 2002년 9월, 펀드의 자산가치는 고점 대비 최고의 하락폭을 기록했고, 연초 이후 누적 YTD(year to date, 연 누계) 기준으로는 40퍼센트 이상 하락했다. 이는 쑥대밭이 되어버린 나스닥의 하락폭과 같으며, S&P500의 29퍼센트 하락률을 훨씬 뛰어넘는 수준이다. 이처럼 막대한 손실에도 불구하고 오큐머스의 누적 수익률은 지수를 훨씬 앞선다. 그의 펀드는 출범(1997년 8월) 이후 218퍼센트 상승했는데, 같은 기간 S&P500은 14퍼센트 하락했고, 나스닥은 26퍼센트 하락했다.

2002년 오큐머스에게 발생한 커다란 손실은 두 가지 원인에서 비롯되었다.

첫째, 다음 추가 인터뷰에서 그 이유에 대해 다루겠지만 그는 강세 전망으로 전환했고, 주식시장의 급락세가 계속되는 동안 순매수 포지션에 대한 노출을 100퍼센트 이상으로 확대했다.

둘째, 그의 분석 결과 싸게 살 수 있는 가장 좋은 기회는 기술 업종에 있었다. 따라서 오큐머스는 기술주를 집중적으로 보유했는데, 2002년 하락장에서 특히 큰 타격을 입은 것이 기술 업종이었다. 추가 인터뷰를 진행할 당시(2002년 8월) 오큐머스의 연 누계 손실은 21퍼센트였다. 이 손실 규모는 다음 달 말(이 글을 쓰는 시점)쯤 거의 두 배로 확대되었다.

오큐머스는 자신이 과도하게 저평가되었다고 판단하는 주식을 산다. 펀더멘털에 변화가 없는 한 주가가 얼마나 하락하든 그 포지션을 유지한다. 이런 접근법은 그의 펀드가 정기적으로 큰 폭의 자본인하를 기록하는 이유이자, 하락 뒤에 따르는 커다란 반등을 누리는 이유다. 1997년 출범 이후 오큐머스의 대표 펀드는 세 차례의 커다란 '반등 전 자본인하'를 경험했다. 고점 대비 하락폭이 두 번은 20퍼센트, 한 번은 무려 53퍼센트에 달했다. 세 차례 모두 펀드의 가치는 자본인하가 마무리된 후 두 달 내로 반등해 신고점을 기록했다.

오큐머스는 네 번째의 빠르고 커다란 반등을 반복하게 될까? 그 답은 이 책이 발간될 때쯤 알 수 있겠지만, 그에게 불리한 쪽에 내기를 걸고 싶지는 않다(추가: 한 달 후 원고의 이 부분을 교정하는 시점에서 오큐머스는 연초 이후 누적 손실 전체를 회복했다).

최근에 요즘 들어 가장 많은 순매수 포지션을 취하고 계신 것 같습니다. 맞습니까?

맞습니다. 1998년 여름 이래로 가장 많은 순매수 포지션 상태입니다.

동기는 무엇이었나요?

저렴한 밸류에이션과 내부자 매수입니다. 현재 우리는 기술 업종에서 13년 만에 가장 큰 내부자 매수를 목격하고 있습니다. 예를 들어, 선 마이크로시스템즈Sun Microsystems의 경우 내부자들은 10년 동안 매도해왔습니다. 그런데 두 분기전에 매도를 중단했고, 지난 분기에는 주식을 일부 매수했습니다. 그리고 바로어제, 최고기술책임자CTO가 100만 주를 매수했다는 보도가 있었습니다.

약세장 동안 방법론에 변화가 있었나요?

아니요, 정확히 똑같습니다. 저희는 자산을 매수하는 사업가처럼 투자합니다. 20달러 가치가 있는 무언가를 9달러에 사는 것입니다. 가격이 6달러가 될 수도있겠지만, 저희가 가치를 제대로 평가하기만 했다면 결국은 돈을 벌 것입니다.

현재 운용하는 자금 규모는 얼마나 됩니까?

5억 달러가 넘습니다.

처음 인터뷰 이후 크게 늘었습니다. 당시에는 포트폴리오가 굉장히 집중되어 있었습니다. 이제 운용자산의 규모가 크게 늘었으니 예전처럼 집중하는 것은 거의 불가능하실 것 같습니다.

과거에는 10개 남짓한 포지션을 보유했지만 지금은 매수, 매도 포지션 모두를포함해 약 20개 정도입니다. 그러나 자산의 상당 부분은 여전히 상위 10개 포지션에 투자하고 있습니다.

여전히 집중도가 높은 편이군요.

말씀드렸다시피 달라진 것은 전혀 없습니다.

앞서 예로 들었듯이 20달러짜리를 9달러에 매수한 만큼 보유하신 회사들의 펀더멘털은 양호하다고 생각합니다. 하지만 의심스러운 회계 관행이나 심지어는 분식회계로 인해 밸류에이션 산출의 근거가 잘못될 가능성은 없나요? 또한 집중도가 매우 높은 포트폴리오를 운용하기 때문에 기업에서 발생하는 단 한 건의 부실기재만으로도 포트폴리오의 전체 실적에 커다란 부정적 영향이 미칠 위험은 없나요?

아니요. 왜냐하면 저희는 부채가 있는 회사는 매수하지 않거든요. 최근 회계부정 사건에 연루된 회사들은 모두 막대한 부채를 안고 있었습니다. 그들은 부채를 숨기기 위해 부외off balance sheet 항목을 만들어내거나, 적절하지 않은 곳에 비용을 기재했어요. 또한, 저희가 보유한 매수 포지션 대부분의 전형적 특징은 내부자 매수입니다. 회사가 부정을 저지르기 전에 자기 회사 주식을 매수하는 내부자들이 얼마나 될까요?

부채가 있는 회사는 절대 사지 않으시나요?

절대로 아니라고는 못 합니다. 하지만 부채가 있는 회사를 사는 경우는 전체의 10퍼센트도 안 되고, 이 경우에도 회사들의 부채는 자본의 30퍼센트 미만입니다.

현재 직원은 몇 명입니까?

열여덟 명입니다.

처음 인터뷰를 했을 때는 몇 명이었는지 기억하시나요?

(그가 오랫동안 크게 웃었다.) 제 사무실을 두고, '보기 흉한 싸구려 가구들'이라고 하신 말씀도 기억납니다. 제가 투자자였다면 얼마나 듣기 좋았을까요!

지난 인터뷰 이후, 시장 중립형 펀드를 출범하셨습니다. 이 펀드를 추가하신 동기는 무엇인가요?

사실 존 템플턴 경의 생각이었습니다. 그는 시장에 대해 염려하고 있었어요. 그는 제 종목 선택 기법을 시장 중립적 접근법과 결합하면 좋겠다고 생각했죠. 저 역시 좋은 생각이라고 여겼지만, 공매도 후보 종목을 제시하는 데 너무 많은 시간을 쓰고 싶지는 않았기 때문에 망설였습니다. 제 매수 포지션 측 리서치에 방해를 받을까 봐 두려웠죠. 이런 생각을 템플턴 경에게 설명하자 그는 "그렇다면 주식 인덱스를 공매도해서 매수 포지션과 매도 포지션의 차이를 보완하면 어떨까요?" 하고 제안했습니다. 상당히 타당한 이야기라고 생각했습니다. 간단하지만 효과적인 아이디어였죠. 그 덕분에 순매수 포지션 펀드 외의 부문으로 능력을 분산하지 않고 시장 중립형 펀드를 만들 수 있었습니다.

처음 인터뷰에서 지난 강세장을 '광풍'이라고 표현하셨습니다. 7월 저점 기준으로 나스닥은 고점 대비 80퍼센트 이상 하락했고, S&P 역시 50퍼센트 이상 하락했습니다. 이 과정에서 앞선 과열 분위기가 충분히 조정되었다고 보시나요? 아니면 약세장이 지속될 것으로 보시나요?

누가 알겠습니까? 제가 말씀드릴 수 있는 것은 저는 우수한 선두 기업들을 할인된 가격에 매수해 보유하고 있다는 것뿐입니다.

마법사는
끊임없이 인내하고
시장을 리서치한다

PART 3

시장조사에 모든 열정을
쏟아 붓는다

마크 마이너비니|Mark Minervini

마이너비니는 어딘지 거만한 분위기를 풍긴다. 자신이 시장보다 뛰어나다고 생각해서가 아니다. 오히려 시장을 존중하는 태도와 자신도 오류를 범할 수 있다는 인식은 그의 트레이딩 철학의 바탕을 이루고 있다. 그는 자신이 대다수의 동료들보다 앞선다고 생각한다. 과거 5년간 이룬 눈부신 성과에 조금이라도 근접한 실적을 앞으로 계속해서 낼 수 있다면, 이런 자만심이 잘못된 것도 아닐 것이다. 그는 학교를 중퇴하고 (무려 중학교 때였다!) 독학했다. 마이너비니는 자신의 실적이 시장을 이기는 시스템을 만들려는 박사학위 소지자들 대부분을 크게 앞선다는 사실에서 특별한 즐거움을 느끼는 것 같았다.

학교를 중퇴한 뒤 마이너비니는 드럼 연주자로 일하며 경제적으로 독립했다. 그에게서 초기의 음악활동 경험에 대한 이야기를 끌어내려는 시도는 보람도 없이 좌절되었다. 트레이더가 되기 전 배경에 관한 이야기는 인터뷰에 색깔과 생기를 불어넣는 데 필수적이라고 설명하며 몇 번이나 간곡히 부탁했다. 하지만 애초에 드럼 연주자로서의 경력에 관한 자세한 내용은 조금도 알려주지 않겠다고 단단히 결심한 것 같았다. 보이지 않는 어떤 홍보 담당자의 손이 답변 방향을 이끌고 있다는 뚜렷한 인상을 받았다. 그는 가장 보편적인 대답을 하거나 이야기의 방향을 어떻게든 주식시장으로 돌려놓았다. 예를 들면 이런 식이었다. "음악인으로서의 경험에 관해 무엇이든 구체적으로 말씀해주시겠어요?"라고 물으면 (질문을 하며 점점 지쳐갔다.) "음악에 매력을 느낀 이유는 자유로움이 좋아서였고, 저를 주식시장으로 이끈 것도 바로 자유로움…"이라고 대답하는 식이었다. 거듭 매달린 끝에 그가 몇몇 밴드에서 연주했고, 음반을 냈고, MTV 비디오에도 등장했으며, 다른 가수들의 음반 녹음에 연주자로 참여했고, 직접 스튜디오를 운영하기도 했다는 정도로만 간단히 말해주었다. 그것으로 끝이었다.

마이너비니는 아직 10대였던 1980년대 초반에 주식시장에 흥미를 갖게 되었다. 어린 시절 취미 삼아 손을 댄 이 일에 전업으로 전념하게 된 것이다. 그는 스튜디오를 팔아서 그 자금을 밑천으로 트레이딩을 시작했다. 처음에는 모두 잃었는데, 이 경험을 인터뷰에서 이야기했다. 타인의 조언에 의존했던 것이 최악의 실수였음을 깨달은 그는 강도 높은 독학과 리서치에 돌입했다.

거의 10년간의 리서치와 시장 경험을 통해 마이너비니는 명확하게 정의된 트레이딩 방법론을 개발했다. 1994년 중반, 자신의 트레이딩 접근법이 충분히 다듬어졌다고 확신하고 꾸준한 성과 향상에 고무된 마이너비니는 흩어져 있던 계좌를 자신의 운용경력이 될 하나의 계좌로 통합했다(여러 계좌를 유지한 이유 가운데 하나는 서로 다른 전략들을 쉽게 비교하기 위해서였다).

통합 계좌를 운용하기 시작한 뒤 5년 반 동안 마이너비니는 그야말로 경이로운 성과를 거두었다. 연평균 220퍼센트가 넘는 복리수익률을 기록했고, 그 사이 열린 1997년 미국 투자선수권대회에서는 155퍼센트 수익률로 우승을 차지했다. 128퍼센트 수익률을 기록한 해가 최악이었다. 이 정도 수익률이라면 대부분 트레이더와 매니저에게는 기뻐해 마지않을 최고의 해가 되었을 것이다.

수익률이 전부가 아니다. 놀라운 것은 이처럼 높은 수익률을 달성하면서 위험은 매우 낮은 수준을 유지했다는 것이다. 손실이 발생한 것은 단 한 분기에 불과했고, 그마저도 1퍼센트의 미미한 손실에 그쳤다.

2000년, 마이너비니는 자신의 헤지펀드 퀀텍펀드Quantech Fund, L. P.를 출범했다. 그는 또한 퀀텍리서치그룹Quantech Research Group의 회장으로서 자신이 독자적으로 개발한 방법론을 활용해 종목을 선정하여 기관에 제공한다. 마이너비니는 낮에는 자금을 운용하고, 밤에는 컴퓨터 화면을 꼼꼼히 검토하며 회사의 펀더멘털을 조사한다.

마이너비니를 만난 곳은 맨해튼 중심부에 있는 그의 사무실이었다. 인터뷰는 두 번에 걸쳐 오후에 진행되었다. 그는 한눈에도 몸이 좋지 않아 보였는데, 사실은 열이 39.4도나 된다고 말했다. 하지만 면담을 취소하지는 않았다. 그가 직접 고백한 것인데, '시장의 마법사들'의 인터뷰 대상이 되는 것이 일생의 목표 가운데 하나였기 때문이라고 했다. 직업적 목표를 적은 목록에서 한 가지 항목을 지워내는 기회를 바이러스로 방해받을 수는 없었다.

사무실에 도착했을 때 마이너비니는 컴퓨터 화면에 뜬 주식 차트를 보며 매매 주문 입력 시점을 살피고 있었다. 전화를 끊고 난 후 그는 내게 "바로 체결되지 않아야 할 텐데요"라고 말했다.

뭐라고 말씀하셨죠?
주문이 즉시, 모두 체결된다면 치명적입니다. 시장가격이 27일 때 매수 주문을 넣는 일반 투자자는 26.75에 주문이 모두 체결되면 짜릿하겠죠. 하지만 저라면 곧바로 방향을 바꾸어 포지션을 정리할 겁니다. 폭등할 준비가 된 주식은 일반적으로 더 높은 시장가격이 아니면 매수하기가 아주 어렵습니다. 만일 제가 27에 1만 주를 주문했는데 장내 중개인이 와서 "27에는 3,000주만 살 수 있겠어요. 시장가격이 27.25가 됐습니다. 어떻게 할까요?"라고 묻는다면, 그것은 바로 지금이 매매할 시점이라는 제 믿음을 뒷받침하는 근거가 됩니다.

조금 전 주식은 어떤 동기에서 매수하셨나요?

동기는 언제나 같습니다. 생각보다 오랫동안 포지션을 보유하게 될지도 모르지만, 주식을 살 때는 몇 시간 또는 길어야 며칠 내로 주가가 오를 것이라고 생각합니다.

그렇군요. 하지만 그런 확신은 어디서 얻으시나요?

17년간의 경험 외에 다른 것 말씀이시죠? 지난 100년 동안 최대, 최고 속도의 주가 상승을 기록한 종목들의 특징을 근거로 작성한 계량 정보 화면에서 출발합니다. 이 개념을 다룬 좋은 책이 리처드 러브Richard Love가 쓴 『초강세주 Superperformance Stocks』입니다. 아마 지금은 절판되었을 것 같네요.

빠른 주가 상승을 기록한 주식들의 공통점은 무엇이었나요?

대개 덜 알려진 회사였습니다. 이런 주식들의 80퍼센트 이상이 역사가 10년 미만인 회사들입니다. 이처럼 상당수가 신생 기업인데, 저는 주가가 낮은 종목은 피합니다. 주가가 낮은 데는 대개 이유가 있습니다. 일반적으로 저는 주가가 20달러 이상인 주식을 사고, 12달러 미만인 주식은 절대 사지 않습니다. 제 기본 철학은 "시장이 제공하는 최고의 주식들에 포트폴리오를 노출하고, 자신의 판단이 틀렸을 때는 신속하게 손실을 잘라낸다"는 것입니다. 이 한 문장이 제 전략을 근본적으로 설명합니다.

최대 수익률을 거둔 주식들의 또 다른 특징은 무엇인가요?

놀랄 만한 사실을 말씀드리면 이런 주식들은 대개 최대 수익률을 기록하기 전부터 평균 PER 이상에서 거래된다는 것입니다. 많은 투자자가 PER이 낮은 주식들만 선택합니다. 안됐지만, 단순히 PER이 '너무 높은 것 같다'는 이유로 어떤 주식을 피한다면, 최고의 기회들을 놓치는 결과를 가져올 것입니다.

매매 대상 종목 선정에 관한 세부 사항들을 질문한 지점에서 오랜 논의가 이어졌다. 그의 대답은 좋게 표현하면 보편적이었고, 정확히 말하자면 회피에 가까웠다. 이 책이 목표로 하는 독자가 불면증 환자가 아니라는 가정하에, 이 대화의 어느 것도 여기 옮길 필요를 느끼지 못한다. 모호한 대답에 내가 답답해하는 것을 감지한 그는 마침내 신중한 어조로 말을 이어갔다.

작동원리를 이해하기 힘든 복잡한 기계장치를 다루는 문제가 아닙니다. 모두가 시장을 이길 공식을 찾아내려고 합니다. 시장은 과학이 아닙니다. 과학이 확률을 높이는 데 도움이 될 수는 있지만, 탁월한 성과를 내려면 트레이딩 기술을 완벽하게 내 것으로 만들어야 합니다.

모두들 제 컴퓨터 안에 어떤 모형이 있는지 궁금해합니다. 하지만 그것은 성공적인 트레이딩과는 제일 관련이 적은 요소일 것입니다. 물론 경쟁우위가 있어야 하겠지만 경쟁우위를 갖추는 방법은 수천 가지입니다. 저와는 정반대의 전략을 활용하는 사람들도 있지만, 저나 그들 모두 수익을 낼 수 있습니다.

제 성향에 맞추어 설계한 저의 전략을 아는 것이 아니라, 자신만의 전략을 개발하는 것이 중요합니다. 저의 트레이딩 철학, 원칙, 자금 운용 기법을 이해하는 것도 어쩌면 가치가 있을 수도 있죠. 그런데 그것 이상으로, 대부분 종목 선정을 지나치게 강조한다고 생각합니다.

어떤 의미죠?

사람들은 대단한 진입 전략을 찾는 데 너무 많은 시간을 들이고, 자금 운용에는 충분한 시간을 할애하지 않습니다. 상위 200개 상대적 강세 종목(과거 일정 개월 동안 시장평균을 큰 폭으로 초과 상승한 200개 종목)을 뽑아서 그 이름을 다트판 위에 올린다고 가정하죠. 그리고 매일 다트 세 개를 던져 선택된 종목을 매수하고, 어느 주식이든 진입 시점에서 일정 수준, 예를 들어 10퍼센트 하락하면 즉시 그 주식을 매도합니다. 그렇게 해도 돈을 벌 수 있다는 데 얼마든지 내기를 걸 수 있어요. 상승 잠재력이 큰 종목을 포함하고 있을 주식 집단에 노출되면서, 동시에 손실을 줄이고 있으니까요.

아무 주식이나 모아놓고 다트를 던져도 손실을 10퍼센트로 제한하기만 하면 돈을 번다는 말씀은 아니시겠죠? 어떤 방법으로든 미리 대상 주식의 목록을 선정해야 한다고 하셨습니다. 예로 드신 경우는 상대강도가 강한 종목들이었고요.

요점을 말씀드리려고 극단적인 예를 들었을 뿐입니다. 전략에 상관없이 전투의 90퍼센트는 손실을 줄이는 데 달렸습니다. 또한, 크게 상승할 잠재력이 있는 주식을 매수하는 포지션을 취하면 가능성은 더 커집니다.

다시 말해, 시장보다 상대적으로 강한 주식을 사면 가능성은 더 커진다는 것이군요.

상승 잠재력이 큰 주식을 살 가능성이 커집니다. 물론, 하락할 주식을 매수할 가능성도 커질 수 있죠. 하지만 걱정할 필요는 없습니다. 손실을 줄이고 있는데 왜 걱정을 하죠?

일반적 원칙으로서 상대강도가 큰 주식, 즉 시장평균보다 더 크게 상승한 주식을 매수하는 것이 옳다는 말씀으로 이해됩니다.

또는 시장평균보다 덜 하락한 주식입니다. 상대강도를 활용하는 방법 중 하나는 시장이 조정을 받는 동안 잘 버텨내고, 시장이 상대적 약세에서 벗어났을 때 가장 먼저 반등할 주식을 찾는 것입니다. 시장 주도주들이 바로 이런 종목입니다.

처음 트레이딩을 시작하셨을 때는 어떤 방법으로 매수할 종목들을 선택하셨나요?

(그는 기억을 떠올리며 한참을 웃었다.) 아무 방법도 없었습니다. 신저가를 기록하는 싼 주식을 사들였죠. 중개인들에게서 조언을 구하기도 했습니다.

그 이야기를 들려주시죠.

최악의 경험은 1980년대 초반에 있었던 일입니다. 중개인의 말을 듣고 20달러 바로 아래서 거래되는 어떤 주식을 샀어요. 주가는 4~5포인트 하락했고, 저는 정말로 걱정스러웠죠. 중개인은 걱정할 것 없다고 했어요. 주식이 헐값이고, 그때의 매도세는 다시 오지 않을 매수 기회라고 장담했어요. 그 회사가 후천성면역결핍증AIDS 치료제를 개발해왔고, 곧 미국식품의약국FDA 승인을 얻을 것이라고 주장했죠. 실제로 저를 설득해서 그 주식을 좀 더 매수하게 했죠. 하지만 주가는 계속 하락했어요. 결국 가진 돈이 모두 바닥나서 더 이상은 그 주식을 살 수 없는 지경까지 됐죠. 주가는 1달러 아래로 떨어졌고, 저는 돈을 전부 잃었다는 것이 이야기의 결말입니다.

그 매매에서 얼마나 잃었고 당시 누적 손실은 얼마였나요?

누적 손실은 3만~4만 달러였고, 이 가운데 절반은 그 거래에서 잃었습니다. 더 나빴던 것은 손실금의 일부가 빌린 돈이었다는 것이죠.

그 경험이 주식시장에 대한 열정을 조금이라도 잃게 했나요?

아니요, 하지만 아주 당황스럽고 맥이 빠지는 일이었죠. 말 그대로 눈물이 났습니다. 밑천을 전부 잃어 더 이상은 기회가 없다는 생각에 가장 힘들었습니다. 하지만 어떤 상황에서도 믿었던 것은 훌륭한 트레이딩 기회는 매일같이 찾아온다는 사실이었습니다. 단지 그 기회를 알아보는 방법을 찾는 것이 문제였죠. 제 실수는 의사결정의 책임을 다른 사람에게 떠넘긴 것이었습니다. 제가 직접 결정했다면 성공했을 것이라는 확신이 있었어요.

무엇이 그런 확신을 주었나요? 그동안의 트레이딩 결과는 물론 아니었을 텐데요.

그저 제 성격입니다. 저는 쉽게 포기하지 않아요. 가장 중요한 요인 한 가지라면, 저는 게임에 굉장한 열정이 있어요. 누구라도 주식시장에서 순이익을 올릴 수 있다고 생각하지만 훌륭한 트레이더가 되려면 반드시 열정이 있어야 합니다. 트레이딩에 대한 애정이 있어야 해요. 마이클 조던은 제품에 자기 이름을 넣으려고 농구선수가 된 것이 아닙니다. 반 고흐는 자신의 그림이 5,000만 달러에 팔리기를 꿈꾸며 위대한 화가가 된 것이 아니죠.

시장에 열정을 갖게 된 것은 큰돈을 벌 기회가 있기 때문이었나요?

처음에는 돈 때문에 주식시장에 끌렸을지 모르지만, 일단 발을 들인 다음에는 돈을 버는 것은 중요하지 않았습니다.

어떤 것이 중요했죠?

이기는 것이 중요했습니다. 최고가 되는 것이 중요했죠. 제 목표는 세계 최고의 트레이더가 되는 것입니다. 최고가 되면 돈은 걱정하지 않아도 되죠. 돈이 창문 너머에서 날아 들어올 테니까요.

돈을 모두 잃은 경험을 통해 무엇을 배우셨나요?

그 누구도 저를 위해 결정을 내려줄 수 없다는 것을 깨달았습니다. 스스로 해야 하는 일이었어요. 중개인은 수수료를 챙겼지만, 저는 그 자리에서 빈털터리가 됐죠. 여담인데, 그때는 몰랐지만 지금은 돈을 전부 날리는 일은 초보 트레이더에게 일어날 수 있는 최고의 경험 가운데 하나라고 굳게 믿습니다.

어째서죠?

그 경험이 시장을 존중하도록 가르치니까요. 모든 것을 잃을 수도 있다는 교훈은 나중에 배우는 것보다 아직 가진 돈이 많지 않을 때 배우는 편이 훨씬 낫습니다.

초보자들을 위한 모의 트레이딩에는 동의하지 않으실 것 같습니다.

물론입니다. 모의 트레이딩은 최악의 선택이라고 생각해요. 아직 초보자라면 잃더라도 감당할 수 있을 만큼 적은 금액이면서, 실제로 잃었을 때 고통스러울 만큼은 되는 돈을 가지고 매매를 하세요. 그게 아니라면 자신을 기만하는 것입니다. 한 가지 알려드리죠. 실제 상황에서는 감정적 압박에 지배를 받는 것에 익숙하지 않기 때문에 모의 트레이딩 때와는 전혀 다른 결정을 하게 됩니다. 똑같은 것은 아무것도 없어요. 혼자서만 권투 연습을 하다 프로 선수와 링에 올라가 대결하는 것과 마찬가지죠. 어떤 일이 일어날까요? 실제로 맞는 것에 익숙하지 않으니 거북이처럼 몸을 웅크리고 헛손질만 해대겠죠. 트레이더가 되는 데 가장 중요한 것은 다름 아닌 트레이딩을 하는 것입니다.

어떻게 해서 패배자에서 성공한 인물로 탈바꿈하게 되셨나요?

얼마나 자주 옳은 판단을 내리는지가 아니라, 지는 매매에서 발생한 손실 대비 이기는 매매에서 얻은 이익이 얼마인지가 중요하다는 것을 이해하자 결과가 달라졌습니다. 저는 평균적으로 50퍼센트 정도의 매매에서 이익을 냈을 뿐입니다. 하지만 판단이 틀렸을 때 발생한 손실보다, 옳았을 때 발생한 이익이 훨씬 많았습니다.

제일 처음을 여쭤보는 것입니다. 중개인의 조언을 따랐다가 돈을 전부 날린 뒤 어떻게 해서 자신만의 성공적인 방법론을 개발하게 되셨나요?

수년간의 리서치와 트레이딩 경험이 소요된 느리고 점진적인 과정이었습니다. 시장과 성공한 개인에 관해 구할 수 있는 책은 모두 읽었습니다. 제가 읽은 수백 권의 책 가운데 중요한 영향을 미친 것은 10권도 안 될 겁니다. 하지만 나쁜 책은 없습니다. 단 한 문장만 얻는다고 해도 그 책은 가치가 있죠. 문장 하나가 인생을 바꿀 수도 있습니다.

그렇다면 인생을 바꾼 한 문장을 말씀해주세요.

"성공의 열매는 직접 기록하고, 스스로 생각하고, 자신만의 결론에 도달하는 데 들인 정직하고 진지한 노력에 정비례한다." 즉 결과에 대해 온전히 스스로 책임지라는 것입니다.

어느 책에서 인용하신 문장인가요?

제시 리버모어Jesse Livermore가 쓴 『주식 매매하는 법How to Trade in Stocks』입니다.

그 책에서 또 어떤 교훈을 얻으셨나요?

중요한 메시지가 많았습니다. 기본적인 메시지는 경직되지 말라는 것, 시장은 절대 틀리지 않는다는 것이었습니다. 또한 포지션에 진입할 적정 시점을 기다릴 때뿐만 아니라, 이기는 포지션에서 이익을 실현할 때도 인내할 필요가 있다고 이야기했습니다. 정말 마음에 깊이 와 닿은 메시지는 원금뿐만 아니라, 이익을 보호하는 것이 중요하다는 것이었습니다.

리버모어의 책을 읽고 어떤 점이 달라지셨나요?

그 책이 현재 시장과도 여전히 밀접한 관련이 있다는 사실에 놀랐습니다. 과거로 돌아가 1900년대 초반의 주식들을 검토하도록 영감을 주었죠. 현재 시장이 정말로 과거와 다를 것이 없다는 사실을 알았습니다. 리버모어의 의견과 저의 의견이 일치하는 점이 많아서 정말 깜짝 놀랐습니다.

예를 들면요?

자금 운용의 중요성입니다.

물론 리버모어는 그 분야에서 완전히 탁월했던 것은 아니었죠(리버모어는 얼마 동안 재산을 벌고 잃기를 반복하다가 너무 여러 차례 완패한 뒤 결국 스스로 목숨을 끊었다).

리버모어는 매일같이 손절을 했습니다. 하지만 불행히도 가끔씩은 도박을 하려는 충동에 굴복했죠. 그런 충동이 많은 트레이더를 파괴합니다.

또 어떤 것들이 트레이더로서 성공하는 데 도움이 되었나요?

포커 게임입니다. 트레이더가 되려는 사람들은 누구든 포커 게임하는 법을 배워야 한다고 생각합니다.

좀 더 설명해주신다면요?

처음 카지노에서 진지하게 포커 게임을 지켜보면서 알았습니다. 이기는 패로 버는 돈은 평균 50달러가 넘는데, 처음 세 개의 카드를 보는 데 필요한 돈은 단 50센트였습니다. 고작 50센트를 들여 100배나 되는 돈을 딸 확률을 파악해볼 수 있다니 믿을 수가 없었어요. 50번 게임을 포기fold하고 단 한 번만 이겨도 잃은 돈의 두 배는 벌 수 있죠. 굉장히 높은 배당률이라고 생각했어요. 그렇게 해서 포커 게임을 하기 시작했습니다. 저의 전략은 이길 확률이 극히 높은 패를 가졌을 때만 게임에 참여하는 것이었죠.

일단 카드를 확인하고 게임을 진행하기로 결정하면 다른 플레이어들은 게임 포기를 선언하지 않았나요?

아니요. 왠지 아십니까? 자기규율도 없이 게임을 하고 싶어 했기 때문이죠. 아무것도 하지 않아야 하는 때가 언제인지를 아는 것이 중요합니다. 대부분 사람들은 이기는 전략을 알고 있으면서도 따르지 않죠. 자기규율에 철저하지 못해서입니다. 예를 들어, 체중을 줄이는 방법은 누구나 알고 있죠. 지방 섭취를 줄이고 운동을 해야 합니다. 그런데 (의학적 문제가 없다고 가정했을 때) 대부분 과체중인 이유는 무엇일까요? 자기규율이 부족하기 때문입니다.

시장에 비유하면 이렇겠군요. '매매에 진입할 때는 제한적인 위험을 감수하고 잠시 시장이 돌아가는 것을 지켜본다. 시장이 불리하게 움직이면 작은 손실을 받아들이는 것으로 끝낸다. 유리하게 움직이면 이익은 상당한 규모일 가능성이 크다.'

맞습니다. 이런 말이 있죠. "틀리는 것은 용인된다. 그러나 틀린 채 머무르는 것은 절대 용인되지 않는다." 틀리는 것은 선택할 수 있는 문제가 아니지만 틀린 상태에서 머무르는 것은 다릅니다. 어떤 게임이든 이기기 위해서는 어느 정도 기술과 유리한 요소가 필요합니다. 자금 운용은 게임 이상이죠. 포커든 투자든 마찬가지입니다. 어느 경우든 중요한 것은 하락 위험을 관리하는 것입니다. 좋은 트레이더는 하락 위험을 관리합니다. 상승 가능성을 염려하지 않아요. 수비를 제대로 하면 지지 않습니다. 저는 늘 화려한 공격진보다 탄탄한 수비진을 갖춘 축구팀에 내기를 거는 편입니다. 매매가 빨리 잘 풀리지 않으면 작은 손실을 받아들입니다. 작은 손실을 여러 번 감수해야 할 수도 있죠.

만일 다섯 번 자동청산되면 어떻게 하시나요? 여섯 번째가 돌아오기는 어렵지 않을까요?

제 기준에만 맞으면 어렵지 않습니다. 다시 말씀드리지만 포커 게임이 좋은 비유입니다. 전에 어떤 카드를 가졌는지는 아무 의미가 없어요. 확률을 결정하는 것은 현재 쥐고 있는 카드입니다. 그 정보를 근거로 옳은 결정을 내려야 합니다. 전에 가진 카드로 이겼든 졌든 그것은 전혀 상관이 없죠. 그러니 같은 매매에 여러 번 돈을 거는 것은 전혀 문제가 되지 않습니다.

처음에는 포지션이 자동청산되면 그것으로 그만이었어요. 빨리 잊고 다른 주식을 찾기 시작했죠. 하지만 여러 번 자동청산을 당하고 나서 몇 개월 뒤에 그 주식들을 다시 보니 주가가 두 배, 세 배 뛰어 있었어요. "맙소사, 저 주식에 투자했었는데!" 하며 소리를 지르곤 했죠. 포지션이 자동청산된 뒤 다시 진입하기 위한 계획을 준비할 필요가 있다는 것을 깨달았죠.

자동청산을 당한 다음 더 높은 가격으로 같은 포지션에 재진입하기에는 심리적인 어려움이 있을 것 같습니다.

그렇습니다. 더 나쁜 것은 또다시 자동청산 당할 수도 있다는 것이죠. 그럴 경우 세 번째 진입도 가능할까요? 제대로 매매하기 위해 필요하다면 얼마든지 가능합니다. 때로는 여러 차례 자동청산을 당할 때 더 큰 가능성이 나타나기도 합니다.

구체적인 예를 들어주시겠습니까?

제 모형이 보내는 신호에 따라 어떤 주식을 샀는데 자동청산될 만큼 주가가 하락했다고 해보죠. 그런 다음 크게 반등해 그날 최고가로 마감합니다. 이러한 가격 변동은 시장이 재편되어 이길 가능성이 낮은 카드 대부분을 떨궈냈고, 주가는 상승할 준비가 되었다는 징후일 수 있습니다. 이때 다시 매수 포지션을 취하면 처음보다 이길 확률이 더 높아질 수도 있습니다.

그런 상황에서는 그날 종가에 진입하시나요, 아니면 다음날 시장이 열릴 때 진입하시나요?
상황에 따라 다릅니다. 매매에 진입하기 전에 반드시 특정한 요건이 충족되어야 합니다.

어떤 요건이죠?
먼저, 가격의 장기 움직임입니다. 다음으로 펀더멘털 요인이 뒷받침되어야 하는데, 이 요건은 상황에 따라 덜 중요할 수도 있습니다. 마지막으로, 진입시점을 결정하는 절대적인 근거는 가격의 움직임입니다.

진입 시점을 정할 때는 앞서 매수할 주식을 가려낼 때보다 훨씬 짧은 기간 동안의 가격 움직임을 활용하실 것 같습니다.
맞습니다.

선생님의 진입 조건을 조합하면 '가격 움직임의 샌드위치'라고 부를 수 있겠군요.
정확히 그렇군요, 가격 움직임의 샌드위치.

인터뷰 내내 참관인으로 자리를 함께 한 마이너비니의 동료 한 사람이 이 말을 듣고 소리 내어 웃었다. 처음 듣는 것이 틀림없는 이 비유가 꽤 적절하다고 생각했던 것 같다.

패배에서 성공으로 탈바꿈하는 데 또 다른 중요한 전환점이 있었나요?

처음 시장에서 완패하고 여러 해 동안 트레이딩을 하고 나서 저의 모든 매매를 분석하기로 결심했습니다. 특히 관심을 가진 것은 제가 매도한 주식이 그 후 어떻게 되었는가 하는 것이었습니다. 자동청산을 당하고 난 뒤 그 주식이 계속해서 하락했는지, 반등했는지 궁금했죠. 그 분석으로 얻은 정보가 굉장했습니다. 가장 중요하게 깨달은 것은 지는 포지션을 너무 오랫동안 붙들고 있었다는 것입니다. 만일 예선전 결과를 보고 10퍼센트에서 손절을 했다면 어떻게 되었을지 검토했습니다. 결과는 충격적이었죠. 만약 그 단순한 규칙을 따랐더라면 이익이 70퍼센트나 증가했을 겁니다!

그렇군요. 하지만 손실의 한도를 정했기 때문에 처음에 10퍼센트 넘게 하락했다가 나중에 반등한 상승주들을 놓쳤다는 사실도 고려해보셨나요?

네, 그것이 바로 다음으로 점검한 사항입니다. 검토 결과 그것이 큰 차이를 만들지는 않았습니다. 손실을 10퍼센트로 제한해서 놓친 상승주는 일부에 불과했습니다. 이기는 매매는 대개 시작부터 잘 풀렸다는 사실을 알았습니다. 손실이 무한대로 커지는 포지션을 보유하는 고통을 감내하는 것은 전적으로 불필요할 뿐만 아니라, 실제로 더 손해라는 사실을 깨달았죠.

또한 지고 있는 포지션을 너무 오랫동안 보유해서 자본이 묶였다는 것을 알았습니다. 해당 포지션에 매달림으로써 다른 곳에서 이익을 낼 수가 없기 때문에 크게 하락하는 주식이 미치는 영향은 손실 그 자체를 넘어서는 것이었습니다. 그 영향까지 고려했을 때 손실을 제한한 전략의 효과는 엄청났죠.

앞서 말씀하신 내용을 생각할 때, 지금 감수하시는 위험은 이 분석에서 활용한 최대 손실폭 10퍼센트보다 분명히 훨씬 작은 것 같습니다. 손절 지점은 어떻게 결정하시나요?

모든 매매가 같지는 않습니다. 장기적 투자일 때는 단기 매매보다 손절 범위를 더욱 넉넉하게 정합니다. 시장이 강세장 초기라고 생각될 때도 과열 상태이거나 조정을 앞두고 있을 때보다 여유 있게 손절 범위를 정합니다. 핵심 원칙은 '손절 지점은 기대이익의 함수여야 한다'는 것입니다.

큰 성공을 거둔 트레이더로 탈바꿈하는 데 특히 중요했던 또 다른 경험이 있으셨나요?

상승 여력에는 어떤 인위적 제한도 두지 말아야 한다는 것을 배웠습니다. 1995년 여름 어느 시점에 연초 이후 누적 수익률이 100퍼센트를 넘어서 그해 목표를 일찌감치 달성한 일이 있었습니다. 저는 그해 장부를 마감할지 여부를 진지하게 검토했죠. 그때 한 친구가 "어째서 200퍼센트 수익률은 못 한다고 생각해?" 하고 물었어요. 하루 이틀 정도 더 생각해보고 친구의 말이 옳다는 결론을 내렸죠. 결국 최종 수익률 407퍼센트로 그해를 마감했습니다.

기본적 분석과 기술적 분석 모두를 활용하시는 것으로 알고 있습니다. 상대적으로 더 중점을 두시는 쪽이 있으신가요?

대략 50 대 50 비중이라고 할 수 있습니다. 하지만 주가 움직임과 펀더멘털 가운데 상대적으로 더 중요하게 여기는 요소에는 의미 있는 차이가 있습니다. 제 판단이 옳다고 확인해주는 주가 움직임 없이는 결코 펀더멘털을 근거로 한 판단에 베팅하지 않습니다. 하지만 상대적 주가 움직임이 시장의 상위 2퍼센트 이내라면 펀더멘털이 부정적이더라도 해당 주식의 매수를 고려할 것입니다.

어째서죠?

주가 움직임이 아직 확실하지 않은 펀더멘털의 변화 가능성을 반영할 수 있기 때문입니다. 주가 강세와 현재의 취약한 펀더멘털은 턴어라운드turnaround(급격한 실적 개선-옮긴이) 기업이나 잠재력이 널리 알려지지 않은 신기술 보유 기업들에서 종종 관찰되는 조합입니다.

하루에 차트를 얼마나 검토하시나요?

예비 단계에서 대략 1만 개 종목을 컴퓨터로 처리하고 800여 개로 목록을 줄입니다. 이 모든 종목의 차트를 매일 밤 검토합니다. 처음에는 재빨리 차트를 훑어보고 평균 30~40개의 흥미로운 종목을 찾아냅니다. 그런 다음 최근 살펴본 적이 없는 회사라면 펀더멘털을 꼼꼼히 살펴보며 좀 더 자세히 검토해서 다음 날 매수 대상으로 고려할 수 있을 몇몇 종목을 선정합니다.

어느 정도 기간의 가격 차트를 보시나요?

10년간 차트부터 장중 차트에 이르기까지 모두 검토하는데, 늘 보는 것은 5년, 1년, 장중 차트입니다.

매매에 진입할 때는 어떤 종류의 주가 패턴을 보시나요?

전통적인 차트 패턴은 활용하지 않습니다. 현실적으로 쓸모 있다고 보지 않습니다.

그렇다면 차트에서는 무엇을 보시나요?

관찰 결과 유용하다고 판단한 패턴들 대부분은 전통적 차트 패턴을 좀 더 복잡하게 변형한 것들입니다. 제가 이름 붙인 패턴들도 다수 있습니다. 이런 패턴은 거듭 반복됩니다. 1800년대부터 반복됐고, 영원히 반복될 것입니다. 처음 차트를 살펴보고 이런 패턴들을 찾아냈을 때는 모두들 대체 어떻게 이런 것을 놓칠 수 있는지 이해가 가지 않았죠. 물론, 제가 초기에 그랬던 것처럼 다른 사람들도 그랬겠죠.

그런 패턴들이 얼마나 되나요?

20여 개입니다.

한 가지만 예를 들어주실 수 있나요?

곤란합니다.

그런 패턴은 어떻게 발견하셨나요?

일반적인 차트 패턴으로 시작했는데 굉장히 잘 들어맞을 때도 있지만, 어떤 때는 전혀 맞지 않는다는 것을 알았죠. 그래서 패턴들이 잘 맞을 때는 언제인지를 알아내는 데 집중적으로 많은 시간을 할애했습니다.

저는 시장이 어떤 식으로 대다수 투자자를 속이고 좌절시킬 수 있는지 알아내려고 끊임없이 노력했습니다. 저는 대다수가 속고 난 뒤 제가 '순항 시작 지점 point of smooth sailing'이라고 이름 붙인 지점에서 진입합니다. 실제로 소위 '실패한 신호 failed signal'는 전통적 패턴을 근거로 한 최초의 신호보다 더욱 신뢰도 높은 복잡한 패턴의 시작일 수 있습니다.

예를 들면요?

예를 들어 어떤 주식이 박스권을 큰 폭으로 돌파했다고 해보죠. 굉장히 좋아 보입니다. 모두들 그 주식을 매수하고 난 다음 주가가 폭락합니다. 이 경우 대부분 사람은 앞선 박스권 돌파를 실패한 기술적 신호로 여길 것입니다. 하지만 최초의 돌파는 그 자체보다 신뢰도 높은, 좀 더 복잡한 다른 패턴의 시작에 불과했던 것일지도 모릅니다.

그런 패턴 가운데 한 가지만 자세히 설명해주실 수 있나요?

그렇게 하고 싶지 않습니다. 패턴을 밝히면 뭔가 달라질까 봐 그러는 것이 아닙니다. 자세한 설명을 〈월스트리트저널〉에 기고할 수도 있지만, 그 글을 읽는 사람들 가운데 99퍼센트는 그 패턴을 아예 활용하지 않거나 제 방식대로 활용하지 않을 것입니다.

그렇다면 밝히지 않으시는 이유는 무엇인가요?

성공적인 트레이딩에 있어 중요한 것은 그것이 아니기 때문입니다. 정말 중요한 것은 손실을 통제하고 계획을 세우는 것입니다. 게다가 성공하고 싶다면 자신만의 고유한 방법론을 개발해야 합니다. 제 방법은 제가 개발한 것입니다. 다른 사람에게는 분명 맞지 않을 것입니다.

마이너비니가 정말로 그렇게 믿는다고 확신하지만 한편으로는 자신만의 독창적인 차트 분석법을 공개하기를 원하지 않는다고 생각한다. 그것을 공개했을 때 자신이 활용하는 패턴의 효과에 부정적인 영향을 미칠 수 있다는 지극히 합리적인 생각을 했을 것이 분명하기 때문이다. 그의 차트 방법론에 관한 구체적인 이야기를 끌어내려고 좀 더 노력했지만 허사였다. 그는 자신의 차트 패턴의 명칭을 공개하는 것조차 원하지 않았다. 내가 녹음기를 끄고 나서야 그는 목록에서 차트의 명칭을 읽어 내려갔다.

가격 차트를 매매에 진입하는 방아쇠로 활용하시는 것 같습니다. 포지션을 정리할 때도 그 차트들을 활용하시나요?

네.

동일한 패턴을요?

그렇기도 하고, 아니기도 합니다. 같은 패턴도 어디에서 나타나는지에 따라 다르게 해석됩니다. 예를 들어, 어떤 패턴이 고삐 풀린 강세장이 아닌 폭락장에서 발생하면 해석은 정반대가 될 수 있습니다. 큰 그림 안의 어느 지점에서 발생한 것인지 감안하지 않고 어떤 패턴을 맹목적으로 해석해서는 안 됩니다.

앞에서 전통적인 차트는 보지 않는다고 말씀하셨는데, 신고점 돌파에는 의미를 부여하지 않으신다는 뜻인가요?

아닙니다. 신고점 돌파는 일반적으로 강세 사건입니다. 손실을 입은 뒤 본전만 찾으면 빠져 나가려는 기존의 모든 매수자가 시장에서 제거되기 때문이죠. 일단 신고점을 기록한 뒤 주가가 흔히 급등하는 이유도 바로 이 때문입니다. 그 지점에는 오로지 행복한 투자자들만 남을 뿐입니다. 비참한 사람들은 이미 다 빠져나갔죠.

하지만 주가가 신고점을 기록한 뒤 다시 기존 구간으로 하락하는 경우도 흔하지 않나요?

상승 추세에서 조정을 받아 1차 레그가 나타난 다음 신고점을 돌파한 주식을 매수한다면 그런 일은 거의 일어나지 않습니다. 이런 경우 주가는 대개 신고점을 돌파한 뒤 급등합니다. 덜 숙련된 트레이더들은 주가가 내려오면 사려고 기다리지만, 그런 기회는 결코 오지 않습니다.

트레이더로서 성공하려는 목표를 가진 초보자들에게 어떤 조언을 해주시겠습니까?

첫 번째이자 가장 중요한 조언은 실수는 늘 있다는 것입니다. 단순한 실수가 재앙으로 번지지 않게 하는 유일한 방법은 아직 손실이 작을 때 그것을 받아들이고 다음으로 나아가라는 것입니다.

자신의 성격에 맞는 한 가지 방식을 완벽히 익히는 데 주력해야 합니다. 이것은 평생이 걸리는 과정입니다. 대다수 사람들은 학습곡선을 그려 나가지 못합니다. 어렵고 기대에 못 미친다고 느끼면 즉시 다른 방법을 찾기 시작하죠. 그 결과 어느 한 방법론도 숙달하지 못한 채 다방면에서 약간의 능력을 발휘합니다. 뛰어난 접근법을 개발하는 데는 아주 긴 시간이 소요되고, 그 기간 동안 형편없는 실적을 거두는 시기도 거치는 것이 현실입니다. 역설적이게도 그런 시기에 가장 가치 있는 정보를 얻습니다.

또 다른 조언이 있다면요?

모든 우발상황에 대응할 계획을 세워둘 필요가 있습니다. 항공기를 조종할 때 엔진에 이상이 발생한다면 조종사와 부조종사는 임기응변으로 대처할 필요가 있습니다. 우발계획contingency plan이 마련되어 있는 것이죠. 가장 중요한 우발계획은 판단이 틀렸을 때 손실을 제한해주는 계획입니다. 더 나아가 자동청산될 경우 어떻게 복귀할 것인지도 계획해야 합니다. 그렇지 않으면 해당 포지션이 50퍼센트, 100퍼센트 상승하는 것을 멀찍이 물러나 구경만 하게 될 것입니다.

선생님 역시 자동청산된 후 몇 배나 높은 가격에 재진입하는 경우가 있지 않으셨나요?

물론이죠, 하지만 상관없습니다. 저는 한 번에 커다란 손실을 입는 것보다는 다섯 번 연속 자동청산 당하면서 매번 작은 손실을 보는 편을 택할 것입니다.

또 다른 중요한 우발계획에는 무엇이 있을까요?

이기는 매매에서 빠져 나올 계획입니다. 강세에 청산할 수도 있고, 약세에 청산할 수도 있습니다. 하지만 두 경우 모두에 대해 계획을 세워야 합니다.

초보 트레이더들에게 또 어떤 조언을 해주시겠습니까?

많은 아마추어 투자자는 이익이 나는 것을 보면 느슨해집니다. '시장의 돈'을 자신이 벌었다고 생각하는 함정에 빠지기 때문입니다. 그 순간 시장은 즉시 돈을 회수해갑니다. 이익은 지켜낼 때만 자신의 돈이 됩니다. 또한, 보유할지 청산할지 양단간의 결정을 내릴 필요는 없습니다. 주가가 올랐는데 무엇을 해야 할지 모르겠다면, 이익의 일부를 실현해도 아무 문제가 없습니다.

사람들이 트레이딩에서 저지르는 실수는 무엇이 있을까요?

자존심을 결부시킵니다. 한 투자자가 자신의 선택을 뒷받침하기 위해 많은 시간을 들입니다. 회사의 재무제표를 샅샅이 살펴보고, 밸류라인Value Line(미국의 투자 관련 리서치 제공업체−옮긴이)도 검토하고, 회사의 제품을 직접 사용해보기도 합니다. 그렇게 뿌듯한 마음으로 선택한 주식을 매수하자마자 주가가 급락합니다. 믿을 수 없습니다. 그래서 주가 하락에 대한 이런저런 핑계를 찾습니다. 자신의 포지션을 정당화하는 데 도움이 될 의견을 구하기 위해 중개인에게 전화를 하고 인터넷을 뒤집니다. 반면 단 한 가지 중요한 의견, 즉 시장이 내린 결정은 무시합니다. 주가는 계속 하락하고 손실은 더욱 확대됩니다. 그러다 마지막이 되어서야 수건을 던져 기권하고, 사기는 바닥에 떨어집니다. 시점을 결정하는 데 실수가 있었음을 인정하지 않았기 때문에 벌어지는 일입니다.

다른 사람의 생각에 영향을 받는 것도 많은 투자자가 저지르는 실수입니다. 저도 트레이딩을 배우던 시절 같은 실수를 저질렀습니다. 한 중개인과 친해져서 그에게 계좌를 개설했습니다. 우리는 상대의 주식이 하락하면 서로 잔소리하기로 했죠. 그런데 포지션이 불리해져도 놀림을 당할까 봐 차마 주식을 팔아달라는 전화를 하지 못했습니다. 주가가 5퍼센트, 10퍼센트 하락해 이제 정말 빠져 나와야 한다고 생각하다가도, 어느새 얼른 주가가 회복해서 팔라는 전화를 하지 않아도 되면 좋겠다고 생각하는 저 자신을 발견했죠. 주가는 눈 깜짝할 사이에 15퍼센트, 20퍼센트 하락했고 그럴수록 전화하기는 더욱 어려워졌습니다. 이때 타인의 시선은 무시해야 한다는 것을 배웠습니다.

많은 사람이 너무 가볍게 투자에 접근합니다. 사업이라기보다는 하나의 취미로 생각하죠. 취미에는 돈이 듭니다. 또한 사후 분석post-trade analysis에 시간을 들이지 않음으로써 '매매 결과'라는 최고의 스승을 제거합니다. 대부분 사람들은 실패를 통해 배우기보다는 실패를 잊는 편을 선호합니다. 이는 커다란 실수입니다.

트레이딩에 관해 사람들이 오해하는 것은 무엇이 있을까요?

트레이딩을 실제보다 훨씬 쉽게 생각합니다. 주말을 함께 보내면서 어떻게 매매하는지 한 번 보여달라고 하는 사람들이 가끔 있습니다. 얼마나 엄청난 모욕인지 아세요? 뇌 전문 외과의사에게 "며칠 남는 시간이 있으시면 뇌수술하는 법을 좀 가르쳐주시면 좋겠는데요"라고 말하는 것과 같아요.

현재 시장에 몰아치는 광풍, 특히 닷컴주와 인터넷 주식에 형성된 열기는 트레이딩이 쉬운 것이라고 믿도록 사람들을 기만하고 있습니다. 야후를 사서 최고의 펀드 매니저들보다 네 배 많은 수익을 올리고 스스로 천재라고 생각하는 사람들도 있죠.

성공적인 트레이딩에 직감은 얼마나 중요한가요?

평범한 인간 본성에 따른다면 트레이딩을 잘하지 못하는 게 당연합니다. 따라서 트레이더로서 성공하기 위해서는 훈련을 통해 비정상적 반응을 익혀야 합니다. 많은 트레이더가 직감과 반대로 하라고 말합니다. 어떤 포지션에 대해 감이 좋으면 팔고, 형편없다고 느껴지면 좀 더 사야 한다는 뜻이죠. 처음에는 그렇게 하는 것이 옳겠지만 비정상적 반응을 훈련하다 보면 어느새 노련해지는 때가 옵니다. 그때는 직감이 맞습니다. 감이 좋으면 실제로 사고, 좋지 않으면 팔아야 합니다. 그때가 비로소 자신이 트레이더로서의 역량을 갖추었음을 알게 되는 시점입니다.

그저 그런 성공을 거둔 대다수 트레이더로부터 선생님을 차별화하는 것은 무엇일까요?

자기규율입니다. 저보다 자기규율에 철저한 사람은 없다고 생각합니다. 매매를 시작할 때 저는 가능한 모든 상황에 대해 우발계획을 준비합니다. 어떤 예외적인 상황도 있을 수 없다고 생각합니다. 만약 그런 것이 있다면 그 상황에 대한 계획도 역시 마련해두었을 것입니다.

또 어떤 차이가 있을까요?

트레이딩은 제 생업입니다. 매일의 생계가 트레이딩에 달려 있다면 일관된 성과를 내는 방법을 반드시 찾아야 합니다.

포지션이 잘못되었는지 여부는 어떻게 아시죠?

주가가 하락합니다. 그것만 알면 됩니다.

한 해 휴가는 얼마나 보내시나요?

장이 열리는 날은 휴가를 가지 않습니다. 10년 넘는 기간 동안 단 하루도 시장을 놓쳐본 적이 없어요.

몸이 편찮으셔도 말인가요?

아플 때도 마찬가지입니다. 폐렴에 걸렸을 때도 매매를 했습니다. 40.5도의 고열에 시달릴 때도 매매를 했죠.

하루 일과는 보통 어떻게 되시나요?

오전 8시에 출근해 오후 7시까지 일합니다. 두세 시간쯤 식사와 운동을 하고 다시 사무실로 돌아와 밤 10시부터 다음날 새벽 1시까지 일합니다. 다음날도 그대로 반복합니다. 일요일에는 보통 정오부터 밤까지 일합니다. 토요일에는 휴식을 취하면서 재충전합니다.

휴가도 없이 주 6일, 하루 열네 시간을 일하시는군요. 휴식을 취할 필요는 좀처럼 느끼지 않으시나요?
최고의 트레이더가 되겠다는 갈망이 쉬고 싶다는 욕구보다 큽니다. 휴식을 취하는 사이 시장 상황에 어두워지고 싶지 않아요.

➡

마이너비니가 종목 선택과 매매 시점 선정에 관한 구체적인 방법을 흔쾌히 말해주었다면 물론 좋았겠지만, 그가 줄 수 있고 실제로 준 가장 중요한 조언은 트레이딩 철학에 있다는 그의 생각에 동의한다.

그가 제시한 원칙의 요점을 정리하면 다음과 같다.
- 손실을 엄격히 제한하라.
- 자신의 성향에 맞는 방법을 개발하고 한 가지 방식에 통달하라.
- 직접 조사·분석하고, 자신의 판단에 따라 행동하며, 다른 사람의 의견에 영향을 받지 마라.
- 가능한 모든 상황, 즉 자동청산된다면 어떻게 포지션에 복귀할지, 흐름이 자신에게 유리하다면 언제 이익을 실현할지 등을 포함한 우발계획을 세워라.
- 자신의 계획을 절대적으로 준수하라. 예외는 없다.

그렇다. 여기 제시한 원칙 가운데 자기규율, 손실제한 등은 트레이딩에서 이미 상투적인 조언이 되었다. 그렇다고 해서 이런 원칙의 중요성이 약해지는 것은 아니다. 왜 이런 원칙이 상투적인 말이 되었을까? 자기규율과 손실제한은 실제로 이 책은 물론 앞서 두 권의 책을 쓰면서 만났던 트레이더들이 성공 비결로 가장 많이 언급한 두 가지 요소이다. 문제는 트레이더와 투자자들이 이런 조언을 너무 자주 접한 나머지 아예 귀를 기울이지 않는다는 데 있다. 그리고 그것이 결정적인 실수가 된다.

마이너비니에게 탁월한 도움이 된 훈련 방법은 과거 매매를 분석하는 것이었다. 그는 이 분석을 통해 키운 혜안으로 트레이딩 방식을 완전히 바꾸었고, 그저 그런 성과에서 벗어나 눈부신 성공을 이룰 수 있었다. 마이너비니는 개별 매매마다 최대 손실을 제한했는데, 그래서 놓친 이길 수 있었던 기회를 감안하더라도 그 덕분에 전체 수익률을 크게 끌어올릴 수 있었다. 이 사실을 알게 된 후 그는 손실폭을 더욱 제한해 훨씬 많은 이익을 냈다. 다른 트레이더와 투자자 역시 이와 유사한 방식으로 과거 매매를 종합적으로 분석한다면 성과를 향상시킬 수 있는 방법을 제시하는 패턴을 찾아낼 수 있을 것이다.

마이너비니가 개발한 방법론은 그가 아직 초보였던 시절, 본능에 따라 신저가를 기록하는 낮은 가격의 주식을 샀던 접근법과는 정반대라는 점이 흥미롭다. 그의 성공에는 초기의 접근법을 수정할 수 있는 융통성뿐만 아니라, 처음 판단이 완전히 틀렸다는 것을 인정하는 유연성까지도 필요했다. 교훈은 이렇다. 변화를 기꺼이 수용할 수만 있다면 초기 실패도 장기적인 성공을 막지 못한다.

지난 인터뷰 때는 펀드를 통해 다른 사람들의 돈을 운용하기 시작하신 시기였습니다. 그동안 어떠셨나요?

제 투자 방식과 기관투자가들의 투자에 관한 개념 사이에 충돌이 있다는 것을 알았습니다.

어떤 충돌이었나요?

제 투자 방식은 포지션을 집중해 큰 금액을 걸고, 손절 범위를 좁게 설정하며, 포트폴리오를 구성하는 기업들의 펀더멘털을 면밀히 관찰함으로써 위험을 관리하는 것입니다. 저는 타당하다고 생각되면 확신을 갖고 공격적으로 접근합니다. 한편, 투자 환경이 우호적이지 않을 때는 제가 필요하다고 생각하는 만큼 오랫동안 시장에서 물러나 있습니다. 양쪽 모두 갈등의 원인이 되었습니다. 기관투자가들은 크게 집중하는 것도, 완전히 현금 상태로 있는 것도 좋아하지 않습니다.

어느 달 시장이 상승했는데 현금 상태에 있다면 기관투자가들은 이렇게 말할 것입니다. "제 다른 펀드들은 상승하고 있어요. 제 주식도 상승합니다. 다우지수도 상승해요. 현금 상태로 뭘 하고 계십니까?" 한 달 뒤 시장이 크게 하락할 때 현금 상태에 있다면 어째서 매도 포지션을 취하지 않았는지 따져 묻겠죠.

저는 매도를 위한 매도는 하지 않습니다. 종목이나 시장이 구체적인 요건을 만족할 때만 매도 포지션을 취합니다. 그 요건이 만족되지 않으면 매도 포지션을 취하지 않습니다. 시장이 하락하지 않을 것으로 기대해서가 아닙니다. 제가 찾는 매도 신호는 시장이 장기적으로 하락한 다음이 아니라, 시장이 고점에서부터 급락할 때 발생합니다. 바로 지금처럼 말이죠. 자신 있는 영역을 고수해야 합니다. 한 예로 빌 게이츠는 워런 버핏의 가장 가까운 친구 중 한 사람입니다. 하지만 워런 버핏은 마이크로소프트 주식을 단 한 주도 사지 않았습니다. 자신 있는 분야가 아니라고 생각했기 때문입니다.

언제나 제 철학은 가능한 시장에서 벗어나 있는 것입니다. 시장에 참여하는 시간이 적을수록 위험 부담도 적습니다. 시장 여건이 허락한다면 저는 항상 시장에 참여하면서 같은 금액을 버는 것보다는 단 석 달 동안만 시장에 크게 노출되어 OO퍼센트의 수익을 올리는 편을 택할 것입니다.

일부 투자자들은 저의 접근법에 대해 제가 가진 만큼의 확신이 없을 것이고, 따라서 시장이 움직일 때 현금 상태라면 저의 전략에 이의를 제기할 것입니다. 자신들이 옳다고 믿는 방식대로 돈이 운용되지 않는 것 같으면 투자자들은 자금을 인출해갈 것입니다. 애초에 조언이 필요해서 저를 고용한 것인데, 아주 역설적인 상황이죠. 의사에게 어떤 방식으로 치료하라고 지시하는 것과 마찬가지입니다. 하지만 이것이 바로 투자 세계에서 일어나는 일입니다.

누구에게도 설명할 필요 없이 자신의 계좌로 매매하실 때는 성적이 아주 좋았습니다. 자산 운용에 뛰어드신 동기는 무엇이었나요?

저 자신의 돈으로 매매를 하던 것에서 더 나아가는 도전이었습니다. 저는 S. A. C. 캐피털의 스티브 코헨Steve Cohen이나 매버릭Maverick의 리 애인슬리Lee Ainslee처럼 많은 트레이더를 고용하고 거액의 자금을 운용하는 회사를 세운 사람들을 늘 존경해왔습니다.

퀀텍펀드의 순노출은 매수측에 크게 치우쳐 있습니다. 꾸준히 하락하는 시장에서 순매수 상태로 어떻게 순이익을 내고 계신가요?

시장에서 성공하는 데 중요한 요소는 언제 게임에서 빠질지 아는 것입니다. 전략을 적용하지 않을 때를 아는 것도 전략의 일부일 수 있습니다. 출범한 지 2년 반이 지난 퀀텍펀드는 약세장 시기와 거의 일치하는 펀드 수명의 상당 기간을 현금 또는 거의 현금에 가까운 상태로 보냈습니다. 드물지만 소폭의 순매도 상태일 때도 있었습니다. 한 예로 9월 11일에는 다우지수에 대해 매도 포지션을 취했습니다.

그때는 왜 매도 포지션을 취하셨나요?

시장이 미래의 사건을 반영하는 것처럼 보일 때 참 놀랍습니다. 저는 다우지수에 대해 매도 포지션을 취하고 있었고, 세계무역센터 테러 사건이 발생하기 직전에 방위산업 주식을 매수하려던 참이었어요. 하지만 주식시장에 대한 약세를 강하게 전망해서 방산주들을 매수하지 않았습니다. 제가 다우지수를 매도하고 방산주를 매수하는 포지션을 동시에 취했다고 상상해보십시오. 아마 연방수사국FBI에서 찾아왔을 겁니다. 세계무역센터 공격이 있기 전, 방산주들은 급등했고 지수는 이미 하락 반전하고 있었습니다. 시장이 테러리스트의 공격을 예측했다는 말씀을 드리려는 것이 아닙니다. 지수를 매도하고 방산주를 매수하는 두 가지 매매가 9·11 사태 전 저의 기술적 분석에서 가장 두드러진 트레이딩 기회였다는 사실이 놀랍다는 것입니다.

처음 인터뷰 때, 몇 년이나 계속되는 약세장은 경험한 적이 없다고 하셨습니다. 최근 2년간의 약세장에서 배우신 새로운 트레이딩 교훈이 있나요?

제 전략은 조금도 달라지지 않았습니다. 달라진 것이 있다면 매매 여건이 형성되지 않았을 때는 시장에서 벗어나 있어야 한다는 제 신념이 이번 약세장에서 더욱 강화되었다는 것입니다. 장기적으로 볼 때 현금흐름과 이익을 창출하는 회사들은 빠르게 성장하고 새로운 제품이나 서비스를 보유한 회사들은 보상을 받습니다. 물론 저는 이런 긍정적 펀더멘털을 시장이 인식하고 있다는 사실이 시장의 움직임에 실제로 드러날 때까지 기다릴 것입니다.

방법론에 변화가 없고 완전히 그대로라는 말씀이신가요?

네. 하지만 새로운 정보를 반영해 제 모형을 수정할 것입니다. 한 예로, 매년 이전 한 해 동안 최고의 수익률을 기록한 주식들을 모두 분석합니다. 미래에 최대 상승주가 될 가능성이 있는 종목을 가려내는 데 활용하는 기본적, 기술적 특성을 다듬기 위해서입니다.

최근 회계부정에 대해 어떻게 생각하십니까?

미국이 세계에서 가장 뛰어난 회계 시스템 가운데 하나를 갖고 있다고 하더라도, '일반적으로 인정된 회계원칙GAAP'이라는 명칭을 이루는 몇 안 되는 단어에서도 뭔가 잘못되었음을 알 수 있습니다. 수학에는 일반적이라는 개념이 있어서는 안 됩니다. 구체적인 보고 방법이 있어야 합니다. 그리고 구체적인 방법은 각 업종에 맞게 조정되어야 합니다. 유통회사의 지침은 보험회사와는 다를 것입니다. 하지만 같은 업종 내에서라면 각 회사들이 숫자를 보고할 방법을 결정하는 데 많은 자유가 허용되어서는 안 됩니다. 수백 개 사업 부문을 보유하고 많은 국가의 국민총생산GDP에 맞먹는 매출을 기록하는 제너럴 일렉트릭처럼 복잡한 회사의 실적이 매 분기마다 1페니 단위로 추정이익 범위 안에 들어오는 것이 어떻게 가능합니까? 대부분 회사들은 전적으로 법에 따라 운영됩니다. 그들이 법을 어긴다는 것이 아니라 법의 약점을 이용하고 있다는 말씀을 드리는 것입니다. 최근의 사건들로 어느 정도 개선이 있기를 바랍니다.

초장기적 관점에서 시장을 어떻게 보시나요?

맨 처음 유의미한 강세 서프라이즈 요인이 출현할 때 지금의 주가 급락이 급등으로 이어질 수는 있을 것입니다. 하지만 1990년대 목격한 지속적인 상승 추세 등이 다시 등장할 것이라고는 생각하지 않습니다. 1990년대 강세장에 기여한 요인 중 한 가지는 1980년대 말 공산주의의 붕괴에 따른 심리적, 경제적 활기였습니다. 지금은 테러리즘이 공산주의를 대체하며, 냉전시대와 유사한 상황으로 되돌아갈 수도 있다는 위협을 마주하고 있습니다.

이런 상황에서 투자자들에게 어떤 조언을 해주시겠습니까?

늘 해왔던 조언과 같습니다. 결국 주식은 사실상 100퍼센트 인식에 좌우되고, 따라서 가격은 어디로든 뛸 수 있음을 깨달아야 합니다. 인터넷 주식들 대부분은 전혀 가치가 없었지만, 인식 덕분에 믿을 수 없이 높은 주가 수준에 도달했죠. 순전히 인식에 좌우되어 이들 주식에서 얼마나 많은 부를 얻고 잃었는지 생각해보십시오.

끊임없는 리서치와 시스템 개발로
시장을 대비한다

스티브 르카르뷰Steve Lescarbeau

스티브 르카르뷰의 시스템은 내일 자 〈월스트리트저널〉을 매일 구독하는 것 다음으로 최선이다. 르카르뷰는 뮤추얼펀드에 투자한다. 그는 뮤추얼펀드의 가치가 상승하는 동안은 그것을 보유하고, 하락할 때는 단기금융집합투자기구money market fund, MMF에 돈을 넣어두는 전략을 추구한다. 이 같은 자산 이전 시점을 매우 신중하게 결정하는 덕분에 르카르뷰는 펀드가치의 주기적 하락을 대부분 피해가면서 자신이 투자하는 여러 펀드보다 3배 이상 높은 연평균 수익률을 기록한다.

르카르뷰는 5년 동안 70퍼센트가 넘는 연평균 복리수익률을 달성했다. 이것 못지않게 인상적인 사실이 있다. 그의 실적이 정말로 놀라운 것은 이처럼 높은 수익률을 기록하면서 경이로운 위험통제 능력을 보였다는 것이다. 실제로 르카르뷰의 월말 기준 고점에서 다음 저점까지 최악의 자본인하율은 3퍼센트에 불과했다. 일관성 역시 믿기 어려울 정도다. 전체 기간의 91퍼센트가 수익을 낸 달이었고, 연 수익률은 매년 50퍼센트를 넘었다.

스티브 르카르뷰는 자신의 트레이딩 시스템에 관한 세부 사항이 조금이라도 드러나는 것을 강박에 가깝게 우려했는데, 인터뷰를 통해 그 이유를 설명했다. 그렇다면 애초에 인터뷰에 응한 이유는 무엇일까? 첫째, 나는 르카르뷰에게 인터뷰가 실린 장을 인쇄 전에 읽어보고 승인받을 기회를 약속했다. 둘째, 르카르뷰의 말에 따르면 최초로 리서치 방향을 설정할 때 나의 책 『새로운 시장의 마법사들The New Market Wizards』에 실린 길 블레이크Gil Blake의 인터뷰에서 영감을 받았다고 한다. 자신의 경력에 간접적인 도움을 받은 데 대한 답례로 인터뷰 요청에 응했다는 것이 나의 추측이다.

르카르뷰는 해이해지는 법이 없다. 놀랄 만큼 효과적인 트레이딩 시스템을 여러 개 만들었으면서도 더 좋은 시스템을 개발하기 위한 리서치를 계속한다. 그의 투지는 단순히 시장에 국한되지 않는다. 예전 직장에서도 최고 영업직원 자리를 놓치는 법이 없었다. 르카르뷰는 여가활동도 격렬하게 한다. 자전거를 탈 때도 무려 160킬로미터를 달린다. 근력강화용 운동기구의 단계를 너무 높이 설정한 상태에서 과도하게 반복하는 바람에 무릎이 완전히 망가지기 전까지는 그랬다.

르카르뷰는 뉴욕 주 올버니 외곽의 작은 시골 마을에 있는 자신의 집에서 혼자 일한다. 인터뷰의 초반부와 후반부는 그의 집에 있는 사무실에서 이루어졌다. 창문 너머 잔디밭이 내다보이는 모퉁이 방이었다. 어두운 색 나무 패널을 두른 사무실 안에는 바닥부터 천장까지 책장이 들어차 있었다. 인터뷰 중반부는 마을의 이탈리아 식당에서 점심 뷔페를 먹으며 진행했다. 식사 손님은 우리가 유일했다(음식 맛 때문이 아니라 점심을 먹기에는 늦은 시간이었기 때문이다).

주식시장에 처음 관심을 갖게 된 계기는 무엇이었나요?

1983년 한 뮤추얼펀드 회사에서 일하게 되면서 금융 서비스업에 발을 들였습니다. 솔직히 말씀드리면 영업일을 하다 가장 돈을 많이 벌 수 있는 분야라는 생각에 이 분야로 전환했습니다. 저는 보스턴대학에서 화학 전공으로 학위를 받았습니다. 도움이 되긴 했지만 금융 분야에 관한 어떤 훈련을 받은 적은 없습니다.

어떤 계기로 화학에서 금융투자상품 영업으로 분야를 전환하게 되셨나요?

보스턴대학에서 화학을 전공한 것은 늘 굉장히 큰 도움이 되었습니다. 자연과학 학위는 금융 분야 학위 못지않게 도움이 된다고 생각하는데, 분석적으로 사고하는 훈련이 가능하기 때문입니다. 제가 정말로 잘하는 한 가지가 있다면 바로 조사·분석입니다. 저는 특별히 뛰어난 트레이더는 아닙니다. 학교를 졸업했을 때는 공부에 완전히 진절머리가 난 상태였고, 돈을 벌고 싶은 생각뿐이었습니다. 화학을 전공한 이력을 활용해 영업직 일자리를 구했습니다.

직접적으로 화학 분야에서 일자리를 구하려고 해보지는 않으셨나요?

아니요. 화학자는 돈을 전혀 못 벌지만, 영업사원은 돈을 법니다.

대학에 다닐 때는 그런 것을 생각하지 못하셨나요?

생각했죠. 4학년이 다 되어서요(웃음).

무엇을 판매하셨나요?

제약 업종과 전자 업종에 여과장치를 판매했어요. 첨단기술을 활용한 제품이었죠. 영업을 잘해서 3년 연속 최고 매출을 기록했죠.

영업 분야의 재능은 어떻게 개발하셨나요?

단순히 고집이 셌던 것이죠.

어떤 계기로 여과장치 판매에서 금융투자상품 영업으로 옮겨가셨나요?

올해의 영업사원상을 받았을 때 회사에서 부상으로 캘리포니아 라 코스타로 여행을 보내줬어요. 몬테레이 반도를 운전하고 내려오면서 탄성이 절로 나오는 집들을 봤어요. 계속 그 회사에 다닌다면 저런 집은 꿈도 못 꾸겠다는 생각을 했죠. 그 순간 회사를 떠나 많은 돈을 벌 수 있는 분야에서 일을 해야겠다고 결심했죠. 그래서 영업직원들의 수입이 무한대인 의료공급과 금융서비스의 두 가지 분야를 조사했습니다. 그렇게 1983년부터 한 뮤추얼펀드 회사의 지역 영업 담당자로 일하게 됐습니다.

금융시장 경험이 있으셨나요?

전혀 경험이 없었어요. 사실 이전 직장에서 올해의 영업사원상을 받았을 때 회사 주식 100주도 받았습니다. 그게 뭔지도 몰랐죠. 시장에 대해서 그보다 더 무지할 수는 없었을 겁니다.

새 직장은 어떠셨나요?

일도 좋았고, 몇 년 동안은 꽤 잘해냈습니다. 하지만 업무에 한계가 있었기 때문에 다음 단계로 나아가려면 다른 일을 해야 한다는 것을 깨달았죠. 저는 주식중개인이 되겠다고 결심했어요. 시어슨 리먼 브라더스Shearson Leman Brothers에 면접을 보고 채용되었습니다. 그곳에서 완전히 생소한 분야인 관리형 선물managed futures을 담당하는 팀 홀크를 만났습니다. 팀은 예전에 커머더티즈 코퍼레이션

Commodities Corporation에서 개인 투자자 자금을 조달하는 일을 한 경력이 있었죠(당시 커머더티즈 코퍼레이션은 외부 투자자 자금은 물론 회사 고유계정proprietary 자금을 관리하는 내부 트레이더 집단을 운영했다. 『시장의 마법사들』에서 인터뷰한 트레이더 가운데 마이클 마커스Michael Marcus와 브루스 코브너Bruce Kovner가 경력 초반 이 회사에서 성공을 거두었다).

어느 날, 팀과 함께 커머더티즈 코퍼레이션의 트레이더 몇 사람을 만나러 갔어요. 회의를 마치고 팀에게 말했습니다. "그까짓 개인 투자자 자금! 기관 자금을 끌어오죠."

저는 이스트먼 코닥Eastman Kodak에 콜드콜을 했습니다. 그 첫 번째 전화가 결국 5,000만 달러짜리 계좌로 연결됐죠. 관리형 선물 역사상 가장 큰 투자금이었어요. 이스트먼 코닥은 투자금을 2억 5,000만 달러까지 늘렸습니다.

당시 관리형 선물에 관해 알고 계셨나요?

아무것도 몰랐지만 개인들에게 전화를 돌리는 것은 시간낭비고, 기관에 전화를 하는 것이 훨씬 합리적이라는 것 정도는 알았죠.

그렇다면 어떤 방법으로 그 상품을 코닥에 납득시켰나요?

코닥에 "주식시장과는 전혀 관련이 없고, 매년 30퍼센트 복리로 지불해온 투자 상품이 있습니다"라고 말했어요. 이는 코닥 계좌가 재정적 독립을 향한 첫 출발이 되었습니다.

코닥 영업 후에는 '아주 간단하군!' 하고 생각하셨겠어요.

돈이 쏟아져 들어올 줄 알았죠.

다른 계좌를 개설하는 데도 성공하셨나요?

다른 기관투자자들 계좌도 개설하려고 해보았지만 아무 일도 일어나지 않았어요. 기본적으로 단 하나의 계좌만 있었던 거죠. 어떤 기관투자자도 움직이지 않았어요.

그러니까 첫 번째 전화로 5,000만 달러 계좌를 얻어내고 더 이상 아무것도 팔지 못했군요.
믿기 힘들지만 사실입니다. 코닥 계좌가 제 유일한 수입원이었죠.

하지만 계좌 규모로 보면 굉장히 잘해내야 하셨겠어요.
그 계좌에서 많은 돈을 벌고 있었지만, 문제는 그 계좌가 등락을 거듭하는 전형적인 관리형 선물 계좌여서 지켜보고 있으면 현기증이 날 지경이었어요. 트레이더들은 돈을 벌었다가 번 돈을 모두 반납하기를 반복했죠. 변동성이 너무 심해서 계좌를 잃게 될까 봐 걱정이 됐습니다. 그래서 다른 일을 찾기 시작했죠. 1993년쯤, 텍사스에서 한 남자가 발간하는 주식시장에 관한 소식지에 흥미를 가지게 됐습니다. 그는 뮤추얼펀드 가운데 추천할 만한 섹터펀드sector fund(특정 업종에 투자하는 펀드-옮긴이)들을 제시했고, 실적도 좋았습니다. 저는 그에게 전화를 걸어 함께 펀드를 만들자고 제안했습니다. 그가 동의해서 1993년 9월에 펀드를 설립했습니다. 그는 트레이더였고, 저는 자금을 모았죠.

그 사람은 펀드 설립 이전에 트레이딩을 해본 적이 있었나요?
아니요, 단순히 소식지의 필자였습니다. 실제 돈을 가지고 하는 첫 번째 트레이딩이었죠.

그 사람은 전에는 트레이딩을 하겠다는 생각을 한 적이 없었나요?
어느 정도 보수적이었던 것 같습니다. IBM에서 좋은 일자리를 갖고 있었고, 포기하기를 망설였어요. 글쓰기는 부업이었죠. 저는 그에게 IBM을 그만두라고 설득했습니다. 처음 10개월 동안 저는 약 1,000만 달러를 조달했어요. 첫해가 지난 후 큰 변동성을 경험한 끝에 그가 올린 수익률은 9퍼센트였습니다. 실현하는 수익은 미미한데 비해 주가 변동성은 지나치게 컸습니다. 제게는 맞지 않는다는 것을 깨달았죠.

1994년 말쯤에는 환상이 완전히 사라졌어요. 그때쯤, 뮤추얼펀드를 트레이딩하는 시점과 관련해 직접 리서치를 시작했고, 제가 더 잘할 수 있겠다는 생각이 들었어요. 결국 트레이딩 매니저와 갈라서기로 합의했죠. 그는 개별자산관리계좌individual managed accounts를 가져갔고, 저는 조합계정partnership account 운용을 맡았습니다.

리서치를 시작했다고 하셨습니다. 펀드 매니저 일을 인계받을 즈음에 트레이딩 방법을 개발하셨나요?

아니요, 제 리서치 결과에 충분한 확신이 없었습니다. 아직은 때가 아니라고 생각했습니다.

그렇다면 뮤추얼펀드 트레이딩에 관해 어떤 계획을 가지고 계셨나요?

대단한 계획은 전혀 없었습니다. 다만 우리가 했던 방법이 효과가 없다는 것은 알았죠. 제 능력을 발휘하면 어떤 방법을 찾아낼 수 있다는 정도의 확신은 있었습니다.

트레이딩 책임을 넘겨받았을 때는 아직 방법을 개발 중인 상태셨군요.

네.

전략을 완전히 개발할 때까지 갈라서는 것을 미룰 생각은 하지 않으셨나요?

그런 생각은 하지 않았습니다. 뭐가 됐든 결국 개발해낼 것을 알고 있었어요.

한 치의 의심도 없었죠. 마음먹은 일은 성공하지 못한 적이 없습니다. 그때도 다를 것은 없었죠.

하지만 트레이딩에 성공하신 적도 없었죠.

좋은 트레이더나 투자자가 되는 데 필요한 자질도 일반적인 성공에 요구되는 특성과 다르지 않습니다. 현재 맡은 일을 잘 못 하는 사람을 트레이더로 앉힌 다음 성공하게 만드는 것은 매우 어려운 일이라고 생각합니다. 그런 일이 가능하다고는 생각하지 않아요. 무슨 일이 되었든 지금 하는 일을 성공으로 이끈 바로 그 자질이 그 사람을 트레이더로서 성공하게 만드는 것입니다. 결단력이 있어야 하고, 자기규율에 철저해야 하며, 머리가 좋아야 하고, 무엇보다 완전히 독립적이어야 합니다. 제게는 이런 자질이 있습니다. 그래서 자금 운용을 하겠다고 결심했을 때는 당연히 성공할 것이라는 믿음이 있었죠.

펀드를 매매하기 시작했을 때 아직 대체 전략을 완전히 개발하지 못하셨는데, 매매 결정은 어떻게 내리셨나요?

말도 안 되는 일이었죠. 제가 무엇을 하고 있는지도 몰랐습니다. 다른 사람들이 하는 그대로 했죠. 차트를 보고 좋아 보이면 사는 식이었죠.

그런 방식을 얼마 동안 이어가셨나요?

1995년 1분기의 거의 대부분을 그렇게 했어요. 그 분기를 몇 퍼센트나마 상승으로 마감했으니 운이 좋았죠. 1995년 3월쯤에는 제 접근법을 체계화했고, 제대로 효과를 낼 무언가를 만들어냈다는 확신이 있었습니다. 그렇게 지금 제가 활용하는 방법의 초기 형태를 도입했습니다.

처음 시작한 이후로 선생님의 시스템에 상당한 변화가 있었다는 말씀이시군요.

그 변화는 계속해서 진행한 리서치 결과였나요, 아니면 트레이딩 경험이 가져온 변화였나요?

처음 했던 방법에 큰 변화를 가져온 몇 가지 중요한 사건들이 있었습니다. 첫해는 아주 좋았어요. 1995년은 58퍼센트 수익률로 마감했고, 저만의 체계화된 접근법을 적용한 이후로 손실이 발생한 달이 한 달도 없었죠.

하지만 1996년 1월 중순쯤 5퍼센트 손실을 기록 중이라는 사실을 알게 됐습니다. 대다수 사람들에게는 별 것 아닐 수도 있겠지만, 제게는 엄청난 금액이었어요. 그때 자본인하로 인해 어마어마하게 많은 시간을 들여 컴퓨터를 이용한 리서치를 수행했고, 이것이 제 방법론에 상당한 변화를 가져왔습니다.

모든 것이 잘 진행되고 있었지만 1996년 말에는 실적이 상대적으로 저조했어요. 1996년 4분기와 1997년 1분기를 합산한 수익률이 1퍼센트를 겨우 넘기는 정도였죠. 그런 것을 기대한 것은 결코 아니었어요. 무언가 바꿔야 한다는 것을 깨달았죠. 그 시기에 저는 하루 종일 컴퓨터에만 매달렸어요. 1997년 3월에 시스템에 몇 가지 중대한 변화를 도입했습니다. 그때 이후로 꽤 좋은 실적을 내고 있죠.

이후 제 시스템에 달라진 것은 없지만 시간이 흐르면서 시스템에 경험을 결합할 수 있겠다는 생각이 들었습니다. 이제 시스템은 제게 무엇을 하라고 알려주고, 거기에 판단력이 결부됩니다. 판단력이 반드시 더 많은 돈을 벌어주는 것은 아니지만, 자본의 변동은 실제로 줄여줍니다. 일반적으로 저는 어떤 매매 건에 확신이 부족할 때는 지나치다 싶을 만큼 조심합니다.

판단력을 활용하는 예를 들어주시겠습니까?

절대로 매수나 매도 여부를 판단하지는 않습니다. 유일하게 판단하는 것은 얼마나 매수 또는 매도할지입니다. 시스템 트레이딩의 문제는 포트폴리오를 트레이딩하는 방법은 알려주지 않고 단지 매수, 매도 신호를 줄 뿐이라는 것입니다. 저는 트레이딩에 여러 가지 시스템을 이용하고, 각각의 시스템은 주로 한 가지 지표를 근거로 합니다. 좋은 효과를 내온 어떤 시스템이 매수 신호를 보낼 때 다른 시스템들은 상반되는 신호를 보낸다면 저는 평소보다 작게 포지션을 취하기로 결정할 것입니다.

판단력은 또 어떤 식으로 시스템이 보내는 엄격한 신호에서 벗어난 결정을 내리도록 할까요?

시장은 한동안 상승 추세에 있고, 시스템은 매수를 가리키며, 많은 돈을 벌고 있는 중이라고 해보죠. 모든 것이 좋아 보이더라도 수익률 그래프equity line가 장기 추세선을 뚫고 올라가기 시작하면 저는 불안해집니다. 저는 수익률 그래프가 장기 추세선에 수렴하기를 기대하며 포지션의 크기를 줄일 것입니다. 이런 판단은 돈을 벌게 하는 것이라기보다는 돈을 지켜주는 판단이죠.

판단력은 어떤 시스템을 이용할지 결정하는 데도 중요합니다. 흥미롭게도 몇 년 전 사용했던 시스템은 이제 그다지 효과가 없습니다. 저는 어찌어찌하여 변화에 성공해왔고, 대개 최고의 시스템을 활용해 트레이딩을 하고 있습니다. 어떻게 해냈는지는 말씀드리기 어렵네요. 직감 덕분이었다고 짐작합니다.

어떤 시스템의 성능이 저하돼 더 이상 트레이딩에 활용하지 않았다가 몇 년 뒤 다시 활용하는 경우도 있나요?

열등한 시스템은 더 우수한 시스템으로 대체하기 때문에 그런 일은 없습니다. 트레이딩 시스템을 대체하는 데는 이유가 있습니다. 그 이유는 더 좋은 계획이 있다는 것이죠. 과거 시스템을 계속해서 지켜보고는 있지만 사용하지는 않을 것입니다.

폐기한 시스템이 현재 이용하는 시스템보다 더 좋은 실적을 내는 경우도 가끔

있지 않나요?

언젠가는 그럴 수도 있겠지만, 그런 경우는 아직 없었습니다.

개별 주식도 매매하시나요?

제 시스템이 개별 주식에도 효과가 있을 가능성이 크기는 하지만, 개별 주식에는 활용하지 않습니다. 사실, 개별 주식에도 활용하는 것이 제 다음 리서치 과제입니다.

그렇다면 어떤 상품을 매매하시나요?

뮤추얼펀드입니다. 하지만 저는 시장을 예측해 최적의 시기를 노려 매매하는 마켓타이머market timer가 아닙니다. 저는 시장에 반응하는 마켓리액터market reactor 라고 생각합니다. 둘의 차이는 이렇습니다. 마켓타이머는 "지금은 시장이 너무 위험해. 다우지수가 앞으로 3개월 동안 8,000까지 내려갈 것 같아"라고 말합니다. 앞으로 일어날 일에 대한 의견이 있죠. 그들은 시장을 예측합니다. 하지만 저는 시장을 예측하려고 시도하지 않습니다. 시장에서 일어나는 일에 반응하죠.

하지만 취하는 행동은 마켓타이머와 다르지 않은 것 같습니다. 선생님은 시스템이 보내는 적정 시점 신호에 따라 뮤추얼펀드와 현금 상태를 오갈 것입니다. 이것은 마켓타이머의 행동과 같지 않은가요?

행동은 마켓타이머와 같을지 몰라도 생각은 전혀 다릅니다. 저는 예측을 하지 않습니다. 앞으로 일어날 일에 관해 전혀, 아무런 생각이 없습니다(웃음).

왜 웃으시죠?

주식시장을 예측한다는 사람들 때문에 웃었습니다. 그 사람들은 알 수가 없습니다. 아무도 모르죠. 어느 누구도 주식시장에 무슨 일이 일어날지는 알 수 없다고 생각합니다.

선생님 개인의 실적도 매매 대상 뮤추얼펀드의 성과에 좌우되나요?
아주 제한적인 정도로만요.

전체 시장을 포괄적으로 반영하는 뮤추얼펀드들을 트레이딩하시나요?
전체 시장에 투자하는 펀드들을 대상으로 제 시스템을 시험했는데 효과가 있었습니다. 하지만 저는 전체 시장이 아닌 특정 부문에 집중하는 것을 선호합니다. 저는 상승 방향으로 활력이 큰 펀드를 찾는데, 그런 면에서 S&P는 흥미롭지 않습니다. 저는 다양한 시장에 폭넓게 투자하는 펀드보다는 기술주 펀드처럼 특화된 펀드를 매매합니다.

현재 이용하고 계신 시스템을 밝혀주실 것이라는 기대는 하지 않습니다. 대신, 과거에 직접 개발해서 한동안 잘 활용하셨지만 지금은 쓸모가 없어진 시스템이 있나요? 그것이라도 말씀해주신다면 한때 효과가 있었던 시스템의 바탕이 된 발상을 알 수 있을 것 같습니다.
길 블레이크Gil Blake의 시스템에 대해 제가 이해하는 내용을 말씀드리겠습니다. 그것이라면 제가 활용했던 시스템에서 크게 벗어나지 않는 설명이 될 것 같습니다(블레이크는 『새로운 시장의 마법사들』에서 인터뷰한 트레이더다). 길은 다양한 업종을 추적하는 방식으로 접근했습니다. 어느 특정일에 어떤 업종의 변동성과 수익률이 모두 평균 이상일 경우 그것은 해당 업종에 투자하는 펀드를 매수하라는 신호입니다. 그의 표현을 빌면 '녹색 불'이죠. 그런 다음 자신이 정한 매도 조건, 즉 '매수 신호가 나오고 지나간 일 수down day'나 다른 청산 요건들이 충족될 때까지 매수 포지션을 유지합니다.

길의 시스템은 제 시스템의 발상과 비슷합니다. 지금도 얼마든지 활용이 가능한 시스템입니다. 현재 제가 활용하는 시스템만큼은 아니겠지만, 그래도 어느 정도는 효과가 있을 것입니다.

길 블레이크의 인터뷰를 읽기 전에도 그런 발상을 하셨나요?

아니요. 길 블레이크의 인터뷰를 읽은 것이 중요한 전환점이었습니다. 제가 현재 활용하는 시스템은 과거 길의 방식과 아무런 관련이 없습니다. 하지만 적어도 그의 발상 덕분에 컴퓨터로 리서치를 시작할 수 있었습니다.

길 블레이크와 이야기를 나누어본 적이 있으신가요?

네, 처음 운용을 시작했을 때 전화를 걸어서 "저는 스티브 르카르뷰라고 합니다. 그냥 이 말씀을 드리고 싶었습니다. 제가 이 업계에 들어오게 된 이유가 바로 선생님 때문입니다"라고 말했죠. "오, 이런" 하며 나지막이 탄성을 내뱉으시더군요.

그랬군요. 얼마나 많이 그런 말을 들어왔을지 상상이 갑니다. 길 블레이크의 인터뷰를 읽지 않았더라도 결국 이 업계에서 일하셨을까요?

잘 모르겠습니다. 그만큼 중요한 계기가 되었죠.

길 블레이크의 인터뷰에서 영감을 얻은 선생님의 독창적인 트레이딩 시스템은 여전히 효과를 내고 있나요?

효과는 있지만 상당히 퇴화되었습니다.

그것은 일시적인 현상이고, 나중에는 다시 효과를 낼 수 있다고 기대하시나요?

그렇지는 않을 것 같습니다.

279

그 시스템을 다시 활용하게 될 것이라고 생각하시나요?

아닙니다.

그 시스템을 다시 활용할 일은 절대 없고, 현재 시스템과도 관련이 없다면 어째서 좀 더 구체적으로 말씀해주실 수 없나요?

음, 그건 아무도 모르죠. (그는 한참 동안 웃었다.)

시스템을 개선하려는 노력은 여전히 진행 중인가요?

물론입니다. 노력하고 있지만 가능할지는 모르겠습니다. 연 60퍼센트 수익률을 뛰어넘는 것은 어려운 일이지만, 설령 그렇지 않고 유지만 할 수 있어도 만족할 것입니다(2000년 3월, 르카르뷰의 연평균 복리수익률은 70퍼센트로 상승했다). 완전히 쓸모가 없어질까 봐 끊임없이 걱정합니다. 사실 그렇게 될 것을 알고 있습니다. 1년 뒤에 다시 뵙는다면 그때는 아마 다른 시스템을 활용하고 있을 것입니다. 현재 제가 활용하는 시스템은 그때쯤 되면 지금까지 해왔던 것처럼 효과를 내지는 못할 것이라고 확신합니다.

시스템에 수명이 있다는 말씀이시군요.

그 점에 대해서는 전혀 의심의 여지가 없습니다. 누가 뭐라 해도 마찬가지입니다. 시스템에는 분명히 수명이 있습니다.

그렇게 생각하시는 이유는요?

결국에는 모두 그 시스템에 대해 알게 되기 때문이죠. 너무 많은 사람이 우세한 쪽에 편승하면 시장이 그 시스템을 멈추게 할 겁니다. 과거에 효과를 냈던 시스템, 즉 수용할 수 있는 만큼만 위험을 부담하면서 돈을 벌게 해주었던 트레이딩 시스템을 믿어도 될지에 대해서는 회의적입니다.

어떤 시스템을 개발하고 치밀한 시험을 거쳐 효과를 확신하게 된다면 누구에게도 말하지 마십시오. 그저 활용하세요. 시간이 흐르면 언젠가는 더 이상 효과를 내지 못할 것입니다. 시스템의 효력이 영원하지 않다는 것을 이해하고 나중을 대비해 다른 시스템을 찾는 일에 착수하십시오.

저는 늘 사람들이 제 방식을 알아낼까 봐 걱정이 됩니다. 그렇게 되면 그 시스템은 더 이상 효과를 내지 못한다는 것을 알기 때문이죠. 한 예로 '1월 효과'도 사라졌죠.

> **Tip**
>
> 1월 효과란 1월 중에 시가총액이 작은 종목들이 시가총액이 큰 종목들을 초과 상승하는 경향을 일컫는다. 1920년대 중반부터 1993년까지 90퍼센트 이상의 확률로 반복된 패턴이다. 이 패턴은 그 후 6년 연속 나타나지 않았다. 르카르뷰는 대중에게 널리 알려지면서 1월 효과가 스스로 소멸했음을 시사했다. 꽤 타당한 주장이다.

너무 많은 사람이 똑같은 시스템을 이용하는 경우 시장의 어떤 작용 때문에 시스템이 스스로 파괴되는 것일까요?

그 질문에는 답을 드릴 수가 없습니다. 단순히 같은 매매 방향에 너무 많은 사람이 동시에 몰려서일 수도 있겠죠. 제 경험으로 말씀드릴 수 있는 것은 시스템에도 수명이 있고, 그 수명이 대단히 길지는 않다는 것입니다.

시스템의 소멸에 대해 말씀해주셨는데, 그렇다면 시스템의 탄생은 어떻습니까? 시스템은 어느 시점, 말하자면 1994년부터 효과를 내기 시작해서 몇 년 후 완전히 효과가 사라지나요? 아니면 현재 이용 중인 시스템을 과거 20~30년으로 되돌려 시험해보면, 사실 시스템은 그때부터 쭉 효과를 냈지만 최근에서야 발견한 것이라는 사실이 드러나게 될까요?

제가 찾아내는 시스템은 과거에도 잘 적용되는 편입니다. 그렇기는 해도 가장 최근에 가장 효과가 있었던 시스템이 가까운 미래에도 가장 효과적인 경향이 있다는 것을 알았습니다. 따라서 가장 최근에 제일 효과가 좋았던 시스템들에 의존하는 편입니다.

시스템의 수명이 한정되어 있다고 하셨는데, 인정하신 것처럼 현재 사용하시는 시스템은 20년 이상 효과가 있었습니다. 앞으로 20년 동안 추가로 더 효과를 내지 못할 이유가 있을까요?

질문의 뜻은 알겠지만 결론에는 동의하지 않습니다. 그런 일이 가능하리라고 는 믿지 않습니다. 너무 많은 돈이 시장으로 쏟아져 들어오기 때문이죠. 상품 시장이 가장 좋은 예입니다. 관리형 선물 계좌를 코닥에 팔았을 때 그 계좌를 운용한 트레이더들은 15년간 평균 수익률 40퍼센트라는 훌륭한 실적을 기록한 시스템들을 활용하고 있었어요. 그 시스템들이 효과가 없을 일은 절대로 없다고 장담했죠. 하지만 결국 그렇게 됐죠. 너무 많은 사람이 비슷한 시스템을 활용하기 시작하면서 그 시스템들은 더 이상 효과를 내지 못했습니다.

오쇼너시O'Shaughnessy의 경우도 전형적인 사례입니다. 그가 쓴 책『월스트리트에서 효과 있는 것What Works on Wall Street』은 굉장했습니다. 글도 잘 썼고 리서치도 잘했죠. 하지만 그의 펀드 성과는 썩 뛰어나지는 않았습니다.

'뛰어나지는 않은' 성과라면 어느 정도를 가리키나요?

훌륭한 책입니다. 오쇼너시는 1950년대 초반까지 거슬러 올라가 그의 전략을 시험하고 입증해 보였습니다. 하지만 그 전략은 현재 통하지 않습니다.

르카르뷰가 컴퓨터로 오쇼너시 펀드들의 실적을 살펴보았다. 펀드 가운데 두 개를 골라 검토한 결과 수익률은 각각 43퍼센트, 46퍼센트였다. 아주 처참한 수준은 아니라고 생각할지 모르지만 같은 기간(1996년 말~1999년 중반) S&P500은 89퍼센트 상승했다. 시장 대비 초과 수익을 추구했지만 실제 수익률은 기준지수인 S&P500 상승폭의 절반에 그친 것이다.

오쇼너시의 전략은 책이 출판될 당시는 40년 이상 효과가 있었던 것이지만, 최근 몇 년 동안은 더 이상 효과가 없다는 말씀이시군요.

아시겠죠? 오쇼너시가 그 책을 출판하지 않았다면 그의 전략은 아마 계속 효과가 있었을지도 모릅니다. 책을 쓰지 말고 그냥 자금 운용만 해야 했어요. 물론 그 책을 내지 않았다면 자금을 전혀 조달할 수 없었겠죠.

그의 전략이 더 이상 효과가 없었던 것은 너무 많은 사람이 같은 발상을 따랐기 때문이라고 전제하시는군요.

그렇습니다. 선생님의 독자들에게 제가 드릴 수 있는 가장 중요한 메시지는 이것입니다. 훌륭한 아이디어가 있다면 말하지 마십시오.

제가 인터뷰한 분들 중에는 "제 시스템에 관해 〈월스트리트저널〉에 기고할 수도 있고, 그렇게 해도 달라질 것은 없습니다"라고 말하는 분들도 있습니다. 선생님은 이 말씀에 동의하지 않으실 것 같군요.

그런 이야기를 많이 읽었지만 조금도 동의할 수 없습니다.

선생님의 시스템을 〈월스트리트저널〉에 설명하고 나면 더 이상 효과가 없을 것이라고 생각하시는군요.

끝이죠. 바로 다음 날(웃음)!

한때는 투자자들을 받으셨지만 지금은 아닙니다. 어째서죠?

1995년부터 1997년까지 투자자들의 자금을 운용했습니다. 실적이 꽤 좋았어요. 1995년에는 58퍼센트, 1996년에는 50퍼센트, 1997년에는 60퍼센트 수익률을 기록했죠. 1997년 말에는 약 3,500만 달러를 운용했습니다. 그러자 뮤추얼펀드에서 돈이 자주 들락거릴 수밖에 없는 제 투자 스타일을 활용하기가 아주 어려워졌어요. 뮤추얼펀드들은 한 해에 네 차례 이상 매매가 이루어지는 것을 좋아하지 않으니까요.

하지만 지금은 한 해에 네 차례 이상 매매를 하시죠.
훨씬 적은 돈으로 매매를 하고, 20개 이상의 뮤추얼펀드에 분산해 투자하고 있습니다.

그러니까 관리문제로 자금 운용을 그만두신 건가요?
그것도 문제였고, 투자자들은 골칫거리가 될 수도 있거든요.

투자자들이 제기할 만한 불만에는 무엇이 있었을까요? 손실이 발생한 달은 한 달도 없이 해마다 50퍼센트가 넘는 수익률을 올리셨는데요.
투자자들이 항의하는 내용은 상상 이상입니다. 월 4퍼센트 이상 수익을 내지 못하면 너무 적게 벌었다고 불평했어요. 또 돈을 많이 벌면 이익 때문에 세금을 내야 한다고 불평했어요.

믿을 수가 없군요. 돈을 너무 많이 벌었다고 실제로 항의를 받으셨다고요?
그 투자자에게 세금을 전혀 내지 않아도 되도록 돈을 잃어줄 수도 있다고 했죠. 그 편이 낫겠냐고 물었어요.
저를 신뢰하지 않는 투자자들도 있었어요. 결과가 너무 좋았기 때문에 제가 자기들의 돈을 은닉하고, 숫자를 조작하는 것이라고 의심했죠. 제 회계사에게 매달 전화를 걸어서 계좌에 실제로 돈이 있는지 묻곤 했어요. 어느 날 시장이 크게 오르면 전화를 걸어 "우리도 시장에 투자 중인가요?"라고 물었어요. 그게 저를 미치게 했죠. 시장이 크게 하락하면 또 전화를 걸어 "우리는 시장에서 빠져나왔죠?"라고 물었어요. 물론, 그들은 제가 시장에서 늘 맞는 쪽에 서기를 기대했습니다.

자금 운용을 그만두기로 결정한 원인으로 뮤추얼펀드 때문에 골치가 아팠던 것과 투자자들 때문에 골치가 아팠던 것의 비중은 각각 어떻게 될까요?

똑같이 반반입니다! (그가 크게 웃었다.) 뮤추얼펀드 때문에 너무 골머리를 앓아서 그것을 핑계 삼아 투자들에게 돈을 돌려주었다고 생각합니다. 처음부터 저와 함께했으면서 단 한마디도 하지 않았던 투자자들을 생각하면 정말로 마음이 좋지 않았어요.

초기 투자자였고, 신경 쓰일 일이 없던 그 친구들이 돈을 돌려주지 말라고 설득하지는 않았나요?

그랬죠. 하지만 이 친구와 저 친구를 어떻게 구분하죠? 어디에 선을 그어야 하죠? 결국 모두에게 돈을 돌려줄 수밖에 없었어요.

그 결과로 잃은 친구관계도 있나요?

아니요, 지금도 모여서 포커 게임을 할 때면 늘 다시 생각해보라고 말합니다.

인터뷰한 트레이더 가운데 굉장히 많은 사람이 포커 게임을 한다는 사실이 흥미롭습니다.

저는 포커 게임을 좋아합니다.

선생님께서 포커 게임에서 거는 돈은 매매하는 돈의 규모에 비하면 대단히 의미 있는 수준은 아니라고 추측합니다. 모든 패로 참여해도 아무런 영향이 없을 것 같은데요.

조금 전 10만 달러를 잃고 나면 200달러를 잃는 것에 크게 연연하지는 않겠죠. 하지만 제 수입 수준이 게임 방식에 지장을 주는 일은 절대 없습니다. 저는 이기기 위해서 게임을 합니다. 좋은 패가 아니면 판에서 빠져 나오죠.

매매 원칙을 어긴 적도 있나요?

조심해야 할 경우에만 그렇습니다. 어떤 포지션에서 부분적으로 수익을 실현하거나 매수 신호에도 완전한 매수 포지션을 취하지는 않을 수도 있습니다. 하지만 매도 신호가 발생하면 결코 포지션을 보유하지 않습니다.

처음부터 그렇게 자기규율에 철저하셨나요?

네, 그 전에 선물에서 완전히 실패한 적이 있으니까요. 실수란 실수는 모두 저질렀어요. 너무 전형적인 실수들이라 되짚어볼 필요도 없었죠.

선물을 매매하셨던 기간은 얼마나 되나요?

(생각 저편에서 경험을 복구하려는 듯 잠시 기억을 더듬었다.) 3년 정도였어요.

순손실을 기록하셨나요?

어마어마했죠! 다른 선물 매니저들과 함께 투자할 때는 돈을 벌어놓고, 제 개인 계좌로 매매하면서는 12만 5,000달러 계좌를 5만 달러로 만들었습니다. 처음부터 끝까지 다 잘못했죠.

그 시기에 특별히 고통스러웠던 매매 건이 있었나요?

셀 수 없을 만큼 많았죠.

특별히 꼽으신다면요?

저는 통화를 매매하는 시스템을 개발했습니다. 트레이딩 시스템을 최적화(시험하는 가격 데이터를 대상으로 성과가 극대화되도록 시스템의 지표 값을 미세 조정함)하는 컴퓨터 소프트웨어 프로그램을 구입했죠. 어리석은 여느 트레이더들과 마찬가지로 저는 시스템을 완전히 최적화했습니다(시스템의 지표 값을 조정해 과거 가격 데이터에 가장 잘 맞아 떨어지도록 함).

물론 결과는 굉장해 보였죠. 저는 어리석은 사람들과는 다르다고 생각했지만 저도 마찬가지였어요. 2주 만에 트레이딩 계좌에 가지고 있던 돈의 약 50퍼센트를 잃었습니다. 시스템과 어긋나는 매매를 하기 시작했고, 그렇게 매매할 때마다 언제나 시점이 잘못됐습니다. 선물 매매는 제게 정말로 맞지 않는다는 사실을 깨달았죠.

> 르카르뷰는 최적화 때문에 사후반영 방식으로 시스템을 규정하고 시험했다. 여기서 발생하는 문제는 전에 없던 가격 데이터, 즉 미래의 가격 데이터에 그 시스템을 적용했을 때 결과를 크게 호도한다는 것이다.

하셨던 일 가운데 실패로 끝난 유일한 경우 같습니다. 다른 일에서는 성공할 때까지 견뎌내셨는데, 이 일에서는 포기하신 이유는 무엇이었나요?

선물은 지는 게임이라는 사실을 깨달았기 때문입니다. 수수료와 슬리피지 slippage(예상 체결가격과 실제 체결가격의 차이) 때문에 확률은 제게 너무나 불리했죠. 매수나 매도를 할 때 제대로 맞출 확률이 단 50퍼센트라면 장기적으로는 질 수밖에 없습니다.

하지만 50퍼센트 확률은 선생님이 시장보다 우월한 점이 전혀 없다는 가정을 전제로 합니다. 어느 정도 신뢰할 수 있고, 주식시장에서처럼 경쟁우위를 확보할 수 있는 패턴을 발견하지 못하셨나요?

그렇습니다. 효과가 있는 어떤 패턴도 발견하지 못했죠.

휴가는 좀 내실 수 있나요?

네, 컴퓨터에 접속할 수만 있다면요. 뉴햄프셔 주 호수에 별장이 있습니다.

훌쩍 떠나 스위스의 알프스를 걷고 싶거나 화이트 산맥에서 도보여행을 하고 싶으실 때는 어떻게 하시나요?

5년 동안 단 하루도 예외 없이 매일 오후 3시 45분에는 컴퓨터 앞에 앉았습니다. 쉰 적은 단 하루도 없습니다. 하루라도 쉴 때 발생하는 문제는 바로 그 하루가 결코 쉬어서는 안 되는 하루일 수도 있다는 것입니다.

무릎 수술할 때는 어떠셨나요?

(르카르뷰와 나는 식당에서 돌아오는 차 안에서 개인적으로 운동을 하다 입은 부상에 관한 이야기를 나눴다.) 외래환자로 전신마취를 하고 수술을 받았습니다. 오전 11시쯤 몸을 제대로 가누지도 못한 채 집에 돌아와 곧장 잠이 들었죠. 아내는 3시 30분에 저를 깨워주기로 했지만, 안쓰러운 마음에 그대로 자게 내버려뒀죠. 3시 45분에 깜짝 놀라서 눈을 떴어요. 저는 집의 한쪽 끝에 있는 침실에 있었어요. 곧장 침대에서 뛰쳐나와 극심한 통증에 다리를 절뚝거리면서 사무실로 내려갔어요. 컴퓨터 화면을 확인하고 제가 본 것을 토대로 포트폴리오의 절반을 팔았습니다.

한 시간 뒤, 사무실로 돌아가 다시 화면을 봤어요. 완전히 망쳤다는 것을 깨달았습니다. 도대체 왜 팔았는지 이해가 되지 않았어요. 정보를 완전히 잘못

해석했던 겁니다. 그런데 시장이 다음날 완전히 폭락했어요. 순전히 운이 좋았죠.

시장에 참여하는 날은 전체의 얼마나 되시나요?

약 50~55퍼센트입니다.

레버리지를 이용하시나요?

선별적으로 이용합니다. 시장에 참여하는 날만 기준으로 해도 자본을 전부 투자하는 일은 거의 없습니다. 때때로 조건이 맞으면 레버리지를 이용하기도 합니다. 하지만 제 자본의 140퍼센트 이상으로 레버리지를 활용해본 적은 없어요. 그것이 제가 허용할 수 있는 한계 수준입니다. 레버리지를 이용한 매매에서 돈을 잃은 적은 한 번도 없습니다.

순매도 포지션을 취하신 적도 있나요?

제 성공의 99퍼센트는 어리석은 일을 하지 않은 덕분입니다. 저는 이기는 주식들을 팔지 않습니다. 지는 주식을 들고 있지도 않죠. 저는 감정을 개입시키지 않습니다. 확률적으로 유리한 일을 하죠. 주식을 공매도하는 것은 이길 확률이 적은 어리석은 일입니다. 확률이 불리한 방향으로 쌓이기 때문이죠. 주식시장은 수십 년 동안 연간 10퍼센트 이상 상승해왔습니다. 어째서 그 추세에 저항하죠?

초보 트레이더에게 어떤 조언을 해주시겠습니까?

활동-activity과 성취accomplishment를 혼동하지 마십시오. 초보 트레이더가 저지르는 한 가지 실수는 자신이 무엇을 하고 있는지 제대로 알기도 전에 트레이딩을 시작한다는 것입니다. 적극적으로 매매활동을 하지만 아무것도 성취하지 못하죠. 저는 매매에 사용하는 시간은 거의 없습니다. 제 시간의 99퍼센트는 컴퓨터로 리서치를 하는 데 사용됩니다.

●➜

르카르뷰는 자신의 트레이딩 시스템에 관한 어떤 세부 사항도 밝히기를 거부했지만 성공적인 트레이더의 자질에 관해 중요한 혜안을 제시한다. 이기는 트레이더들에서 공통적으로 관찰되는 한 가지 특징은 모두 굉장히 자신만만하다는 것이다. 이는 분야를 막론하고 성공한 모든 사람에게 해당되는 특징일 것이다. 그동안 인터뷰한 다른 어떤 트레이더도 르카르뷰만큼 전형적인 이 자질을 드러내는 사람은 없을 것이다. 그에게서는 자신감이 넘쳐흐른다. 한 예로, 방법론을 개발하기도 전에 자금 운용에서 성공을 확신했다는 그의 말을 떠올려보자(트레이딩 방법을 개발하기도 전에 책임을 맡은 르카르뷰의 결정은 칭찬할 만한 사례로 제시한 것은 아니다. 오직 그의 자신감을 보여주는 한 사례로 제시한 것일 뿐이다).

얼마만큼 자신이 있는지 스스로 정직하게 평가하는 것은 성공 가능성을 가늠하는 최고의 지표가 될 수 있다. 시장에서 성공할 자신이 있다면(자신감을 갖고 싶은 것과 혼동하지 말아야 한다), 성공 가능성은 커진다. 아직 자신이 없다면 위험자본risk capital(고위험·고수익 투자에 특화한 자금-옮긴이)을 투자하는 데는 신중해야 한다. 자신감은 일부러 만들 수도 없고, 바란다고 얻어지는 것도 아니다. 자신감이 있느냐, 없느냐의 문제이다. 자신감을 노력으로 얻을 수는 없을까? 물론, 이기는 트레이더의 또 다른 자질인 노력을 통해 트레이딩에 숙달되면 그것이 자신감으로 이어질 수도 있다. 하지만 정말로 자신감을 갖기 전까지는 아주 신중하게 시장에 접근해야 한다.

시장의 마법사들에게서 발견한 또 다른 자질은 트레이딩은 물론, 노력을 요구하는 모든 일에 집착에 가까운 태도로 접근한다는 것이다. 르카르뷰가 완벽한 본보기이다. 그는 단 하루도 쉬지 않았다. 심지어 수술 당일도 시장을 확인했을 정도이다. 시스템의 성과가 월등히 높은 자신의 기준에 미치지 못하는 경우, 그렇다고 해도 한두 분기 정도 손익평형을 기록했을 뿐인데도 그는 더 나은 시스템을 개발하기 위해 끊임없이 일했다. 그의 집착하는 성향은 자전거나 근력운동 같은 여가활동에서도 드러난다.

모든 위대한 트레이더에게 공통으로 해당되는 한 가지 자질이 있다면 무엇일까? 바로 자기규율이다. 르카르뷰의 철저한 자기규율은 그의 모든 활동에서 여실히 드러난다. 그는 매도 신호가 나타났을 때 결코 포지션을 보유한 적이 없다. 시스템이 청산 신호를 보내면 포지션을 정리한다. 어떤 의심도, 예측도, 조건도 없다. '하루만 더 해보자'라든지, '2포인트만 더 내려가면 나와야지' 하는 생각은 절대로 하지 않는다. 르카르뷰에게 있어 자기규율은 시스템의 신호를 점검하고 주문을 넣을 수 있도록 매일 그 자리를 지키는 것이다. 여기서 '매일'은 정말 매일이다. 짧은 휴가도, 휴일도 없다. 수술을 하고 나서도 마찬가지였다. 자기규율의 본질은 어떤 예외도 없다는 것이다.

많은 사람은 큰돈을 버는 쉬운 방법이라는 생각으로 시장에 끌린다. 하지만 역설적이게도 인터뷰한 트레이더들의 한 가지 중요한 공통분모는 고된 업무이다. 르카르뷰는 이미 놀라운 트레이딩 시스템을 개발했다. 그가 개발한 트레이딩 시스템의 성과는 지금까지 본 것 중에 단연 최고이며, 내가 가능하리라고 생각했던 수준을 넘어섰다. 그럼에도 불구하고 그는 쉬지 않고 리서치를 계속한다. 현재 활용하는 시스템이 효과가 있고, 몇 년 동안 효과를 내왔어도 쉬지 않는다. 현재 활용하는 시스템이 내일 당장 작동을 멈추기라도 할 것처럼 매일같이 미리 쟁기질을 하는 것이다.

위험통제가 의도하는 것은 오래 살아남는 것이다. 수년간 높은 수익률을 내는 투자자들도 있지만, 그런 접근법은 큰 폭의 주가 되돌림을 동반한다. 이런 트레이더들은 훌륭한 실적을 쌓아갈 수는 있겠지만, 대개 낭떠러지 끝을 따라 미끄러지듯 걷고 있어서 언제든 추락할 위험을 안고 있다. 르카르뷰처럼 손실을 매우 낮게 유지하는 트레이더는 장기적으로 성공할 가능성이 훨씬 크다.

: 스티브 르카르뷰의 최근 동향

르카르뷰는 약세장에서도 꽤 잘해냈다. 그는 가족이 공동으로 영위하는 가족조합family partnership에서 2000년 4월부터 2002년 9월까지 39퍼센트 수익률을 기록했다. 그러나 이익의 절반 이상은 2000년 9월 이전에 실현되었고, 추가 인터뷰에서 보는 것처럼 자신의 시스템에 대한 자신감을 잃었다.

2001년 2월에는 무슨 일이 벌어졌던 것이죠?

(르카르뷰의 계좌는 그달 5퍼센트 하락했다. 단 한 달 동안의 하락폭이 고점에서 저점까지의 기존 최대 자본인하율을 넘어섰다.) 실제로 문제가 시작된 것은 2000년 11월이었습니다. 3퍼센트가 넘게 잃었는데, 그때까지만 해도 월간 하락폭으로는 최고였죠. 12월에는 11월에 발생한 전체 손실을 거의 회복했고, 이듬해 1월에는 시스템이 다시 수익을 냈어요. 하지만 11월의 손실은 무언가 잘못되었을 가능성이 있음을 경고하는 초기 신호였습니다. 그 후 2월에 다시 손실이 발생하면서 지금까지 한 번도 본 적 없는 무언가를 상대하고 있다는 사실을 알았죠. 그때까지 수년 동안 해온 것들이 그야말로 아무런 효과가 없는 시기였어요.

시스템이 효과가 없다고 판단하기까지 얼마만큼의 시간이 필요한가요?

간단히 답할 수는 없습니다. 당시 제가 사용한 시스템은 수년간 실시간으로 효과를 냈고, 수십 년을 거슬러 시험했을 때도 효과가 있던 것이었어요. 어쩌면 그래서 제 대응이 너무 느렸던 것 같습니다.

언제 시스템을 교체하셨나요?

2001년 4월에는 시장에서 벗어나 있었어요. 아무것도 찾아내지 못해서 무엇을 해야 할지 정말 몰랐죠. 더 이상 효과가 없으니 똑같은 시스템을 계속해서 사용할 수는 없다는 것만 알았습니다. 5월쯤 수정된 시스템을 개발했어요. 효과를 낼 수는 있겠지만, 정말 좋다는 생각은 들지 않았죠. 여름쯤 현재 이용하는 시스템을 만들었습니다.

2001년 3월 이후에도 기존 시스템을 계속해서 이용했다면 어떻게 됐을까요?

재앙이 일어났겠죠. 25~30퍼센트 손실이 발생했을 것입니다.

이전에도 여러 차례 개선된 시스템으로 교체하셨던 것으로 알고 있습니다. 교체한 시스템보다 예전 시스템이 더 효과가 좋았을 경우도 있을까요?

훨씬 더 나빴을걸요!

현재 시스템은 2001년 3월 이후 이용하지 않은 시스템과 어떤 점이 다른가요?

근본적으로 지금 이용하는 시스템은 매수 신호를 받기는 훨씬 어렵고, 청산 신호를 받기는 훨씬 쉽습니다. 그래서 시장에 참여할 때는 매매 횟수가 훨씬 줄었고, 예전보다 더 작은 불리한 가격 움직임만으로도 시장에서 나옵니다. 한 예로 매수 신호를 받지 못한 지가 거의 네 달이나 됩니다. 전에 이용한 시스템이었다면 이런 하락장에서도 매매했을 것이고, 그러다 결국 나가 떨어졌겠죠.

시스템의 신호에 따라 주가 하락기에 시장을 벗어나 있다면 그 시기에 현금 상태로 있기보다는 매도 포지션을 취해서 성과를 크게 향상시킬 수 있을 것 같습

니다. 청산 신호를 공매도 신호로 이용하지 않는 이유는 무엇인가요?

사실을 말씀드리면 저는 매도 포지션에서 '지속적으로' 돈을 벌 수 있는 시스템은 한 번도 개발하지 못했습니다.

청산 신호에서 중립 포지션을 취하는 대신 간단히 매도 포지션으로 전환할 수는 없나요?

제가 매수하는 펀드들을 공매도할 수 있다면 좋겠지만, 물론 그것은 불가능합니다. 만일 매도 포지션을 취하고 싶다면 쇼트주가지수펀드(주가지수와 반대 방향으로 움직이는 펀드─옮긴이)를 매수하거나, 직접 주가지수펀드를 공매도해야 합니다. 문제는 제 시스템이 제가 매수하는 종류의 공격적 성장형 뮤추얼펀드들에 대해서는 굉장히 효과가 좋지만, 주가지수펀드에 대해서는 효과가 그저 그렇다는 것이죠.

지난 인터뷰 이후 투자자들의 자금을 다시 받기 시작하셨습니다. 그러다 2001년 2분기에 다시 투자자들에게 돈을 돌려주겠다고 하셨죠. 그렇게 결정하신 이유는 무엇인가요?

운용 성과가 매우 좋지 않아서 제가 당시 이용했던 시스템으로 계속해서 돈을 벌 수 있다는 자신감을 완전히 잃었어요. 제 시스템에 자신감을 잃었을 뿐만 아니라, 시스템을 수정하기 위해 무엇을 해야 할지도 전혀 몰랐어요. 제 경력에서 완전히 바닥을 친 시기죠.

그 뒤에 개발한 시스템 덕분에 돈을 잃지는 않았지만, 사실 제 방법은 2000년 가을 이후로 효과를 내지 못했어요. 지난 6개월 동안은 매매를 거의 하지 못했죠. 시스템의 효과가 급격히 저하된 것은 인터넷 주식 관련 과열과 투기 현상으로 시작의 무작위성이 더욱 확대된 직접적인 결과라고 생각합니다. 시장이 반응하는 기간이 뚜렷하게 축소되고 있습니다. 일주일간 지속되던 추세가 이틀만 유지됩니다. 이틀간 지속되던 추세들은 3시간만 유효합니다. 시장에서 과잉 상승분이 완전히 사라지고 나서야 비로소 제 접근법을 낙관할 수 있겠지만, 그러기까지는 아마 몇 년이 걸릴 것입니다. 사실상 모든 주요 강세장 뒤에는 약세장이 펼쳐졌고, 그다음에는 불안한 장세가 오랫동안 이어졌죠. 이번에도 다르지 않을 겁니다.

지금까지의 주가 급락에도 불구하고 주식시장이 단기간에 의미 있게 회복할 것으로 보지는 않으신다는 말씀으로 이해됩니다.

주가의 장기 역사를 검토하면 시장이 주요 고점을 지난 이후 다시 그 수준을 회복하는 데는 매우 오랜 시간이 걸린다는 것을 반복적으로 보게 됩니다. 쉴러Schiller가 그의 책 『비이성적 과열Irrational Exuberance』에서 지적한 것처럼 20세기에 나타난 세 차례의 주요 고점(1901년, 1929년, 1966년)을 지난 후 주식시장이 다시 그 수준을 회복하는 데는 거의 20년이 걸렸습니다(물가상승률 감안). 2000년에 도달한 고점은 1929년을 포함해 과거 어느 고점보다도 훨씬 더 높은 밸류에이션 수준이 나타났으니, 그 수준을 회복하는 데는 20년이 추가로 더 걸린다고 해도 당연할 것입니다(물가상승률 감안). 이는 시장이 저점에 도달하기까지 앞으로 몇 년이 더 걸릴 것이고, 이전의 주요 저점 상황을 감안하면 주가가 극도로 낮은 수준까지 내려가지 않는 한 저점은 아직 멀었음을 시사합니다.

시장이 얼마나 하락할 것으로 보시나요?

제 마법의 수는 5입니다. S&P500지수의 경우 500선, 다우는 5,000선, 나스닥100은 500선까지, 그리고 약 5년 후(2007년)라고 봅니다.

거의 신비롭게 들리는군요.

뭐, 추측일 뿐입니다. 물론, 이런 예측으로 매매에 방해를 받지는 않을 것입니다. 다음에 매수 신호를 받으면 매수에 나설 것입니다.

현재 시장에 대해 사람들이 가장 크게 오해하는 것은 무엇이라고 생각하십니까?

일반 투자자들의 가장 큰 오해는 '몇 년'이라는 개념을 이해하지 못하는 데서 비롯됩니다. 사람들은 저에게 바닥이 어딘지 끊임없이 묻습니다. "거의 가까이 왔나요?"라고 묻죠. 바닥까지 최소 몇 년은 걸릴 것이라고 말하면, 모두들 머리가 셋 달린 괴물을 보듯 저를 바라봅니다.

시장을 변화시킬
촉매를 찾아라

마이클 마스터스Michael Masters

5년 전 마스터스는 실직한 주식중개인이었지만, 현재 미국 최대 주식 트레이더 가운데 한 사람이다. 애틀랜타에서 펀드 매니저로 활동하는 그는 중개인으로 업계에 발을 들였지만, 그 일을 좋아한 적은 없었다. 5년이 지나고 불만이 커지면서 그는 사실상 스스로 해고를 재촉했다. 자질이라고는 의욕과 자신감이 전부였지만, 마스터스는 직접 펀드를 설립하기로 마음먹었다. 그는 자신이 설립한 회사 주식 1퍼센트를 열 명의 투자자에게 주당 7,000달러에 팔아서 창업 자본을 조달했다(이 초기 후원자들에게는 놀랄 만큼 운이 좋은 투자가 되었다).

1995년 그는 청새치에서 이름을 딴 마를린펀드Marlin Fund를 출범했다. 낚시를 좋아해서 붙인 이름이다. 이 헤지펀드를 운용한 5년 동안 마스터스는 높은 수익률과 낮은 위험이라는 극히 드문 조합을 이뤄냈다. 연평균 복리수익률은 86퍼센트였고, 손실을 기록한 달은 세 달에 불과했으며, 최악의 손실은 3퍼센트로 미미했다. 펀드의 운용자산AUM은 빠르게 증가해 2000년 4월 기준 5억 달러를 넘어섰다.

막대한 수익률과 꾸준한 신규 투자자 유입이 결합된 결과였다. 총 자산 규모는 더욱 확대될 수도 있었지만, 마스터스는 펀드에 신규 투자를 받지 않기로 했다. 자산이 지나치게 증가하면 운용 성과에 방해가 될 수도 있음을 우려했기 때문이다.

마스터스 캐피털 매니지먼트Masters Capital Management는 5억 달러가 넘는 자산을 기반으로 대형 헤지펀드 가운데 하나로 올라섰는데, 회사의 트레이딩 활동은 자산 규모를 크게 뛰어 넘는다. 마스터스의 포지션 회전율은 업계 평균을 크게 웃돌고, 거래 건수는 미국 최대 헤지펀드 및 뮤추얼펀드들과 맞먹는다.

트레이딩을 하는 동안 시장에 대한 마스터스의 집중력은 강렬하고 모든 요소를 포괄한다. 방해가 되거나 주의를 산만하게 하는 어떤 것도 피하기 위해 그는 회사의 트레이더 탐 페일Tom Peil과 함께 트레이딩 룸으로 들어가 문을 잠그고 나오지 않는다. 리서치 애널리스트들은 비밀번호를 알고 있어서 긴급한 시장 정보가 있을 경우 방 안에 들어갈 수 있다. 마스터스는 장중에는 어떤 전화도 받지 않는다. 예외는 거의 없다. 이에 대해 펠리는 이렇게 말한다.

"마스터스는 완전히 몰입해서 시장을 지켜봅니다. 중요한 전화가 걸려와도 제가 전화를 받으라고 몇 번이나 소리를 지르다 '보라색 용이 나타났다!' 같은 터무니없는 말을 외치면 그제야 비로소 알아듣는 식이죠."

마스터스는 직원들에게 '큰 털털이'라는 애칭으로 통하는데 195센티미터나 되는 큰 키, 자리에서 엄청난 양의 음식을 먹고 남은 음식과 종이 접시들을 책상에 쌓아두는 그의 습관을 두루 반영한 별명이다. 마스터스가 유별난 점 가운데 하나는 키보드를 이용해 컴퓨터 화면을 불러오는 데 매우 익숙하여 반드시 필요한 상황이 아니면 지금도 마우스 사용을 꺼린다는 것이다. 마우스가 도입되기 전 도스DOS가 지배하던 시절부터 익힌 습관이다. 페일은 "마이크는 하루 종일 끊임없이 키보드를 달각거리죠. 마이크가 죽으면 키보드도 같이 묻어줘야 할 거라고 농담을 해요"라고 말한다.

마스터스의 유별난 특징을 짓궂게 지적하기는 했지만, 페일이 마스터스에 대해 품고 있는 존경심은 매우 강력히 전해졌다. 증권사 트레이딩 데스크에서 잔뼈가 굵은 페일은 마스터스를 만날 당시 자기 소유의 계좌로 매매를 하며 은퇴생활을 즐기고 있었다. 마스터스의 성격과 재능에 크게 매료된 페일은 은퇴생활을 접고 트레이더로 회사에 합류했다. 마스터스의 어떤 점이 그토록 인상적이었는지 묻자 페일은 세 가지 요소를 말했다. 그중 두 가지는 정직성과 일맥상통한다.

"첫째는 진실성, 둘째는 도덕성, 셋째는 성공하겠다는 결의였습니다."

마스터스는 독실한 기독교 신자임을 숨기지 않는다. 그는 대화중에도 자신의 삶 전반, 특히 트레이딩에 있어 하느님에 대한 믿음이 미치는 중요성을 언급했다.

"신의 존재에 대한 믿음이 이 일에서 피할 수 없는 부분인 손실을 감당할 수 있는 힘을 줍니다. 가령 오늘 수백만 달러를 잃는다면 다른 방식으로는 마음을 다스리기 어렵겠죠."

마스터스가 직접 언급하지는 않았지만 그가 십일조 헌금을 하고 있다는 것을 알 수 있었다. 그는 또한 기독교 전도회에서 정기적으로 일하고 있다.

애틀랜타에 도착한 때는 저녁이었고, 다음날 아침 연결항공편을 타야 했기 때문에 마스터스와 나는 저녁식사를 하며 인터뷰하기로 했다. 마스터스는 자신이 좋아하는 식당인 바카날리아Bacchanalia를 추천했다. 누군가 애틀랜타에 간다면 진심으로 추천할 만큼 음식은 훌륭했다. 다만 한 가지 경고를 덧붙여야 한다. 택시 운전사들은 절대 그곳을 찾지 못한다. 공항에서 잡아탄 택시는 길을 잃었고, 식당에서 불러준 첫 택시 두 대는 아마 지금도 애틀랜타를 빙빙 돌며 헤매고 있을 것이다.

주식시장에 처음 관심을 가지게 된 계기는 무엇인가요?

1970년대에 아버지께서 생업으로 트레이딩을 하셨습니다. 열한 살인가 열두 살쯤 되었을 때 아버지가 하시는 일에 호기심이 생겨서 여러 가지 질문을 했습니다. 그때 아버지께서 읽어보라며 책을 한 권 주셨는데 저스틴 매미스Justin Mammis가 쓴 『주식을 팔아야 할 때When to Sell Stocks』였습니다. 책 제목이 '주식을 사야 할 때'가 아니었던 것이 중요합니다. 아버지는 주로 공매도에 집중하셨습니다.

시장에서 아버님의 성과는 어떠셨나요?

5~6년 동안 가족들을 충분히 건사할 정도로 잘하셨죠.

그 뒤에는 어떻게 되셨나요?

경영학 석사학위MBA를 취득하기 위해 다시 학교로 돌아가셨고, 그 뒤에는 컨설팅 회사를 차리셨어요.

아버님께 시장에 관해 배운 것이 있나요?

물론입니다. 아버지는 제게 이익 실현의 중요성을 가르쳐주셨어요. 그것을 제 전략에 반영했습니다.

이익 실현의 어떤 점 말씀이시죠?

이익은 실현하기 전까지는 진짜가 아니라는 개념이죠.

삼촌 두 분께도 큰 영향을 받았습니다. 루이 삼촌과 래리 삼촌인데, 두 분 모두 주식 트레이딩을 하셨죠. 가족모임이 있을 때면 루이 삼촌은 이쪽, 래리 삼촌은 저쪽, 아버지는 탁자 건너편에 앉아 주식시장에 관한 이야기를 나누곤 하셨죠. 외아들이었던 저는 그것이 남자들이 하는 일이라고 생각했어요. 이 일을 시작했을 때 루이 삼촌과 래리 삼촌은 제 고객이 되어주셨고, 두 분에게서 많은 것을 배웠습니다.

두 분께서는 무엇을 가르쳐주셨나요?

자기규율의 중요성입니다. 손실이 발생하면 빠져 나오라고 하셨죠.

대학에 갔을 때도 자금 운용을 목표로 하셨나요?

아니요, 대학에 갈 때는 의사가 되려고 했어요. 사실 저는 수영 장학생으로 테네시대학교에 입학했습니다. 그 경험이 큰 도움이 되었죠. 그 경험이 아니었다면 지금 이 일을 결코 할 수 없었을 것입니다.

어째서죠?

고통에 익숙해졌죠. 훈련 과정에서 말도 안 되는 구성을 소화해냈어요. 하루에 2만 미터, 2만 5,000미터씩 수영을 했어요. 코치가 "좋아, 200씩 100개다(200야드 인터벌을 100회 반복하기(인터벌은 역영과 짧은 휴식을 반복하는 강도 높은 훈련을 가리킨다. ―옮긴이)"라고 말하면 심장이 내려앉았죠. 얼마나 힘들지 아니까요.

수영은 언제까지 하셨나요?

자유형 단거리 종목에서 미국 최우수 대학 선수였습니다.

'미국 최우수'라니 무슨 뜻이죠?

미국대학체육협회National Collegiate Athletic Association 선수권 대회에서 상위 여덟 명 안에 들었다는 뜻입니다.

올림픽에도 도전해보셨나요?

올림픽 예선에 나갔지만 통과하지 못했습니다. 예선 경기가 있기 전 여름에 유행성 이하선염에 걸렸는데, 최고의 몸 상태를 회복하기까지 시간이 충분하지 않았어요. 1년 전이었다면 올림픽 대표팀에 들어갈 만큼 높은 순위를 기록했을 겁니다.

그다음 올림픽 예선에도 도전했나요?

수영은 돈을 벌 수 있는 운동은 아닙니다. 다음 예선 시기는 제가 스물여섯 살이 될 때였죠. 그때까지 그 세계에서 어슬렁거릴 수도 있었겠지만, 저는 이미 오랫동안 충분히 했다고 생각했습니다.

지금도 수영을 하시나요?

조금은 하는데 사실 더 많이 해야 하죠. 다만 시간이 없어요.

예과 과정 학생이었다가 어떻게 트레이더가 되셨나요?

유기화학 시험을 통과하고 나서 의과대학에 진학하는 데 아무런 열정도 없다는 것을 깨달았습니다.

처음에 의사가 되려고 하신 이유는 무엇인가요?

열 살 때 굉장히 큰 사고를 당해서 병원에 몇 주 동안 입원해 있었어요. 어린 나이에 병원에서 본 의사들에게서 깊은 인상을 받았고, 좋은 직업이겠다고 생각했습니다. 과학과 사람을 돕는 일을 결합한 직업이라는 점이 좋았습니다.

어떤 사고였나요?

판유리를 끼운 창에 부딪쳤어요. 수영장으로 나가는 미닫이문이 있었는데, 어느 날 집으로 뛰어갔는데 열려 있다고 생각한 미닫이문이 닫혀 있었던 거예요. 유리에 그대로 충돌했고 유리가 산산조각 나면서 온몸을 베었죠. 다리에 난 상처는 대퇴골까지 깊게 베어서 힘줄이 잘렸어요. 보셨는지 모르겠지만 아직도 다리를 절뚝거립니다. 걷는 법부터 다시 배워야 할 정도였어요. 사실, 그래서 처음 수영을 시작하게 됐습니다. 치료 과정의 일부였죠.

어머님께서 유리창을 아주 깨끗하게 관리하셨나 보군요.
네, 그러셨죠. 그 사고 이후 어머니는 유리문에 테이프를 가로질러 붙여두는 것을 늘 잊지 않으셨어요.

의사가 되겠다는 생각을 바꾸게 된 계기는 무엇이었나요? 유기화학을 좋아하지 않는 것보다 더 큰 이유가 있어야만 했을 것 같은데요.
대학에서 2~3년을 보내면서 의사가 되겠다는 열망이 전혀 없다는 사실을 깨달았습니다. 단지 열 살 때 가졌던 목표 때문에 그 진로를 택했던 것이죠. 굉장히 흥미로웠던 투자 과목을 포함해 금융 관련 수업을 몇 개 들었는데, 정말 재미있었습니다. 그래서 전공을 바꾸었죠.

투자 수업에서는 무엇을 배우셨나요?
일반적인 가치평가valuation 이론을 배웠습니다. 그레이엄-도드Graham & Dodd(투자 교과서의 고전) 같은 것이었죠.

직접 트레이딩을 하실 때도 같은 유형의 분석 방식을 활용하시나요?
많이 활용하는 것은 아니지만 알고 있다면 좋은 배경지식입니다. 다른 투자자들이 무엇을 중요하게 여기는지 알아내는 데 아주 유용하다고 생각합니다.

학교에서 배운 지식의 어떤 점이 현재 접근법에 반영되었나요?

포트폴리오 이론입니다. 전통적 이론은 포트폴리오를 분산시켜 비체계적 위험 unsystematic risk, 즉 개별 기업의 특수위험company specific risk을 제거한다는 것입니다. 이를 통해 기업이 파산하더라도 피해를 입지 않을 수 있습니다. 하지만 수익도 지수를 추종하는 선에서 끝납니다. 지수 대비 초과 수익률이 목표라면 지수를 추종하는 전략으로는 성공하기가 매우 어렵습니다. 저희는 포트폴리오 이론을 근본적으로 뒤집었습니다. 비체계적 위험이 체계적 위험systematic risk에 비해 상대적으로 높을 때(즉 주가의 움직임이 주식시장 전체의 방향성이 아닌 개별 기업의 특수 사건에 더욱 영향을 받을 때)는 주식을 보유함으로써 비체계적 위험을 수용하려고 합니다.

대학 졸업 후에는 무엇을 하셨나요?

경영대학원에 가기로 결심했습니다. 그렇게 하면 무엇을 해야 한다는 결정을 2~3년 동안은 더 미뤄도 되니까요. 같은 지역에 있는 에모리대학교에 지원해두고, 다른 곳에는 지원할 생각도 하지 않았어요. 에모리대학교 입학처에서는 저를 받아주고 싶지만 일을 한 경력이 없는 것이 문제라고 했어요. 알고 보니 입학 요건 가운데 하나였죠. 일한 경험이라고는 잔디 깎기와 여름방학 때 제철소에서 잠시 일한 것이 전부였는데, 그것으로는 자격이 되지 않았어요.

먼저 경력을 쌓기로 하고 증권업계에서 일자리를 찾았습니다. 집 근처에 증권회사에 다니는 친구가 살았는데, 제가 동네에서 잔디를 깎는 모습을 보고 부지런하다고 생각했던 것 같아요. 게다가 그 친구는 대학 미식축구 팀에서 운동을 했는데, 저 역시 대학 운동선수였다는 점을 반가워했죠. 그 친구가 제게 일반적으로 요구되는 경력은 없지만, 중개인으로 일할 기회를 주겠다고 했죠.

일반적으로 요구되는 경력은 무엇인가요?

영업 경력입니다.

회사에서 제공하는 교육 과정이 있었나요?

네, 영업 방법에 관한 2주짜리 교육이었어요.

교육 과정을 마친 다음에는 어떻게 됐나요?

콜드콜을 돌릴 사람들의 목록을 받았습니다.

어렵지 않으셨나요?

정말로 어려웠어요. 다른 교육생 한 명과 함께 무작위 방문도 했죠. 이웃들의 문을 두드리고 계좌를 개설하라고 부탁했죠. 한 번은 어떤 식료품점에 갔는데 알고 보니 주인의 처가 식구가 주식으로 전 재산을 날렸더라고요. 주인이 커다란 빵 한 덩이를 휘두르면서 "당신들 중개인들 하고는 말도 섞고 싶지 않아! 여기서 썩 꺼져!" 하고 소리를 지르면서 우리를 가게에서 쫓아냈어요. (그때를 회상하며 한참 웃었다.)

공구를 파는 가게가 아니라 다행이었네요. 콜드콜의 몇 퍼센트가 계좌로 연결되었나요?

1퍼센트 정도였어요. 그 일을 한동안 하고 나서 제가 하고 싶은 일은 영업이 아니라 운용이라는 것을 알게 됐습니다. 하지만 회사가 제게 원한 것은 금융 상품 영업이었습니다. 중개인이 자금 운용을 하고 싶다고 나서니 마치 머리가 둘 달린 사람을 보듯 했죠.

중개인 일은 성공적이었나요?

살아남았다는 것만으로도 어느 정도는 성공했다고 생각합니다. 회사에 가진 불만 가운데 하나는 제 생각에 구조적으로 수수료가 너무 높다는 것이었습니다. 그래서 바꾸었죠.

허락을 받았나요?
아니요.

독자적으로 수수료를 낮추셨다고요?
네, 수수료가 너무 높아서 거래를 할 수 없을 정도였으니까요.

그러니까 수수료를 전부 지불하면 그 매매는 지는 게임이 된다는 것을 그때 이미 깨달으셨군요.
물론입니다. 고객은 이기지 못하면 더 이상 머무르지 않아요.

선생님께서 수수료를 낮춘 데 대해 회사의 반응은 어땠나요?
사실을 알고는 화를 냈죠.

수수료를 얼마나 낮추셨나요?
90퍼센트 정도요. 물론 지금은 할인중개업discount brokerage이 따로 있지만 그때는 달랐죠.

당시 알았던 것 중에 옳았던 것은 무엇이고, 잘못 알고 있던 것은 무엇이었나요?
어떤 사건보다 앞서 생각하면 대개 돈을 벌고, 사건이 발생할 때까지 기다리면 돈을 잃는다는 것을 배웠어요. 예를 들면 어떤 회사가 긍정적인 실적을 발표했는데도 그 소식이 이미 주가에 반영되었기 때문에 매도세로 이어진 경우가 있었어요. 그것이 제게 좋은 교훈이 되었죠.

중개인에서 펀드 매니저로 탈바꿈한 것은 언제였나요?

제 소유의 계좌로 매매하면서 어느 시점부터 안정적으로 수익이 발생했고, 혼자서 시작할 준비가 됐다고 느꼈어요. 하지만 실제 전환은 강제적으로 이루어졌습니다.

어떤 점에서 강제적이었나요?

해고당했거든요. 회사가 요구하는 최소 매매 수준에 못 미치는 일임계좌 discretionary account가 여러 개 있었죠. 팀장은 "최소 요구 수준 이하로 이 계좌들을 매매하면 안 됩니다"라고 말했어요.

제가 말했죠. "아뇨, 할 겁니다."

"아니, 못 해요. 그럴 거면 여기서 나가요!"

마음속으로 간절히 원하던 일이 일어났죠. 아마 변화를 주기 위해 누군가 엉덩이를 제대로 걷어차 주기를 바랐던 것 같습니다. 중개인 일이 더 이상 마음 편하지 않았거든요.

어째서죠?

회사와 고객 모두를 위해 돈을 벌려고 할 때는 늘 갈등이 동반하기 때문입니다. 저는 성과제 방식으로 자금을 운용하고 싶었어요. 그 방식이 훨씬 투명하다고 생각했기 때문이죠. 중개 업무에는 윤리적 문제가 있다고 생각했어요.

예를 들면요.

회사가 주선 업무underwriting를 맡은 주식을 밀고, 등급이 더 낮더라도 회사와 관계가 있는 뮤추얼펀드를 판매하라는 미묘한 압력이 있죠.

다른 뮤추얼펀드를 판매하면 어떻게 되나요?

판매 수수료를 적게 받겠죠. 전혀 받지 못할 수도 있고요.

해고당한 뒤에는 어떻게 됐나요?

아버지께 제가 어떤 일을 해야 했는지 말씀드렸더니 나와서 혼자서 시작해보라고 제안하셨어요. 제 성과에 따라 수입이 발생한다는 점은 좋았지만, 경험이라고는 중개인 업무가 유일했던 제게 운용을 맡기는 데 누가 관심이라도 있을지 걱정이 됐습니다.

지금 운용에서 성공할 수 있다고 믿으신 근거는 무엇인가요?

아버지와 아내 수전을 제외한 모두가 트레이딩에 성공할 수 없을 것이라며 반대했어요. 선생님의 책 『시장의 마법사들』과 『새로운 시장의 마법사들』은 성공이 가능하다는 사실을 보여주었다는 점에서 실제로 아주 큰 도움이 됐습니다. 그 사실을 아는 것만도 굉장히 중요했어요. 누군가 트레이딩으로 돈을 벌 수 있다면 저 역시 할 수 있다고 생각했어요. 또한 최고 수준의 수영 선수로서 성공적으로 경쟁했던 경험이 이 업계에서도 뛰어나게 잘해낼 수 있다는 자신감을 주었습니다.

그런 자신감의 근거는 무엇이었나요? 현재와 어느 정도 비슷한 매매 성과를 내고 계셨나요?

수년간 저 자신의 계좌로 매매하는 동안 결과는 손익평형보다 약간 나은 수준이었습니다. 하지만 해고 시점에 매매 성과가 상당히 향상되기 시작했습니다.

무엇이 달라졌죠?

촉매에 초점을 맞추기 시작했습니다. 트레이딩 아이디어를 소프트웨어로 구현한 것이 큰 도움이 되었습니다. 아버지께서 외식 컨설팅 사업을 하면서 많은 소프트웨어를 제작하셨는데, "무엇을 제대로 알고 싶다면 그것에 관한 소프트웨어를 제작해라"고 조언하셨죠.

선생님의 모형에는 무엇을 반영하셨나요?

갖가지 정보를 입력했는데, 다른 어느 것보다 촉매가 중요하다는 사실을 발견했습니다. 그 결과 제 모형은 거의 전적으로 촉매에 초점을 맞추게 됐습니다.

촉매란 정확히 무엇을 뜻하나요?

해당 기업에 대한 시장의 인식을 변화시켜 주가를 움직일 잠재력이 있는 사건을 가리킵니다.

촉매는 그 정의상 일회성 사건이 아닌가요? 일회성 사건으로 어떻게 모형을 만들죠?

촉매는 대부분 반복되는 사건입니다. 실적은 한 해에 네 차례 발표됩니다. 유통업체의 동일점포 매출same-store sales은 매달 발표됩니다. 항공사의 탑승률load factor도 매달 발표됩니다.

실적 발표 등의 사건은 매매 결정에 어떻게 활용하시나요?

긍정적인 깜짝실적earnings surprise을 발표한 기업의 주식들은 시장 대비 초과 상승하는 경향이 있지만, 그 폭은 상대적으로 제한적임을 보여주는 연구 결과가 많이 있습니다. 긍정적인 깜짝실적 발표 이후 어떤 주식을 매수한다면 사실은 그 지점이 주가의 고점 부근일 경우가 많습니다. 깜짝실적이 이미 주가에 반영되었기 때문이죠.

말 그대로 '깜짝실적'이 어떻게 미리 반영될 수 있죠?

우리는 지금 서로 다른 이야기를 하고 있어요. 학계와 월스트리트의 정의에 따르면 '깜짝실적'은 시장평균 예상치consensus를 어느 수준 이상으로 웃돌거나 밑도는 숫자를 가리킵니다. 깜짝실적이 주가에 반영되었는지 여부는 실적 발표 전 주가 추이로 알 수 있습니다. 예를 들어 어떤 주식이 실적 발표 일주일 전 횡보장에서 10포인트 상승했고, 발표된 실적은 시장평균 예상치를 약간 웃돈다면 그것은 학문적 정의로는 깜짝실적이겠지만, 주가에는 이미 반영되었다고 볼 수 있습니다.

학계 연구는 실적 발표 이전의 주가 추이를 고려하지 않나요?

고려하지 않습니다. 실제 숫자가 시장평균 예상치를 넘어섰는지 여부만 봅니다. 이것도 유용한 정보이기는 하지만 실적 발표 전 주가 추이, 실제 실적과 예상 실적의 차이 등 다른 요인들을 함께 고려하면 성공적으로 매매할 가능성을 크게 높일 수 있습니다.

예를 들어, 만일 제가 주위를 살피지 않고 길을 건넌다면 한낮보다는 새벽 2시에 건너는 편이 차에 치일 가능성을 줄이는 방법이겠죠. 여기에 비유할 수 있는 것이 학계 연구가 활용하는 정보입니다. 가치는 있지만 개선할 점이 많은 정보죠. 길을 건널 때 주변 소리에 귀를 기울인다면 어떨까요? 차에 치일 확률은 훨씬 낮아질 겁니다. 주변 소리에 주의할 뿐 아니라 한쪽 방향을 살펴보기까지 한다면 어떨까요? 살아남을 확률은 더욱 높아질 것입니다. 양쪽을 모두 살핀다면? 확률은 더욱 높아지겠죠. 이것이 바로 저희가 분석을 통해 하는 일입니다. 저희는 가능한 매매의 성공 확률을 높이기 위해 노력하고 있습니다.

긍정적인 깜짝실적이 발표됐는데 그 전에 주가가 하락했다면 앞으로는 강세장이 전개될 가능성이 높다고 추정할 수 있겠군요.

그렇습니다. 실적 발표 전 부정적인 전망이 주가를 끌어내렸는데 그 뒤 긍정적인 깜짝실적이 발표되면 여기에는 매도 포지션을 정리해야 하는 공매도 투자자, 매수를 원하는 새로운 투자자, 그리고 전혀 반영되지 않은 깜짝실적이라는 사건이 공존합니다. 이런 상황에서 주가의 반응은 굉장할 수 있습니다.

하지만 실적이 발표된 뒤 주가가 급등하면서 이익을 낼 기회가 제거되지 않나요?

주가는 상승하겠지만 대개 변화를 완전히 반영하지는 않습니다. 이 점이 바로 효율적 시장가설 이론의 문제 가운데 하나죠. 시장은 모든 정보를 즉각 반영하지는 않습니다.

시장 예상보다 좋은 실적 또는 나쁜 실적을 기대하고 실적 발표에 앞서 특정 포지션을 취했는데, 실제 실적이 예상에 못 미치는 경우나 예상을 넘어서는 경우에는 어떻게 하시죠?

대개 즉시 포지션을 정리합니다. 저희는 수많은 매매를 하고, 저는 늘 실수를 저지릅니다. 매일 출근할 때마다 겸손해지죠(웃음).

월스트리트 전체가 촉매가 되는 사건에 주목합니다. 선생님의 경쟁우위는 어디에 있나요?

저희는 촉매를 찾아내는 데 모든 초점을 맞춥니다. 이것은 저희 전략의 일부가 아닙니다. 전략 그 자체입니다.

포지션을 정리하는 시점은 어떻게 결정하시나요?

굉장히 유용한 한 가지 방법은 시간청산time stop입니다. 저는 진입하는 모든 매매 건마다 시간 범위를 설정해서 그 시간 안에서만 매매가 유효하도록 합니다. 정해둔 일정 시간 내에 아무 일도 일어나지 않는다면 시장이 그 사건을 반영하지 않았다고 볼 수 있습니다.

매수 포지션과 매도 포지션 사이의 균형은 어떻게 되나요?

평균 40퍼센트 순매수 상태이고, 90퍼센트 순매수와 10퍼센트 순매도 범위 내에서 움직입니다. 일반적으로는 50퍼센트 매수 포지션, 10퍼센트 매도 포지션, 나머지는 현금입니다.

현금 보유 비중이 꽤 크군요.

저희에게는 투자자를 위한 수익창출과 자본보호라는 두 가지 사명이 있습니다. 40퍼센트 현금 비중은 포트폴리오의 성과를 안정화하는 역할을 합니다.

현금 보유 비중이 그렇게 높은데도 어떻게 지수 수익률을 이길 수 있죠?

저희 사업은 식료품점과 비슷하다고 봅니다. 두 가지 방법을 통해 지렛대leverage 효과를 누릴 수 있습니다. 포지션의 규모를 늘리거나 매매회전율turnover을 높이는 것입니다. 저희는 식료품점처럼 계속해서 재고를 들이고 기존 상품을 내보냅니다. 보유한 고기가 상하려고 하면 그것을 처리하기 위해 표시를 해두는 거죠.

일반적으로 포지션을 유지하는 기간은 얼마나 되시죠?

평균 2주에서 4주 정도입니다.

수익이 발생하는 매매는 전체의 몇 퍼센트인가요?

70퍼센트를 조금 넘습니다.

기술적 분석을 활용하시나요?

기술적 분석이 의미 있어서가 아니라, 다른 사람들이 그것을 의미 있다고 생각하기 때문에 활용합니다. 저희는 시장 참여자들 덕분에 매매에서 일찍 빠져 나올 수 있기를 기대합니다. 그런 의미에서 사람들이 어떤 기술적 지점에서 매수나 매도할 가능성이 있는지 파악하는 것은 도움이 됩니다.

인터넷을 활용해 정보를 얻으시나요?

인터넷에서 주로 이용하는 사이트는 더스트리트 닷컴TheStreet.com입니다. 저는 짐 크레이머Jim Cramer가 연재하는 시황 해설을 즐겨 봅니다. 이 사이트는 일반 투자자들이 이용할 수 있는 최고의 인터넷 자원 가운데 하나입니다. 투자자들에게 경고하고 싶은 것 한 가지는 채팅방에 관심을 갖지 말라는 것입니다. 사람들은 각자 의도를 갖고 있어서 정보가 상당히 오염될 수 있기 때문입니다.

귀중한 교훈을 얻으신 매매 사례가 있으신가요?

수없이 많죠. 명함은 항상 큰 묶음으로 주문합니다. 제 일은 마케팅이 아니기 때문에 명함을 건넬 일은 거의 없습니다. 대신 제 명함 뒷면을 활용해 트레이딩에 관한 교훈을 간단히 적어둡니다. 시장의 반응에 관해 유익한 교훈을 얻은 매매였다고 생각되면 해당 종목 기호와 매매에서 배운 내용을 요약해서 적어둡니다. 이런 방법으로 제 트레이딩 모형을 구축했고, 계속해서 개발하고 있습니다. 자신만의 매매 철학을 기록하는 것은 투자자라면 누구에게나 굉장히 가치 있는 훈련이 될 것입니다. 기록은 매매에 관한 자신의 생각을 명확하게 정리하는 데 도움이 됩니다. 몇 주에 걸쳐 도서관에서 제 투자 철학을 써내려갔던 일이 생각납니다. 내가 찾는 촉매는 무엇인지, 그것들은 주가에 어떤 영향을 미칠 것으로 예상하는지 그리고 각양각색의 주가 반응을 어떻게 해석할지에 관해 적었죠. 그렇게 써내려간 매매 철학을 모두 모으면 500쪽 분량이 넘었을 겁니다. 솔직히 굉장히 힘들고 단조로운 작업이었고, 오랫동안 한 자리에서 일어나지도 못하고 억지로 해냈습니다. 하지만 그 과정은 제 트레이딩 접근법을 개발하는 데 매우 귀중한 경험이었습니다.

투자자들을 위해 또 어떤 조언을 해주시겠습니까?

소매 중개인retail broker으로 일한 경험에서 한 가지 얻은 것은 많은 사람의 실수를 보았다는 것입니다. 이 경험을 바탕으로 투자자들에게 드릴 수 있는 가장 중요한 조언은 이것입니다. 계획을 세우십시오. 이 주식을 사는 이유는 무엇이고, 이 매매에서 원하는 것은 무엇인지 알아야 합니다. 한 발 물러나 자신이 무엇을 하고 있는지 생각하면 많은 실수를 피할 수 있습니다.

⬤

마스터스의 접근법은 4단계 과정으로 요약할 수 있다.

1. 경험을 통해 배우라. 유용했던 매매라면 (이겼든 졌든) 그 매매를 통해 시장에서 배운 것을 기록한다. 일기를 써도 좋고, 마스터스처럼 명함 뒷면을 활용해도 좋다. 시장에서 교훈을 얻을 때마다 그것을 체계적으로 기록하는 것이 중요하다.

2. 매매 철학을 개발하라. 경험에서 얻은 교훈을 모아 일관된 매매 철학을 완성한다. 여기에는 두 가지 중요한 점이 있다. 첫째, 초보자에게는 당연히 어려운 단계이다. 의미 있는 매매 철학을 개발하기 위해서는 많은 매매 경험이 필요하기 때문이다. 둘째, 이 단계는 역동적인 과정이다. 더 많은 매매 경험과 지식을 축적함에 따라 기존 철학도 적절히 수정해야 한다.

3. 가능성이 큰 매매 기회를 찾아라. 자신만의 매매 철학을 활용해 성공 가능성이 큰 매매 기회를 구분해내는 방법을 개발한다. 직접 찾아낸, 어느 정도 예측력predictive value이 있는 몇 가지 조건을 갖춘 매매 기회를 찾는 것이다. 개별 조건이 지닌 우위는 미미해도 그런 조건이 여러 개 조합되면 상당히 유리한 매매 기회를 얻을 수 있다.

4. 계획을 세워라. 어떻게 매매에 진입할지, 어떻게 빠져 나올지 알아야 한다. 많은 투자자가 진입에만 초점을 맞추는 실수를 저지른다. 마스터스는 매매 대상을 선정하고 매매에 진입하는 구체적인 방법뿐만 아니라 매매를 청산할 계획도 세워둔다. 그는 다음 세 가지 조건 중 한 가지만 충족되더라도 포지션을 정리한다.

- 해당 매매에서 목표한 이익을 실현한 경우
- 예상했던 촉매가 나타나지 않은 경우, 또는 주가 반응이 기대와 다를 경우
- 주가 반응이 미리 정한 일정 시간 범위 안에 나타나지 않은 경우('시간청산'이 발동함)

: 마이클 마스터스의 근황

마스터스는 약세장의 처음 두 해 동안 다소 누그러지기는 했지만 그럭저럭 수익률을 유지했다. 그러나 2002년 3분기 동안 처음으로 연간 기준 손실을 경험할 위기를 맞은 듯했다. 2000년 초부터 2002년 9월까지 그는 13퍼센트 수익률을 기록했다. 인상적인 수준은 아니라고 생각할 수 있다. 그의 기존 성과에도 크게 못 미치는 수준이다. 하지만 같은 기간 S&P500과 나스닥의 하락폭이 각각 45퍼센트, 71퍼센트에 달했음을 감안하면 주목할 가치가 있는 수익률이다.

현재 시장을 어떻게 보시나요?

전형적인 약세장의 특징을 모두 보여주고 있습니다. 지난 2~3년간 나스닥의 움직임은 1929년에서 1932년 사이 다우가 보인 움직임과 매우 유사합니다.

현재의 나스닥을 현재의 다우나 S&P500이 아닌 1929년의 다우와 비교하는 이유는 무엇이죠?

단순히 차트로 볼 때 두 시장이 매우 유사하기 때문입니다.

이 비교는 어떤 점을 시사하나요?

최종 주가 하락률도 매우 유사할 수 있다는 점입니다. 1929~1932년 사이 다우는 90퍼센트 가까이 하락했어요. 최근 저점(2002년 7월) 기준으로 나스닥은 2000년 3월 고점 대비 약 82퍼센트 하락했죠. 물론, 나머지 8퍼센트 하락폭은 최근 저점 대비로 환산해 계산하면 앞으로 40퍼센트가 넘는 추가 하락이 있을 것임을 의미합니다.

반드시 1929~1932년의 약세장과 연결지을 필요는 없습니다. 현재 경제 여건은 대공황 시절보다는 분명히 나으니까요. 하지만 연평균 가격 상승폭을 보면 1990년대에 경험한 강세장은 1920년대 강세장보다 훨씬 극단적이었습니다.

시장에 대한 장기 전망은 어떻습니까?

지수들은 1970년대 후반과 유사하게 넓은 박스권을 유지할 것 같습니다. 시장이 30퍼센트 이상 급등하는 강세 구간을 목격할 겁니다. 하지만 이런 급등세 뒤에는 1~2년간의 약세장이 전개될 것으로 보입니다.

투자자 관점에서 보면 앞으로 5~10년간은 배당수익률 수준의 연평균 수익률을 예상하시는 것 같습니다.

그것이 합리적인 추정치라고 생각합니다. 그보다 높은 수익률을 달성하기는 어려워 보입니다.

글쎄요, 아주 비관적인 전망이시군요. 그렇다면 시장의 장기 평균인 연간 약 10 퍼센트 수익률과 비교해도 상당히 저조한 수준입니다. 그렇게 부정적으로 보시는 이유는 무엇인가요?

평균으로의 회귀reversion to the mean 때문입니다.

다시 말하면 상승 방향의 과잉이 너무나 극단적이었기 때문에 시장 대비 초과 하락세가 장기간 지속될 가능성이 있다는 말씀이군요.

네, 저는 그렇게 가정합니다. 미국 연방준비위원회는 1990년대 일본이 이미 경험함으로써 가능성이 더 높아진 디플레이션deflation을 피하려고 할 것이고, 이런 노력은 실적 개선으로 이어질 것입니다. 하지만 이러한 실적 개선의 대가로 인플레이션inflation은 확대되고 밸류에이션은 하락할 것입니다. 모든 영향을 반영한 주가 움직임은 장기적으로는 손익평형에 가까울 것입니다. 하지만 연방준비위원회로서는 물가 상승 외에 선택지가 없는 만큼 상품시장은 장기적으로 매우 강세를 나타낼 것입니다.

선생님의 생각이 맞는다면 장기 고점 수준에 있는 채권가격은 장기적으로 하락하겠군요. 주식시장에서 크게 데이고 채권시장에서 '안전'을 추구하던 많은 사람은 어쩌면 채권에서 돈을 잃어 피해가 악화될 수도 있겠네요.

네. 장기 투자 대상으로 채권시장에 돈을 맡기고 있다면 그것은 본질적으로 미국이 일본의 경험을 되풀이한다는, 즉 연방준비위원회가 디플레이션 회피에 성공하지 못한다는 데 내기를 거는 것입니다. 저라면 그쪽에 돈을 걸지는 않을 겁니다.

채권은 꾸준한 수익을 제공하지만 금리가 상승해 채권가격이 하락하면 이자 수입보다 더 큰 손실이 발생하면서 총수익률은 마이너스가 될 수도 있다. 평범한 대부분의 투자자는 이 사실을 충분히 이해하지 못한다. 금리가 장기 저점에 있을 때, 특히 마스터스의 예상대로 인플레이션이 장기적으로 상승할 때 채권 총수익률이 마이너스가 될 위험은 상당히 크다.

약세장에서 하는 매매는 강세장과는 어떻게 다른가요?

행복감에 젖었던 1999년의 강세장과 올해의 꾸준한 약세장이 이루는 대비는 정말로 놀랍습니다. 1999년에는 어떤 회사가 인터넷 분야로 사업을 확장한다는 발표만 해도 하룻밤 사이에 주가가 20달러는 거뜬히 올랐습니다. 올해는 회계문제와 관련한 〈월스트리트저널〉의 기사 한 꼭지만으로도 주가가 거의 즉시 20달러 내려갔죠. 즉 우리는 지금 1999년과 똑같은 광적인 가격 움직임을 목격하고 있는 것입니다. 이번에는 상승 방향이 아니라 하락 방향이라는 차이가 있을 뿐이죠. 2002년의 공포는 1999년의 탐욕과 마찬가지로 강렬합니다. 이는 1999년 강세장에서 매도 포지션이 경험했듯, 이제 매수 포지션이 같은 유형의 비합리적인 큰 가격 움직임을 경험할 차례라는 것입니다. 하지만 1999년과 마찬가지로 현재 상황은 일시적일 것이라고 믿습니다.

현 시점에서 투자자들에게 어떤 조언을 해주시겠습니까?

앞으로 10년간 미국 주식시장에서 돈을 버는 유일한 방법은 역발상 접근법 contrarian approach일 것입니다. 2002년 7월처럼 공황 기류가 형성될 때는 원하지 않더라도 언제나 적극적인 매수자가 되어야 합니다. 그런 다음 1년이 지나 주가가 반등하고 시장에 낙관론이 다시 형성되는 것 같으면 빠져 나오는 겁니다. 다시 말해 주변 사람들과 반대로 갈 수 있다면 좋은 수익률을 기록할 것입니다.

역발상 접근법은 모두가 오로지 짜릿한 것만 좇던 1990년대에는 인기가 없었습니다. 하지만 1960년대와 1970년대를 돌아보면 박스권 하단 근처에서 매수하고, 상단 근처에서 매도하는 것이 돈을 버는 유일한 방법이었음을 알 수 있습니다. 저는 앞으로 5년에서 10년 혹은 그보다 오랜 기간 동안 이와 유사한 상황을 마주할 것으로 믿습니다.

마법사는
늘 혁신한다

PART 4

당연한 것은 없다,
모든 것에 의문을 가져라

존 벤더John Bender

    존 벤더의 옵션에 관한 주장이 옳다면* 다른 모든 사람은 사실상 틀렸다는 뜻이 된다. 그의 성과를 고려하면 존 벤더가 옳다고 믿을 이유는 충분하다. 벤더는 노벨상 수상 경제학자들이 개발하고, 사실상 전 세계 트레이더가 사용하는 모든 옵션가격모형의 바탕이 되는 옵션가격결정이론에 기본적으로 결함이 있다고 단언한다. 단순한 이론적 논쟁이 아니다. 벤더의 방법론은 전통적인 옵션가격결정모형이 제시하는 가격과 반대로 내기를 거는 것이다. 벤더의 트레이딩은 그의 모형으로 예측한 가격확률price probability이 표준 옵션가격결정모형이 제시하는 가격확률보다 정확할 때 이익이 발생하는 구조이다.

    운용하는 막대한 자금 규모와 탁월한 성과를 고려하면 벤더는 놀랄 만큼 주목받지 못했다. 그의 펀드는 업계의 어느 데이터베이스에서도 검색되지 않았다. 이 책을 비롯해 앞선 두 권의 책에서 인터뷰한 대다수 사람과 마찬가지로

---

* 옵션이 생소한 독자라면 이 장을 읽기 전에 〈부록〉으로 실은 옵션에 관한 짧은 입문서를 참고할 것을 권한다.

나는 업계 인맥을 통해 벤더를 알게 됐다.

벤더는 1988년 펜실베이니아대학교를 생물물리학 전공으로 우등 졸업하며 학사학위를 받았다. 학부생 시절 그는 여름 동안 리버모어연구소Livermore Labs, 우즈 홀Woods Hole의 해양생물연구소 등 과학 관련 기관에서 일했다. 그는 과학을 좋아했지만, 연구가 아닌 허가를 받는 데 대부분의 시간을 사용해야 하는 과학자들의 생활을 목격하고 환상에서 깨어났다. 동시에 시장에 강한 호기심을 갖게 됐고, 자신의 분석 능력을 적용할 수 있는 도전의식을 북돋우는 기회가 시장에 있음을 알았다.

벤더는 졸업 후 자신의 계좌로 매매하기 시작했는데 위험자본 몇천 달러가 전부였다. 1년 뒤 그는 금융권에서 지원을 받아 8만 달러를 조달할 수 있었다. 이 계좌로 매매를 한 시기는 1989년 8월부터 1995년 3월까지였는데 이 기간 동안 연평균 복리수익률은 187퍼센트였고, 손실이 발생한 분기는 단 세 분기에 불과했으며, 가장 큰 손실은 11퍼센트였다.

안식 기간을 가진 벤더는 1996년 8월에 자신의 펀드를 출범해 그 후 3년 반 동안 평균 33퍼센트 수익률을 기록했다. 여전히 꽤 훌륭한 수준이지만 앞서 자신의 계좌에서 보인 성과와 비교해 이처럼 수익률이 급락한 원인은 무엇인지 궁금할 것이다. 그 답은 아주 간단하다. 바로 레버리지다. 벤더는 펀드를 운용하면서 레버리지를 약 4 대 1로 낮추고(이 때문에 월복리 효과를 반영한 연간 수익률은 더 큰 폭으로 축소됐다), 위험을 통제하는 데 특히 주력했다. 현재까지 자본의 고점에서 다음 저점까지 자본인하는 최대 6퍼센트에 그쳤다. 자신의 펀드로 수억 달러를 운용하는 것 외에도 벤더는 퀀텀펀드Quantum Fund에서 알려지지 않은 규모의 자금을 할당받아 운용하며 통화옵션을 매매한다.

시장의 마법사들이 트레이딩으로 벌어들인 많은 이익의 일부를 떼어 자신이 선호하는 자선활동에 지원하는 것은 매우 흔한 일이다. 하지만 벤더의 이익 활용 방법은 독창성, 영향의 지속성 그리고 행동할 기회가 사라지기 전에 문제를 완화하려는 단순명쾌한 실천력 측면에서 특히 주목할 만하다. 벤더는 코스타리카 열대우림 지역이 개발업자들에 의해 파괴되는 것을 막기 위해 그곳의 땅을 수천 에이커씩 사들이고 있다.

이 책을 준비하며 또 다른 인터뷰를 하기 위해 뉴욕으로 출발하기 하루 전, 나는 벤더도 그곳에 올 예정이라는 사실을 알게 되었다. 벤더는 버지니아에 살았는데 인터뷰를 계획한 다른 어느 트레이더와도 가까운 위치가 아니어서 우리 두 사람이 모두 뉴욕에 있을 때 만나는 것이 편할 것 같았다. 한 가지 문제는 나의 일정이 이미 빈틈없이 짜여 있었다는 것이다. 우리는 늦은 저녁식사를 하며 만나기로 결정했다. 일정을 간소화하기 위해 벤더도 내가 묵는 호텔을 예약했다.

우리는 저녁식사를 하러 가기 전 호텔 로비에서 만났다. 몹시 후끈한 여름 저녁이었다. 내가 청바지를 면바지로 갈아입은 것으로 이만하면 저녁식사를 위한 옷차림으로 충분히 양보했다고 여긴 데 반해, 벤더는 정장 차림에 타이를 매고 있었다. 식당 예약은 벤더가 했는데, 그는 내 옷차림 때문에 입장이 허용될지 여부를 걱정하며 전화를 걸어 확인하자고 제의했다. 나는 보통 평상복 차림 때문에 문제가 되는 일은 없다고 장담했다. 내 말이 사실로 드러나자 그는 거의 실망한 것처럼 보였다. 시간이 흐를수록 벤더는 익숙하지 않은 정장과 타이를 매우 불편해했고, 내가 평상복 차림을 하고도 아무런 문제가 없었다는 사실을 부러워하는 눈치였다. 벤더의 커다란 체구가 잔뜩 격식을 차린 옷차림에 압박을 받는 것 같았다.

우리는 일식당에서 훌륭한 코스 요리를 먹으며 인터뷰를 진행했다. 거의 네 시간이 지나 문득 식당에 남은 손님은 우리뿐이고, 직원들은 우리가 일어서기만 기다리며 초조하게 서성대고 있음을 깨달았다. 우리는 자정 직전에서야 식당을 나섰다. 호텔로 돌아오자마자 우리는 잠깐 휴식을 취했다. 나는 뉴욕에 함께 왔지만 혼자 남겨진 아내를 만났고, 벤더는 그의 회사가 큰 비중으로 투자하는 도쿄 주식시장의 매매 상황을 점검했다. 15분 뒤 호텔 로비에서 다시 만났을 때 벤더는 반바지와 헐렁한 티셔츠 차림이었는데, 정장과 타이에서 해방돼 한결 편안한 표정이었다. 인터뷰는 세 시간 분량의 두 번째 녹음테이프가 끝까지 감기면서 새벽 3시 30분에 끝났다.

대학에서 목표하신 직업은 무엇이었나요?
연구 물리학자가 되려고 했습니다.

물리학의 어느 분야에 관심이 있으셨나요?
저는 생물물리학을 전공했습니다. 많은 시간을 들인 과제 가운데 하나는 광학현미경으로 3차원 정보를 보는 방법을 개발하는 것이었습니다. 세포 안의 아주 작은 구조를 자세히 보려고 할 때는 기본적으로 두 가지 선택지가 있습니다. 전자현미경으로 볼 수도 있고 광학현미경으로 볼 수도 있죠. 전자현미경을 이용하면 사물을 확대해서 본다는 장점이 있습니다. 문제는 세포의 상이 나타나게 하려면 먼저 세포에 중금속을 주입해야 하기 때문에, 지금 보고 있는 세포가 살아있을 때의 모습과 닮았는지 여부를 알 수가 없다는 것입니다. 다른 사람은 모르겠지만, 제가 주사를 맞고 용융 납이 든 통에 들어간다면 통 밖으로 나올 때 모습은 지금과는 전혀 다를 것이라고 확신합니다. 관찰 방법에 따라 관찰 대상이 변합니다. 사람들은 세포에서 새로운 구조를 발견했다고 논문을 발표했지만, 사실은 세포 내에 침전해 있던 인공 금속결정에 불과했다는 사실이 밝혀졌죠.
모두가 전자현미경 사용의 문제점을 인식했습니다. 그 결과 광학현미경을 이용한 접근법을 선호하게 됐죠. 하지만 광학현미경도 중요한 문제점이 있습니다. 아주 작은 대상을 관찰하기 위해 확대 배율을 극도로 높이면 피사계심도 depth of field(초점이 맞는 영역. 초점을 맞춘 영역을 제외한 다른 부분은 흐리게 보인다.—옮긴이) 가 0에 가깝게 얇아집니다. 납작한 단면 하나에만 초점이 맞고 나머지는 모두 흐리게 보이는데, 이렇게 되면 3차원 사물을 관찰하기가 매우 어렵습니다. 한 개 층 이상을 보아야 할 때도 초점이 맞지 않은 정보가 우세한 나머지 상이 완전히 뭉개집니다. 이러한 단점을 극복하기 위해 저희는 초점이 맞지 않는 정보는 걸러내는 프로그램을 개발해야 했습니다. 아주 흥미로운 수학적 문제였죠.

물리학에서 멀어진 이유는 무엇이었나요?

학생일 때는 물리학이 아주 재미있었어요. 모두가 연구를 도와달라고 부탁했죠. 자신이 흥미를 갖는 분야에서 열심히 노력하고, 연구 보고서를 쓰고, 사람들에게 자신이 얼마나 똑똑한지 보여줄 기회를 얻을 수 있어요. 하지만 더 이상 학생이 아니라면, 제도적 시각에서 보는 연구자로 자립해야 합니다. 연구 지원 요청서를 쓰고 영년직을 받는 것이 주요 목적이 되어버린 논문들을 쏟아내는 것을 의미하죠. 결국 가진 시간의 90퍼센트를 물리학이 아닌 다른 일을 하는 데 쓰는 것이죠. 연구실 동료들이 연구 지원 요청서를 쓰느라 머리를 쥐어뜯는 동안 저는 하루 종일 물리학에 매달렸어요. 그렇게 연구실이 저와 맞지 않는다는 것을 깨달았죠.

시장에 처음 흥미를 가진 것은 언제였나요?

어릴 때는 꼬박 수학과 물리만 생각하면서 보냈어요. 저는 약간 괴짜였죠. 고등학교 때부터 일찌감치 옵션시장을 지켜보기 시작했어요. 제가 배우고 있는 수학을 재미있게 적용할 수 있겠다고 생각했죠.

언제 트레이딩을 시작하셨나요?

대학 4학년 때였어요. 트레이딩에서 한계는 오직 자기 자신이라는 점이 마음에 들었죠.

무엇을 매매하셨나요?

필라델피아증권거래소에서 주식과 주식옵션을 매매했습니다.

어떤 계기로 장내 트레이더가 되셨나요?

시장 조성자market maker로 일하는 친구가 있었어요. 그 친구와 함께 몇 차례 입회장에 내려갔는데 제게 꼭 맞는 일이라고 생각했어요. 저는 늘 시장과 수학에 흥미를 가지고 있었는데, 이 두 가지를 완벽히 결합한 것이 옵션 매매였죠.

거래소 입회장에서 처음 매매를 시작했을 때 자금은 어떻게 마련하셨나요?

전문 도박사들이었던 몇몇 후원자들에게서 8만 달러를 조달할 수 있었어요. 저는 꽤 진지하게 바둑과 백개먼backgammon 게임을 했기 때문에 세계 최고의 백개먼 선수와 포커 선수 몇 사람을 알고 있었죠. 투자자들 가운데 한 사람은 포커 세계선수권대회에서 막 우승을 거둔 선수였고, 또 다른 투자자는 세계 최고의 백개먼 선수 가운데 한 사람이었어요.

선생님을 지원하는 대가로 투자자들이 얻은 것은 무엇이었나요?

처음에는 제 이익의 50퍼센트를 가져갔습니다. 나중에는 제가 그들의 지분을 다 사들이고 손을 떼도록 했죠. 도박과 트레이딩에는 비슷한 점이 많습니다. 도박은 부적절한 용어이긴 하지만요.

어째서죠?

결과가 운에 좌우된다는 인상을 주기 때문이죠. 제가 말씀드리는 사람들은 포커나 백개먼을 운에 맡기는 경기가 아니라 사업으로 봅니다. 도박성 경기를 사업으로 할 때는 물론, 트레이딩에 성공하기 위해서는 몇 가지 필수적인 것들이 있습니다.

첫째, 자신의 경쟁우위를 알고 극대화해야 합니다.

둘째, 지는 것도 감당할 수 있어야 합니다. 예를 들어, 세계적으로 순위권에 든 백개먼 선수라도 운이 나쁘면 사기꾼들이 먹잇감으로 삼는 어리숙한 초보자에게 10만 달러를 잃기도 합니다. 그런 일이 일어나더라도 당황해서는 안 됩니다. 차분하게 원래 계획했던 것들을 계속 해나가야 합니다.

셋째, 도박사가 파멸하는 원인을 알아야 합니다. 즉 가진 돈에 비해 너무 크게 판을 벌이지 말아야 합니다.

자신에게 경쟁우위가 있다면 가능한 매매 규모를 키우는 것이 그 우위를 극대화하는 방법이라고 생각할지 모르지만, 그렇지 않습니다. 바로 위험 때문이죠. 전문 도박사나 전문 트레이더가 된다는 것은 경쟁우위를 극대화하는 것과 경기를 포기할 위험을 최소화하는 것 사이에서 끊임없는 줄타기를 하는 것을 뜻합니다.

어느 정도가 알맞은 균형인지는 어떻게 판단하죠?

유일한 정답은 없습니다. 개인의 위험허용 수준risk tolerance에 따라 다르죠. 가령 선생님은 편안히 먹고살 만큼은 되지만 사치를 할 정도는 아닌 금액을 저축해두셨습니다. 제가 배당률이 10 대 1인 동전 던지기를 제안합니다. 한 가지 문제는 전 재산을 걸어야 한다는 것입니다. 굉장히 유리한 내기지만, 선생님은 이런 내기를 하고 싶지 않으실 겁니다. 설령 더 많은 돈을 준다고 해도 내기로 얻는 것의 가치가 자칫 잃을 수 있는 것의 가치에 크게 못 미치기 때문입니다. 반면 막 대학을 졸업했고, 가진 것은 예금 1만 달러가 전부이지만, 앞으로 쭉 소득활동을 할 수 있는 사람이라면 같은 조건의 내기에 아마 응할 겁니다. 펀드 매니저로서 어떻게 우위를 극대화할 것인가에 대한 정답은 자신의 위험특징risk characteristic뿐만 아니라, 투자자들의 위험특성risk profile을 매니저로서 어떻게 인식하는지에 따라 달라질 것입니다.

필라델피아 주식시장의 입회장에서 트레이딩을 하신 기간은 얼마나 되나요?
5년이 조금 넘습니다.

성과는 어떠셨나요?
떠날 즈음 투자자들에게 초기 자금 8만 달러를 상환하고도 700만 달러 이상으로 늘었죠.

실적이 그렇게 좋았는데 어째서 입회장을 떠나셨나요?
더 많은 돈을 벌게 되면서 단 두세 개 종목만을 매매하며 투자하기가 점점 더 어려워졌습니다. 투자 종목을 다양화하기 위해서는 입회장을 떠나는 것이 이치에 맞았습니다.

어떻게 옵션 매매로 그처럼 지속적인 수익을 내실 수 있었죠?
옵션으로 돈을 벌기 위해서 주식가격을 예측할 필요는 없습니다. 확률분포probability distribution(옵션만기 시점에 주가가 다양한 가격대에 있을 확률)만 알면 됩니다.
전능하신 신께서 "한 달 뒤 IBM 주가가 어떻게 될지 말해줄 수는 없지만, 네가 아주 착한 아이니까 확률분포를 알려주겠다"라고 한다면 저는 그 확률분포를 이용해 얼른 계산을 한 다음(아주 복잡한 계산도 아닙니다), 그날이 만기인 옵션 하나하나의 가치를 정확히 말할 수 있습니다. 하지만 문제는 신이 저를 비롯해 어느 누구에게도 한 달 뒤 IBM 주가의 확률분포를 알려주는 일은 일어나지 않는다는 겁니다.

확률분포는 간단히 말하면 어떤 사건이 일어날 확률을 보여주는 곡선이다. 여기서는 어떤 주식이 옵션 만기일에 특정 가격이 될 확률을 가리킨다. Y축(세로축)은 주식이 다양한 가격대에 있을 상대적 가능성을 보여준다. 가격과 가격 사이 곡선의 기울기가 가파를수록 옵션 만기 시점에 주가가 그 가격대에 있을 가능성이 높아진다. 가격을 잇는 곡선의 아래 영역은 옵션 만기일에 주가가 그 범위 안에 있을 가능성을 나타낸다. 예를 들어, 곡선 아래 영역이 차지하는 면적의 20퍼센트가 50과 60 사이에 있다면 이는 옵션 만기일에 주가가 50에서 60 사이에 있을 확률이 20퍼센트라는 뜻이다. 곡선 아래 면적의 80퍼센트가 60보다 아래 있다면 이는 주식을 600에 살 권리를 매수자에게 부여하는 60 콜옵션이 가치 없이 소멸할 확률이 80퍼센트라는 뜻이다.

옵션 만기일에 가격이 다양한 수준에 있을 가능성을 한눈에 보여주는 확률분포곡선의 모양이 옵션가치를 결정한다. 물론 이 곡선의 진짜 모양을 알 수는 없고, 오로지 예측만 가능하다. 이 곡선의 모양에 관한 가정은 옵션가치 결정에 대단히 중요하다. 트레이더 두 사람이 확률분포곡선 모양을 다르게 가정한다면, 옵션가치에 관한 결론도 두 가지일 것이다. 좀 더 정확히 확률분포를 예측하는 트레이더는 다른 트레이더보다 더욱 강력한 경쟁우위를 확보할 것이다.

블랙–숄즈Black-Scholes 공식을 기초로 한 표준 접근법에서는 확률분포가 정규분포곡선normal curve(전체 인구의 지능지수(IQ) 확률분포도와 같이 확률을 그림으로 설명할 때 흔히 사용하는 익숙한 종 모양 곡선)과 일치한다고 가정합니다. 여기서 '정규확률분포normal probability distribution를 가정한다'는 표현이 중요합니다. 누가 블랙과 숄즈에게 정규확률분포가 옳다고 했죠? 이런 생각은 어디서 나왔을까요?

블랙–숄즈 공식(또는 그 변형)은 옵션의 이론가치를 구하는 데 널리 이용되는 방정식이다. 이 공식이 내포하는 가정은 옵션 만기 시점에 주가가 다양한 수준에 있을 확률, 즉 주가가 현재 수준에 근접할 최대 확률과 현재 시장가격보다 오르거나 내릴 확률을 정규곡선으로 표시할 수 있다는 것이다(342페이지 참고).

만일 주가 움직임이 흔히 말하는 주정뱅이의 걸음걸이, 즉 '취보drunkard's walk'와 유사하다면 정규분포 가정도 적절할 것입니다. 누군가 술에 취해 좁은 복도에서 앞뒤로 휘청거리고만 있을 때, 그의 움직임을 무작위 행보random walk로 간주하기 위해서는 다음 기준에 해당해야 합니다.

- 앞뒤로 휘청거릴 확률이 동일해야 한다.
- 앞으로 휘청거리는 보폭은 뒤로 휘청거리는 보폭과 동일해야 한다.
- 동일한 시간 간격을 두고 휘청거려야 한다.

이는 매우 엄격한 필요조건입니다. 이런 조건을 충족하는 변수들은 많지 않습니다. 주가는 말할 것도 없죠. 근처에도 가지 못합니다(일일 가격 변동을 취보로 대체해 설명할 수 없다는 의미임).

블랙과 숄즈가 바보 같은 가정을 했다는 뜻이 아닙니다. 그들은 트레이더가 아니므로 할 수 있는 가장 타당한 가정을 했을 뿐입니다. 사실 그들은 블랙-숄즈 모형으로 노벨상을 수상했습니다. 솔직히 그 점이 늘 의아하긴 합니다. 그들이 이용한 것은 고등학교 수학이 전부였으니까요. 제가 하는 모든 매매의 기본 전제는 '가장 중요한 것은 블랙-숄즈가 배제한 확률분포 가정에 있다'는 것입니다.

주가는 무작위 행보의 근처에도 가지 못한다고 그처럼 확신을 가지고 말씀하시는 근거는 무엇인가요?

지지선, 저항선, 추세를 찾아내려고 시도하는 소위 기술적 분석이라는 것이 있습니다. 정말로 효력이 있는지 여부와 상관없이 기술적 분석은 시장에 영향을 미칩니다. 기술적 분석을 믿는 사람들이 너무 많기 때문이죠. 예를 들어, 어떤 주식이 65에서 지지선을 형성할 것으로 믿으면, 맙소사! 사람들은 66에 기꺼이 그 주식을 매수합니다. 이것은 무작위 행보가 아닙니다.

다른 예를 들어보죠. 어떤 이유에서든 사람들이 기술주에 열광해 매수에 나섰다고 가정해봅시다. 일반 대중이 돈을 어디에 투자할지 결정할 때, 어떤 펀드가 다음 분기에 가장 좋은 성적을 낼 것으로 보일까요? 기술주 펀드입니다. 다음 분기에 어떤 펀드에 가장 많은 자금이 유입되겠습니까? 기술주 펀드입니다. 그 펀드들은 어떤 주식을 살까요? 기술주 펀드니까 항공주는 아니겠죠. 그래서 기술주 펀드의 수익률은 더욱 상승할 것입니다. 그렇게 더 좋은 수익률을 기록하고, 다음에 또 자산이 배분되는 식이죠. 추세 형성을 위한 모든 재료가 갖춰져 있습니다. 이런 가격 반응은 무작위 행보 가정에 들어맞지 않습니다.

최근 미국 주식시장이 상승하면서 이런 패턴을 더욱 자주 보게 됩니다. 동일한 주식을 매수하는 동일한 펀드로 자금 유입이 지속되면서 주식시장의 맹렬한 상승세를 더욱 부채질합니다. 그 결과 이들 주식의 가치는 역사적 밸류에이션 측면에서 볼 때 터무니없는 수준까지 치솟습니다. 재생산 가치reproduction value가 2,000만 달러인 웹페이지 시스템 회사 주식이 10억 달러 이상에서 거래됩니다. 진정 그만한 가치가 있을까요? 굳이 아니라고 말할 필요는 느끼지 않습니다. 어쨌든 결국 그 수준에서 거래가 될 테니까요. 하지만 궁극적으로 텔레비전 열풍이 일었을 때 전자회사 RCA에서 목격했던 것과 똑같은 상황을 보게 될 것이라고 믿습니다. 당시 RCA 주가는 한없이 치솟았다가 순식간에 폭락했습니다. 이들 기업이 자신이 할 일을 제대로 하고 인터넷도 기대했던 역할을 해낸다면 모든 회사가 모든 고객에게 접근할 수 있게 됨으로써 서로 수익률을 잠식할 것이고, 결국 극소수 회사만 큰돈을 벌게 될 것입니다. 〈뉴요커〉 한 부를 집어 들면 인터넷 서점 광고를 20개는 볼 수 있습니다. 이것이 완전경쟁산업의 전형적인 예입니다. 브랜드 가치란 것이 있고, 누군가는 다른 사람들보다 더 일을 잘할 테니 예외도 있을 것입니다. 그렇다고 해서 이 산업의 현재 밸류에이션 수준을 정당화할 수 있을까요? 저는 의심스럽습니다.

주가 밸류에이션이 역사적 수준보다 이처럼 높게 형성된 이유는 무엇일까요? 무언가 근본적인 변화가 있는 걸까요?

주기적으로 반복되는 주가 강세가 매수세를 일으켜 주가 강세를 더욱 강화하기 때문입니다. 인터넷 주식의 상승세가 확대된 중요한 요인은 주식 공급이 제한적이었다는 것입니다. 대다수 인터넷 기업의 유통 주식 수는 총 주식 수의 20퍼센트 이하에 불과합니다.

지난 5~10년간 있었던 또 다른 중요한 변화는 보험사와 연기금이 주식 투자에 배분하는 자금 규모가 크게 늘고 있다는 것입니다. 헤지펀드 매니저들은 10억 달러 정도를 운용하면 대형 펀드라고 간주합니다. 하지만 이 금액은 수십 조 달러에 이르는 보험사와 연기금의 자산 규모에 비하면 아무것도 아니죠.

제가 제대로 이해했다면 선생님의 기본 전제는 이렇게 정리할 수 있겠습니다. '주가는 무작위로 움직이지 않는다. 따라서 모든 사람이 옵션가치를 판단할 때 활용하는 가정, 즉 가격은 정규분포를 이룬다는 가정은 시장을 설명하는 정확한 수학적 표현이 될 수 없다.' 그렇다면 이를 대체할 수학적 옵션가격결정모형을 준비하고 계신다는 뜻인가요?

예상하시는 방법으로는 아닙니다. 널리 인정받는 블랙-숄즈모형을 능가할 '만능' 모형을 고안해내는 그런 문제가 아닙니다. 각 시장과 시기에 따라 적절한 확률분포도 모두 다르다는 것이 핵심입니다. 확률분포는 사례별로 측정해야 합니다.

벤더의 마지막 발언은 옵션시장 참여자들이 전제하는 가정의 핵심에 정면으로 도전한다. 이에 대한 독자들의 반응은 한마디로 "무슨 소리지?"라고 할 수 있을 것이다. 관심이 있는 독자라면 확률분포에 관한 설명을 다시 읽기를 권한다(330페이지 팁 박스 참고). 벤더의 주장은 '전통적인 옵션가격결정모형은 가격이 정규분포를 이룬다는 부적절한 가정을 바탕으로 하고 있어서 잘못되었으며, 단 하나의 모형으로 다양한 시장의 옵션(또는 주식)가격을 추정할 수 있다는 발상은 근본적으로 틀렸다'는 것이다. 벤더는 각 시장(또는 주식)마다 서로 다른 모형을 사용해야 한다고 주장한다.

어떤 방법으로 확률분포를 추정하시나요?

기본적 요인부터 기술적 요인, 누가 시장에서 무엇을 하는지에 이르기까지 모든 것을 봅니다. '모든 주식은 고유한 확률분포를 가지고, 이 확률분포는 수많은 요인에 의해 결정됩니다. 누가 어떤 포지션을 가지고 있는가? 주요 매수자들의 포지션은 어디에 쌓여 있는가? 손절 지점은 어디인가? 기술적으로 유의미한 주가 수준은 어느 정도인가?' 하는 것이죠.

그런 정보들을 신뢰할 만한 곳에서 얻으시나요?

주식과 주식옵션의 경우 입회장에서 얻습니다. 통화의 경우 은행에서 정보를 얻습니다.

누가 무엇을 하는지에 관한 정보들을 어떤 식으로 활용해 대안이 되는 옵션가격결정모형을 만드시죠?

생각나는 것 중에 가장 좋은 사례는 주식보다 금시장과 관련이 있습니다. 1993년 금가격은 13년간의 하락세를 마치고, 심리적으로 중요한 저항선인 400달러를 넘어섰습니다. 대다수가 추세 추종자인 상품거래자문가commodity trading advisors, CTA(선물시장의 자산운용인) 들은 장기 하락 추세가 반전될 것으로 추정하고 금에 대해 매수 포지션으로 뛰어들었습니다. 이들 대부분은 가격이 일정 금액 하락하면 매수 포지션을 자동청산하거나 되돌리는 모형을 사용합니다. 이 매매에 참여하는 많은 상품거래자문가와 그들의 손절 방식은 가격 하락이 매도세로 이어지는 도미노 효과domino effect를 유발할 수 있습니다.

저는 과거에 이런 트레이더들을 추종하면서 이들의 손절이 대체로 시장의 변동성에 영향을 받는다는 것을 알았습니다. 시장이 390달러 수준으로 다시 내려가면 이들의 손절 주문이 발동되고, 연쇄 반응이 시작된다는 것이 제 생각이었습니다.

여전히 400달러에 지지선이 형성되어 있었기 때문에 저는 당시 시장가격이었던 405달러에 매도하고 싶지는 않았습니다. 하지만 엄청난 재앙이 있지 않는 한 가격이 385달러까지 내려가 거래될 가능성은 거의 없다는 합리적인 믿음이 있었습니다. 왜냐고요? 시장가격이 385달러로 내려가면 분명히 손절 주문이 발동되기 시작할 테니까요. 일단 그 과정이 진행되면 385달러에 손절이 이루어지지도 않을 겁니다. 따라서 금가격이 서서히 하락해 385~390달러 수준에서 거래되고, 그 수준에 머물 때 손실이 발생하는 옵션 포지션에 돈을 걸 수 있습니다. 그런 일은 일어나지 않을 것이기 때문이죠.

이런 예상을 근거로 저는 1) 금가격이 서서히 하락해 그 수준에 머물면 돈을 잃지만, 2) 급락하면 큰돈을 벌고, 3) 현재 수준을 유지하거나 오르면 약간의 돈을 버는 전략을 도입했습니다. 나중에 밝혀진 것처럼 러시아가 금을 팔겠다고 발표하자 시장은 서서히 하락해 390달러에서 거래되더니 순식간에 350달러로 하락했습니다. 각각의 손절 주문이 다음 손절 주문을 발동시켰기 때문이죠.

블랙-숄즈모형은 이런 종류의 구분을 하지 않습니다. 금이 405달러에서 매매된다면 앞으로 한 달 뒤 385달러에 거래될 확률보다 360달러에 거래될 확률이 엄청나게 낮다고 가정하죠. 제가 말하려는 것은 정상적인 상황이라면 385달러보다는 360달러에 거래될 가능성이 더 크다는 것입니다. 가격 반응이 무작위적이지 않다고 보는 제 판단이 옳다면 여기에 이익을 낼 기회가 있습니다. 시장은 가격의 움직임이 무작위적이라는 가정을 근거로 옵션가격을 정하기 때문입니다.

주식시장에서도 예를 들어주시겠어요?

주가지수를 예로 들어보죠. 지난 해(1998년), 주식시장의 매매를 이끄는 것은 고유한 펀더멘털이 아니라 시장에 유입되는 자금이라고 생각했습니다. IBM 주가가 상승한 이유는 애널리스트들이 IBM에 대해 "미래 실적 흐름은 이렇고, 주가는 이 정도 수준까지 올라갈 것으로 예상한다"라고 말했기 때문이 아닙니다. IBM 주가가 오른 것은 시장에 돈이 쏟아져 들어왔고, 그 돈을 어딘가에 투자해야 했던 매니저들이 IBM을 비롯해 다른 주식들을 사들였기 때문입니다.

자금 유입에 힘입어 상승한 시장에도 작은 조정이 있을 수 있습니다. 그런데 새로운 자금 유입을 유발하려면 시장은 즉각 회복해 신고가를 기록해야 합니다. 그렇지 않으면 유입되는 자금은 말라버리고 시장은 망가질 것입니다. 따라서 이런 종류의 시장은 추세적으로 상승하거나 급락하거나 둘 중 하나일 가능성이 큽니다. 시장이 5~6퍼센트 하락한 뒤 그 수준을 유지할 확률은 평균보다 훨씬 낮습니다.

이 가정을 근거로, 저는 지난 해 1) 시장이 크게 하락하면 큰돈을 벌고, 2) 시장이 조금 오르면 약간의 돈을 벌고, 3) 시장이 조금 하락해 그 수준을 유지하면 적은 돈을 잃는 옵션 전략을 도입했습니다. 시장은 그해 상반기 동안 끈질긴 상승세를 지속했고, 저는 약간의 돈을 벌었습니다. 그 뒤 시장은 조정을 받았고, 곧바로 회복하지는 못했습니다. 그리고 다음 손절 지점은 20퍼센트 내려갔죠. 저는 여기서 엄청난 돈을 벌었습니다.

말씀하신 사례마다 각 시장에 매우 특화되어 있습니다. 블랙-숄즈모형 대신 어떤 것이든 원하는 대안 모형 하나로 모든 시장에 보편적으로 적용해야 한다면, 블랙-숄즈모형보다 더 좋은 결과를 기대할 수 있을까요?

아니요. 그런 제약을 둔다면 다른 여느 가정도 가격 움직임이 무작위적이라는 가정과 마찬가지일 겁니다. 하지만 블랙과 숄즈의 접근법을 보편적으로 적용할 수 있다고 해서 그것이 정답이라고 할 수는 없습니다.

서스퀘해나Susquehanna(『새로운 시장의 마법사들』에서 대표를 인터뷰함)를 비롯한 다른 회사들도 표준 블랙-숄즈모형이 제시하는 가격결정 방법의 오류를 인지하고 있고, 그것을 반영해 트레이딩을 하지 않나요?

필라델피아 주식시장 입회장에 있었을 때 저는 대개 서스퀘해나와 같은 회사들의 반대편에서 트레이딩을 했습니다. 그들은 블랙-숄즈모형을 수정한 가격결정모형을 사용하면서 스스로 특별하다고 여겼죠. 하지만 그것은 기본적으로 사소한 수정이었습니다.

저는 그들의 방식을 '텔레비전 조정'이라고 부릅니다. 안테나가 달린 구식 텔레비전이 있다고 해보죠. 텔레비전을 켰는데 화면이 썩 깨끗하지는 않습니다. 미키 마우스라고 짐작은 되지만 한쪽 귀는 흐릿하고 몸은 괴상한 초록색을 띠고 있습니다. 그렇다면 무엇을 해야 할까요? 가만히 앉아서 방송국 안테나의 위치를 가늠한 후 제 안테나는 어디를 향해야 하는지 계산을 하고 있어야 할까요? 아니요, 그렇게 하지 않겠죠. 대신 텔레비전을 두세 차례 세게 두드린 다음 안테나를 이리저리 비틀어보겠죠. 왜 이렇게 하는 걸까요? 전적으로 반응을 보고 조작하는 것입니다. 무엇이 어떻게 되고 있는지는 생각하지도 않죠. 다만 자신이 바라는 그림이 보일 때까지, 즉 한껏 뽐내는 미키 마우스가 화면에 나타날 때까지 안테나를 계속 움직일 뿐이죠.

미키 마우스의 피부가 초록색이 아니라 베이지색으로 보일 때까지 안테나를 움직이는 것처럼, 시장을 조성하는 회사들은 그들의 모형이 입회장에서 매매되는 것과 같은 가격을 보여줄 때까지 블랙-숄즈모형을 조금씩 수정합니다. 그런 다음 이렇게 말하겠죠. "와, 우리가 풀었어. 모형을 만들었다고!" 그렇게 옵션가격표를 인쇄한 다음 우리가 '거리의 원숭이들street monkeys'이라고 부르는 한 무리의 풋내기들을 입회장으로 보내 시장을 조성하는 데 그 모형을 활용하겠죠. 하지만 그들은 블랙-숄즈 대신 어떤 것이 올바른 모형인지 곰곰이 생각해본 적이 있을까요? 아니요, 텔레비전 화면이 입회장의 그림과 맞아 떨어질 때까지 단순히 안테나를 움직였을 뿐입니다.

제가 만일 시장 조성자이고, 어떤 옵션이 근본적으로 고평가 또는 저평가되었는지 설명하기보다는 매수 호가와 매도 호가의 차이에서 이익을 얻는 데만 관심이 있다면 이런 접근법도 괜찮을지 모릅니다. 하지만 저는 트레이더입니다. 저는 시장의 가격이 잘못 되었을 때 그것을 알아볼 수 있는 포지션을 취하려고 합니다. 따라서 그들의 모형은 사용할 수 없습니다. 저는 잘못된 가격을 입회장에서 재현하지 않기 위해서 실제 가격은 어때야 하는지, 그 가격을 근본적으로 찾아내려고 합니다.

2억 5,000만 달러나 되는 자금을 운용하는 데도 선생님에 대해서는 놀라울 정도로 알려진 것이 없습니다. 사실, 한 번도 매체에서 성함을 본 적이 없습니다. 의도하신 것인가요?

저는 정책상 언론 매체와 인터뷰를 하지 않습니다.

어째서죠?

자산을 운용하는 사람으로서 솔직한 인터뷰를 한다는 것은 아주 어려운 일이라고 생각합니다. 무엇 때문에 인터뷰 대상이 되어서 세상에 최고의 투자 아이디어를 말해주려고 하죠? 제가 펀드 매니저이고, 지금 매수할 최고의 주식이 XYZ라는 사실을 알아냈다고 해보죠. 어째서 방송에 출연해 그것을 세상에 알려야 하죠? 정말 최고의 주식이라고 생각한다면 당장 그 주식을 사야 하지 않을까요? 게다가 그 주식을 사려고 하는데, 경쟁자가 있기를 바랄 이유가 있을까요?

음, 이미 그 포지션을 취했을 수도 있겠군요.

그렇습니다. 누군가 어떤 포지션의 장점을 강력하게 강조할 때 이유는 한 가지뿐입니다. 이미 그 포지션을 취했고, 이제 그만 빠져 나가고 싶다는 것이죠. 금융 관련 방송에서 누군가 어떤 주식을 매수하라고 한다면 그 사람이 사라는 그 주식이 바로 그가 팔고 싶은 주식일 가능성이 큽니다. 저는 펀드 매니저들이 방송에서 어떤 주식을 추천한 다음 같은 날 입회장에서 매도 주문을 내는 경우를 보아왔습니다.

또 다른 경우도 가능하겠군요. XYZ의 강세를 전망하고 이제 막 원하는 포지션 전부를 취했을 수도 있죠. 그렇다면 매도할 의도는 없더라도 다른 사람들이 주식을 사면 이익이니까요.

그것 역시 자기 잇속을 차리는 것이고, 비윤리적인 것 아닌가요?

아니요, 제 말씀은 제가 만일 XYZ를 보유하고 있고 이제 그만 청산하고 싶어서 이 주식을 선전한다면, 그것은 비윤리적이라는 것입니다. 하지만 만일 이제 막 XYZ를 매수했고, 제가 원하는 만큼 모두 보유했으며, 앞으로 6~8개월 안에 청산할 의도가 없는 장기 투자자라면 이 주식을 추천하는 것이 왜 문제가 되는지 모르겠다는 뜻입니다.

그 경우는 문제가 안 될 수도 있겠군요. 하지만 저는 입회장에 있으면서 회사의 추천 의견과 실제 매매 행위 사이에서 발생하는 모든 종류의 갈등을 목격했습니다.

어떤 갈등이었죠?

온갖 도둑질이 벌어지는 소굴인 장외에서 거래되는 주식과 관련된 한 가지 사례를 말씀해드리죠. 공식 기록에도 남아 있는 사례입니다. 고객들에게 주식을 추천해놓고 자신들은 하루 종일 같은 주식을 매도하는 회사들이 있다는 사실이 알려졌습니다. 직접 주식을 추천하고, 다음날은 그 주식의 최대 매도 세력이 되는 것입니다. 그뿐만 아니라 추천하기 전 일주일 동안은 최대 매수 세력이었습니다. 그들은 이렇게 해명했습니다. 표현은 다를지 몰라도 꾸며낸 말은 단 한마디도 없습니다.

"장외 거래 주식들은 유동성이 매우 작습니다. 단순히 주식을 추천하기만 하면 시장에서 매매가격이 치솟아서 우리 고객들은 이 주식을 사지 못합니다. 그래서 추천하기 전에 몇백만 주 정도를 미리 사놓아야 합니다. 그래야 추천한 다음에 비축한 분량을 고객들에게 팔 수 있거든요." 이러한 관행을 조사한 증권거래위원회 측은 그들의 주장을 받아들였고, 그들은 이런 행태를 계속했습니다. 지극히 합법적이었죠.

월스트리트에서 나오는 모든 추천은 대형 고객이나 그들 자신의 포지션을 청산하기 위한 것이라는 냉소적인 태도로 본다면 돈을 벌 수 있을 겁니다. 제 친구 한 사람도 정확히 이런 전략으로 돈을 벌었죠. 제 경우 가격의 확률분포를 추정 중인 주식에 대해 월스트리트에서 수많은 매수 의견이 쏟아지면 확률분포가 극도로 달라집니다. 주가가 급락할 확률이 더 커지는 것이죠.

어째서죠?

여러 증권회사가 아메리카온라인AOL을 추천할 경우, 2~3주 정도 지나면 그 주식을 사려는 사람은 이미 다 샀다고 볼 수 있습니다. 펀드 매니저 대부분의 성과가 S&P 수익률에 못 미치는 것도 바로 이 때문입니다. 펀드 매니저들은 최신 유행인 주식, 좋은 뉴스가 있는 주식들을 매수합니다. 좋은 회사를 샀을지는 몰라도 나쁜 가격에 산 것이 사실입니다.

반대로 어떤 주식이 나쁜 뉴스로 타격을 입고 모든 애널리스트가 투자 등급을 내릴 때는 좋은 매수 기회가 될 수 있습니다. 회사는 나쁠지 모르지만, 반드시 당장은 아니더라도, 뉴스에 따른 매도세가 발생한 지 몇 주 지나고 보면 좋은 가격을 지불한 것일 수 있습니다. 중요한 것은 그 주식에 대한 현재 의견이 아니라, 그 의견이 달라질 가능성입니다.

월스트리트의 애널리스트들을 그다지 높이 평가하시지 않는 것 같습니다.

CNBC에 채널을 맞추고 참담한 실적을 발표한 어느 회사의 주가가 40퍼센트 하락하는 것을 봅니다. 다음날 아침 월스트리트의 모든 애널리스트는 자신들의 추천 목록에서 그 주식을 제거할 것입니다. 하루 전에는 모두 어디에 있었던 걸까요? 뉴스는 이미 발표되었고, 장 마감 후 거래에서 주가는 40퍼센트 하락했습니다. 시장이 아직 공식적으로 열리지 않았으므로 그들은 전날 종가를 기준으로 해당 주식을 청산하라고 추천하고 생색을 냅니다. 과거 행적을 돌아보면 그들은 50달러에 그 주식을 청산하라고 했습니다. 그때조차도 주식은 정규시장 개장 전 장외시장에서 30달러에 거래되고 있었습니다. 반대로 어떤 주식에 좋은 소식이 있으면 주가는 정규시장 개장 전에 급등하고, 애널리스트들은 전일 종가를 기준으로 매수를 추천하고 역시 생색을 내죠.

벤더는 옵션 트레이더들을 위한 매우 중요한 혜안을 제시하고, 우리는 곧 그것을 이해하게 될 것이다. 하지만 이 장에서 가장 중요한 메시지는 '어느 것도 당연하게 받아들이지 말고, 모든 것에 의문을 제기하라'는 것이다. 이 원칙은 모든 트레이더에게 의미가 있으며, 전문가에게도 마찬가지라고 믿는다. 혁신은 분명한 '진실'에 의문을 제기하는 사람들에 의해 이루어진다. 딱 한 가지만 예로 들어야 한다면, 아인슈타인 이전에는 시간이 상수라는 개념은 너무나 분명해 보여서 대안은 고려조차 되지 않았다.

명백한 것에 의문을 제기하고 일반적으로 용인된 견해도 틀릴 수 있다는 사실을 깨달음으로써(즉 시간은 변수이고, 상대속도에 좌우된다는 것), 아인슈타인은 과학의 역사상 가장 위대한 진보를 이루었다.

옵션 이론의 기본 원리 가운데 하나는 미래 특정일에 다양한 가격에 있을 확률을 정규분포곡선으로 나타낼 수 있다는 것이다.

Tip

엄밀히 말하면 주가의 로그log 값의 정규곡선인 로그 정규분포곡선으로 나타낼 수 있다. 로그 정규곡선에서는 가격이 X배 상승할 확률은 1/X배 하락할 가능성과 거의 같다고 여겨진다. 예를 들어 X=1.25라면 가격이 1.25배(25퍼센트) 상승할 확률은 가격이 1/1.25배 또는 0.80배 하락할 확률과 거의 같다. 로그 정규곡선은 일반 정규곡선보다 더 잘 들어맞는다. 가격은 무한히 상승할 수 있지만 최대 100퍼센트까지만 하락할 수 있기 때문이다. 가격의 로그 값 대신 가격 자체를 적용할 경우 정규곡선의 좌우 대칭symmetry은 음의 가격negative price(불가능한 사건)을 허용할 때만 달성할 수 있다. 이것이 일부 초기 옵션 이론가들이 실제로 적용한 방법이다.

많은 트레이더가 다양한 방법으로 이 모형을 변형해왔다. 예를 들면, 많은 옵션시장 참여자는 드물다고 알려진 사건(매우 큰 폭의 가격 상승 또는 1987년 10월 19일의 주식시장 붕괴 같은 가격 하락)이 실제로는 정규분포곡선으로 예측한 것보다 훨씬 빈번히 발생한다는 것을 깨닫고, 이를 반영해 곡선을 조정했다(곡선의 꼬리를 더 평평한 모양으로 만들었다).

하지만 벤더는 거기서 더 나아갔다. 그는 정규곡선을 가격을 설명하는 출발점으로 이용하는 전제 자체를 의심했다. 그는 또한 단 한 가지 모형으로 다양한 시장과 주식 그리고 (암묵적으로) 옵션의 가격 반응을 설명하는 관례에 의문을 제기했다. 정규분포에 내포된 가격 움직임은 무작위적이라는 개념을 버림으로써, 또 보편적 단일 모형이 가능하다는 가정을 버림으로써 벤더는 훨씬 더 정확한 옵션가격모형을 고안해냈다.

이상적으로 보면, 옵션은 트레이더들의 예상과 표준 옵션가격결정모형의 이론적 가정이 일치하지 않는 데서 매매 기회를 찾아야 한다. 예를 들어, 특정 주식이 옵션 만기일 전에 큰 폭으로 빠르게 상승할 확률이 평균보다 훨씬 높다면, 그 주식을 매수하는 것보다는 외가격 콜옵션을 매수하는 것이 (위험 대비 수익률 측면에서) 훨씬 나은 매매가 될 것이다(외가격 콜옵션은 주가가 급등할 경우에만 만기에 가치가 있으므로 상대적으로 저렴하다).

또 다른 예로, 어떤 주식에 같은 확률로 강세 요인이 될 수 있고, 약세 요인도 될 수 있는 어떤 사건이 곧 일어날 예정이라고 가정하자. 강세 요인으로 작용할 경우, 여러분은 약간의 가격 상승보다는 큰 폭의 가격 상승을 예상한다. 반면 표준 옵션가격결정모형은 언제나 큰 폭의 가격 상승보다는 약간의 가격 상승 가능성이 더 크다고 가정한다. 여러분의 가정이 옳고, 현재 시장에 우세한 옵션가격에 그 가정이 반영되어 있지 않다면, 확률이 여러분에게 유리하도록 옵션 매매를 구성할 수 있다. 예를 들어, 등가격 콜옵션을 매도하고 여기서 받은 프리미엄을 이용해 저렴한 외가격 콜옵션을 대량으로 매수할 수 있을 것이다. 이 구성은 1) 주가가 하락하면 손익평형을 이루고, 2) 주가가 소폭 오르면 약간의 손실이 발생하고, 3) 주가가 크게 오르면 커다란 이익이 발생하는 전략이다.

옵션을 효과적으로 활용하는 비결은 주가가 다양한 수준으로 움직일 확률에 대한 자신의 예상을 구체적으로 정리하는 것이다. 자신의 예상이 정규분포곡선과 표준 옵션가격결정모형의 기초가 되는 중립가격neutral price 가정들과 다르다면, 이는 특별히 유리한 기회를 제공하는 옵션 전략들이 있음을 암시한다. 물론, 여러분의 예상이 그저 어림짐작이 아니라 정확성이 높은 예상일 때 그렇다.

지나치게 개인적인 질문은 드리지 않으려고 하지만 이 주제를 어떻게 피해가야 할지 모르겠습니다. 불편하시면 바로 말씀해주십시오. 동맥류가 발병한 것은 트레이딩을 하시던 중이었나요?

역설적이게도 코스타리카에서 긴 휴가를 보내는 동안에 발병했습니다. 당시에는 이상한 일이라고 생각했어요. 나중에 안 사실인데 동맥류는 스트레스를 받는 동안보다 강도 높은 스트레스에서 벗어났을 때 더 흔히 발병한다고 하더군요. 실제로 주중보다 주말에 발병하는 경우가 더 흔하고요.

동맥류를 앓고 반년이 조금 지나 펀드를 정리하신 것으로 압니다. 펀드를 정리하기 전에 어떤 식으로든 펀드에 관여할 수 있을 만큼 충분히 회복되셨나요, 아니면 직원들이 서서히 포지션을 청산했나요?

사실 저는 약 한 달 만에 업무에 복귀해서 시장을 지켜보았고, 위험관리 측면에서 포트폴리오를 감독했습니다. 하지만 언어 능력에 문제가 있었기 때문에 매매에 적극 참여하지는 않았습니다. 사람들이 제가 하는 말을 알아듣지 못했고, 알아듣는다 해도 스스로 제 말소리가 어색하게 느껴져서 전화기를 들어 주문을 낼 수가 없었거든요. 하지만 중요한 정보가 있을 때는 아내 앱을 통해서 담당자들에게 전달했습니다.

병세의 심각성을 고려했을 때, 스트레스가 많은 업무에 그렇게 빨리 복귀하신 이유는 무엇인가요?

펀드가 보유한 포지션이 막대했어요. 저는 포지션이 질서 있게 정리될 수 있도록 투자자들을 위해 포지션을 관찰해야 한다는 의무감이 있었어요. 결과로 보자면, 펀드를 정리하기 전인 2000년 2분기와 3분기에는 제가 시장에서 일어날 것으로 예상했던 많은 사건이 실제로 일어났고, 펀드는 돈을 벌었습니다.

동맥류가 트레이딩을 포기한 원인이었나요?

분명히 그 사건은 제 생활방식이 변화가 절실한 지점까지 밀려났음을 알리는 자명종 같은 역할을 했습니다. 매일같이 스무 시간씩 매매를 하고 두 시간 잠을 자는 것은 지속가능한 일상이 아니라는 것을 깨달았습니다. 트레이더로 일하는 친구 한 명은 41세에 심장마비가 왔죠. 결정에 중요한 영향을 미친 또 다른 요인은 코스타리카 열대우림 보호에 더욱 깊이 관여하게 되었다는 것입니다. 제 삶을 그 일에 헌신하고 싶었습니다. 이 모든 요소가 모여 트레이딩을 그만두겠다는 결정을 내렸죠.

그것을 영원한 퇴장으로 보셨나요, 아니면 훗날 언젠가는 트레이딩으로 돌아온다는 기대가 있으셨나요?

그때 이 질문을 하셨다면 아마 돌아오지 않는다고 말했을 것입니다. 하지만 최선의 추측이었을 뿐이겠죠. 확실히는 몰랐을 겁니다.

트레이딩을 재개하셨나요?

아니요. 하지만 몇 주 전부터 진지하게 시장을 지켜보기 시작했습니다. 만일 트레이딩을 재개한다면 전에 했던 것처럼 하루 스무 시간씩이 아니라 미국 시간대에만 매매를 하는 식으로 제한적인 수준이 될 것입니다.

처음 인터뷰 이후 주가가 급락했습니다. 이런 상황은 어떻게 보십니까?

잘난 척하는 것으로 보이고 싶지는 않지만, 바로 이런 상황이 지난 번 인터뷰 때 제가 예상했던 상황입니다.

말하자면요?

말하자면, 워런 버핏이 늘 말해왔던 것처럼 새로운 기술이 널리 채택된다고 해서 누구나 이익을 내는 것은 아닙니다. 그가 지적했듯이 비행기는 많은 사람이 이용하는 훌륭한 발명품이지만 항공사 대부분이 도산했죠. 마찬가지로 거의 모두가 자동차를 이용하는데도 자동차 회사 역시 대부분 도산했죠. 모두 인터넷이 세상을 바꿀 것이고, 너도나도 투자해야 한다고 떠들어댔죠. 인터넷은 세상을 바꾸겠지만, 그것이 좋은 투자 대상이라는 뜻은 아닙니다.

긍정적 순환고리positive feedback loop가 일으킨 왜곡, 즉 인터넷 주가 상승이 인터넷 주식의 매수세를 더욱 부추기고, 그에 따라 주가가 더욱 올라가는 상황도 있었습니다. 이런 상황은 오직 부정적 순환고리가 형성되기 전까지만 지속될 수 있습니다. 강세장 후반에 기업공개IPO 시장에 어떤 일이 벌어졌는지 생각해보십시오. 1,000만 달러 가치를 지닌 컴퓨터 장비를 보유하고, 진입장벽이 전혀 없는 아이디어를 가진 기업들이 시가총액 40억 달러에 팔렸습니다. 수백만 달러를 들여 창업한 회사를 누군가 수십억 달러를 지불하는 날, 우리는 똑똑한 사람 스무 명이 정확히 똑같은 회사 스무 개를 창업하는 것을 보게 될 것입니다. 정확히 이것이 시장에 벌어진 일입니다.

걷잡을 수 없이 부풀려진 주가와 진입장벽의 부재가 만나 인터넷 회사들에 굉장히 부정적인 영향을 미친 것은 분명합니다. 그런데 인터넷이 다른 회사들에게는 왜 악재로 작용했을까요?

인터넷이 다양한 사업의 진입장벽을 낮추었기 때문입니다. 지적재산권이 결부되지 않는 한 경쟁은 무한합니다. 이제 누구나 최소의 비용으로 웹사이트를 열어 탄탄한 기반시설을 갖춘 기존 회사들과 똑같은 물건을 팔 수 있습니다. 인터넷을 활용하면 되니까 마케팅 부서도 필요하지 않습니다. UPS 배송 서비스를 이용할 수 있으니 유통센터도 필요하지 않죠. 또한 소비자들은 인터넷을 이용해 더욱 간단히 제품을 검색하고 가격을 비교해 구매합니다. 지적재산권이 결부된 품목을 생산하는 사업이 아니라면 결국 이익은 0이 될 것이라고 봅니다.

주가가 이미 2,000고점에서 급락했는데도 여전히 비관적으로 보시나요? 이 시점에서 시장에 대한 장기 전망은 어떻습니까?

다른 약세장 저점과 비교했을 때 현재 밸류에이션은 옳은 수준입니까? 아닙니다. 하지만 저는 이번 약세장이 여느 시장의 바닥처럼 극도로 낮은 밸류에이션 수준까지 주가가 하락하는 전형적인 형태로 끝날 것으로 보지는 않습니다. 그러기에는 투자할 수 있는 돈이 너무나 많습니다. 인구통계학적 측면의 주장입니다. 우리는 베이비붐 세대의 소득이 고점을 찍는 분기점에 있습니다. 동시에 이미 상환한 주택담보대출금도 늘어가고, 아이들이 대학을 졸업하거나 집을 떠나면서 이들의 지출은 줄어들 것입니다. 이런 추세가 조합되면서 투자처가 필요한 거대한 자금이 형성될 것입니다. 지금은 많은 사람이 기꺼이 현금을 보유하려고 합니다. 두려움 때문이죠. 하지만 현금 투자로는 돌아오는 것이 거의 없습니다. 사람들을 움직여 주식에 다시 돈을 넣기 시작하게 하는 데는 많은 노력이 필요하지 않습니다. 주식의 대안이 되는 투자처에서는 거의 수익을 얻을 수 없기 때문이죠.

퀀트, 확률적으로 유리한
복합전략으로 시장을 공략한다

데이비드 쇼 David Shaw

쇼는 맨해튼 도심 고층건물의 상부층에 위치한 사무실에 미국에서 가장 똑똑한 수학자, 물리학자, 컴퓨터 과학자들을 결집시켰다. 목표는 한 가지였다. 그들의 계량적 능력을 결합해 전 세계 금융시장에서 지속적으로 이익을 창출하는 것이다. 그가 창업한 회사 D. E. 쇼D. E. Shaw는 서로 연결된 무수히 많은 복잡한 수학적 모형을 활용해 세계 10개국 이상에서 수천 종목의 주식은 물론, 이들 주식시장과 연결된 금융상품(워런트warrant, 옵션, 전환사채)을 매매한다. 회사는 주식시장이나 기타 금융시장(통화, 금리)과 관련된 위험은 철저히 피하면서 오로지 다양한 유가증권들 간의 가격 불일치pricing discrepancy에서 수익을 추구한다.

회사의 트레이딩 전략에 관한 쇼의 비밀주의는 아주 유명하다. 직원들은 비밀유지 계약서nondisclosure agreement에 서명해야 하고, 회사 내부에서도 트레이딩 방법론에 관한 지식은 꼭 필요한 때 필요한 사항만 알려주는 방식으로 전달된다. 그런 만큼 나 역시 이 인터뷰에서 D. E. 쇼의 트레이딩 접근법에 관한 노골적인 질문을 할 정도로 어리석지는 않았다. 그럼에도 불구하고 덜 민감하다고 생각되는 다음과 같은 질문을 시도해보았다.

- 회사가 한때 활용했으나 더 이상 효과가 없어 폐기한 전략이 있다면 무엇인가?
- 회사가 활용하는 유형의 전략을 개발하려면 수학의 어느 분야를 알아야 하는가?
- 한때는 트레이딩 기회를 제공했지만 이제는 사라진 것이 너무나 명백해서 경쟁자들도 파악하고 있을 만할 시장의 이례 현상에는 무엇이 있는가?

신중한 질문에 돌아온 답은 정중한 거절이었다. 정확히 이런 단어를 사용하지는 않았지만 여러 질문에 대한 쇼의 답변의 요지는 이랬다. "경쟁자들이 유용하다고 판단할 수 있는 정보를 어렴풋이나마 줄 수 있으므로 답변하지 않겠습니다."

쇼의 대표적인 트레이딩 프로그램은 1989년 도입된 이후 지속적으로 수익을 내왔다. 11년이라는 사용 기간 동안 각종 수수료를 제한 뒤 연평균 복리수익률은 22퍼센트에 달했고, 위험은 엄격히 통제됐다. 이 기간 동안 고점에서 월말 저점까지 자본인하는 최대 11퍼센트로 상대적으로 제한적이었다. 이 손실마저도 단 4개월에 걸쳐 완전히 회복되었다.

D. E. 쇼는 어떻게 10년이 넘는 기간 동안 강세장은 물론, 약세장에서까지 지속적으로 수익을 창출할 수 있었을까? 분명히 쇼에게서는 그 답을 들을 수 없다. 적어도 회사 트레이딩 전략의 세부 사항에 관해서는 그렇다. 그럼에도 불구하고 쇼가 확인해주는 정보와 행간에서 읽히는 내용을 바탕으로 D. E. 쇼의 트레이딩 방법론을 개략적으로 그려볼 수는 있을 것이다. 미리 시인하면 다음 설명은 상당히 많은 추측을 포함한 것으로 독자들로 하여금 쇼의 트레이딩 접근법을 맛보도록 하려는 의도로 제시한다.

우리는 전통적 차익거래classic arbitrage를 대상으로 검토를 시작했다. 쇼가 전통적 차익거래를 이용하는 것은 아니지만 이는 개념상 출발점 역할을 한다. 전통적 차익거래는 동일한 유가증권(또는 상품)을 서로 다른 가격에 동시에 매수하고 매도함으로써 무위험 이익risk-free profit을 보전lock-in하려는 무위험 매매 전략이다. 뉴욕 상품거래소에서 금을 온스당 290달러에 매수하고 동시에, 런던에서 같은 양의 금을 291달러에 매도하는 것이 전통적 차익거래 사례다. 모든 것이 컴퓨터로 처리되고, 거의 즉각적으로 의사소통이 이루어지는 요즘 시대에 전통적 차익거래 기회는 사실상 존재하지 않는다.

통계적 차익거래statistical arbitrage는 이익을 보전하기 위해 동일한 금융상품을 동시에 매수하고 매도하는 전통적 차익거래의 개념을 확장해 밀접하게 관련된 금융상품들을 매수하고 매도하는 것을 아우른다. 통계적 차익거래에서 개별 매매 결과는 더 이상 장담할 수 없지만, 확률적으로는 우위를 시사한다. 통계적 차익거래에 참여하는 트레이더는 상당히 큰 비율로 거래에서 지겠지만, 거래확률과 거래비용을 정확히 예측했다고 가정하면 장기적으로는 이익을 낼 것이다. 룰렛(카지노 관점에서 보면)이 적절한 비유가 될 것이다. 회전판이 한 바퀴 돌 때 카지노 측이 이길 확률은 50 대 50보다 약간 높을 뿐이지만, 카지노가 가진 우위와 확률의 법칙은 장기적으로 카지노가 이길 것임을 보장한다.

통계적 차익거래의 종류는 다양한데 우리는 페어 트레이딩pairs trading에 초점을 맞추려고 한다. 페어 트레이딩은 실제 사례가 이해하기 쉬울 뿐만 아니라 쇼가 회사를 세우기 전 근무했던 모건 스탠리Morgan Stanley의 트레이딩 그룹이 활용하는 주요 전략 가운데 하나로 알려져 있다는 장점이 있다.

페어 트레이딩은 두 가지 단계를 수반한다.

첫째, 과거 데이터를 이용해 함께 움직이는 경향이 있는 주식의 짝(페어)을 찾는다.

둘째, 각 페어를 이루는 종목의 성과 차이를 관찰한다.

페어를 이루는 두 종목 사이에 통계적으로 유의미한 성과 차이가 나타날 때마다 강세 종목을 매도하고 약세 종목을 매수한다. 밀접하게 연관된 종목들의 성과는 수렴하는 경향이 있다는 것이 기본 가정이다. 이 이론이 맞는다면 페어 트레이딩 전략은 개별 매매에서는 돈을 잃을 가능성이 크더라도 장기적으로는 우위를 부여하고 이길 확률을 높여준다.

1999년 예일대학교 경영대학원 교수들이 공동으로 집필한 연구 논문은 페어트레이딩에 관한 훌륭한 설명과 함께 특정 전략을 실험한 내용을 담고 있다.* 연구진은 1963~1997년의 데이터에 그들이 실험한 특정 페어 트레이딩 전략을 적용했을 때 상대적으로 변동성은 낮으면서 통계적으로 유의미한 이익을 낸다는 것을 발견했다. 실제로 25년 전 기간 동안 페어 트레이딩 전략은 S&P500 대비 더 높은 수익률과 낮은 위험(변동성) 수준을 기록했다. 하지만 검토한 기간 중 마지막 4년(1994~1997년) 동안은 0에 가까운 수익률을 기록하며, 크게 후퇴하는 징후를 보였다. 합리적인 가설은 (아마도 쇼의 회사를 포함해) 여러 트레이딩 회사가 페어 기반의 전략을 점점 더 많이 활용하면서 이 전술에서 수익을 창출할 기회가 크게 줄었다는 것이나(사실상 사라졌나).

쇼의 접근법은 페어 트레이딩과 어떤 관련이 있을까? 페어 트레이딩과 마찬가지로 쇼의 전략들 역시 아마도 다른 유가증권들에 비해 상대적으로 저평가된 유가증권들을 찾아내는 구조를 기본으로 할 것이다. 하지만 유사성은 그것으로 끝이다. 쇼의 방법론을 페어 트레이딩과 같은 단순한 통계적 차익거래 전략과 차별화하는 복잡한 특징에는 다음 내용의 일부나 전부가 포함될 것이다.

---

* 이반 G. 가테프Evan G. Gatev, 윌리엄 N. 괴츠만William N. Goetzmann, K. 헤이르트 라우벤호르트K. Geert Rouwenhort, '페어 트레이딩: 상대가치 차익거래 규칙의 성과Pairs Trading: Performance of a Relative Value Arbitrage Rule', National Bureau of Economic Research Working Paper No. 7032(1999년 3월)

- 매매 신호는 한 가지 방법이 아닌 스무 가지 이상의 다양한 예측 기법을 근거로 한다.
- 각각의 방법론은 페어 트레이딩보다 훨씬 더 복잡할 것이다. 페어 트레이딩과 마찬가지로 연관된 유가증권들 간의 성과 차이가 전략의 핵심이라 하더라도 수학적 구조는 두 가지 주식을 한 번에 분석하는 것이 아니라 다수 유가증권의 상관관계를 동시에 분석하는 것일 가능성이 크다.
- 전략은 미국 주식시장만이 아니라 세계 주식시장을 포함한다.
- 전략은 주식 외에도 주식과 연계된 상품들, 즉 워런트, 옵션, 전환사채 등을 포함한다.
- 일반시장의 추세에 상대적으로 영향을 받지 않는 포트폴리오를 구성하기 위해, 여러 유가증권의 다양한 변동성과 포트폴리오를 구성하는 종목 간의 상관관계 등의 요소를 고려해 포지션 크기를 조절할 것이다.
- 전체 주식시장의 주가 움직임으로 인한 영향을 제거하는 것뿐만 아니라 통화가치의 변화, 금리 변동의 영향을 완화할 수 있도록 포트폴리오의 균형을 맞춘다.
- 거래비용을 최소화하기 위해 진입 전략과 탈출 전략을 도입한다.
- 모든 전략과 모형은 실시간으로 동시에 관찰한다. 어떤 한 가지 요소만 달라져도 다른 특정 요소 혹은 모든 요소에 영향을 미칠 수 있다. 예를 들어 하나의 예측 기법이 한 무리의 유가증권을 매수하고, 다른 한 무리의 유가증권은 매도하라는 신호를 보내면 전체 포트폴리오를 재구성할 필요가 있다.
- 트레이딩 모형은 역동적이다. 즉 변화하는 시장 상황은 일부 예측 기법의 폐기나 수정, 새로운 기법의 도입에 영향을 미치고, 이러한 시장 상황 변화에 적응하기 위해 트레이딩 모형은 시간이 지남에 따라 변화한다.

위에 나열한 특징이 실제와 얼마나 가까운지는 전혀 알지 못하고, 앞으로도 결코 알 수 없을 것이다. 하지만 D. E. 쇼에서 이루어지는 트레이딩의 유형에 관한 감을 얻는다는 측면에서는 이 내용은 유효할 것이다 .

쇼는 일찌감치 기업가적 지질을 드러냈다. 열두 살 때 그는 공포영화를 만들기 위해 친구들로부터 100달러를 모았다. 로스앤젤레스 지역에서 자란 덕분에 친구들의 부모들에게서 특수효과나 편집을 무료로 도움받을 수 있었다. 그의 계획은 이웃의 다른 아이들에게 입장료 50센트를 받고 그 영화를 상영하는 것이었다. 하지만 필름 처리실에서 그가 촬영한 필름 가운데 한 통을 분실하면서 계획은 틀어졌다. 고등학생 때는 몽환적인 무늬가 들어간 넥타이를 만들어 판매하는 회사를 세웠다. 그는 재봉틀 3대를 구입하고 고등학생들을 고용해 넥타이를 제작했다. 이 벤처사업은 유통을 고려하지 못한 탓에 실패했는데, 이 가게, 저 가게를 전전하는 것은 넥타이를 파는 데 비효율적인 방법임을 입증했다.

하지만 진지하게 접근했던 그의 첫 벤처사업은 성공적이었다. 스탠퍼드대학교 대학원에 다닐 때 그는 2년간 휴학을 하고 컴파일러compiler(사용자 언어로 작성된 프로그램을 기계어 지시로 번역하는 컴퓨터 코드)를 개발해 컴퓨터 회사를 창업했다. 쇼의 벤처는 수익성이 매우 좋았지만, 대학원 지도교수가 그에게 회사를 운영하면서 겸업으로 박사학위를 취득한다는 것은 현실성이 없다고 설득했다. 쇼는 회사를 매각하고 스탠퍼드에서 박사 과정을 끝마쳤다. 박사학위라는 당면한 목표를 포기하고 기업가적 성공에 안주하는 대안은 결코 고려하지 않았다. "대학원을 마치는 것이 당시 제게는 매우 중요했습니다. 컴퓨터 연구 분야에서 진지하게 받아들여지기 위해서는 반드시 최고 대학의 교수진이거나 굴지의 연구소의 박사급 과학자여야만 합니다."

쇼의 박사학위 논문인「관계형 데이터베이스 기계에서의 지식 기반 검색Knoweldge Based Retrieval on a Relational Database Machine」은 대규모 병렬 컴퓨터massively parallel computer 구현의 이론적 근거를 제공한다. 쇼의 논문이 입증한 핵심 정리 가운데 하나는 중요한 문제를 다룰 때 다중처리기multiple processor 컴퓨터가 단일처리기single processor 컴퓨터에 비해 갖는 이론적 장점은 문제의 중요도에 비례하여 증가한다는 것이다. 컴퓨터 구조에 있어 이 정리가 암시하는 것은, 슈퍼컴퓨터 기술의 중요한 진전을 이루기 위한 접근법으로써 단일처리기 설계와 비교했을 때 병렬처리기 설계가 불가피함을 보여주는 매우 중대한 것이었다.

쇼는 최소 여섯 개 직업에서 보기 드문 성공을 거둘 만큼 충분한 성과를 이루었다. 쇼의 회사는 주된 사업인 트레이딩 외에도 수많은 다른 사업을 키우고 분리해냈다. 그 가운데 가장 잘 알려진 것은 세계 2위 전화접속 인터넷 서비스인 주노온라인서비스Juno Online Services일 것이다(1위는 아메리카온라인). 주노는 1999년 5월 공개회사public company로 설립되어 나스닥에서 거래되고 있다JWEB. D. E. 쇼는 DE소프트DESoFT라는 금융기술 회사를 키워 메릴린치에 매각했는데, 이는 메릴린치의 온라인 트레이딩 서비스 출시에 결정적인 인수였다. 온라인 주식 중개회사 파사이트FarSight, 시장 조성 전문 D. E. 쇼 파이낸셜프로덕트D. E. Shaw Financial Products 역시 쇼가 키워 매각한 회사들이다.

많은 성공적인 회사를 배출해낸 것 외에도 D. E. 쇼는 (쇼가 이사회 의장을 맡은) 슈뢰딩거Schrodinger Inc.와 몰레큘러 시뮬레이션Molecular Simulations Inc.에 창업 투자금을 지원했다. 이들 두 회사는 계산 화학 소프트웨어 개발 분야의 선두주자였다. 이러한 투자는 신물질은 물론, 신약설계의 중심이 점차 연구실에서 컴퓨터로 이동할 것이라는 쇼의 강력한 믿음을 반영한다. 쇼는 컴퓨터 하드웨어와 소프트웨어 개발이 신약 개발 일정을 급격히 앞당길 것이라고 예측하고, 그 상상을 현실로 바꾸는 데 나름의 역할을 하고 싶어 한다.

이쯤 되면 도대체 잠은 언제 자는지 궁금하다. 더욱 놀라운 사실은 그가 이 모든 벤처사업 외에 따로 시간을 내 (당시) 클린턴 대통령의 대통령과학기술자문위원회President's Committee of Advisors on Science and Technology에서 활동했고, 교육공학 연구단Panel on Educational Technology 의장직을 맡는 등 정치적 흥미도 추구하고 있는 것이다.

D. E. 쇼의 접견실은 31세제곱피트의 공간에 드문드문 놓인 가구, 다양한 직사각형 모양의 창문 그리고 창을 통해 들어와 벽면에 반사돼 은근하게 조명을 비추는 햇빛이 어우러져 마치 현대 미술관의 웅장한 전시회장 같았다. 대담하고 간소하며 미래적인 건축 디자인은 말할 것도 없이 D. E. 쇼의 기술적 정체성을 드러내려는 의도로 보였다.

인터뷰는 데이비드 쇼의 사무실에서 진행되었다. 공간은 널찍했고, 천장은 높았으며 나란히 배치된 두 개의 유리벽 너머 맨해튼 도심 남쪽과 서쪽의 탁 트인 전망이 눈에 들어왔다. 사무실 한쪽 구석에 놓인 나무만 한 선인장을 비롯해 여러 선인장 화분이 창턱에 줄지어 늘어서 있어서 쇼가 선인장을 좋아한다는 사실을 짐작할 수 있었다. 사무실 한가운데는 불규칙한 다각형 모양을 한 커다란 무광 알루미늄 탁자가 차지하고 있었다. 한쪽 끝은 책상으로, 다른 한쪽 끝은 회의용으로 쓰였다. 우리는 회의용 탁자 쪽에 마주보고 앉았다.

슈퍼컴퓨터 설계로 일을 시작하셨습니다. 그때 경험을 말씀해주시겠습니까?
대학에 다닐 때부터 인간의 사고는 무엇이고, 컴퓨터와는 어떻게 다른가 하는 질문에 매료되었습니다. 스탠퍼드 대학원생 시절에 너무나 느린 처리기를 뉴런을 가진 인간의 두뇌와 좀 더 닮은 기계로 설계할 수 있지 않을까 생각했어요. 속도가 빠른 단일처리기를 대신할 병렬로 작동하는 기계죠.

당시 병렬 슈퍼컴퓨터를 개발하려는 또 다른 사람들이 있었나요?
제가 시작하기 전에 이미 뛰어난 연구자 상당수가 병렬처리 컴퓨터에 관해 연구하고 있었어요. 하지만 그들 대부분이 검토했던 것은 8~16개 처리기들을 연결하는 방법이었습니다. 저는 작은 메모리 영역chunk마다 별도의 처리기를 가진 수백만 개 처리기로 구성된 병렬 컴퓨터를 구축하는 일에 강한 흥미를 느꼈어요. 하지만 상충되는 문제를 해결해야 했죠. 더 많은 처리기를 추가하면서도 더 작고 저렴해야 했습니다. 그러면서도 특정 유형의 문제들을 처리하는 데는 가장 빠른 슈퍼컴퓨터보다 이론적으로 1,000배는 더 빠른 속도를 구현할 수 있어야 했어요. 정확히 말하면 당시 컴퓨터 비전computer vision을 연구하는 과학자들을 포함해 일부 연구자들이 이와 같은 '치밀하게 짜인' 병렬 방식 기계에 관심을 가졌어요. 하지만 우세했던 주제는 분명히 아니었죠.

인간의 두뇌처럼 작동하는 컴퓨터를 설계하려고 했다고 하셨습니다. 설명해주실 수 있나요?

당시 컴퓨터의 처리 속도를 지연시키는 주요 원인 중 하나는 흔히 '폰 노이만 병목현상Von-Neumann bottleneck'으로 알려진 한계였습니다. 존 폰 노이만의 이름을 딴 전통적인 '노이만의 기계Neumann machine'는 하나의 중앙처리장치CPU를 하나의 기억장치에 연결했습니다. 이 둘은 처음에는 속도와 크기 면에서 좋은 조합을 이루었습니다. 그러나 시간이 지나 처리장치의 속도는 빨라지고 기억장치의 용량은 커지면서 이 둘을 연결하는 작업이 지연되었습니다. 즉 CPU가 기억장치에서 정보를 가져오는 데 소요되는 시간이 점점 길어진 것입니다.

인간의 뇌는 무수한 시냅스synapse로 연결된 수백만 개의 기억장치에서 계속해서 저장이 이루어지기 때문에 이런 종류의 병목현상이 존재하지 않습니다. 우리는 머릿속에서 연산이 처리될 때 그것이 기억장치와 인접한 곳에서 이루어진다는 것을 막연하게나마 알고 있습니다. 본질적으로 인간의 사고와 기억은 전통적인 폰 노이만 기계보다는 더욱 광범위하게 서로 얽혀 있다고 생각했습니다. 만일 각각의 작은 메모리 영역마다 별도의 처리기를 가진 컴퓨터를 구현할 수 있다면 폰 노이만 병목현상을 해결할 수 있다는 것이 제 연구의 기본 발상이었습니다.

당시에는 그것을 구현하는 데 필요한 기술이 아직 존재하지 않았겠군요.
막 등장하기 시작했죠. 저는 1980년에 박사학위를 받았습니다. 컬럼비아대학 교수진에 합류할 때 즈음 아주 작고 단순한 처리기였지만, 다수의 처리기를 하나의 칩에 장착하는 것이 가능해졌습니다. 저희의 연구는 다수의 실제, 다중 비트multibit 컴퓨터를 장착한 칩을 구현한 최초의 연구였습니다. 당시 저희는 8비트 처리기 여덟 개를 하나의 칩에 내장할 수 있었습니다. 요즘은 비슷한 프로세서 512개 또는 1,024개를 하나의 칩에 집적할 수 있을 겁니다.

당시 크레이Cray가 이미 슈퍼컴퓨터를 구현하는 중이었습니다. 선생님의 연구는 어떤 점이 달랐나요?
시모어 크레이Seymour Cray는 현존했던 인물들 가운데 가장 위대한 단일처리기 슈퍼컴퓨터 설계자일 것입니다. 그는 기술의 외포technological envelope를 확장한 것으로 유명합니다. 그는 직접 새로운 기계들을 만들고 실제 컴퓨터 설계에 한 번도 사용된 적이 없었던 새로운 종류의 반도체, 냉각장치, 배선도를 적용했습니다. 1급 컴퓨터 설계자였지만, 그의 경쟁력 상당 부분은 탁월한 공학적 기량과 순수한 기술적 대담성의 결합에서 나왔습니다. 크레이는 고속처리 기술에 훨씬 전문성이 있었고, 저는 근본적으로 다른 유형의 컴퓨터를 설계하는 구조 측면에 더욱 초점을 맞추었습니다.

앞서 인간의 사고 과정에 매료되어 컴퓨터 설계에 발을 들이셨다고 하셨습니다. 언젠가 컴퓨터가 스스로 사고하는 것도 이론적으로 가능하다고 보시나요?
이론적 관점에서 보면 그것이 불가능할 본질적인 이유를 모르겠습니다.

그러니까 〈2001: 스페이스 오디세이$^{\text{2001: A Space Odyssey}}$〉에 등장하는 컴퓨터 할^{HAL}
은 순전히 공상과학 소설 속 이야기는 아니겠군요.

확실히 알 수는 없지만, 그런 일이 일어나는 것이 불가능하다고 믿을 어떤 납
득할 만한 이유도 없다는 것이 개인적인 생각입니다. 하지만 진정한 지적 능력
이 있는 기계를 구현하는 것이 현실적으로 가능하다고 입증되더라도 실제로
그런 일은 꽤 오랫동안 일어나지 않을 것이라고 강하게 믿습니다.

**하지만 컴퓨터가 자의식을 가질 수 있다는 점에서 이론적으로는 가능하다고 믿
으시죠?**

컴퓨터가 자의식을 갖는다는 것이 무슨 의미인지, 또 우리가 인간의 자의식에
대해 이야기할 때 정확히 무엇을 의미하는지 분명히 이해되지는 않습니다. 하
지만 인지^{cognition}가 오로지 인간과 같은 탄화수소 기반의 체계 안에서만 가능
해야 한다는 어떤 본질적인 이유도 모르겠습니다. 인간이 어떻게 사고하는가
에 관해 아직 이해하지 못하는 부분이 분명히 많지만, 어찌 보면 인간은 고도
로 조직화된 상호작용하는 분자들의 흥미로운 집합으로 볼 수 있을 것입니다.
인간 진화의 산물인 두뇌가 사고와 같은 현상을 구현하기 위해 이들 분자가
조직될 수 있는 유일한 방식에 해당한다고 제시하는 어떤 납득할 만한 증거도
아직 보지 못했습니다.

**선생님의 이론적 개념을 적용해 실제 작동하는 슈퍼컴퓨터 모델로 구현해낸 사
례도 있었나요?**

네, 작은 규모였지만요. 박사학위를 받은 후 저는 컬럼비아대학교 컴퓨터과학
과 교수로 임명되었습니다. 그리고 운 좋게도 (인터넷의 전신인 아르파넷^{ARPAnet}을
구축한 것으로 유명한) 미국 국방부 고등연구계획국^{ARPA}에서 수백만 달러 규모의
연구 계약을 체결했습니다. 이 자금으로 맞춤형 집적회로를 설계했고, 서른다

섯 명으로 팀을 구성해 일종의 초병렬머신massively parallel machine의 실제 작동하는 원형을 구축했습니다. 크기는 상당히 작았지만 이 원형을 이용해 저희의 발상을 시험해보고, 동일한 설계 원칙에 근거해 온전한 크기의 슈퍼컴퓨터를 구현했을 때 이론적으로 달성 가능한 속도를 계산하는 데 필요한 데이터를 수집할 수 있었습니다.

슈퍼컴퓨터를 구현하는 데 성공했을 경우 소유권은 누가 가질지에 관해서도 이야기가 있었나요?

처음에는 아니었어요. 일단 원형을 성공적으로 만들더라도 온전한 크기의 슈퍼컴퓨터를 구현하려면 추가로 1,000만~2,000만 달러가 더 소요될 것이 분명했고, 그것은 현실적으로 정부가 기초연구기금 형태로 지원할 수 있는 규모를 넘어서는 것이었죠. 그 시점에서 저희는 회사를 창업하기 위해 창업투자회사들을 둘러보기 시작했어요. 저희의 동기는 돈을 버는 것뿐만 아니라, 과학적 견지에서 저희 연구 과제를 다음 단계로 진행시키려는 것이었습니다.

당시 병렬처리기 구조를 이용해 슈퍼컴퓨터를 제작한 또 다른 사람이 있었나요?

아니요, 적어도 저희의 시도 후 2~3개월 동안은 없었습니다. 그 뒤 경력에 예상하지 않았던 전환을 맞았습니다. 그것이 아니었다면 상당히 위험하다고 인정할 수밖에 없는 사업 계획에 수천만 달러를 과감히 투자하겠다는 누군가를 마침내 찾았을지도 모르죠. 하지만 초반에 창업투자회사들에서 돌아온 반응을 토대로 하면 아마 찾지 못했을 것 같기도 합니다. 그런데 제가 민간부문에서 대안을 검토하고 있다는 이야기가 퍼지면서 한 중역급 인력 알선 전문업체로부터 전화를 받았습니다. 모건 스탠리에서 굉장히 흥미로운 어떤 그룹을 이끄는 일을 맡을 수 있는지 물었죠. 그즈음 저는 제대로 된 슈퍼컴퓨터 회사를 창업하기 위해 필요한 자금을 모두 조달할 수 있을지에 대해 상당히 회의적인 상태였습니다. 그래서 제게는 정말 의외였던 모건 스탠리의 제안을 받고 월스트리트로 진출하게 됐습니다.

그 전에도 금융시장에서 일하는 것에 관해 생각해보신 적이 있나요?
전혀 없었습니다.

양아버님께서 금융경제학자셨고, 선생님께 효율적 시장가설을 처음으로 알려주신 분이라고 쓰신 글을 읽었습니다. 그 가설로 인해 시장을 이기는 전략을 개발하는 것의 가능성에 관해 어떤 편향된 생각을 갖게 되셨나요? 또 선생님의 오랜 실적을 보신 지금, 양아버님께서는 여전히 효율적 시장가설을 믿으시나요?
어떤 기업에 관해 모든 정보는 아니더라도 공개된 정보 대부분은 현재 시장가격에 이미 반영되어 있다는 개념을 처음 접하게 해주신 분이 양아버지인 것은 맞습니다. 하지만 양아버지께서 시장을 이기는 것이 불가능하다고 믿으신 적이 있는지는 잘 모르겠습니다. 그분께 배운 것들 덕분에 주식시장에서 '공짜 점심free lunch'의 존재에 대해 아마도 대부분의 사람들보다 좀 더 회의적인 태도를 갖게 되었을 것입니다. 하지만 양아버지께서 '효율적 시장가설을 반박할 증거가 없다는 것이 실제로 시장이 효율적임을 입증하는 것'이라고 주장하신 적은 결코 없습니다.

> **Tip**
>
> 효율적 시장가설 이론은 다시 세 가지 가설로 나뉜다.
> (1) 약형weak form | 과거 가격을 이용해 미래 가격을 예측하는 것은 불가능하다.
> (2) 준강형semistrong form | 현재 가격은 공개된 모든 정보를 반영한다.
> (3) 강형strong form | 현재 가격은 공개된 정보와 공개되지 않은 정보를 모두 반영한다.

사실 그것을 입증할 방법은 없죠. 실험한 특정 패턴이 존재하지 않는다는 것을 입증할 수 있을 뿐이죠. 시장을 이길 수 있는 어떤 패턴도 없다는 것은 결코 입증할 수가 없는 문제이고요.

정확히 옳습니다. 마침 이야기가 나왔으니 말씀드리죠. 저는 시장을 이기는 것이 불가능하지는 않더라도 극도로 어려운 것은 분명하다고 생각하며 자랐습니다. 심지어 지금도 시장의 실제 효율성은 놀라울 정도라고 생각합니다. 특정 종목의 과거 가격에서 표준 패턴을 찾아내는 것만으로도 커다란 수익을 얻을 수 있다면 좋겠죠. 하지만 소위 기술적 분석가들이 지지선과 저항선 수준, 헤드앤드숄더 패턴과 같은 단어들을 동원해 주장하는 내용 대부분은 방법론적으로 타당한 경험적 연구를 바탕으로 한 것이 전혀 아닙니다.

하지만 패턴들 가운데 상당수는 객관적으로 정의를 내릴 수 없어서 철저한 실험이 불가능한 것은 아닐까요? 예를 들어, 선생님은 헤드앤드숄더 패턴을 어떤 방식으로 정의하고, 저는 그것을 완전히 다르게 정의할 수도 있죠. 실제로 많은 패턴의 경우 이론적으로 무한한 정의가 가능하죠.

네, 훌륭하신 지적이십니다. 하지만 실험 대상인 가설을 정확히 설명할 수 없다는 것 자체가 그것이 유사과학pseudo science임을 가리키는 표식 가운데 하나입니다. 기술적 분석가를 자처하는 사람들이 전통적으로 설명해왔기 때문에 타당한 합의적 정의consensus definition를 내릴 수 있는 패턴들도 있습니다. 하지만 이런 패턴들에서조차 예측 능력 면에서 어떤 가치를 발견할 수 없는 것이 일반적입니다. 흥미로운 사실은 가장 존경받는 일부 월스트리트의 회사들마저도 이런 '전 과학적pre-scientific' 기술적 분석가들을 최소 몇 명이라도 고용하고 있다는 사실입니다. 이들이 하는 일이 점성술보다 나은 점이 있다는 증거는 거의 없는데도 말이죠.

잠깐만요. 저는 순전히 기술적 분석을 지향하면서도 우연이라고 하기에는 굉장히 뛰어난 위험 대비 수익률을 달성해온 트레이더들을 상당히 많이 만났습니다.

그것은 기술적 분석의 정의에 관한 문제라고 생각합니다. 역사적으로 기술적 분석이라는 용어를 사용해온 사람들 대부분은 대체로 비과학적인 '헤드앤드숄더 지지선/저항선' 진영의 일원이었습니다. 요즘은 업계에서 이 분야에 진지하게 학문적으로 접근하는 사람들은 대개 스스로를 계량 분석가quantitative analyst라고 칭합니다. 그리고 이들 계량 분석가 중 일부는 시장에 실제 존재하는 여러 이례 현상을 밝혀왔습니다. 물론, 이런 이례 현상은 일단 대중에게 알려지면 모두 그 현상을 이용하기 때문에 곧바로 사라지는 경향이 있다는 문제가 있습니다. 메사추세츠공과대학MIT의 앤드류 로Andrew Lo는 이 분야에서 가장 뛰어난 학계 전문가 중 한 사람입니다. 그는 역사적 비효율성을 찾아내고 그 결과를 발표합니다. 그에게 이례 현상에 관해 묻는다면 아마 두 가지를 말해줄 것입니다. 첫째, 시장의 이례 현상은 시간이 지남에 따라 제거될 것이다. 둘째, 이례 현상이 제거되는 이유의 적어도 일부분은 우리(D. E. 쇼) 같은 회사 때문이라고 믿는다.

과거에는 존재했지만 알려진 이후 더 이상 유효하지 않은 이례 현상으로는 무엇이 있을까요?

이런 정보는 누설하고 싶지 않습니다. 저희 사업에서는 무엇이 효과가 있는지만큼이나 무엇이 효과가 없는지를 아는 것도 중요합니다. '공개된 자료에서 설명한 이례 현상은 더 이상 존재하지 않는다'는 사실을 밝히는 데만도 상당한 비용을 들였습니다. 따라서 저희 경쟁자들이 '이미 알려진 결과는 더 이상 유효하지 않고, 논의 대상이 된 접근법은 결국 막다른 길이 된다'는 사실에 관심을 갖고, 이 정보를 거저 이용하는 것은 절대로 원하지 않습니다.

금융 및 경제 저널에 시장의 비효율성에 관한 연구 결과를 게재하는 사람들은 모두 교수인가요, 아니면 일부는 시장을 트레이딩하는 일과 관련을 맺고 있나요?

실제로 시장을 트레이딩하는 연구자 중에는 특히 〈저널 오브 포트폴리오 매니지먼트Journal of Portfolio Management〉와 같은 정기간행물에 연구 내용의 특정 부분을 발표하는 사람들도 일부 있습니다. 하지만 전반적으로 교수들이 현역 트레이더에 비해 연구 결과를 숨기지 않는 경향이 있습니다.

시장을 트레이딩하는 사람들이 어째서 영향을 미칠 수 있는 그런 내용을 발표하려고 할까요?

아주 좋은 질문입니다. 공개문헌에 등장하는 높은 수준의 연구 대다수는 여러 가지 이유로 현실에서 시장을 이기기 위해 실제로 사용할 수 없습니다. 역으로, 실제로 효과가 있는 연구의 대다수는 아마도 절대로 발표되지 않을 것입니다. 하지만 때로는 개인적 이익에 도움이 되지 않더라도 유용한 정보를 공개하는 성공한 계량적 트레이더도 몇 명 있습니다. 제가 가장 좋아하는 사례가 이 분야의 진정한 개척자인 에드워드 소프Edward Thorpe입니다. 그는 어느 누구보다 앞서 이런 일들을 잘해오고 있습니다. 그는 금융 분야 안팎에서 수년간 개발해온 돈을 버는 전략들 가운데 일부를 공개해왔습니다. 블랙잭Black Jack 게임에서 카지노를 이기는 방법을 알아낸 뒤 그는 『딜러를 이겨라Beat the Dealer』를 펴냈습니다. 그다음 시장을 이기는 방법을 알아냈을 때는 『시장을 이겨라Beat the Market』를 써서 당시 시장에 명백히 존재한 특정한 비효율성을 정확히 어떻게 이용할지를 전문가적으로 명료하게 설명했습니다. 물론, 그의 책은 특정한 비효율성들을 제거하는 데 일조했죠.

블랙잭 게임에서 특정한 비효율성이 제거되었다는 것은 카지노가 여러 벌의 카

드^{multiple decks}를 사용하기 시작한 것을 뜻하나요?

저는 블랙잭 전문가는 아닙니다만, 제가 이해하기로 카지노들은 게임과 관련해 구체적인 대응책을 마련했을 뿐 아니라 '카드 카운터^{card counter}(이제까지 사용된 카드를 기억해 앞으로 나올 카드를 예측하고 게임을 운영하는 사람—옮긴이)'들을 더 잘 파악해서 매우 효과적으로 그들을 내쫓게 되었습니다.

전통적 차익거래 기회는 오래 전에 사라진 것으로 알고 있습니다. 처음 시작하셨을 때는 그처럼 손쉬운 매매 기회가 존재했나요?

그때도 진정한 차익거래 기회는 흔하지 않았습니다. 이따금 서로 밀접하게 연관된 상품들을 같이 묶어 위험은 거의 없거나, 전혀 없이 이익은 보전하는 일련의 소규모 거래에 참여한 적이 있었죠. 가끔은 한 대형 금융기관 내 여러 부서를 상대로 하나의 차익거래를 구성하는 각각의 요소를 실행하는 것도 가능했어요. 그 기관에 보유한 포지션을 전사적으로 통합해 효과적으로 관리하는 기술이 있었다면 불가능했겠죠. 하지만 진정한 차익거래 기회는 당시에도 아주 드물었고, 지금은 그런 기회가 전혀 없습니다.

컴퓨터 기술이 엄청나게 발전하면서 확률적 우위를 점하게 하는 시장의 비효율성을 찾는 방법도 더욱 용이해졌습니다. 그것이 이전의 비효율성을 사라지게 하거나 새로운 비효율성을 찾기가 어려워진 원인이 되었을까요?

찾기 '쉬운' 효과는 대부분 다 나왔습니다. 언젠가는 우리 모두를 교묘히 피해간 단순한 효과를 누군가 발견하겠지만, 경험으로 볼 때 가능성 있는 트레이딩 기회라고 볼 만한 수학적으로 명쾌하고 분명한 아이디어는 대부분 사라졌습니다. 남아 있는 것은 굉장히 복잡하고, 일반 수학 소프트웨어 패키지나 대학원에서 배울 법한 전통적 분석 기법을 사용해서는 찾아내기 어려울 만큼 상대적으로 작은 수많은 비효율성뿐입니다. 남아 있는 비효율성 가운데 하나를,

지난 11년간 해온 막대한 비용이 소요되는 장기적 연구 없이 어떻게든 찾아낸다고 해도, 그 한 가지로는 거래비용을 충분히 감당할 수 없다는 사실을 알게 될 것입니다.

그 결과 현재 이 분야에는 높은 진입장벽이 존재합니다. 특정한 일련의 금융상품에서 시장의 비효율성 20~30여 가지를 찾아낸 저희 같은 회사는 거래비용을 감안하더라도 돈을 벌 수 있을 것입니다. 이에 반해 시장에서 한두 가지 비효율성만을 찾아낸 신규 진입 회사들은 일반적으로 돈을 벌기가 훨씬 어려울 것입니다.

무엇이 그런 우위를 확보해주나요?

미묘한 효과입니다. 비효율성 한 가지로는 거래비용을 극복하기에 충분하지 않습니다. 하지만 다수의 비효율성이 동시에 발생한다면 통계적 예상 이익이 관련 거래비용을 넘어서는 트레이딩 기회가 있을 것입니다. 다른 조건이 모두 같을 경우, 더 많은 비효율성을 밝혀낼 수 있다면 더 많은 트레이딩 기회가 생길 것입니다.

개별적으로는 이익을 내지 못하는 전략을 여러 개 활용해서 어떻게 수익을 낼 수 있을까? 간단한 예로, 예상 이익이 100달러, 거래비용이 110달러로 동일한 두 가지 전략이 있다고 해보자. 이 둘 중 어느 전략도 개별적으로는 이익을 낼 수 없다. 이 두 전략이 같은 방향으로 신호를 보내는 일련의 트레이딩을 조합했을 때 평균 예상 이익은 180달러, 거래비용은 110달러로 동일하다고 가정하자. 개별 전략은 효과적이지 않지만 이 조합을 매매하면 매우 높은 이익을 낼 가능성이 있다. 서로 밀접하게 연관된 여러 시장에서 수십 가지 전략으로 트레이딩을 하는 D. E. 쇼의 경우 전략의 상호 의존성이 일으키는 효과는 훨씬 더 복잡하다.

시장이 성숙해질수록 트레이딩 기회를 찾기 위해서는 더욱 많은 비효율성을 알아내야 하고, 이것은 신규 진입자들에게는 점점 어려운 일이 되어갑니다. 11년 전 트레이딩을 시작했을 때는 한두 가지의 비효율성만 찾아내도 거래비용이 넘는 이익을 낼 수 있었습니다. 이는 제한적인 리서치만으로도 트레이딩을 시작해 이익을 낼 수 있었다는 뜻이고, 그 이익으로 또 다른 리서치 비용을 조달했습니다. 지금은 모든 것이 훨씬 더 어렵습니다. 그때 시작하지 않았더라면 지금 이 자리에 설 엄두도 못 낼 만큼 커다란 비용을 지불해야 할 것입니다.

선생님의 모형은 오로지 가격 자료만 근거로 하나요, 아니면 펀더멘털에 관한 자료도 모형에 활용하시나요?

단순히 가격 자료만 이용하는 것은 분명히 아닙니다. 재무제표와 손익계산서, 거래량 정보 그리고 디지털 형식으로 얻을 수 있는 거의 모든 자료를 검토합니다. 실제로 가장 유용하다고 파악된 변수들에 대해 많은 이야기를 할 수는 없지만 이것은 말씀드릴 수 있습니다. 저희는 엄청나게 많은 양의 자료를 활용하고, 단순히 그 자료들을 확보하는 것뿐만 아니라 저희에게 유용한 방식으로 그 자료를 가공하는 일에도 역시 많은 돈을 들이고 있습니다.

'시장은 매우 제한적인 정도로만 예측 가능하며 어떤 단일 전략도 위험 대비 매력적인 수익률을 제공할 수 없다. 하지만 여러 전략을 충분히 조합하면 유의미한 우위를 확보하는 트레이딩 모형을 만들어낼 수 있다.' 선생님 회사의 철학을 이렇게 요약해도 괜찮을까요?

아주 좋은 설명입니다. 한 가지만 추가하면, 저희는 가능한 많은 체계적 위험 요소를 헤지하려고 노력한다는 것입니다.

모든 매수 포지션을 연관된 매도 포지션으로 상쇄해서 시장의 방향성이라는 위

험 요소를 제거한다는 의미로 생각됩니다.

트레이딩하는 다양한 시장 안에서 시장의 전체적 움직임에 대해 헤지하는 것은 저희 위험관리 방식에서 중요한 요소입니다. 하지만 시장 움직임 외에도 또 다른 많은 위험 요소가 있고, 특별히 그 위험 요소에 투자하는 것이 아닌 한 그에 대한 노출을 조절하려고 늘 노력합니다. 예를 들어, IBM에 투자할 때는 주식시장 전체의 방향, 전체 주식시장 대비 컴퓨터 산업의 상대 주가뿐만 아니라 또 다른 많은 위험 요소에도 암묵적으로 돈을 거는 것입니다.

말하자면요?

예를 들면, 모든 수준의 경제활동과 IBM의 수출활동에 기인한 헤지하지 않은 환율 노출, 회사의 자산, 부채 및 상업활동과 관련된 순실효 이자율 노출, 그리고 유의미한 용어를 이용해 직관적으로 기술하기 어렵도록 수학적으로 도출한 다른 많은 위험 요소가 있습니다. 모든 형태의 위험을 헤지하는 것은 가능하지도 않고, 비용 측면에서 효과적이지도 않습니다. 하지만 저희는 통계적으로 어느 정도 예측 능력이 있는 변수들에 대한 노출은 유지하면서, 예측할 수 없는 위험의 원천에 대한 순노출은 최소화하려고 노력합니다.

초기에 이용하신 전략 가운데 일부는 지금 완전히 쓸모없게 되었습니다. 한때는 트레이딩 기회를 제공했던 시장의 비효율성 유형에 대한 실제 사례라는 측면에서 그런 전략 가운데 하나만 말씀해주실 수 있을까요?

저는 시장에서 사라진 과거의 비효율성에 관해서는 그다지 많은 이야기를 하지 않으려고 합니다. 그런 종류의 정보 역시 경쟁자들이 부족한 리서치 재원을 어떻게 하면 좀 더 효과적으로 배분할지 결정하는 데 도움을 주고, 그들로 하여금 저희가 내린 '더 이상 없다'는 결론에 '무임승차'하게 할 수 있습니다. 경쟁자들에게 불공정한 우위를 제공하는 것이죠. 그럼에도 불구하고 한 가지 예를 들자면, 바로 저평가된 옵션(이론적 모형이 제시한 가격보다 낮은 수준에서 거래되는 옵션)입니다. 지금 어떤 옵션의 가격이 잘못되었다고 보인다면, 거기에는 대개 이유가 있습니다. 몇 년 전만 해도 반드시 그렇지는 않았습니다.

과거 자료에서 분명한 이례 현상이나 패턴을 발견했을 때, 그것이 우연이 아니라 실제로 의미가 있다는 것을 어떻게 알 수 있나요?

변수가 많을수록 통계적 착시 현상statistical artifact도 늘고, 발견한 패턴에 실제로 예측가치predictive value가 있는지 여부를 판단하는 것도 일반적으로 더욱 어려워집니다. 저희는 '데이터 과적합overfitting'과 관련된 방법론적 함정에 빠지지 않으려고 굉장히 주의합니다.

저희는 견고하고 예측가치가 높은 전략을 세우기 위해 다양한 수학적 기법을 활용합니다. 하지만 저희의 가장 강력한 도구 가운데 하나는 과학적 방법을 직선적으로 적용하는 것입니다. 저희는 패턴을 찾기 위해 맹목적으로 자료를 뒤지지 않습니다. 이런 접근법의 방법론적 위험성에 대해서는 자연과학계와 의학 연구계를 비롯한 여러 분야에서 폭넓은 공감대가 형성되어 있습니다. 일반적으로 저희는 구조적 이론이나 시장에 대한 정성적qualitative 이해를 바탕으로 가설을 수립하는 데서 출발합니다. 그런 다음, 실제 자료가 가설을 뒷받침하는지 여부를 알기 위해 가설을 시험합니다.

안타깝지만 시장의 효율성이라는 '귀무가설null hypothesis(설정한 가설이 진실할 확률이 극히 적어 처음부터 버릴 것이 예상되는 가설)'을 거부할 만한 증거를 실제 자료에서 찾지 못하는 경우가 가장 흔합니다. 하지만 때때로 저희의 모든 시험을 통과한 새로운 이례 현상을 시장에서 발견해 실제 트레이딩 전략에 편입하는 경우도 있습니다.

선생님의 회사가 지난 해(1998년) 커다란 문제에 부딪혔다고 들었습니다만, 실적

을 살펴보면 최악의 손실은 단 11퍼센트에 그쳤습니다. 그 손실마저도 단 몇 달만에 만회하셨죠. 어떤 커다란 문제가 있을 뻔했다는 것인지 이해가 가지 않습니다. 무슨 일이 있었나요?

말씀하신 실적은 저희의 주식 및 주식 연계 트레이딩 전략에 관한 것으로, 저희가 출발한 이후 11년 이상 고유계정 트레이딩 활동의 핵심이 된 전략입니다. 그렇지만 저희도 몇 년 동안은 확정소득fixed income, 즉 채권 전략을 트레이딩했습니다. 그 전략은 저희가 역사적으로 이용해온 주식 관련 전략들과는 질적으로 달랐고, 본질적으로 다른 종류의 위험에 저희를 노출시켰습니다. 처음에는 채권을 매매해 많은 돈을 벌었지만 그 당시 채권 차익거래자 대부분과 마찬가지로 1998년 후반 세계 유동성 위기 때 커다란 손실을 경험했습니다. 저희의 손실 규모는 백분율과 절대금액 기준으로 모두, 예를 들면 롱텀캐피털매니지먼트LTCM 같은 회사들에 비해서는 훨씬 작았지만, 더 이상 그런 종류의 트레이딩에는 전혀 손을 대지 않게 되었을 만큼 충분히 심각했습니다.

> **Tip**
>
> LCTMLong-Term Capital Management │ 유명한 전 살로몬Salomon 채권 트레이더 존 메리웨더John Meriwether가 설립한 헤지펀드로 노벨 경제학상 수상자 로버트 머튼Robert Merton과 마이런 숄즈Myron Scholes가 주요 인물로 참여했다. 1998년 하반기, LCTM은 파산 직전 상태였다. 처음 3년간 연평균 수익률이 34퍼센트에 달했고 운용자산 규모는 약 50억 달러로 늘었던 LCTM은 1998년 8월에만 충격적인 44퍼센트의 손실(약 20억 달러)을 기록했다. 손실의 원인은 다양했지만 손실 규모가 그처럼 컸던 주요 원인은 과도한 레버리지였다. LCTM은 차입금을 활용해 자기자본의 40배로 추정되는 레버리지 비율로 투자했다. 대규모 손실과 대규모 부채가 조합되면서 LCTM은 붕괴 위기에 처했다. 하지만 LCTM은 연방준비위원회의 주선으로 조성된 35억 달러의 구제금융 자금(정부가 아닌 민간 금융기관이 조성한 자금)이 투입되며 가까스로 살아났다.

많은 일을 겪어 오셨습니다. 그럭저럭 쉴 틈을 내기도 하시나요?

바로 얼마 전 일주일 동안 쉬었습니다. 아주 오래간만에 쉬었죠.

휴가를 많이 쓰지는 못하시는군요?

많지는 않죠. 휴가 중일 때도 분별력을 유지하려면 매일 몇 시간은 일해야 한다고 생각합니다.

수학과 과학 분야의 걸출한 박사 출신들을 영입해온 것으로 명성이 높습니다. 채워야 할 공석이 없더라도 그들을 채용해 원천적인 지적 능력을 활용하시나요?

대다수 조직과 비교하면 저희의 채용 기준에서 원천적 능력의 비중은 좀 더 크고, 경험의 비중은 덜합니다. 재능이 있는 사람을 우연히 발견했을 때 그 사람을 위한 자리가 당장은 떠오르지 않더라도 일단 제안하는 편입니다. 아마도 제프 베조스Jeff Bejos의 경우가 가장 유명할 겁니다. 어느 날, 파트너 한 사람이 제게 이렇게 말했습니다.

"방금 기가 막히게 훌륭한 지원자를 면접했는데, 제프 베조스라는 사람입니다. 현재 공석은 없지만 언젠가 누군가에게 큰돈을 벌어줄 사람입니다. 잠깐이라도 그 사람을 만나보셔야 합니다."

저는 제프를 만났고 그의 지적 능력, 창의력, 기업가적 본능에 굉장히 깊은 인상을 받았습니다. 저는 파트너에게 그의 말이 옳았으며, 제프를 위한 자리가 당장은 없더라도 어쨌든 그를 채용한 다음 생각해내면 된다고 말했죠.

베조스가 회사를 떠난 것은 아마존 창업 때문이었나요?

네. 제프는 D. E. 쇼에 근무하는 동안 많은 일을 했는데, 마지막 임무는 다양한 기술 관련 창업 아이디어를 저와 함께 구상하는 일이었습니다. 여러 아이디어

가운데 하나는 모든 것을 아우르는 전자서점과 관련한 무언가를 만드는 것이었죠. 잉그램Ingram(대형 서적 유통업체)을 통해 주문할 수 있는 수백만 권의 출판물이 실린 전자 카탈로그가 있다는 것을 알고서 제프와 저는 몇 가지를 재빨리 계산해보았고, 막대한 초기 자본금이 없어도 창업이 가능하다는 것을 알게 되었습니다. 두 사람 중 누구도 당시에는 그 사업이 얼마나 성공할지는 전혀 몰랐다고 생각하지만, 둘 다 가능성은 있다고 판단했습니다. 어느 날 상황이 더 진전되기 전에 제프가 제게 이야기를 하고 싶다고 했어요. 센트럴 파크를 함께 걸으면서 그는 제게 "기업가적 본능에 자극을 받았다"며 자기 혼자서 이 아이디어를 추진해도 괜찮겠느냐고 물었죠.

어떻게 반응하셨나요?

저는 그를 잃는 것이 진심으로 안타깝다고 말했어요. D. E. 쇼에서 그가 한 일들을 얼마나 높이 평가하는지 그리고 회사 내에서 그의 앞날이 얼마나 촉망되는지도 설명했습니다. 그렇지만 이런 말도 했습니다. 저 역시 언젠가 비슷한 결정을 했던 사람으로서, 그가 이제 독립할 때가 되었다고 생각한다면 완전히 이해하며 말리지 않겠노라고 말해주었습니다. 우리가 전자서점의 개념에 관해 이야기를 나눈 시간이 상대적으로 짧았던 만큼 그 아이디어를 혼자서 추진하기로 결정하더라도 전혀 이의가 없다고 말했죠. 언젠가 우리가 그와 경쟁에 나설 수도, 아닐 수도 있다고 말했습니다. 그리고 제프는 그 정도면 자신에게는 더할 나위 없이 공정한 것 같다고 답했습니다.

제프는 원만하게 떠났습니다. 처음 아마존 시스템의 알파버전을 끝냈을 때는 저를 비롯한 D. E. 쇼 사람들을 초청해 그것을 시연했습니다. 알파버전을 이용해 처음 책을 주문해보고 나서야 비로소 이 개념이 실제로 매우 강력하게 발전할 수 있다는 것을 깨달았습니다. 제프가 D. E. 쇼에 있는 동안 전자서점이라는 발상에 관해 이야기를 나누기는 했지만, 지금의 아마존을 만든 것은 제프가 우리를 떠난 이후에 해낸 일들입니다.

➡

쇼의 트레이딩 접근법은 매우 복잡한 수학적 모델과 방대한 컴퓨터 동력을 필요로 한다. 트레이더 집단은 세계 시장을 지속적으로 주시해야 하며, 극히 적은 비용을 수반하는 매매는 거의 즉각적으로 실행되어야 한다. 이러한 접근법은 분명히 일반 투자자의 능력 범위 밖에 있다. 그러나 이 인터뷰에는 개인 투자자들도 응용할 수 있는 한 가지 개념이 등장한다. 그 자체로는 이익을 낼 수 없는 시장의 패턴(쇼의 용어로는 '비효율성')도 다른 패턴들과 결합되면 이익을 내는 전략의 기초가 될 수 있다는 것이다. 비록 쇼는 차트 패턴과 전통적인 기술적 지표를 무시할지라도 우리는 이 개념을 다음과 같이 적용할 수 있다. '단독으로 활용했을 때 가치가 없는 개별 요소일지라도, 이들 패턴(또는 지표)을 결합해 유용한 트레이딩 모형을 도출하는 것은 이론적으로 가능하다.'

이런 시너지 효과는 투입되는 기본적fundamental 지표에도 마찬가지로 적용될 것이다. 예를 들어, 어떤 연구자가 기본적 지표 10개를 시험한 후 가격 지표로서 어느 것도 가치가 없음을 발견한다. 이것은 이 기본적 지표를 쓸모없는 것으로 무시해야 한다는 뜻일까? 물론 아니다. 유의미한 예측력을 갖는 개별 지표는 없다고 하더라도 이들 지표를 조합해 유용한 가격 지표를 만들어내는 것은 전적으로 가능하다.

이 인터뷰가 제시하는 또 다른 중요한 원칙은 트레이딩 아이디어를 실험하는 적절한 방법론에 관한 것이다. 체계적 접근법, 또는 각종 신호를 비롯한 컴퓨터 패턴을 통합하는 접근법을 개발하려는 트레이더는 데이터 마이닝data mining(컴퓨터로 데이터를 처리하고, 투입된 지표 수천, 수백만 개의 조합을 실험해 이익을 내는 패턴을 찾는 것)에 유의해야 한다. 컴퓨터가 사용한 시간비용은 이제 문제가 되지 않는다. 그러나 컴퓨터를 낭비했을 때 유발되는 좀 더 중대한 비용이 있다. 즉 그럴 듯해 보이지만 예측력은 전혀 없는 트레이딩 모형(시스템)을 내놓는 경향이 있는 것이다. 이는 커다란 트레이딩 손실로 이어질 수 있는 조합이다.

어째서일까? 무작위 자료 안에서도 패턴은 찾을 수 있기 때문이다. 예를 들어, 동전 100만 개를 각각 10번씩 던졌을 때 977개 동전에서 10번 모두 앞면이 나올 수도 있다. 그러므로 앞으로도 앞면이 나올 것이라고 가정한다면 분명히 어리석은 일이다. 하지만 일부 시스템 개발자들은 엄청난 양의 변수를 조합해 가격 자료를 대상으로 실험하고, 가장 이익이 큰 조합을 골라 그에 따라 매매를 실행한다. 동전 던지기 같은 순진한 추론을 하고 있는 것이다. 어느 트레이딩 시스템이든 충분히 많은 변수를 집어넣고 실험하면 그 가운데 일부는 어쩌다 이익을 낼 수도 있다. 충분히 많은 동전을 던지면 어쩌다 매번 앞면이 나오는 경우가 있는 것과 마찬가지다. 쇼는 각각의 컴퓨터 실험에 앞서 이론적 가설을 요구하고, 철저한 통계적 척도를 활용해 결과의 유의미성을 평가함으로써 데이터 마이닝과 관련된 문제를 방지한다.

: 데이비드 쇼의 근황

D. E. 쇼의 주식 및 주식연계 전략은 최근에도 여전히 위세를 떨치고 있다. 이 전략으로 운용하는 자산이 크게 늘었음에도 불구하고 수익률은 실제로 개선되었다. D. E. 쇼는 이 전략으로 2000년 58퍼센트, 2001년 23퍼센트 수익률을 기록했고, 2002년 1월부터 9월까지 (추정) 수익률은 22퍼센트에 달한다. 그 결과 이 전략의 14년간 연평균 복리수익률은 현재 수수료율 기준으로 24퍼센트를 넘어섰다. 펀드 설정 이후 샤프지수Sharpe ratio(위험 대비 수익측정지표)는 현재 약 2,000이다. 펀드의 긴 수명 기간을 생각하면 대단히 높은 수준이다.

지난 3년 반 동안 거두신 실적만으로도 운용자산이 세 배는 늘었을 것으로 보입니다. 주식 및 주식연계 전략으로 현재 운용하는 자산 규모는 얼마나 되나요? 자산 확대로 수용 능력에 문제가 생기지는 않았나요?

저희는 현재 약 43억 달러를 운용하고 있고, 그 가운데 29억 달러를 주식 및 주식연계 전략으로 운용하고 있습니다. 현 시점에서 저희의 투자 운용 서비스에 대한 수요는 충분히 강력해서 더 많은 자금도 손쉽게 조달할 수 있는 상황입니다. 하지만 저희가 효과적으로 투자할 수 있다고 믿는 규모 이상으로 자금을 받지 않는 것이 중요합니다. 이들 전략의 수용 능력은 새로운 리서치 결과와 시장 관련 특정 요인을 반영해 지난 몇 년간 확대되어왔습니다. 하지만 그럼에도 불구하고 저희는 자본의 가용성availability보다는 수용 능력에 중점을 두고 운용자산 규모를 여전히 제한하고 있습니다.

어떤 전략에 적합하다고 추정하는 수용 능력에 근접한 수준으로 자산을 운용하던 중에 좋은 투자 성과를 기록해 자산이 기존에 인지한 용량을 넘어서면 어떻게 됩니까?

원하는 만큼 운용자산 규모가 줄어들 수 있을 정도로 투자자들에게 이익을 돌려줍니다.

처음 말씀을 나눈 이후로 방법론에 어떤 중대한 변화가 있었나요?

대부분 전략의 기본적인 방법론은 달라지지 않았습니다. 하지만 새롭게 조사한 시장 효과 일부를 기존에 트레이딩에 활용하던 20~30여 개 효과에 추가했습니다. 또 부실 유가증권시장에 초점을 맞춘 새로운 전략을 도입했습니다.

선생님께서 트레이딩하는 시장 효과나 비효율성은 수명이 제한되어 있지 않나요?

상황에 따라 다릅니다. 상대적으로 쉽게 파악하고 이용할 수 있는 시장의 이례 현상은 오래 지속되지 않는 경향이 있습니다. 하지만 복잡한 계량적 기법을 통해서만 확인하고 추출해낼 수 있는 미묘한 비효율성은 좀 더 오랜 기간 지속되는 경향이 있습니다. 저희는 지속되기 어려운 단순한 효과가 아닌, 바로 이런 유형의 비효율성에 초점을 맞추는 편입니다. 지난 몇 년간 저희가 트레이딩한 많은 효과 가운데 탈락시켜야 했던 것은 단 몇 가지에 불과했습니다.

최근 드러난 기업 및 회계부정에 대해 어떤 한 말씀을 해주시겠습니까?

기업계가 지금 경험하고 있는 법적, 규제적 감독은 매우 건강한 것이라고 생각합니다. 많은 최고경영자CEO와 최고재무책임자들은 실적 관리 그리고 회사의 진정한 상태를 감추는 모호하고 복잡하며 교묘한 재무 조작 사이의 경계에 아슬아슬하게 걸쳐 버텨왔습니다. 그리고 지금 모두가 목격하듯 일부는 그 경계를 넘었습니다. 이런 행위는 세계 자본시장이 과적으로 기능하지 못하도록 하는 것이고, 회계 투명성을 선도해온 미국에도 심각한 문제가 될 것입니다. 투자자와 애널리스트가 투자 대상 기업에 관한 정확하고 신뢰성 높은 정보에 접근할 수 있는 조치가 취해지고 있다는 것은 매우 긍정적인 발전입니다.

나는 진화해왔고,
계속 진화할 것이다

스티브 코헨|Steve Cohen

"**그 사람 최고죠.**" 내가 인터뷰 후보 추천을 부탁한 업계 지인은 스티브 코헨을 가리켜 이렇게 말했다. 업계 사람들에게서 코헨의 이름이 언급될 때마다 거의 같은 평가를 반복해 들었다. 코헨의 실적을 보자 열광적인 찬사의 이유를 이해할 수 있었다. 코헨은 7년간 자금을 운용해오면서 연평균 복리수익률 45퍼센트를 달성했고, 손실을 기록한 달은 전체 기간 중 3개월에 불과했다. 단 2퍼센트 손실이 그가 기록한 최악의 실적이었다. 그러나 이 숫자들만 언급하는 것은 트레이더로서 코헨의 재능을 극히 축소해 설명하는 것이다. 코헨은 뛰어난 성과를 바탕으로 수익에 대한 성과 보수로 50퍼센트를 청구한다. 이는 그가 트레이딩에서 실제로 거둔 수익은 연평균 약 90퍼센트였다는 의미이다. 헤지펀드 업계 평균의 약 2.5배에 달하는 어마어마한 수수료에도 불구하고 코헨은 문제없이 투자자를 모집했다. 실제로 그의 대표 펀드는 신규 투자를 더 이상 받지 않을 정도이다.

코헨의 이름 첫 자를 딴 회사 S. A. C는 나지막한 직사각형 외관, 그 외벽을 두른 정사각형 유리가 전형적인 코네티컷 회사의 특징을 보여주는 건물에 있었다. 나는 유리와 강철 소재로 만든 책상이 있고, 큰 창으로 둘러싸인 사무실에 앉아 있는 코헨을 보리라고 기대했다. 그러나 접객 담당자에게 이끌려 도착한 곳은 여섯 줄로 길게 놓인 책상에 60명쯤 되는 트레이더들이 앉아 있고, 각각의 트레이더 앞에는 여섯 개에서 열두 개나 되는 컴퓨터 스크린이 죽 늘어선 창문이 없는 커다란 방이었다. 그 크기에도 불구하고 방 안은 사람과 장비들로 가득 차 있어서 허전하다기보다는 마치 동굴 같았다. 창문이 없는 방은 마치 요새 같은 분위기를 풍겼다.

트레이더들은 모두 편안한 차림이었다. 날씨에 맞는 티셔츠와 반바지 차림을 한 사람부터 청바지나 면바지를 입은 사람도 있었고, 냉방장치 때문에 추위를 느끼는 사람들은 플리스 소재로 된 옷을 입고 있었다. 코헨은 열을 지어 놓인 한 책상의 가운데쯤 앉아 있었는데 방 안의 다른 트레이더와 전혀 구분이 가지 않았다(그도 플리스파 가운데 한 사람이었다). 코헨은 트레이딩에 성공해 얻은 수익을 바탕으로 시장의 각 부문에 특화된 트레이더들을 영입했다. 코헨은 말 그대로 트레이더들에게 둘러싸여 있었다.

내가 도착했을 때 코헨은 긴 통화를 하는 중이었다. 마침 〈월스트리트저널〉과 인터뷰하고 있었다(코헨은 나중에 두 건의 인터뷰를 가리켜 전화를 건 상대에게 "여기 오늘 언론 발표회 날입니다!"라고 외쳤다). 나는 코헨의 통화가 끝나기를 기다리는 동안 방의 폭만큼이나 긴 책상들 사이로 의자를 밀어 넣어 그의 옆에 앉았다. 통화를 하는 동안 코헨의 시선은 자신의 앞에 놓인 호가 화면에 고정되어 있었다. 그러다 갑자기 통화를 중단하고 주문을 내라고 외쳤다. "포켓몬 20(2만)" 그러더니 방 안에 있는 사람들에게 작은 소리로 말했다. "우리 애들이 좋아하지만 알게 뭐람." 그를 보고 있자니 약간 닮은 외모, 말투, 유머감각이 어우러져 시트콤 〈사인필드Seinfeld〉에 출연한 제이슨 알렉산더가 떠올랐다.

안에 있는 트레이더의 수를 생각하면 방 안은 놀랍도록 조용했다. 나는 이곳에 없는 것이 무엇인지 깨달았다. 전화벨 소리였다. 주문담당은 입회장과 통신선을 열어두고 있었다. 이따금 한바탕 활기가 돌며 사람들의 소리도 따라서 높아졌다. 트레이더들은 매수와 매도 주문, 뉴스거리, 서로에게 묻는 질문을 외쳤다. 예를 들면 이런 것이었다. "누구 아는 사람 있나? 마사 스튜어트 기업공개는 성공할까?" 코헨은 2분마다 한 번씩 매수나 매도 주문을 실행시켰는데, 그 말투가 얼마나 무심했던지 2만 5,000에서 10만 주나 되는 매수, 매도 주문이 아니라 마치 호밀빵 위에 참치를 얹어달라고 주문하는 것 같았다.

●

아이들이 좋아하는, 매도하신 회사는 어디인가요?

닌텐도입니다. 포켓몬을 만들죠. 포켓몬을 아십니까?

안타깝게도 모릅니다(이 인터뷰는 언론의 관심이 고조돼 포켓몬이 〈타임〉지 표지에 등장하기 전에 이루어졌다).

일본의 만화 캐릭터인데, 지금 아주 인기가 높죠.

아이들이 좋아하는데 왜 매도하셨나요?

광풍이라고 생각하기 때문입니다. 단일제품 회사예요. (코헨이 화면을 보며 말했다.) 시장이 좀 더 상승할 것이라고 생각하지만, 실제로 제 전망은 매우 부정적인 방향으로 기울고 있습니다.

어째서죠?

대형주들은 상승하고 있지만 상승폭이 크지 않아요. 작은 거래량이 시장을 끌어올리고 있죠. 연말이 가까워 오면서 Y2K에 대한 사람들의 걱정도 늘고 있죠.

코헨을 방문한 날 연방준비위원회가 금리에 관한 발표를 하기로 예정되어 있었다. 발표가 15분쯤 앞으로 다가왔을 때 코헨은 일련의 매수와 매도 주문을 냈고 모두 시장가격에 잘 처리되었다. "시장이 뭔가 어리석은 일을 벌일 때를 대비하는 겁니다." 그가 설명했다. 다시 말해, 그는 연방준비위원회의 발표에 대한 시장의 극단적 반응, 즉 가격 급등이나 투매에 대비해 정반대 포지션을 취한 것이다.

발표 바로 전, 영화 〈대역전Trading Places〉에서 그랬던 것처럼 텔레비전이 켜졌다(확실히 해두자면, 상품 거래 입회장에서 벌어지는 〈대역전〉의 영화 속 장면은 현실과는 거리가 멀다. 미국 농무부가 발표하는 농산물 보고서는 의도적으로 선물시장 마감 후로 늦춰지기 때문이다. 이 영화는 가벼운 코미디물이었음을 감안하자). 시계가 오후 2시를 가리키자 긴장과 동시에 기대가 형성됐다. 코헨은 손뼉을 치고 웃으며 소리를 질렀다. "시작한다! 가보자고!" 발표 1분 전이 되자, 운동경기에서 팀 이름과 구호를 외칠 때처럼 자신도 모르게 박자를 타는 그의 박수 소리가 방 안 가득 흘렀다.

연방준비위원회는 예상대로 정확히 금리를 0.25퍼센트포인트 인상했고, 시장의 반응은 조용했다. 방 안에서는 작게나마 매매가 일어났다 금세 잦아들었다. "좋아, 재미있게 봤네. 이제 집에 갑시다." 코헨이 농담 삼아 말했다.

코헨은 고지식하게 종목 기호를 거의 한 자씩 입력하며 무수한 호가 화면에 아직 나타나지 않은 회사들을 불러왔다. 시장은 상승하기 시작했고 코헨은 매수를 고려했지만 이내 매수를 유보하기로 결정했다. 10분 후 시장은 방향을 바꾸었고, 앞선 상승분 이상을 반납했다.

전체 결정의 어느 정도를 직감에 의존하시나요?

크죠. 적어도 50퍼센트는 될 겁니다.

인터뷰를 이어가려고 했지만 집중을 방해하고 진행을 가로막는 것들이 너무 많아서 사실상 불가능했다. 코헨은 오로지 컴퓨터 화면에 집중하면서 빈번하게 매매를 외치고 전화도 받았다. 간신히 몇 가지 질문과 답변을 녹음했지만 남겨둘 만한 것은 아무것도 없었다. 마지막 부분을 제외한 나머지 인터뷰는 코헨의 사무실에서 좀 더 차분한 분위기에서 이루어졌다.

주식시장에 대해 알게 된 것은 언제인가요?

열세 살 때쯤이었습니다. 아버지께서 저녁마다 집에 〈뉴욕포스트New York Post〉 신문을 가져오셨어요. 저는 늘 스포츠 면만 봤죠. 그러다 숫자로 가득 찬 지면들이 눈에 띄었어요. 그 숫자들이 가격이고, 매일 바뀐다는 것을 알고서 매력을 느꼈죠. 지역의 증권회사 지점에서 주식 호가들을 보면서 시간을 보내기 시작했어요. 고등학교 때 여름방학 동안 옷가게에서 일을 했는데, 증권사 지점에서 한 블록 떨어진 거리에 있었기 때문에 점심시간에 달려가서 호가판의 주가 테이프를 볼 수 있었어요. 그때는 테이프가 아주 느리게 움직였기 때문에 따라 읽을 수 있었죠. 어떤 주식에 거래량이 늘어나는 것이 보이면 가격이 오를 것을 예상할 수 있었어요. 지금은 테이프가 너무 빨리 움직이기 때문에 그것이 불가능하죠. 하지만 현재 제가 하는 모든 것은 테이프를 읽던 초기의 경험에 뿌리를 둔 것입니다.

와튼에서 하신 경제학 공부가 주식 트레이더로서의 경력에 어떤 식으로든 도움이 되었나요?

별로요. 거기서 가르쳐준 몇 가지는 도움이 되었습니다.

어떤 것들이죠?

주가 움직임의 40퍼센트는 시장에 기인한 것이고, 30퍼센트는 업종 그리고 단

30퍼센트만이 주식 자체에 기인한 것이라고 가르쳤는데, 저 역시 그렇다고 생각합니다. 비율이 정확히 맞는지는 모르겠지만 그 개념에는 공감합니다.

트레이딩에 진입한 뒤 상황이 불리하게 진행될 때, 잘못되었는지 여부는 어떻게 결정하나요?

어떤 촉매 때문에 그 포지션에 진입했다면 그 촉매가 여전히 유효한지 여부를 가장 먼저 점검합니다. 예를 들어, 한 달 전쯤 IBM이 실망스러운 실적을 발표할 것이라고 생각하고 실적 발표 전에 IBM을 공매도했습니다. 주가 약세를 예상한 이유는 많은 컴퓨터, 소프트웨어 회사의 실적이 Y2K 문제로 예상에서 빗나가고 있었기 때문입니다(기대 이하의 실적 발표). 2000년이 바로 앞으로 다가오자 고객들은 새로운 시스템의 설치를 미뤘습니다. 기존 시스템을 유지하는 편이 낫다고 판단한 것입니다.

저는 IBM을 169달러에 공매도했습니다. 그 후 실적이 발표되었는데 경이로운 수준이었습니다. 그야말로 실적 잔치blowout를 벌였죠! 저는 장 마감 이후 체결된 거래에서 급등한 가격에 포지션을 정리한 다음 187달러에 공매도 포지션을 다시 매수했습니다. 하지만 뜻대로 되지는 않았습니다. 다음날 IBM 주가는 197달러에서 출발했거든요. 다행히 장 마감 후 거래에서 포지션을 정리했습니다.

그렇게 하는 것이 언제나 가능한가요? 틀렸다고 생각하면 곧바로 방향을 전환하는 것 말입니다.

그렇게 할 수 있는 편이 나을 겁니다. 트레이딩은 퍼펙트게임이 아니에요. 저는 저희 트레이더에 관한 통계를 구축합니다. 최고 트레이더의 승률도 단 63퍼센트에 불과합니다. 대다수 트레이더의 승률은 50~55퍼센트 사이죠. 틀릴 경우가 아주 많다는 뜻입니다. 그렇다면 손실은 가능한 최소화하고, 이익은 더욱 키우는 편이 낫습니다.

특별히 감정적이었다고 꼽을 만한 매매가 있으신가요?

XYZ라는 회사가 인수한 어떤 비공개기업 지분을 23퍼센트 가지고 있었어요 (코헨은 그 회사와의 관계를 고려해 실제 이름을 밝히지 말기를 요청했다). 그 결과 저는 XYZ에 주식 포지션을 가지게 되었습니다. 그것을 제 개인 계좌에 4~5년 동안 보유하고 있었고, 그 주식에는 별다른 일이 일어나지 않았어요.

XYZ에는 자회사가 있었는데 금융시장에 대한 해설을 제공하는 웹사이트를 운영하고 있었어요. XYZ는 이 자회사를 상장하기로 했죠. XYZ 주가는 예정한 상장에 앞서 크게 뛰기 시작해서 13달러로 급등했는데, 제가 보유한 이래로 그 어느 때보다 높은 수준이었어요. 저는 기꺼이 포지션을 정리했습니다.

그런데 애초에 12월로 예정되어 있던 상장이 지연되면서 주가가 급락했습니다. 몇 주 뒤, 다시 1월 상장 예정 발표가 나오면서 인터넷 광풍에 힘입어 주가가 치솟았죠. XYZ 주가는 2주 만에 10달러에서 30달러 이상으로 올랐죠.

이 주식을 몇 년 동안 보유해온 저로서는 주가 폭등 직전에 포지션을 정리했다고 생각하니 견딜 수 없었어요. 하지만 정말로 화가 났던 것은 제가 그 회사를 아는데, 절대로 30달러 이상 가치를 지닌 주식이 아니라는 것이었습니다. 자회사는 15달러에 상장했습니다. 만일 자회사가 100달러에 거래된다면 그것은 XYZ 가치에 단 20달러 정도만 추가로 기여할 뿐이었죠. XYZ의 나머지 부분의 가치는 5달러 정도였을 겁니다. 그러니까 가장 낙관적인 상황에서도 가치가 15~25달러에 불과한 주식이 30달러 이상에서 거래되는 상황이었죠.

저는 그 말도 안 되는 주식을 공매도하기 시작했습니다. 최종적으로는 90만 주를 공매도하고 콜 2,000~3,000계약을 매도했죠. 평균 매도가격은 약 35달러였고, 주가는 45달러까지 올랐습니다. 상장 당일인 금요일, XYZ 주가는 급락했습니다. 금요일 오후, 저는 22달러, 21달러 그리고 20달러에 포지션을 정리했어요. 그런 다음 10~15달러에 매도한 콜옵션을 1달러에 다시 사들였습니다.

놀라울 정도로 잘 풀린 매매였군요. 하지만 공매도하셨을 때는 위험이 무한했습니다. 평균 매도가격이 약 35달러였는데 주가는 45달러까지 상승했다고 하셨고요. 주가가 계속해서 올라갔다면 어떻게 되었을까요? 어느 시점에서 포기를 선언하셨겠습니까? 주식이 엄청나게 고평가되었다는 판단이 달라지지 않는 한 포지션을 그대로 보유하셨을까요?

공매도할 때 기본 원칙은 촉매가 있어야 한다는 것입니다. 여기서 촉매는 상장이었습니다. 상장은 금요일이었고, 제가 공매도를 시작한 것은 화요일이었습니다. 그래서 상장 전까지 원하는 포지션을 완전히 구성할 수 있었어요. 만일 상장 이후 주가가 하락하지 않았더라도 저는 포지션을 정리했을 것입니다. 저를 화나게 만들었던 것은 애초에 보유한 지분을 모두 매도해야 했던 것이니까요.

그러니까 회수를 하신 것이군요.

회수했죠. 꽤 괜찮았어요.

주식을 공매도했는데 주가의 움직임은 불리하고, 어떤 촉매도 보이지 않을 때는 어떻게 하시나요? 40달러에 매도했는데 45달러, 50달러가 된다면 언제 빠져나오시나요?

주가가 불리하게 움직이면 아마 매일 주식을 사들이겠죠.

펀더멘털에 아무런 변화가 없다고 해도요?

물론입니다. 저는 늘 트레이더에게 "자신이 틀렸거나 시장이 불리하게 움직이는 것 같은데 이유를 모르겠다면 포지션의 절반을 거둬들이세요. 언제든 다시 진입할 수 있습니다"라고 말합니다. 그렇게 두 번만 하면 포지션의 4분의 3을 정리하게 됩니다. 그러면 나머지는 더 이상 큰 문제가 아니죠. 일단 발을 떼는 것이 중요합니다. 우두커니 서서 트럭이 자기를 밟고 지나가도록 내버려 두는 트레이더를 너무 많이 보아왔습니다. 공매도에서 트레이더들이 흔히 저지르는 실수는 포트폴리오에 비해 너무 커다란 포지션을 취한다는 것입니다. 그러다 주가가 불리하게 움직이면 감당하기 힘들 만큼 고통이 커져서 공황 상태에 빠지거나 얼어붙어 꼼짝 못 하는 거죠.

사람들은 또 어떤 실수를 저지르나요?

충분한 이유 없이 매매합니다. 화물열차 앞으로 뛰어드는 거죠. 주가가 오르면 마치 그것이 이유라도 되는 듯 주식을 팝니다. "이 주식이 이렇게나 오르다니, 믿을 수가 없군." 이렇게 말하죠. 이것이 리서치의 전부입니다. 저로서는 전혀 이해가 안 되는 일입니다. '그 정도밖에 못 하나?' 하는 생각이 들죠. 시장을 감정적으로 대하는 사람들도 있습니다. 그들은 시장과 싸웁니다. 어째서 자신을 그런 위치에 두나요?

하지만 말씀하신 XYZ의 경우는 시장과 싸우신 것 아니었나요?

차이가 있습니다. 그때는 촉매가 있었어요. 저는 금요일에 상장이 예정된 것을 알고 있었어요. 어떤 일이 일어나고 있는지 알고 있었죠. 또한 제가 어떤 일이 일어나기를 기대하는지도 알고 있었습니다. 그것은 실제로 잘 계획된 매매였습니다. 제 주식 포지션을 그처럼 낮은 가격에 청산했다는 것이 화가 나기는 했지만요.

또 어떤 잘못이 있죠?

자신이 누구인지 알아야 하고, 자신이 아닌 다른 무엇이 되려고 하지 말아야 합니다. 단타 매매자day trader라면 단타 매매를 하세요. 투자자라면 투자를 하고요. 코미디언이 무대 위에 올라가 노래를 부르기 시작하는 것과 마찬가지입니다. 코미디언이에요. 대체 왜 노래를 하는 겁니까? 정말로 이해가 안 되는 것이 하나 있습니다. 자산의 일부는 트레이딩을 하고, 일부는 소형주에 투자하는 헤지펀드를 설립한 사람들이 있습니다. 소형주는 유동성이 엄청나게 부족해서 언제까지고 보유하고 있어야 합니다. 그것은 트레이딩 개념과는 정반대되는 것입니다!

회사 트레이더들과는 어떻게 소통을 하시나요?

저는 서로 다른 업종을 담당하는 여러 트레이더를 고용하고 있습니다. 거기에는 많은 이유가 있습니다. 트레이딩 룸 안에는 많은 사람이 있는데, 각각 다른 트레이더가 같은 종목을 매매한다면 아주 번거롭겠죠. 또한 현재 트레이딩 규모가 10억 달러 이상이기 때문에 저는 가능한 많은 상황을 다루려고 합니다. 저희 회사는 매우 수평적인 조직이고, 저는 모든 것을 지휘하는 역할을 합니다. 제가 중심축이고 트레이더들은 바퀴살이라고 할 수 있습니다.

트레이더가 선생님이 동의하지 않는 매매에 진입하려고 할 때는 어떻게 하시나요?

저는 트레이더들에게 어떻게 하라고 말하고 싶지 않습니다. 제 결정이 반드시 옳은 것도 아니니까요. 다만 제가 아는 사실을 그들도 아는지 확인하고, 그런데도 여전히 그 매매를 하기 원한다면 그렇게 하도록 합니다. 저는 직원들에게 시합에 나서라고 독려합니다. 그래야만 하죠. 저희는 10억 달러 이상을 운용하고 있습니다. 저 혼자서 전부 다 할 수는 없어요.

트레이더는 어떻게 뽑으시나요?

여기서 일하는 대부분의 트레이더를 추천으로 채용했습니다. 또한 시스템 안에서 일해온 사람들을 훈련시키기도 합니다. 사무원으로 출발해 지금은 수천만 달러를, 그것도 아주 잘 트레이딩하고 있는 직원들도 있죠.

저는 트레이더끼리 짝을 이뤄주기를 좋아합니다. 누구나 자신의 결정을 되돌아볼 수 있는 반향판이 필요합니다. "우리가 어째서 이 포지션을 취하고 있지?"라고 서로 묻고 확인할 누군가가 필요합니다. 그렇게 하면 자신만의 세계에 있을 때와는 달리 견제와 균형이 가능합니다.

또한 트레이더들은 같은 업종의 애널리스트와 한 팀을 이루어 협력하고 있습니다. 이렇게 하면 트레이들은 해당 산업에 중요한 세부 요소를 배우고, 주가를 실제로 움직이는 요인이 무엇인지 이해하는 데 도움을 받을 수 있습니다.

그 트레이딩 팀은 비공식적으로 구성된 것인가요, 아니면 말 그대로 트레이딩 자본도 공동으로 관리하나요?

공식적으로 함께 일합니다. 트레이딩을 어떻게 꾸려가는지는 각각의 경우에 따라 다릅니다.

팀 접근법을 활용해서 트레이딩 성과가 향상되었나요?

결과가 말해줍니다.

팀 접근법은 직접 고안하셨나요?

진화 과정의 산물이죠. 트레이더 대다수는 모든 종목을 매매하고 싶어 합니다. 지금 야후를 매매했다가 돌아서면 엑손을 매매하는 식이죠. 트레이더니까요! 저희 회사의 운영 방식은 매우 다릅니다. 저는 트레이더들이 고도로 집중하기를 원합니다. 모든 분야를 조금씩 알기보다는 특정 분야를 깊게 알기를 바랍니다.

다각화는 할 수 없다는 뜻이군요.

트레이더들은 다양성을 꾀할 수 없지만, 회사는 다각화되어 있습니다. 매수뿐만 아니라 매도 진영에서도 트레이딩을 할 수 있다면 이 방에 있는 어느 누구도 단일 업종에 집중하는 것이 부정적이라고는 생각하지 않을 것 같습니다.

트레이더로 일하려는 사람들을 채용할 때, 기대하는 특별한 능력이 있나요?

저는 위험을 감수하기를 두려워하지 않는 사람들을 찾습니다. 제가 면접에서 묻는 질문 가운데 하나는 이것입니다. "살아오면서 했던 일 중에 가장 위험했던 것 몇 가지만 말해보세요." 저는 바깥 세상에 나갈 자신이 있는 사람, 기꺼이 위험을 즐길 자신이 있는 사람을 원합니다.

트레이더들에게 걱정되는 점이 있다면 무엇인가요?

누군가 어떻게 하라고 말해주기를 기다리는 트레이더들이 걱정스럽습니다. 훌륭한 트레이더가 될 가능성이 있는 한 사람을 알고 있습니다. 그에게는 단 한 가지 문제가 있습니다. 좀처럼 스스로 결정을 내리지 않는다는 것이죠. 그는 다른 사람들이 무엇을 매수하고 매도할지 말해주기를 바랍니다. 그런 다음 결정이 틀리면 언제 빠져 나와야 하는지도 알지 못하죠. 아주 오랫동안 알아왔습니다만, 그는 줄곧 그렇게 해왔어요.

조언을 해주셨나요?

그럼요! 하지만 그는 여전합니다. 실제로는 아니면서 마치 자신이 결정을 내린 것처럼 보이게 하는 새로운 방법을 찾고 있죠. 역설적이게도, 스스로 결정을 내렸다면 그는 오히려 굉장히 잘해냈을 겁니다. 그에게는 분명히 두려움이 있습니다. 어쩌면 바보같이 보일까 봐 두려운 것인지도 모르죠.

꽤 오랫동안 달려오셨습니다. 수년간 엄청난 수익을 거두셨고, 상당한 자본을 운용하고 계시죠. 이제 그만 칩을 현금으로 바꾸고 은퇴하고 싶다는 생각은 하지 않으셨나요?

두려움에 빠진 나머지 많은 돈을 벌었으니 이제 지키는 것이 좋겠다고 생각하는 사람들이 많습니다. 하지만 그것은 스스로를 지극히 제한하는 철학입니다. 저는 완전히 반대입니다. 회사를 쭉 성장시키고 싶어요. 은퇴에는 아무런 관심이 없습니다. 첫째로, 이것 말고는 할 일이 아무것도 없어요. 골프를 치고 싶지도 않아요. 이런 말도 들어보셨을 겁니다. "골프는 일주일에 세 번 칠 때까지만 좋다. 그 이상이면 더 이상 재미가 없다." 둘째, 현재 제 일이 즐겁습니다. 저는 일에 대한 흥미를 유지할 수 있는 방식으로 회사를 키워왔습니다. 단순한 전통적 트레이딩에서 시장중립market neutral, 위험차익risk arbitrage, 사건중심event driven 등 전혀 새로운 다양한 전략으로 확장해나가고 있습니다. 또한 저희 트레이더들은 각자의 담당 업종에 관해 제게 가르쳐줍니다. 저는 늘 배우고 있고, 덕분에 이 일이 늘 흥미롭고 새롭습니다. 지금 제가 하는 방식은 10년 전에 했던 것과는 다릅니다. 저는 진화하고 있고, 계속해서 진화할 것입니다.

현재의 장기 강세장이 어떤 식으로 끝날지 예상하는 시나리오가 있나요?

좋지 않게 끝날 것 같습니다. 늘 좋지 않게 끝나죠. 지금은 세상 모든 사람이 주식을 이야기합니다. 모두가 트레이더가 되고 싶어 하죠. 그것은 제게 시작이 아니라 무언가 끝나고 있다는 신호입니다. 모든 사람이 한쪽에 설 수는 없습니다. 세상은 그렇게 돌아가지 않죠.

마지막으로 하실 말씀이 있으신가요?

시장을 통제할 수는 없지만 시장에 대한 자신의 반응은 통제할 수 있습니다. 저는 제가 하는 일을 늘 자세히 검토합니다. 트레이딩에서는 그것이 전부입니다.

마지막으로 나눈 대화가 아니었다. 코헨을 방문하고 돌아온 뒤 나는 코헨에게 전화를 걸어 몇 가지를 추가로 질문했다. 다음은 전화로 나눈 인터뷰 내용이다.

선생님의 방법론을 어떻게 설명할 수 있을까요?

저는 모든 방향에서 들어오는 많은 정보를 취합하고, 시장이 어떻게 움직일 것인지를 예측하는 뛰어난 감각을 바탕으로 시장에 베팅합니다.

선생님을 다른 트레이더와 차별화하는 요소는 무엇일까요?

저는 외로운 늑대가 아닙니다. 많은 트레이더가 자신만의 싸움을 하죠. 저는 많은 지원을 받는 것을 좋아합니다. 지금처럼 성공을 거둘 수 있었던 가장 중요한 이유는 굉장한 팀을 구성했기 때문이죠.

단순한 가정입니다만, 자신만의 방에서 트레이딩을 했다면 어떻게 됐을까요?

여전히 꽤 이익을 냈겠지만 지금처럼 잘해내지는 못했을 겁니다. 지금처럼 폭넓은 시장을 다룰 수 있는 방법이 전혀 없으니까요.

매매 시점 선정은 어떻게 하십니까? 어제나 내일, 한 시간 전이나 후가 아니라 어떤 특정 시점에 매매하시는 이유는 무엇인가요?

매매에 따라 다릅니다. 매매를 실행하는 데는 수많은 이유가 있습니다. 어떤 때는 개별 주가 움직임을 근거로, 어떤 때는 촉매를 근거로 매매하죠.

지난 주 방문했을 때 채권시장 강세를 전망하셨습니다. 그때 이후, 처음에는 채권가격이 조금 올라가더니 그 후 매도세가 이어졌습니다. 포지션을 오랫동안 유지하셨나요?

아니요, 포지션을 정리했습니다. 자신의 이론에 따라 매매하고 그것이 옳았는지 여부는 시장을 보고 판단한다는 것이 기본 생각입니다.

회사의 트레이더들과 함께 일할 정신과 의사를 고용하셨다고 들었습니다.

아리 키브Ari Kiev 박사로, 주 3일 근무하죠. (키브 박사의 인터뷰도 이 책에 실었다.)

어떻게 이루어진 일인가요?

키브 박사는 올림픽에 참가하는 선수들과 일한 경험이 있습니다. 저는 트레이딩과 올림픽 사이에 몇 가지 유사점이 있다고 보았습니다. 트레이더 역시 경쟁이 치열한 환경에서 일하고 성과 지향적입니다. 일부 트레이더가 성공을 거두지 못하는 이유를 아이디어가 나빠서라기보다는 개인적 약점 때문이라고 보았습니다. 모든 트레이더에게는 앞으로 나아가지 못하게 붙잡는 무언가가 있었어요.

키브 박사와의 상담을 주선한 것은 도움이 되셨나요?

결과를 지켜보고 있습니다. 그러고 보면 야구 선수들에게도 코치가 있고, 테니스 선수들에게도 코치가 있죠. 트레이더들에게 코치가 있어서 안 될 이유가 있을까요?

지금까지 해오신 수만 건의 매매 가운데 특별했던 것이 있다면요?

한 번은 어떤 종목을 100만 주 공매도했는데 바로 다음날 주가가 10달러 하락했습니다. 아주 좋았죠.

어떤 상황이었나요?

회사의 이름은 언급하지 않겠습니다. 저와 다시는 말도 하지 않으려고 할 테니까요. 해당 업종에서 여러 종목이 하락 압력을 받고 있었는데, 유독 그 종목만 상승하고 있었어요. S&P지수에 편입되고 있었기 때문이죠. 저는 일단 지수펀드의 매수세가 마무리되면 매도세가 나타날 것으로 판단했어요. 제가 공매도한 다음날 회사는 실망스러운 실적을 발표했고, 결국 그 건은 홈런으로 판명이 났죠.

잠을 못 이룰 만큼 걱정하게 만들었던 포지션도 있나요?
아니요, 저는 잠을 꽤 잘 잡니다. 어떤 포지션에도 잠을 못 이룰 정도로 애태우지는 않아요. 이 질문이 좀 더 좋겠네요. 최악의 날은 언제인가?

좋습니다. 최악의 날은 언제였나요?
어느 날에 400만~500만 달러를 잃었습니다.

무슨 일이 일어났죠?
기억도 나지 않아요. 다만 너무 오랫동안 트레이딩을 하면 온갖 일이 일어난다는 말씀을 드리려는 겁니다.

⬤

직감이란 무엇인가? 직감은 설명할 수 없는 지적 능력을 가리키는 또 다른 표현일 뿐이다. 나는 수많은 트레이더에게 직감이 있음을 직접 목격했다. 그들은 다른 사람과 동일한 정보를 접하면서도 시장이 어느 방향으로 향할 것인지를 어느 정도 뚜렷하게 읽어냈다. 스티브 코헨을 보면서 그에게는 실제로 시장의 방향을 짚어내는 감각이 있다는 분명한 인상을 받았다. 이 감각 또는 직감은 수만 건의 트레이딩에서 추출해낸 경험과 교훈의 정수일 것이다. 그는 트레이더이자 인간 컴퓨터이다.

소위 직감이라는 것은 경험과 재능이 조합된 결과물이다. 직감은 가르칠 수 있는 것이 아니다. 초보자가 직감을 갖기를 기대할 수 없고, 경험이 많은 트레이더도 직감을 갖지 못할 수 있다. 시장의 마법사들 중에도 직감을 갖지 못한 사람이 많다. 대부분의 경우 그들이 트레이딩에서 성공한 것은 시장 분석 능력이나 시스템 구축과 같은 독특한 재능 덕분이었다.

스티브 코헨의 트레이딩 방식을 모방할 수는 없겠지만, 트레이딩에 관한 그의 자기규율을 모방하는 것은 가능하다. 코헨의 행동 양식이 성공적인 트레이더가 갖춰야 할 핵심 자질 일부를 실제로 보여주는 만큼, 트레이딩 경험에 관한 그의 설명에는 처음 시작하는 트레이더도 중요하게 들어야 할 정보가 담겨있다. 예를 들어, 코헨은 위험통제와 관련해 전문 트레이더로서 훌륭한 접근법을 제시한다.

코헨은 잘해온 것만큼이나 실수도 있었다. 때로는 커다란 실수였다. 실적 발표 전 IBM을 공매도했던 것을 떠올려보자. 그의 예상은 완전히 빗나갔고, 주가는 실적 발표 이후 거래가 시작되자마자 그의 포지션보다 18달러 높게 뛰었다. 하지만 해당 포지션에 진입했던 논리가 훼손되었으므로 코헨은 자신의 포지션을 즉시 정리했다. 그는 상황을 합리화하려고 하지 않았다. 시장에 조금 더 시간을 주지 않았다. 큰 손실을 보기는 했지만 만일 그가 다음날 아침까지 기다렸다면 주가는 10달러 더 불리하게 움직였을 것이다. 모든 트레이더가 실수를 저지른다. 하지만 훌륭한 트레이더는 피해 규모를 제한한다.

코헨의 경우, 손절은 반사적 행동에 가깝다. 그런 손실통제 능력을 개발하는 데는 수년간의 경험이 필요하지만 코헨은 이와 관련해 전문가는 물론 초보자에게도 유용할 한 가지 조언을 한다.

"자신이 틀렸다거나, 시장이 불리하게 움직인다고 생각하는데 이유를 모르겠다면 포지션의 절반을 거둬들여라. 언제든 다시 할 수 있다."

또 다른 중요한 교훈이 있다. 자신의 성격에 맞는 트레이딩 방식이 중요하다. 시장을 트레이딩하는 데 유일한 정답은 없다. 자신을 알아야 한다. 예를 들어, 투자자인 동시에 단타 매매자가 되려고 해서는 안 된다. 자신에게 편안한 접근법을 택해야 한다.

코헨은 또한 매매에 진입하는 타당한 이유가 확실히 있어야 한다고 조언한다. '너무 내렸기 때문에' 주식을 산다거나, '너무 올랐기 때문에' 파는 것은 타당한 이유가 아니다. 그 정도가 자신이 할 수 있는 분석의 한계라면 시장에서 이기기를 기대할 수 없다.

위대한 트레이더가 되는 것은 하나의 과정이다. 결승점이 없는 경주와 같다. 시장은 멈춰 있지 않는다. 어떤 하나의 방식이나 접근법도 오랜 기간에 걸쳐 월등한 수익을 가져다줄 수는 없다. 위대한 트레이더는 지속적으로 초과 수익을 내기 위해 계속해서 배우고 적응한다. 코헨은 시장에 대해 더 배우려고 꾸준히 노력한다. 또 다른 종목, 업종, 트레이딩 방식으로 전문성을 넓히기 위해서이다. 코헨의 표현처럼 그에게 트레이딩은 진화의 과정이다.

: 스티브 코헨의 근황

스티브 코헨은 후속 인터뷰를 거절했다. 그의 경이적인 성과는 계속되었다. 2000년 4월 시작된 대형 약세장으로 트레이딩이 어려워졌다고 한다면 코헨을 잊은 것이 분명하다. 약세장이 시작된 이후부터 2002년 8월까지 코헨은 100퍼센트가 넘는 수익률을 올렸다. 무려 순수익률 기준이다. 총수익률은 최소 두 배는 되었을 것이다. 더욱 놀라운 사실은 지금까지 이어진 약세장 기간 내내 코헨은 단 한 달도 손실을 기록한 달이 없다는 것이다(1998년 8월 이후). 스티브 코헨보다 더 우수한 위험 대비 수익률을 기록한 트레이더가 있을까? 내가 아는 한 전혀 없다.

당신은 이길 것이다

아리 키브 Ari Kiev, M. D.

아리 키브는 '시장의 마법사'는 아니다. 트레이더도 아니다. 그렇다면 어째서 그의 조언에 주목해야 할까? 의심할 여지없이 세계에서 가장 위대한 트레이더 가운데 한 사람인 스티브 코헨이 자신의 회사 S. A. C.에 키브 박사를 위한 고정 직무를 마련했을 정도로 그를 높이 평가했기 때문이다. 키브는 1992년부터 주간 세미나를 진행하며 S. A. C.의 트레이더들과 일하기 시작했다. 그의 역할은 몇 년 동안 꾸준히 확대되었고, 지금은 매주 3일 동안 전일제로 S. A. C.에서 트레이더와 개별 및 단체 상담을 진행한다. 또한 다른 회사에서도 소수의 전문 트레이더를 상담하고 있다.

키브 박사는 하버드대학을 졸업하고 코넬대학에서 의학학위를 받았다. 존스홉킨스 병원과 런던 모즐리 병원에서 레지던트 생활을 하고, 컬럼비아대학에서 연구원으로 근무한 뒤 코넬 의과대학으로 돌아와 사회정신의학과를 이끌었으며, 자살방지 연구에 주력했다. 1970년, 그는 사회정신의학연구소Social Psychiatry Research Institute를 설립했는데 연구소는 특히 프로작, 팍실, 졸로프트, 셀

렉사 등과 같은 항우울제의 주요 실험에 참여했다.

키브 박사는 미국 올림픽 스포츠의학위원회U.S. Olympic Sports Medicine Committee에 임명된 최초의 정신의학자로서 1977년부터 1982년까지 올림픽 참가 선수들을 위해 일했다. 올림픽에서 선수들이 더 좋은 성적을 낼 수 있도록 도왔던 그의 역할은 몇 년 후 스티브 코헨의 관심을 끌었다. 코헨은 최고 선수들과 최고 트레이더 사이에는 밀접한 유사성이 있다고 생각했던 것이다.

키브 박사는 총 열네 권의 책을 저술했는데 그 가운데에는 전문 트레이더들과 일한 경험을 바탕으로 한 『이기는 트레이딩: 시장을 정복하는 심리학 Trading to Win: The Psychology of Mastering the Markets』, 『트레이딩에 성공하는 마음의 지대Trading in the Zone』를 비롯해 베스트셀러가 된 『일상을 위한 전략A Strategy for Daily Living』, 유명한 인류학 교재인 『마법, 신앙, 치료: 오늘날의 원시 정신의학 연구 Magic, Faith, and Healing: Studies in Primitive Psychiatry Today』 등이 있다. 맨해튼에 있는 그의 사무실에서 키브 박사를 인터뷰했다. (상담을 위해 소파에 누워 달라는 부탁은 하지 않았다.)

➡

자살충동을 느끼고 우울증을 앓는 환자들을 상담하다 올림픽 참가 선수 그리고 트레이더와 일하셨습니다. 상당한 전환이라고 할 수 있을 것 같습니다. 서로 그다지 연관성이 없는 것처럼 보이는데요.
우울증과 자살충동에 시달리는 환자들을 위한 치료법 가운데 하나는 그들이 좀 더 자립적이고, 적극적인 태도를 갖도록 돕는 것입니다. 같은 방법을 운동선수와 트레이더에게도 적용할 수 있습니다.

올림픽 참가 선수들과 일하게 된 것은 어떤 계기였나요?

제 아이들이 미국 올림픽 스포츠의학위원회의 회장이 운영하는 체육관에 다녔는데, 거기서 올림픽에 참가하는 몇몇 선수를 만났습니다. 그 인연이 계기가 되어 위원회 최초 정신의학자가 되었죠.

어떤 종목 선수들과 일하셨나요?

봅슬레이, 농구, 양궁, 펜싱, 카약, 스컬링 등 다양했습니다. 제 아들이 1981년 미국 봅슬레이 대표팀에 있기도 했고요.

아주 다양했군요. 그 종목들 사이에 어떤 공통분모가 있었나요, 아니면 각 종목 선수마다 다른 접근법이 필요했나요?

일부 공통점이 있었지만, 각 종목이 요구하는 정신체계는 서로 달랐습니다. 예를 들어 봅슬레이의 경우 힘을 최고로 끌어올린 상태에서 출발해 달리면서 썰매를 밀어야 합니다. 하지만 일단 썰매 안에 들어가고 나면 아드레날린 수준을 낮추고, 썰매의 중심에 자리를 잡은 상태에서 침착하게 썰매를 몰고 내려가야 합니다. 바이애슬론의 경우도 비슷한 전환이 요구됩니다. 크로스컨트리 스키 경주를 할 때 선수들의 심장 박동 수는 분당 120회를 초과합니다. 그러다 멈춰 집중한 상태로 과녁을 쏘는데, 이때 심박 수는 분당 40회라는 이상적인 수준으로 떨어집니다. 이런 종목 선수들은 전력투구와 이완 사이에서 급격한 정신적 전환을 이루는 훈련을 통해 자신의 상태를 조절합니다.

양궁과 같은 스포츠에서는 선수들이 마음을 비우는 것이 중요합니다. 한 예로, 이전 올림픽에서 금메달을 땄던 한 선수는 먼저 이뤘던 성취에 방해를 받아서 마음을 완전히 비우고 과녁에 집중할 수 없었습니다. 그는 과거에 금메달을 딴 기억을 마음에서 지우고, 느긋한 마음으로 과녁에 온전히 집중하는 능력을 키워야 했습니다.

어떻게 해냈나요?

이완과 형상화입니다. 많은 기법이 있지만, 근본적인 발상은 어떤 생각을 발견한 다음 떠나보내는 것입니다. 예를 들어, 말풍선 안에 생각하는 것을 쓴 다음 그것이 점점 희미해지다 사라지는 것을 시각적으로 상상하는 것입니다.

모든 종목에 걸쳐 공통적으로 나타난 승리하는 선수의 자질이 있나요?

어떤 종목이든 스스로 금메달을 따겠다고 결심하지 않는 한 금메달을 따기는 매우 어렵습니다. 올림픽 대표팀에 들어가고 금메달을 따는 것은 이상이 걸리는 여정입니다. 그것을 이루려면 그 수준의 누군가가 하고 있는 것과 맞먹는 훈련을 바로 오늘 시작해야만 합니다. 대부분 사람들은 그것이 불가능하다고 생각하고, 성공하지 못하는 것에 안주하거나 적어도 원래 바랐던 수준만큼 성공을 거두지는 못합니다. 해내겠다고 약속한 뒤 실패했을 때 경험할 굴욕이 걱정되더라도 기꺼이 자신의 모든 것을 걸고 덤벼야 합니다.

자신과의 약속인가요, 아니면 세상과의 약속인가요?

세상과의 약속이 더욱 강력합니다. 결과를 약속하면 그 약속에 헌신하게 되고, 자신이 뱉은 말을 지키려면 약속한 것을 해내는 것 외에 어떤 대안도 남지 않게 됩니다. 목표를 설정했고, 그것을 달성하려고 전념한다는 것을 다른 사람이 알게 하면 목표를 달성할 가능성은 더욱 커집니다. 운동선수든 트레이더든, 다른 무엇이든 마찬가지입니다.

저는 7년 전 S. A. C.에 한 과정을 도입했습니다. 방 안을 돌며 모든 트레이더에게서 결과를 약속받는 것입니다. 스티브 코헨은 늘 놀라운 실적을 흔쾌히 약속하는 사람이니 괜찮았지만, 처음에는 그를 제외한 거의 모든 사람의 반발이 거셌습니다. 사람들이 이 과정을 받아들이기까지 오랜 시간이 걸렸지만, 지금은 놀랍게도 기업 문화의 한 부분이 되었습니다. 거의 모든 사람이 전년 대비 더 높은 수익률, 대개 두 배를 벌겠다고 기꺼이 약속합니다. '말하는 대로 이루어진다'는 식의 긍정적 확언의 문제가 아닙니다. 무언가를 약속하고, 그것을 이루기 위해 자신이 해야 할 일을 매일같이 하는 것이 핵심입니다.

스티브 코헨은 일반적 수준보다 훨씬 높게 한 해 목표를 설정했습니다. 그리고 목표에 부합하는 전략을 구상했습니다. 그는 일요일에도 오후 4시부터 밤 10시까지 일합니다. 그는 "이러고 싶지 않지만, 이 수준에서 일하려면 이럴 수밖에 없습니다. 매일 아침 7시 30분에 사무실로 출근하는 것을 좋아하지는 않습니다. 매일 밤 이 모든 차트를 검토하는 것도 좋아하지 않아요. 하지만 목표에 충실하려면 이것이 바로 제가 해야 하는 일입니다."

단순히 높은 목표를 약속하는 것만으로 가능하다는 뜻인가요?

어떤 결과가 가능하다고 믿는 것이 그것을 성취할 수 있게 합니다. 전형적인 사례가 1마일을 4분 이내에 주파한 로저 배니스터Roger Bannister입니다. 1954년, 그가 1마일을 4분 안에 주파하기 전까지 이 기록은 인간의 신체적 능력 밖에 있는 넘을 수 없는 장벽으로 여겨졌습니다. 그런데 그가 소위 마의 4분벽을 넘어서자, 한때는 불가능한 장벽으로 여겨졌던 이 기록은 갑자기 많은 육상선수에 의해 줄줄이 깨지기 시작했습니다.

스티브가 장벽을 무너뜨리고 있는 것처럼 회사의 다른 트레이더도 자신이 가능하다고 생각했던 것보다 더 많은 돈을 벌 수 있다는 것을 알아가고 있습니다. 5년 전 사무원으로 일했던 한 트레이더는 올해 7,000만 달러 이익을 목표로 하고 있습니다.

목표를 설정하고 달성하지 못한다면 그것에는 어떤 이유가 있을까요? 분명히 높은 목표를 설정한 사람들 모두가 그것을 이뤄내지는 못할 텐데요.

목표를 설정하는 목적은 반드시 그것을 달성하기 위해서라기보다는 자신의 성과를 측정할 기준을 설정한다는 데 있습니다. 목표에 도달하지 못했다면 자신이 잘못한 것, 또는 해야 할 일 가운데 하지 않은 것에 집중할 수 있습니다. 목표는 더 높은 성과 기준을 제시합니다.

뛰어난 운동선수나 트레이더가 있는가 하면, 비슷한 능력을 가졌으면서도 보통 수준의 성과에 그치는 사람도 있습니다. 어째서일까요?

목표에 도달했는데 아무 일도 일어나지 않을 때, 사람들은 어떤 약속이 자신을 그곳까지 데려왔는지 신경 쓰지 않습니다. 일부 사람들이 일단 성공을 거둔 뒤 실패하기 시작하는 것도 바로 이 때문입니다. 노력을 지속하지 못하죠. 목표를 달성한 선수들은 흔히 이런 질문을 합니다. "이제 뭘 하면 되죠?" 금메달을 딴 선수들과 그렇지 않은 선수들을 비교한 근거로 얻은 제 답은 이렇습니다. 또 다른 목표 설정이 도전할 과제를 줍니다. 금메달을 딴 선수들은 늘 불확실한 목표를 향해 손을 뻗어온 선수들입니다.

목표를 재설정하는 데 실패하면 성공에 한계가 있을 수 있습니다. 예를 들어, 한 스키점프 선수는 수년간 완벽한 점프를 하는 자신의 모습을 반복적으로 시각화하며 올림픽 예선경기를 준비했습니다. 그는 예선경기에 참가해 완벽한 점프를 했고, 올림픽 대표팀에 들어가겠다는 목표를 이루었습니다. 하지만 올림픽 참가 자격을 얻은 것이 그의 최고 성적이었습니다. 예선 경기 이후를 마음속에 그려보거나 정신적으로 준비를 하지 않았기 때문이죠.

일단 어느 정도 앞서가기 시작하면 자신을 성공시킨 규율을 지키는 데 어려움을 겪는 트레이더도 있습니다. 함께 일한 한 트레이더는 매달 초반에는 아주 잘해내다가도 일단 30만 달러 수익이 나면 나쁜 습관으로 되돌아가곤 했습니다. 매달 후반에 그의 실적이 저하되는 이유를 묻자 그는 이렇게 말했습니다. "매달 빈털터리라고 생각하고 트레이딩을 시작합니다. 그래서 포지션을 신중하게 선택하고 위험을 엄격히 통제합니다. 그러다 금고에 돈이 쌓이면 해이해집니다. 지나치게 자신만만해지는 거죠. 그러면 더 이상 시장을 존중하지 않게 됩니다."

숙련된 운동선수와 트레이더가 탁월한 성적을 거두지 못하도록 방해하는 또 다른 요인은 무엇일까요?

세계기록을 보유했지만 한 번도 금메달을 따지 못한 선수들이 있습니다. 세계기록을 보유했고 올림픽에 네 번이나 참가했지만 금메달은 한 번도 따지 못했죠. 세계기록을 세운 순간, "아직 이긴 게 아니야. 이겨야 해" 하는 생각을 못하도록 방해하는 벌에 쏘였다고 할까요.

트레이딩에도 적용할 교훈이 있을까요?

네. 패배하지 않겠다는 생각에 사로잡히면 승리하는 데 방해가 될 수 있습니다. 패배하지 않기 위한 트레이딩은 좋은 전략이 아닙니다. 이기기 위한 트레이딩을 해야 합니다.

트레이더들과 일하게 된 계기는 무엇인가요?

스티브 코헨이 올림픽 참가선수들을 대상으로 한 제 일에 관해 들었고, 그것을 트레이더에게도 적용할 수 있겠다고 생각했습니다. 저는 7년째 코헨의 회사와 일해오고 있습니다. 처음 일했을 때 코헨의 회사는 2,500만 달러 헤지펀드였지만, 지금은 15억 달러 규모로 성장했습니다. 이미 스티브 코헨을 인터뷰하신 것으로 알고 있습니다. 그에게서 어떤 인상을 받으셨는지 궁금하군요.

무심한 태도로 매매하는 데 놀랐습니다. 마치 점심 샌드위치를 주문할 때처럼 담담하게 10만 주를 주문하더군요. 그리고 매매하는 동안 한결같은 유머감각을 유지하는 것 같았습니다. 또 한 가지는, 다른 많은 위대한 트레이더에게서도 발

견한 것인데, 강세론자와 약세론자 구분 없이 모든 사람도 볼 수 있는 사실 100개를 보는 순간 시장에 가장 의미 있는 한두 가지 요소를 제때 골라냈습니다.

그것을 알아차리셨나요? 일부는 준비에, 일부는 경험에 기인한 것이라고 생각합니다. 그가 하는 트레이딩은 새로운 것이 아닙니다. 그에게는 과거 방대한 트레이딩 경험이 있고, 그것을 활용할 수 있습니다. 스티브와 같은 위대한 트레이더는 언제쯤 타격점sweet spot이 눈에 들어올지 미리 알아차리고 강하게 타격할 수 있습니다. S. A. C. 위험관리 담당자의 통계에 따르면 스티브 코헨 이익의 전부는 사실상 그가 하는 매매 가운데 5퍼센트에서 나옵니다. 또 그는 자신이 틀렸을 때는 기꺼이 포지션을 줄입니다.

오로지 전문 트레이더만 상대하시나요, 아니면 트레이더로서 성공하기를 원하는 일반인들도 상대하시나요?

전문 트레이더만 상대합니다. 저는 저 자신을 트레이딩 코치라고 생각합니다. 트레이더가 아닌 사람을 트레이더가 되도록 가르치는 것이 아니라, 이미 트레이더로 일하는 사람의 능력이 향상되도록 돕는 것이죠. 제 일은 트레이더가 시장에 대한 감정적 대응 안에 스스로를 어떻게 가두는지 분석하고, 접근법을 수정해 문제를 바로잡도록 돕는 것입니다.

예를 들면요?

한 트레이더는 이렇게 말했습니다. "이길 때는 계속 이깁니다. 잘못된 판단을 하지 않아요. 하지만 질 때는 계속 집니다. 아무것도 제대로 할 수가 없어요." 해결책은 질 때 역시 이길 때와 똑같은 마음 상태를 만드는 것입니다.

그럴 때는 어떻게 하죠?

쭉 이기고 있을 때 가졌던 마음 상태를 재현하게 합니다. 연승을 기록 중일 때는 두려움이 없고, 직관적으로 판단하며, 올바른 선택을 합니다. 연패에 시달릴 때도 이와 똑같은 긍정적인 특성들을 시각화하고, 기억해내고, 느껴야 합니다. 그래서 사무실에 들어섰을 때 연승 중일 때와 똑같은 태도로 트레이딩에 임할 수 있도록 하는 것입니다. 트레이더들이 자주 하는 말이 이기고 있을 때는 잘못된 판단을 하지 않는다는 것입니다. 저는 이기고 있을 때의 마음 상태를 재현해낼 수 있도록 돕습니다.

운동선수들에게는 특정 경기를 완벽히 해내는 모습을 상상하게 하는 방식으로 그 방법을 적용하셨나요?

3회전 점프를 할 수 없었던 한 피겨스케이팅 선수를 맡은 적이 있습니다. 세 번째 회전까지 채우지 못하고 매번 넘어지고 말았죠. 저는 그에게 마음으로 점프를 해볼 수 있는지 물었습니다. 처음 마음으로 시도했을 때는 마음속에서도 넘어졌습니다. 저는 그에게 정신적으로 편안해질 때까지 계속해서 마음으로 연습하게 했습니다. 실제로 빙판 위에서 점프를 해낼 수 있으려면 성공적으로 점프를 해내는 모습을 연상해야만 합니다. 오래지 않아 그는 마음으로 점프하는 것이 편안해졌고, 결국 빙판 위에서도 해냈습니다.

또 다른 선수는 봅슬레이 썰매를 조종하는 파일럿이었는데 레이크플래시드 동계올림픽 때 90도 회전구간에서 썰매가 충돌하는 사고를 겪었습니다. 그때 이후 같은 회전구간을 돌 때마다 과도하게 속도를 보정했습니다. 저는 그에게 완벽한 주행을 시각화해 상상하도록 했습니다. 실제 봅슬레이 주행에는 약 1분이 걸리는데 마음속에서는 약 10초면 전체 구간을 완주할 수 있습니다. 그는 완벽한 경로를 따라 내려오는 연습을 마음속으로 수백 번 했습니다. 이러한 연상법으로 그는 불안을 극복할 수 있었고, 결국 과잉 보정 없이 회전구간을 통과했습니다.

이것은 간단한 일도 아니고, 마술도 아닙니다. 일종의 시각화 기법만 배우면 된다는 뜻도 아닙니다. 제 일을 가장 잘 표현해보면 누군가의 성과를 저해하는 것이 무엇인지 찾아가는 대화 과정이라고 할 수 있습니다.

모두 그 답을 알고 있던가요?

보통은 그렇습니다. 어떤 트레이더는 포지션을 청산해야 할 때라고 결정할 때마다 늘 일부는 그대로 보유했습니다. 시장이 자신에게 유리한 방향으로 움직일 경우에 대한 대비책이었죠. 모든 것을 감안할 때 남겨둔 포지션은 비용만 발생시킬 뿐이었습니다. 청산할 시점이라고 일단 결정하면 처음에는 불안하더라도 모든 포지션을 정리하는 법을 배워야 했습니다.

저는 사람들을 다그치려는 게 아닙니다. 다만 자신의 최고 이익을 위한 일을 하게 하려는 것입니다. 인간은 편안함을 추구합니다. 어느 정도 잔소리꾼이 되어서 그들에게 필요한 변화를 이루게 하는 것이 제 일입니다.

개인적 결점 때문에 트레이더가 자신의 잠재력을 완전히 발휘하지 못한 또 다른 사례가 있을까요?

대형 헤지펀드를 운영하는 한 트레이더의 경우 결코 시장가격에 주식을 사려고 하지 않았어요. 늘 더 낮은 호가를 제시하려고 했죠. 그 결과 많은 매매 기회를 놓쳤습니다.

그 결점은 어떻게 발견했나요?

그에게 물었습니다. "오늘은 어땠나요?"

그가 대답했습니다. "그다지 좋지 않았어요. XYZ의 큰 건을 놓쳤거든요. 그걸 사려고 했는데 가격이 너무 높아서 포지션에 진입할 수가 없었어요. 호가를 냈는데 시장이 이미 1달러 올랐고, 오른 가격을 지불하고 싶지는 않았어요."

저는 그가 관점을 달리 하도록 만들었습니다.

"당신은 여러 해 동안 성공을 거뒀습니다. 자신이 했던 매매에서 대부분 이겼죠. 어째서 그렇게 푼돈에 연연하죠?"

어째서 그랬다고 생각하시나요?

개인의 성격 문제였다고 생각합니다. 그가 성장해온 방식의 문제였죠. 그는 모든 면에서 인색한 편이었어요.

그 문제가 성공을 가로막았나요?

그 문제로 방해받아 크게 성공할 수 없었죠. 저는 트레이더가 직접 말하는 자신의 상태를 듣고, 자신을 방해하는 것이 무엇인지 스스로 알 수 있게 도울 뿐입니다.

성공을 가로막는 또 다른 행동 양식에는 무엇이 있나요?

한 트레이더는 기본적 분석에 근거해 주식을 선택한 다음 주가가 내려가면 점점 포지션을 늘려갔습니다. 평균가격을 낮추며 그 포지션에 진입하기로 선택한 것이죠. 하지만 주가가 손익평형가격에 도달하면 크게 안도하면서 포지션을 정리했어요.

그렇게 진입하는 접근법은 원래 초기에는 손실이 발생한다는 것을 몰랐단 말인가요?

머리로는 알고 있었지만 심리적으로 그것을 손실로 받아들이고 있었던 것이죠. 그래서 주가가 손익평형 지점에 오면 이제 빠져나갈 수 있다는 생각에 그저 기뻤던 겁니다. 첫 번째 단계에서는 그에게 자신이 무엇을 하고 있는지 인식하게 했습니다. 이제 그는 더 오랫동안 머무를 수 있게 되었습니다. 의식은 제가 활용하는 가장 중요한 도구 가운데 하나입니다. 이 경우 트레이더는 자신을 속이고 있었기 때문에 진짜 자신을 직면할 필요가 있었습니다.

그 트레이더는 방식을 바꾸었나요?

네. 그는 이제 손익평형이 되어 주식을 정리하려는 마음이 들면 하던 일을 모두 멈춥니다. 그에게서 뿐만 아니라 다른 트레이더들에게서도 같은 경향을 확인했습니다.

그 결과 그의 트레이딩 성과가 향상되었나요?

대단히요. 지난해 그는 2,800만 달러를 벌었습니다. 올해 초 저는 그에게 물었습니다. "올해 목표는 얼마입니까?"

"5,000만요." 그가 답했습니다.

"5,000만요?"

"음…."

저는 그 '음'을 듣고 말했어요. "'음'을 더 자세히 말해보죠. '음'은 얼마죠?"

"더 벌 수도 있을 것 같습니다."

"얼마나 더요?"

"말씀드리고 싶지 않습니다."

"그러지 마시고 말씀해보세요."

"말하고 싶지 않습니다. 말하면 달성하라고 다그치실 거잖아요."

"그러지 않을게요. 얼마나 벌 수 있다고 생각하시죠?"

"1억 달러는 벌 수 있을 것 같습니다." 그가 속삭였어요.

"좋습니다, 그럼 크게 말하세요."

"좋아요, 저는 1억 달러를 벌 겁니다."

"선생님과 함께 일하는 분들을 이 방에 들어오게 할 겁니다. 그 사람들 앞에서 말씀하세요."

"방금 키브 박사와 이야기했는데 나는 올해 1억 달러를 벌 겁니다."

3주 전, 그는 목표한 1억 달러를 달성했다고 말했습니다. 5,000만 달러를 목표라고 말하면서도 스스로 주저했던 것을 인식하게 한 것이 유효했습니다. 대화가 거기서 끝났다면 그는 1억 달러를 벌 수 없었을 겁니다. 그가 현재 어디에 있는지 알아내기 위해 이런 대화가 필요했습니다. 1억 달러는 제가 제시한 숫자가 아닙니다. 제가 그에게서 끌어낸 숫자죠. 제가 하는 일에 특별한 점이 있다면, 트레이더가 어디서 나아가지 못하고 있는지를 반영하는 마음속 불안을 듣는 것입니다.

트레이딩의 심리에 관한 책을 쓰셨습니다. 트레이딩에서 이기는 법에 관해 짧게 조언을 부탁드립니다.

목표, 목표와 일관된 전략, 일련의 규율, 그리고 위험관리 지침을 분명히 하십시오. 그런 다음 매매하고, 결과를 추적하고, 자신의 성적을 평가하십시오.

일반적인 목표를 달성하고, 특히 트레이딩에서 성공하기 위한 키브 박사의 조언은 다음과 같이 요약할 수 있다.

- 믿어야 가능하다.
- 목표를 달성하려면 그것이 가능하다고 믿을 뿐만 아니라, 그것을 달성하기 위해 전념해야 한다.
- 다른 사람에게 목표를 약속하는 것은 자신과의 약속보다 더욱 강력하다.
- 올림픽 금메달 수상자, 최고의 트레이더와 같은 비범한 사람들은 지속적

으로 자신의 목표를 재정립한다. 그 목표는 스스로 가능하다고 생각한 것 이상을 이루려는 도전, 즉 도전적 목표streatch가 된다. 탁월한 성과를 유지하려면 내면에서 편안함을 느끼는 안락지대comfort zone에서 벗어나야 한다.

- 트레이더나 운동선수는 목표를 설정한 후 목표와 일관된 전략을 수립할 필요가 있다.
- 트레이더, 운동선수, 목표 지향적인 개인들은 자신의 실적을 추적 관찰해 목표에 맞추어 진행되는지 확인한다. 목표대로 진행되고 있지 않다면 무엇이 발목을 잡고 있는지 진단을 내려야 한다.

: 아리 키브 박사의 근황

첫 인터뷰 이후 키브 박사는 트레이더들을 상대로 일하는 것에 계속해서 집중했고, 이 주제에 관해 두 권의 책을 더 썼다. 『트레이딩에 성공하는 마음의 지대』와 『위험의 심리학』이다.

지난 인터뷰 이후 펼쳐진 대형 약세장 동안 함께 일한 트레이더들에게는 어떤 변화가 나타났나요?

자신감 수준이 크게 낮아졌습니다. 전화를 걸어오는 트레이더가 점점 늘어나고 있습니다. 모두 극도의 피로감을 느끼고 더 이상 시장에 마음을 두지 못하거나, 시장에 대한 자신들의 분석과 방법론이 더 이상 효과가 없음을 인지하고 있었습니다. 무엇을 해야 하는지 알고 싶어 했습니다.

어떤 말씀을 해주셨나요?

시간을 내서 에너지를 충전한 다음 작은 규모로 다시 시작하라고 조언했습니다. 기대치를 낮춰 승리에 대한 감을 다시 찾을 수 있도록 했습니다. 기대치가 높을수록 좌절도 클 수 있습니다. 또한 모든 것을 되찾기 위해 큰돈을 걸려는 유혹을 경계하라고 주의를 주었습니다.

현재 시장 상황에서 커다란 어려움을 겪고 있는 트레이더의 구체적인 예를 들어주실 수 있나요?

최근 매수 편향인 한 트레이더를 만났습니다. 그는 3,500만 달러를 운용하고 있었는데, 운용자산 규모가 300만 달러 이상 줄었죠. 어떻게든 체면을 회복하려는 마음에 포지션 규모를 크게 줄였습니다. 몹시 괴로워하고 있었어요. 실적이 나빠지니 사무실 밖으로 나와 조직의 다른 사람들과 교류하는 것도 꺼리게 되었죠. 경미한 우울증의 전형적인 징후를 보였습니다. 실적 부진으로 자신감을 잃고 움츠러들고, 그것이 다시 그의 실적을 저해하는 자가 지속적 순환 과정self-perpetuating cycle에 갇힌 것이죠.

그에게 어떤 조언을 하셨나요?

문제는 그가 실적만으로 자신을 규정하고 있었다는 것입니다. 더 많은 아이디어를 내고 동료들과 교류하면서 회사 일에 더욱 적극적으로 참여해야 한다고 조언했습니다.

약세장에서 트레이더들의 상담은 어떻게 달라졌나요?

기본 전략을 바꾸지는 않았습니다. 저는 여전히 트레이더들에게 황금을 찾아나설 것을 독려하고, 도전적 목표에 전념하며 목표와 일관성 있는 전략을 수립하도록 합니다. 빠른 손절, 강한 확신이 있을 때는 포지션 크기 확대, 경쟁우위

확보, 완충 역할을 할 충분한 이익 확보 같은 전략입니다.

이 접근법은 폭넓은 시장과 전략들에서 꾸준히 좋은 효과를 보였습니다. 외환 트레이더, 매크로 트레이더, 전환사채 차익거래자, 심지어는 블랙박스 시스템 black box system(구성 전략이나 수식을 알 수 없는 트레이딩 시스템-옮긴이)을 활용하는 계량적 트레이더들까지도요. 주식 트레이더 중에는 특히 공매도 능력이 있고, 쇼트스퀴즈를 견뎌낼 확신이 있는 사람들에게 효과가 있었습니다. 매도 포지션이 지닌 본질적인 취약성을 이해하기 때문이죠. 하지만 일부 주식 트레이더는 최근의 강력한 약세장에 적응하는 데 어려움을 겪고 있습니다. 이런 트레이더들의 경우, 이것은 황금을 찾는 문제라기보다는 게임을 계속 하느냐 마느냐의 문제였습니다. 저는 성과 향상(더 해낼 수 있다는 가정하에 트레이더들이 더 많은 돈을 벌 수 있도록 돕는 것)을 강조하는 편입니다만, 일부 트레이더에게는 자본 보전과 위험관리에 초점을 맞추는 것이 더 적절한 경우도 있었습니다.

어려움을 겪는 트레이더들과는 상황을 어떻게 해결하셨나요?

자기부정, 합리화에 관한 자신의 성향을 바로 보게 하는 것이 중요할 때가 많았습니다. 펀더멘털이 양호해도 손절하는 법을 배운 트레이더도 있습니다. 공매도에 대한 본능적 불편함을 극복하는 방법을 배운 사람도 있죠. 저는 트레이더들에게 완충작용을 할 충분한 이익을 쌓은 뒤에만 더 큰 위험을 부담할 것을 조언해왔습니다. 반대 경우도 마찬가지입니다. 즉 자신에게 배정된 모든 자본을 활용하기 주저하는 신중한 사람들에게는 완충작용을 할 이익이 충분하고, 샤프비율이 뒷받침된다면 더 크게 트레이딩하라고 독려합니다.

주력하시는 부분에 다른 변화는 없었나요?

직원들의 사기 유지, 팀 빌딩team building, 의사소통 능력 등 경영 관련 문제를 좀 더 많이 다루고 있습니다. 한 헤지펀드 매니저는 최근 이렇게 말했습니다. "제 트레이더에게 10만 주를 공매도하라고 지시했는데 단 4만 주만 매도했어요."
저는 왜 간단히 나머지 6만 주도 매도하라고 말하지 않았는지 물었죠. "그 사람 자신감을 다치게 하고 싶지 않았습니다."

강세장 덕분에 매니저들은 느슨한 방식으로 팀을 운영해도 괜찮았습니다. 하지만 자신이 X를 말할 때는 Y가 아니라 바로 X를 의미하는 것임을 직원들에게 이해시키는 방법을 한 번도 배운 적이 없는 매니저들이 많습니다. 이 시장에서 그런 실수는 있어서는 안 됩니다.

함께 일한 매니저들 중에는 타고난 능력이 아니라 시장이 강세장 일변도였던 덕분에 좋은 실적을 낸 사람도 있었을 것 같습니다. 일시적으로 어려움을 겪는지, 아니면 애초에 특별한 재능이 전혀 없는지는 어떻게 구분하시죠?

가장 먼저 성과를 봅니다. 지속적으로 손실을 기록하고 있다면 그 매니저는 아마 다른 일을 하는 편이 나을 겁니다. 일하는 수준과 접근법이 얼마나 정교한지도 봅니다. 최근 한 매니저와 점심식사를 했습니다. 헤지펀드를 설립하기 위해 많은 자금을 성공적으로 조달했죠. 그의 접근법이 너무나 초보적인 수준이어서 놀랐습니다. 그는 애널리스트들에게서 역사적 주가 범위의 하단에 있는 주식 목록을 받아서 그 주식들을 매수하고, 구간의 상단에 있는 주식들은 매도했습니다. 그것 말고 더 이상의 미묘한 구분은 없었습니다. 충격적이었죠. 저는 그에게 투자 결정 과정을 강화하기 위해 최상급 애널리스트 몇 명을 채용하라고 조언했습니다.

처음 인터뷰에서 선생님은 트레이더들이 더 높은 목표를 약속하는 것의 중요성을 강조했습니다. 물론 이런 약세장에서 많은 트레이더는 목표에 미치지 못하거나 손실을 내고 있을 것이 분명합니다. 그들에게 어떤 말씀을 해주시겠습니까?

한 해는 이미 절반 이상 지났고, 목표를 1,000만 달러라고 말한 트레이더의 현재 수익이 단 200만 달러에 불과할 수도 있습니다. 이런 경우에는 500만 달러가 더 나은 목표일 것입니다. 목표를 낮추는 것은 부끄러운 일이 아닙니다. 더 높은 목표에 도달하려고 시도하다 좌절하는 것보다는 낮은 목표를 이루어내는 것이 낫습니다.

예전에는 목표를 높이라고 조언하신 반면, 지금은 목표를 낮춰 잡으라는 조언도 종종 하시는군요.

그렇습니다.

목표에 미달했을 뿐만 아니라 실제로 커다란 손실을 기록하고 있는 트레이더는 어떻게 해야 할까요? 그의 목표가 1,000만 달러였고, 한 해는 절반 이상 지났는데 300만 달러 손실을 보고 있다면요.

문제는 300만 달러 손실을 기록한 사람은 '300만 달러'에 사로잡혀 있다는 것입니다. 손실 회복을 생각하면 안 됩니다. 너무나 부담이 크죠. 현재 자기 위치에서 시작해야 합니다. 그래요, 손실이 발생했습니다. 그렇다면 이번 주, 이번 달 그리고 올해 남은 기간에는 무엇을 할 수 있을까요? 통제력을 되찾으려고 노력해야 합니다.

마법사의 교훈

1. 단 하나의 길만 있는 것은 아니다. 정도正道는 없다.

시장에서 성공하기 위한 길은 단 하나만 있는 것은 아니다. 유일한 정도는 없다. 위대한 트레이더는 다양한 방법을 활용한다. 순수한 기본적 분석가도 있다. 오로지 기술적 분석만 활용하는 사람도 있다. 이틀을 장기간으로 보는 트레이더가 있는가 하면, 두 달도 단기간으로 여기는 트레이더도 있다. 정성적 판단에 의존하는 사람도 있고, 계량적으로 접근하는 사람도 있다.

2. 보편적 특성

인터뷰한 트레이더마다 방법론과 성장 배경, 성격은 크게 달랐지만 공통적인 특징도 여러 가지 있다. 모든 트레이더가 공유한 한 가지 특징은 자기규율이다.

성공적인 트레이딩은 본질적으로 두 단계로 이루어진다.

1) 효과적인 트레이딩 전략을 개발하고 모든 우발상황에 대처할 수 있는 트레이딩 계획을 함께 수립한다.

2) 예외 없이 계획을 따른다(실수를 수정하는 경우처럼 타당한 이유가 있어 적용하는 예외는 당연히 계획의 일부가 될 수 있다). 전략이 얼마나 철저하든 트레이딩의 성공 여부는 실행 단계에서 좌우되고, 이 단계는 절대적인 자기규율을 요구한다.

3. 자신의 성격에 맞게 트레이딩한다.

코헨은 자신의 성격에 맞는 방식으로 트레이딩하는 것이 중요하다고 강조한다. 시장을 트레이딩하는 데 유일한 정답은 없지만, 자신이 누구인지 알아야한다. 즉 투자자인 동시에 단타 매매자가 되려고 해서는 안 된다. 자신에게 편안한 접근법을 선택해야 한다. 마이너비니는 이렇게 조언한다. "자신에게 맞는한 가지 방식을 숙달하는 데 집중하라. 이것은 평생에 걸친 과정이다."

성공한 트레이더는 예외 없이 자신의 성격에 맞는 접근법에 이끌린다. 쿡은 작은 이익도 만족하며 실현하지만, 아주 작은 손실도 싫어한다. 이런 성향을 볼 때 그가 개발한 방법, 즉 이길 확률이 높은 기회를 포기하고 위험 대비 수익률이 낮은 매매 기회를 선택하는 것은 그에게 적합한 방법이다. 다른 사람에게는 이 방법이 적합하지 않을 수도 있다. 트레이딩에 있어 두루 적용되는만능 해법은 없다. 트레이더 각자 맞춤형 접근법을 개발해야 한다.

4. 실패와 인내

이 책에 소개한 트레이더 가운데 일부는 처음부터 성공을 거두었지만 일부 사람들의 초반 경험은 철저한 실패로 얼룩졌다. 마크 쿡은 여러 차례 트레이딩 자금 전부를 잃었을 뿐만 아니라, 그중 몇 번은 수십만 달러의 빚을 남겨 개인 파산 직전까지 가기도 했다. 스튜어트 월턴은 아버지께 빌린 돈 전부를 날린 적도 있고, 몇 년 후에는 자신의 트레이딩 자금 전부는 물론, 집을 담보로 빌린 돈마저 잃을 뻔했다. 마크 마이너비니는 자기 자본 전부도 모자라 빌린 돈마저 일부 잃었다.

출발은 참담했지만 이들은 결국 화려하게 성공했다. 어떻게 그처럼 완벽하게 변신할 수 있었을까? 물론 해답의 일부는 실패에 굴하지 않는 내적 강인함에 있다. 하지만 융통성 없는 끈기는 미덕이 아니다. 전에 해왔던 것만 고수했다면 결과도 달라지지 않았을 것이다. 핵심은 과거에 해왔던 방식을 완전히 바꾸었다는 데 있다.

5. 위대한 트레이더는 융통성이 있다.

위대한 트레이더들도 처음 시작할 때는 전혀 틀린 판단을 하기도 한다. 하지만 융통성 있게 자신의 접근법을 바꾸고 결국 성공을 거둔다. 라 로슈푸코La Rochefoucauld는 "인생의 가장 큰 비극 가운데 하나는 아름다운 논리도 잔혹한 사실에 살해당한다는 것이다"라고 말했다. 위대한 트레이더들은 이러한 '비극'을 직시하고 선입관보다 현실을 택한다.

윌턴의 경우 처음에는 우량주를 매수하고 값이 싼 주식을 팔았다. 그러나 시장에서 경험적으로 관찰한 결과, 실제로 효과가 있는 전략이 자신의 원래 방식과 상충되자 융통성을 발휘해 자신의 접근법을 완전히 수정했다. 초보 트레이더 시절, 마이너비니는 신저가를 경신하는 값이 싼 주식을 샀다. 지금은 거의 정반대인 방법을 활용한다.

시장은 역동적이다. 한때 효과가 있던 접근법도 시기가 달라지면 효과를 잃을 수 있다. 시장에서 성공하려면 변화하는 환경과 달라진 현실에 적응하는 능력이 필요하다. 몇 가지 예를 제시하면 다음과 같다.

• 윌턴은 현재 지배적인 시장 환경을 해석하고 그에 따라 전략을 수정한다. 따라서 어떤 해에는 모멘텀을 추구하는 매수자가 되고, 다른 해에는 가치주를 매수할 수도 있다. 그는 '내 철학은 해파리처럼 부유하면서 시

장이 가고자 하는 방향으로 이리저리 떠밀리는 것'이라고 말한다.

- 르카르뷰는 놀라운 성과를 내는 시스템 여러 개를 이미 개발하고 보유했지만, 이들을 대체할 시스템을 개발하기 위해 연구를 계속한다. 시장 환경이 달라졌을 때 준비된 상태로 변화를 맞이하기 위해서이다.
- 플레처의 현재 주된 전략은 훨씬 단순했던 초기 전략에서 여러 단계를 거쳐 진화해온 것이다. 그의 현재 전략과 똑같은 접근법을 활용하는 경쟁자들이 늘고 있어 플레처는 새로운 전략을 개발하느라 여념이 없다.
- 코헨은 말한다. "나는 늘 배운다. 그 덕분에 늘 흥미롭고 새롭다. 10년 전에 했던 것과 똑같은 방식을 사용하지 않는다. 나는 진화해왔고, 계속해서 진화할 것이다."

6. 성공적인 트레이더가 되는 데는 시간이 필요하다.

경험은 다른 여느 직업과 마찬가지로 트레이딩에서 성공하는 데 필요한 최소한의 요건이며, 오로지 실제 시간을 투입해야만 얻을 수 있다. 쿡은 이렇게 말한다. "하룻밤 사이에 의사나 변호사가 되리라고 기대할 수는 없다. 트레이딩도 다르지 않다."

7. 시장을 관찰하고 기록하라.

경험을 얻는 과정을 서두를 수는 없더라도 기억에만 의존하는 대신 시장을 관찰하고, 그 내용을 적어두면 더욱 효율적이다. 시장에서 관찰한 반복되는 패턴을 일지로 기록하는 것은 쿡이 실패를 성공으로 전환하는 데 중요한 역할을 했다. 쿡이 트레이딩에 활용한 많은 전략은 모두 그의 기록에서 나왔다. 마스터스는 명함 뒷면에 자신이 관찰한 내용을 간단히 적어둔다. 그 기록들이 모여 트레이딩 모형의 기반이 되었다.

8. 트레이딩 철학을 개발하라.

시장의 개념과 트레이딩 방법을 종합적으로 아우르는 구체적인 트레이딩 철학을 개발하라. 이 철학은 자신이 시장에서 경험한 내용에 근거해야 하며, 자신의 성격과도 일관돼야 한다(3번 참고). 트레이딩 철학을 개발하는 것은 역동적인 과정이다. 경험과 지식이 쌓일수록 기존 철학도 적절히 수정되어야 한다.

9. 자신만의 경쟁우위는 무엇인가?

이 질문에 분명하고 단호히 대답할 수 없다면 아직 트레이딩을 할 준비가 되지 않은 것이다. 이 책에 소개한 모든 트레이더에게는 자신만의 명확한 경쟁 우위가 있다. 몇 가지 예를 들면 다음과 같다.

- 마스터스는 촉매를 이용해 이길 확률이 높은 매매 기회를 찾아내는 모형을 개발한다.
- 쿡은 시장의 단기 방향을 정확히 맞출 확률이 약 85퍼센트인 가격 패턴을 찾아낸다.
- 코헨은 자신이 직접 모아 팀으로 구성한 트레이더와 애널리스트가 제공하는 정보의 흐름을 트레이더로서 타고난 시점 선정 능력과 결합해 활용한다.
- 쇼의 회사는 리서치에 막대한 투자를 하고 거래비용을 낮게 유지한 덕분에 시장의 작은 비효율성을 찾아내 이익을 낼 수 있다.
- 플레처는 신중하게 구조화한 자금조달 계약을 헤징 기법과 조합함으로써 사실상 어느 상황에서도 이익을 낼 가능성이 큰 거래를 한다.
- 왓슨은 의사소통을 기본으로 하는 광범위한 리서치를 통해 시장이 아직 알아보지 못한 급등할 가능성이 큰 주식을 월스트리트보다 훨씬 앞서 찾아낼 수 있다.

10. 닭이 먼저인가, 달걀이 먼저인가?

모든 시장의 마법사에게서 가장 뚜렷하게 나타나는 특징 가운데 하나는 드높은 자신감이다. 여기서 이런 의문이 들 수 있다. 그동안의 성과로 자신감을 갖게 된 것일까, 아니면 자신감이 있었기 때문에 그 결과로 성공한 것일까? 물론 이 책에 소개한 트레이더처럼 탁월한 성과를 올렸다면 누구라도 자신감이 넘치는 것이 당연할 것이다. 하지만 '시장의 마법사'들과 더 많은 인터뷰를 진행할수록 자신감은 이들이 공유하는 타고난 자질이며, 성공에 기여한 요인인 동시에 성공의 결과라는 확신은 더욱 굳어졌다. 수많은 사례 가운데 극히 일부만 언급하면 이렇다.

- 종목 선정에 성공한 사전 경험이 전혀 없는 데도 자금 운용 경력을 추구할 수 있었던 자신감은 어디서 나온 것인지 묻자 왓슨은 이렇게 답했다. "나는 무엇이든 일단 하기로 결정하면 어떤 장애물이 있어도 성공해내겠다는 다짐을 한다. 그런 태도가 아니었다면 결코 해내지 못했을 것이다."

- 마스터스는 실직한 주식중개인으로서 자신을 입증할 기존 실적이 전혀 없는 상태에서 직접 펀드를 설립했다. 같은 질문에 그는 이렇게 답했다. "누군가 트레이딩으로 돈을 번다면 나도 할 수 있다고 생각했다. 또한 수영 선수로서 최고 수준에서 성공적으로 경쟁을 했던 경험이 이 업계에서도 역시 뛰어난 성과를 올릴 수 있다는 자신감을 주었다."

- 르카르뷰의 자신감은 무모해 보일 정도이다. 자신만의 트레이딩 방법을 개발할 때까지 자금 운용을 담당한 동료와 갈라서는 일을 미루지 않은 이유를 묻자 그는 이렇게 답했다. "뭐가 됐든 결국 개발해낼 것을 알고 있었다. 한 치의 의심도 없었다. 마음먹은 일은 성공하지 못한 적이 없었다. 그때도 다를 것은 없었다."

자신감에 관해서라면 솔직한 자기평가는 트레이더로서 시장에서 성공할 가능성을 판단하는 가장 좋은 변수일지 모른다. 트레이더로 경력 전환을 고려하고 있거나 자산의 상당 부분을 시장에 과감히 걸어보려고 한다면 적어도 결국은 성공한다는 절대적인 자신감이 있는지 스스로에게 물어야 한다. 답을 하는 데 조금이라도 주저한다면 경계해야 할 신호다.

11. 성실한 노력

많은 사람이 돈을 버는 쉬운 길이라고 생각하며 시장에 뛰어들지만, 결국 뛰어난 실적을 기록하는 사람은 엄청난 노력가인 경우가 많다. 오히려 노력이 지나칠 정도이다. 이 책에서 소개한 몇 가지 사례를 보자.

- 쇼는 거대 트레이딩 회사를 경영하는 것으로도 모자라 성공적인 기술 회사를 다수 창업했고, 계산 화학 소프트웨어 업체 두 곳에 창업투자자금을 조달해 공급하고 지원했으며, 대통령자문위원회 의장을 맡았다. 드물게 떠나는 휴가를 갈 때조차 "분별력을 유지하려면 매일 몇 시간은 일해야 한다"라고 시인한다.
- 르카르뷰의 시스템은 소요 시간이 거의 없이 즉시 작동하고 성과도 굉장히 좋다. 그런데도 그는 여전히 컴퓨터를 이용한 리서치에 많은 시간을 할애한다. 그는 모든 시스템이 당장 내일이라도 효과를 잃을 것처럼 계속해서 일한다. 르카르뷰는 무릎 수술 후 통증 때문에 절뚝거리는 다리로 집 안을 가로지르던 때를 포함해 장이 열리는 날은 단 하루도 놓치지 않고 시장을 확인했다.
- 마이너비니는 주 6일 일하고 매일 열네 시간 트레이딩을 한다. 심지어 폐렴을 앓았을 때를 포함해 10년 동안 장이 열리는 날을 단 하루도 놓치지 않았다고 주장한다.

- 쿡은 주당 50~60시간을 트레이딩에 할애할 뿐 아니라 고정적으로 농장 일을 한다. 또한 거의 파산 직전까지 몰린 처참했던 트레이딩 이후 쿡은 몇 년 동안이나 전일제 일자리 두 개를 뛰었다.
- 벤더는 미국 주식시장을 거래하는 데 하루를 온전히 할애할 뿐만 아니라 일본 주식시장을 거래하기 위해 밤 시간의 절반은 깨어 지낸다.

12. 집요함

성실한 노력과 집요함의 경계를 구분하는 것은 아주 가느다란 선에 불과하고, 시장의 마법사들은 그 선을 자주 넘나든다. 물론 바로 앞에서 언급한 사례들 가운데 일부 역시 집요하다고 볼 요소들이 있다. 시장은 물론 다른 분야에서도 종종 볼 수 있듯, 집요함은 성공과 뗄 수 없는 성향이다.

13. 시장의 마법사들은 추종자가 아니라 혁신가다.

다음 몇 가지 사례를 보자.

- 플래처가 첫 직장에서 일을 시작했을 때 그에게는 책상 하나와 "알아보라"는 지시가 주어졌을 뿐이다. 그는 결코 멈추지 않았다. 플레처는 혁신적인 시장 전략을 고안하고 도입해 실행하며 경력을 쌓아나갔다.
- 벤더는 자신만의 옵션 투자 방식을 개발했을 뿐만 아니라 전통적인 옵션 모형을 거스르는 베팅으로 이익을 추구하는 접근법을 만들어냈다.
- 쇼의 일생은 그 자체가 혁신이다. 그는 대학원에 다니는 동안 소프트웨어 회사를 설립했다. 슈퍼컴퓨터 설계에 관해 선구적인 연구를 했고, 창업도 여러 번 했다. 또한 D. E. 쇼가 활용하는 독특하고, 복잡한 수학적 트레이딩 모형을 개발하는 데 중심적인 역할을 해냈다.
- 쿡은 10년 이상 시장을 관찰하고 그 내용을 상세히 기록한 일지를 엮어

서 독창적이고 신뢰성 높은 트레이딩 전략을 다수 개발할 수 있었다.

- 마이너비니는 시장에 관한 책에서 다뤄 이미 대중화된 패턴을 사용하는 대신 직접 다양한 차트 패턴을 찾아냈다.
- 마스터스는 시장에서 관찰한 내용을 모두 기록해 촉매를 기초로 한 자신만의 트레이딩 모형을 설계할 수 있었다.
- 르카르뷰는 세부 사항에 관해 말을 아꼈지만 놀라운 성과 하나만으로도 그의 시스템이 얼마나 특별한지 분명히 드러난다.

14. 승자가 되려면 손실도 기꺼이 감수해야 한다.

왓슨은 이렇게 말한다. "손실을 두려워해서는 안 된다. 이 업계에서는 기꺼이 돈을 잃겠다는 자세로 나서는 사람이 성공한다."

15. 위험통제

마이너비니는 초보자가 흔히 저지르는 실수 가운데 하나가 '대단한 진입 전략을 찾는 데 너무 많은 시간을 들이고 정작 자금 운용에는 충분한 시간을 할애하지 않는 것'이라고 지적한다. 그는 "전략에 상관없이 전투의 90퍼센트는 손실을 줄이는 데 달렸다"라고 말한다. 코헨은 손실을 제한하는 일의 중요성을 다음과 같이 강조한다. "대다수 트레이더의 승률은 50~55퍼센트 사이이다. 회사 최고 트레이더의 승률도 단 63퍼센트에 불과하다. 즉 틀릴 경우가 아주 많다는 뜻이다. 그렇다면 손실을 가능한 최소화해야 한다."

이 책에 소개한 트레이더들의 위험통제 방법은 다음과 같다.

- **손절 지점** | 마이너비니와 쿡은 흐름이 불리해질 경우 빠져나올 시점을 미리 정해둔다. 이 접근법 덕분에 어느 포지션에서든 (가격이 갑자기 큰 폭으로 움직이지 않는 한) 분명히 정해둔 위험 수준으로 잠재손실을 제한할 수 있

다. 마이너비니와 쿡 모두 손절 지점은 기대이익에 따라 달라진다고 말한
다. 즉 잠재이익이 큰 매매라면 손절 범위를 더 넓게 설정한다(더 큰 위험을
수용한다).

- **포지션 크기 축소하기** | 쿡은 컴퓨터에 '더 작게'라고 써 붙였다. 쿡은 '지
  고 있을 때 가장 먼저 할 일은 출혈을 멈추는 것'이라고 말한다. 코헨도
  같은 생각이다. "자신이 틀렸거나 시장이 불리하게 움직이는 것 같은데
  이유를 모르겠다면 포지션의 절반을 거둬들여라. 언제든 다시 진입할 수
  있다. 그렇게 두 번만 하면 포지션의 4분의 3이 정리된다. 그러면 나머지
  는 더 이상 큰 문제가 아니다."

- **저위험 포지션 택하기** | 손절을 이용한 청산이나 포지션 크기 축소를 통한
  위험 통제의 대안으로 애초에 매우 제한적인 조건을 적용해 주식을 선택
  하는 트레이더도 있다(17번 참고).

- **최초 포지션 크기를 제한하기** | 코헨은 이렇게 지적한다. "트레이더들이 흔
  히 저지르는 실수는 포트폴리오에 비해 너무 커다란 포지션을 취한다는
  것이다. 그러다 주가가 불리하게 움직이면 고통이 너무 커져 감당할 수
  없게 되고, 공황상태에 빠지거나 얼어붙어 꼼짝도 못 한다." 플레처 역
  시 자신의 멘토인 엘리엇 워크를 인용해 이렇게 강조한다. "손실을 감당
  할 수 없는 베팅은 절대로 하지 마라."

- **분산** | 투자 대상을 더욱 많이 분산시킬수록 위험은 더 작아진다. 하지만
  분산 자체는 충분한 위험통제 방법이 아니다. 주식은 서로, 그리고 시장
  과 밀접하게 연관되어 있기 때문이다. 또한 52번에서 거론하겠지만 지나
  친 분산에는 커다란 단점이 있다.

- **공매도** | 위험하다는 일반적인 인식과 달리 공매도는 사실 포트폴리오 위
  험을 줄이는 효과적인 수단이다(58번 참고).

- **전략 헤지** | 일부 트레이더는(플레처, 쇼, 벤더) 처음부터 포지션을 헤지한다.

이들에게 위험통제는 곧 레버리지를 제한하는 것이다. 위험이 작은 전략을 따르더라도 레버리지가 과도하면 고위험 트레이딩이 될 수 있기 때문이다(쇼의 인터뷰에서 LCTM에 관한 이야기(370페이지)를 참고하라).

16. 위험을 두려워하지 마라.

위험을 통제하는 것과 위험을 두려워하는 것을 혼동해서는 안 된다. 위험을 기꺼이 수용하는 태도는 트레이더에게 필수 자질이다. 왓슨은 이렇게 말한다. "어느 정도의 위험은 기꺼이 받아들여야 한다. 그렇지 않으면 절대로 방아쇠를 당기지 못한다." 트레이더를 채용할 때 어떤 점을 보는지 묻자 코헨은 "위험을 감수하기를 두려워하지 않는 사람을 찾는다"라고 말했다.

17. 저평가된 주식에 집중해 하락위험을 제한하라.

인터뷰한 많은 트레이더가 저평가된 종목으로 매수 주식을 제한한다. 왓슨은 PER이 상대적으로 낮은(8~12배) 종목에 집중한다. 오큐머스는 고점에서 60퍼센트 이상 하락했거나 PER 12배 이하인 주식을 매수 대상으로 선호한다. 또한 오큐머스는 주가가 장부가에 최대한 근접한 주식을 좋아한다.

이처럼 자신이 정의하는 가치 기준을 충족하는 주식을 매수하는 데 집중하는 한 가지 이유는 하락 위험을 제한하기 위해서다. 또한 밸류에이션이 크게 억눌린 주식은 일단 반등하기 시작하면 상승 여력이 엄청나다는 장점이 있다.

18. 가치가 전부는 아니다.

많은 트레이더가 저평가를 주식 매수의 필요조건으로 여기지만, 그것을 충분조건으로 보는 사람은 없음을 주목해야 한다. 주식은 가격이 하락할 수 있고, 그 수준에 수년간 머무를 수도 있기 때문에 매매할 때는 언제나 가치 외에 또 다른 납득할 만한 이유가 있어야 한다. 한 자리에 머무르는 가치주를 매수해도 큰 손실을 보지는 않겠지만, 그것은 투자에 있어 중대한 실수가 될 수 있다. 다른 곳에 훨씬 효과적으로 이용할 수 있는 자본을 묶어두는 일이기 때문이다.

19. 촉매의 중요성

아무리 가치가 뛰어난 주식이라도 수년간 가격이 정체될 수 있고, 이 경우 귀중한 자본이 묶이게 된다. 따라서 '무엇이 이 주식을 끌어올릴 것인가?' 하는 질문이 반드시 필요하다.

왓슨은 주식을 선택할 때 다음 두 가지 필수 단계를 거친다.

첫째, 자신의 가치 기준을 충족하는 주식을 찾아낸다. 매수 후보 주식을 추출할 집단을 구성하는 간단한 과정이다.

둘째, 여러 가치주 가운데 가까운 시일 내에 주가가 오를 타당한 근거가 있는 주식을 찾기 위해 (최근 발생했거나 발생이 임박한) 촉매를 찾는다.

왓슨은 촉매를 찾기 위해 해당 기업은 물론 그들의 경쟁자, 유통업자, 소비자들을 폭넓게 조사한다. 모든 매매에는 촉매가 필요하다. 마스터스는 촉매를 주된 근거로 한 트레이딩 모형을 개발해 왔다. 수년간 조사하고 관찰한 끝에 그는 촉매에 대한 주가 반응을 보여주는 수십 가지 패턴을 찾아냈다. 개별 패턴 자체는 아주 작은 경쟁우위만을 부여할지 모르지만, 이 패턴들을 함께 결합하면 이길 확률이 높은 매매 기회를 찾는 데 도움이 된다.

20. 대다수 사람이 언제 들어갈지에 집중하고, 언제 나올지는 생각하지 않는다.

포지션을 정리하는 시점은 진입 시점만큼이나 중요하다. 청산을 감안하지 않은 전략은 그 자체로 불완전하다. 청산 전략은 다음 요소들을 포함한다.

- **손절 지점** | 상세한 내용은 항목 15번을 참고하라.

- **목표이익** | 인터뷰한 많은 트레이더의 경우(오큐머스, 쿡 등), 미리 정한 목표이익에 도달하면 주식(또는 지수)을 현금화한다.

- **시간청산** | 주식(또는 지수)이 일정 시간 안에 목표에 도달하지 못하면 청산한다. 마스터스와 쿡 모두 시간청산을 유용한 매매 전략으로 꼽았다.

- **매매 근거 변화** | 매매의 근거가 된 이유 자체가 반박되면 즉시 청산해야 한다. 코헨은 실적 부진을 예상하고 공매도했던 IBM이 기대 이상의 실적을 발표하자 즉시 자신의 포지션을 정리했다. 이 매매로 큰 손실을 보기는 했지만 결정을 주저했다면 손실은 훨씬 더 컸을 것이다.

- 예상과 다른 시장의 반응(21번 참고)

- 포트폴리오 관점에서 고려(22번 참고)

이 가운데는 모든 트레이더에게 공통으로 해당되는 요소(시장의 반응이 예상과 다르면 청산 등)도 있고, 트레이더마다 다르게 적용되는 요소도 있다. 예를 들어 손절을 활용해 손실을 제한하는 것은 시점 선정 전략을 활용하는 마이너비니에게는 필수이지만, 주가가 급락한 뒤 저평가된 주식을 매수하는 오큐머스 및 왓슨의 접근법과는 대치된다(하지만 오큐머스와 왓슨도 위험이 무제한인 매도 포지션을 취할 때는 손절 전략을 활용한다). 한편 일부 트레이더에게 필수 요소인 목표이익은 잠재이익에 한계를 둔다는 점에서 다른 트레이더나 투자자에게는 해가 될 수도 있다.

21. 시장의 반응이 예상과 다를 때는 빠져나와라.

많은 트레이더가 어떤 사건(실적 발표 등)에 대한 시장의 반응이 예상과 다르면 그것을 자신이 틀렸다는 증거로 여기고 포지션을 청산한다고 말한다. 코헨은 인터뷰에서, 당시 장기 하락세에 있던 채권시장이 강세로 돌아설 것이라고 전망했다. 그는 채권시장이 앞으로 수개월 동안 크게 반등할 것이라도 믿는 많은 이유를 제시했고, 내가 옆에 앉아 있는 그 자리에서 매수 포지션을 취했다. 채권시장은 그 뒤 며칠 동안 실제로 반등했지만 급등세는 이내 꺾이고 채권은 신저가를 갈아치우고 있었다. 코헨의 회사를 방문한 지 일주일 뒤 전화로 후속 인터뷰를 진행하면서 몇 주 전까지도 줄곧 강세를 전망했던 채권시장에 대해 여전히 매수 포지션을 보유하고 있는지 물었다. 코헨은 "아니다. 나는 이론에 따라 매매하고 그것이 옳았는지 여부는 시장을 보고 판단한다"라고 답했다.

22. 청산시점은 보유한 주식 자체만이 아니라 더 나은 투자 대상이 있는지 여부에 따라 달라진다.

투자할 수 있는 자금에는 한계가 있다. 한 가지 주식 포지션을 계속해서 붙들고 있으면 다른 주식을 매수하는 데 그 자본을 활용할 수 없다. 그런 점에서 훨씬 더 좋은 투자 기회가 있다면 여전히 양호해 보이는 투자라도 청산하는 것이 합리적이다. 왓슨은 그가 '여물통의 돼지'라고 부르는 철학을 따른다. 그는 포트폴리오를 지속적으로 교체한다. 앞으로 더 상승할 것으로 예상되는 주식이더라도 위험 대비 이익 전망이 더 좋은 주식이 있다면 미련 없이 교체한다. 보유한 주식과 관련해 투자자들이 물어야 할 정말로 중요한 것은 "이 주식은 여기서 더 오를까?"가 아니라, "이 주식은 같은 자본으로 보유할 수 있는 다른 주식보다 여전히 더 나은 투자 대상인가?" 하는 질문이다.

23. 인내라는 미덕

어떤 기준으로 주식을 선택하고 진입 수준을 결정하든 해당 조건이 충족될 때까지 기다릴 수 있는 인내심이 필요하다. 오큐머스는 이런 접근법으로 자신이 사려는 주식의 80퍼센트를 놓치지만 그럼에도 불구하고 자신이 '싼 가격'이라고 생각하는 수준으로 주가가 내려올 때까지 인내심을 갖고 기다린다. 1999년 중반 오큐머스는 펀드 자산의 단 13퍼센트만 투자하고 있었는데 그 이유를 이렇게 설명했다. "싼 주식이 없다. 아주 싼 주식을 찾기 전까지는 투자금을 위태롭게 하지 않을 생각이다."

24. 목표 설정의 중요성

올림픽 참가선수들과 전문 트레이너들을 상대로 일해온 키브 박사는 목표 설정이 가지는 힘을 강력히 예찬한다. 그는 어떤 결과가 가능하다는 믿음이 그것을 달성시킨다고 주장한다. 하지만 믿음만으로는 충분하지 않다. 키브에 따르면 목표를 이루기 위해서는 그것을 믿을 뿐만 아니라 약속해야 한다. 다른 사람들에게 결과를 약속하는 것이 특히 더 효과적이라고 그는 주장한다. 키브 박사는 트레이더로서 특별한 성과를 내기 위해서는 자신의 안락지대를 벗어난 목표를 설정해야 한다고 강조한다. 탁월한 성과를 추구하는 트레이더는 자신이 추구하는 목표가 늘 '도전적 목표'가 되도록 계속해서 목표를 재설정해야 한다. 또한 성과를 추적하고 관찰해 목표를 향해 제대로 가고 있는지 확인하고, 제대로 되고 있지 않다면 자신을 가로막는 것이 무엇인지 진단할 수 있어야 한다.

25. 이번이라고 결코 다르지 않다.

시장이 광풍에 휩쓸릴 때마다 늘 등장하는 말이 있다. "이번은 다르다." 가격은 이미 고공행진 중인데도 유독 그 강세장만은 계속된다고 보는 이유에 대한 설명도 따라붙는다. 1980년 금가격이 온스당 거의 1,000달러까지 치솟았을 때도 금은 '다른 상품과 다르다'는 것이 이유였다. 추정해보면 일반적인 수요 공급의 법칙이 금에 적용되지 않았던 것은 인플레이션이 점점 심각해지는 상황에서(두 자릿수 인플레이션을 기억하는가?) 가치보존 수단이라는 금의 특수한 역할이 부각되었기 때문일 것이다. 1980년대 일본 주식시장이 급등했을 때 일본 기업들은 같은 업종의 미국 기업들보다 5~10배 높은 PER에 거래됐다. 강세론자들은 '일본 기업들은 서로 교차해 주식을 다량 보유하고 있고, 그 보유분을 매도하는 경우는 드물기 때문에 일본 주식시장은 다르다'는 든든한 설명으로 무장하고 있었다.

이 책을 쓰는 동안 기술주, 특히 인터넷 주식은 폭발적인 상승세를 기록했다. 이익을 내지 못한 회사, 심지어 이익을 낼 가능성이 희박한 회사의 주식에도 믿을 수 없이 높은 호가가 제시되고 있었다. 역시 이번은 어째서 다른지, (적어도 이런 기업들에서) 이익은 어째서 의미가 없는지 그 이유를 설명하는 전문가가 넘쳐났다. 많은 트레이더가 인터뷰를 통해 현재 시장에서 광풍이라고 볼 만한 양상에 관해 경고했다. 원고를 출판사에 넘길 때 즈음에는 인터넷 주식 가운데 상당수가 이미 급락한 상태였다. 그럼에도 불구하고 이들의 경고는 여전히 의의가 있다. "이번은 다르다"는 주장에 불을 붙일 시장이나 업종은 늘 있기 때문이다.

26. 펀더멘털은 그 자체로는 강세 요인도, 약세 요인도 아니다. 오로지 가격 대비 상대적인 판단이 가능하다.

아무리 훌륭한 기업이라도 주가가 펀더멘털 이상으로 상승했다면 형편없는 투자 대상이 될 수 있다. 반대로 문제가 있고 부정적인 뉴스가 있는 회사라도 그 약세 요인 이상으로 주가가 하락했다면 좋은 투자 대상이 될 수 있다. 투자자들을 위한 조언을 부탁하자 갈랑트는 이렇게 말했다. "좋은 회사도 나쁜 주식이 될 수 있다. 그 반대 경우도 성립한다."

27. 성공적인 투자와 트레이딩은 예측과는 무관하다.

르카르뷰는 어떤 예측도 해본 적이 없다고 강조하며 그런 능력이 있다고 주장하는 사람들을 비웃었다. 시장 예측에 관한 이야기가 나왔을 때 웃음을 터뜨린 이유를 묻자 그는 이렇게 답했다. "주식시장을 예측한다는 사람들 때문에 웃었다. 그 사람들은 알지 못한다. 누구도 알 수 없다."

28. 절대로 타인의 글이나 말을 근거로 시장을 가정하지 마라. 모두 직접 확인하라.

쿡이 처음 틱(뉴욕증권거래소에서 업틱으로 마감한 종목 수에서 다운틱으로 마감한 종목 수를 차감한 지표)을 해석하는 방법에 관해 묻자 경험 많은 한 중개인은 '틱이 아주 크면 매수 신호'라고 말해주었다. 쿡은 그 설명이 사실과는 정반대였음을 자신만의 조사와 관찰, 기록을 통해 알아냈다.

벤더의 옵션 매매 경력은 업계에서 널리 사용하는 옵션가격결정모형의 핵심 기본 가정을 의심하는 데서 출발했다. 기존 상식이 틀렸다고 확신한 그는 널리 사용되는 옵션가격결정모형이 제시하는 결과에 역행하는 베팅을 근거로 한 방법론을 개발했다.

29. 결코 타인의 의견에 휘둘리지 마라.

시장에서 성공하려면 스스로 결정을 내리는 것이 대단히 중요하다. 많은 트레이더가 타인의 의견을 들은 것을 최악의 실수로 꼽았다. 월턴과 마이너비니는 잘못된 판단으로 투자금을 모조리 잃었다. 마이너비니는 당시 경험을 두고 "의사결정 책임을 다른 사람에게 넘겨준 것이 실수였다"라고 말한다. 왓슨의 경우는 학교 과제를 수행하면서 학점을 망치는 정도에서 그러한 교훈을 얻었으니 엄청나게 가벼운 대가를 치른 셈이다. 코헨이 언급한 한 트레이더는 충분한 능력에도 불구하고 '스스로 결정을 내리기를 거부하는' 성향 때문에 결코 위대한 트레이더가 될 수 없었다.

30. 자존심을 경계하라.

월턴은 이렇게 경고한다. "이 업계가 특이한 점은 그동안 제아무리 큰 성공을 거두었더라도 자존심이 앞선 잘못된 주문 전화 한 건이 사업을 접게 만들 수 있다는 것이다."

31. 자기인식의 필요성

트레이더 개개인은 성공을 가로막을 가능성이 있는 자신의 약점을 인식하고, 그것을 적절히 개선해야만 한다. 월턴은 타인의 의견에 쉽게 귀를 기울이는 것이 자신의 약점이라는 것을 깨닫고 이를 극복하기 위한 조치를 취했다. 운용하는 자산의 규모로 보면 당연히 다른 직원이 필요한 상황이었지만, 자신의 약점을 인식했기 때문에 혼자서 일해야 했다. 또한 정보성 조언에 솔깃해하고 도박을 해보려는 충동이 있는 자신의 성향을 알고 있었기 때문에 혹시 잃더라도 타격을 입지 않을 만큼의 적은 금액을 따로 떼어두어 이런 목적의 매매에 활용해 안전하게 충동을 분출했다.

키브 박사는 트레이더들을 상대로 한 그의 일을 '개인의 성과를 저해하는 약점을 찾는 대화 과정'이라고 설명한다. 그가 트레이더들을 도와 찾아낸 개인적 약점 일부를 예로 들면 다음과 같다.

- 싼 가격을 추구하는 성향 때문에 늘 조금 더 유리한 가격에 진입하려고 시도하다 좋은 매매 기회를 놓친다.
- 계획에 따라 가격이 내릴 때마다 조금씩 매수하는 방식으로 진입했지만, 그 과정에서 경험하는 손실을 견디지 못한다.
- 자신이 청산한 후에 주가가 더 올라갈지 모른다는 불안감 때문에 포지션을 정리하기로 결정하고도 늘 일부분을 남겨두어 손실을 자초한다.

자기인식만으로는 부족하다. 트레이더는 필요하다면 기꺼이 변화해야 한다. 쿡은 트레이더들을 상대로 일하는 동안 훌륭한 능력에도 불구하고 자신의 약점을 다루지 못해 실패하는 사람들을 보았다. 쿡은 한 고객의 사례를 제시했다. 그는 금요일 만기일에 매매하는 짜릿함에 중독되어 있었다. 다른 모든 기간에 걸쳐 좋은 성과를 냈지만 일 년에 네 차례 찾아오는 금요일 만기일에 발생한 손실이 너무 커서 그동안 차곡차곡 쌓아 올린 이익을 단번에 휩쓸어버리고도 남을 정도였다. 그는 약점을 인식하고도 변화를 거부했고, 결국 완전히 파산했다.

32. 감정적으로 반응하지 마라.

많은 사람이 시장의 짜릿함에 이끌린다. 하지만 시장의 마법사들은 감정의 영향을 받지 않는 것을 투자자들이 새겨야 할 필수 조언으로 꼽는다. 왓슨은 말한다. "감정 없이 투자해야 한다. 감정이 개입하면 나쁜 결정을 내린다."

33. 개인적 문제는 중요한 경고 신호이다.

건강 문제나 정신적 스트레스는 성과를 심하게 훼손할 수 있다. 쿡이 (꾸준히 이기는 트레이더가 된 후) 손실을 낸 기간은 모두 개인적으로 어려움을 겪은 시기(고통스러운 부상, 아버지의 심장마비)와 일치한다. 왓슨은 이혼을 앞두고 평소와 다르게 손실이 발생하자 잠시 트레이딩을 쉬는 기간을 가졌는데, 이는 트레이더로서 그의 성숙도를 보여주는 사례이다. 교훈은 이렇다. 건강문제를 비롯해 개인적으로 힘든 일을 겪고 있다면 매매 성과가 저하되는 징후가 나타나는지 극도로 경계해야 한다. 이런 시기에는 매매 규모를 줄이고 일단 문제의 조짐이 나타나자마자 모든 매매를 중단할 준비를 해두는 것이 좋다.

34. 과거 매매 패턴을 분석해 혜안을 얻는다.

과거 매매 패턴을 분석해 미래 성과를 향상시킬 패턴을 찾을 수도 있다. 마이너비니는 과거 매매를 분석한 결과 손실의 상한선을 일정 수준으로 제한하면 이익이 상당히 커질 수 있다는 사실을 알아냈다. 이 발견을 통해 매매 원칙을 바꿨고, 마이너비니의 성과는 극적으로 향상됐다.

35. 바보처럼 보일까 봐 걱정하지 마라.

다른 사람들이 어떻게 생각할지 모른다는 염려가 결정을 방해하거나 영향을 미쳐서는 절대 안 된다. 다른 사람의 시선을 걱정하는 것이 얼마나 위험한지 정확히 보여주는 사례가 있다. 마이너비니는 경력 초반에 포지션에 손실이 발생할 때 그것을 청산하기로 결정하고도 계속해서 붙들고 있는 일이 많았다. 중개인에게 놀림을 받을지 모른다는 걱정 때문이었다.

36. 레버리지의 위험

마크 쿡은 경력 초반에 대부분 매매에서 이익을 냈지만, 과도한 레버리지 때문에 파산했다. 레버리지가 지나치면 단 한 번의 실수만으로도 경기에서 영영 탈락할 수 있다.

37. 포지션 크기의 중요성

탁월한 성과를 달성하려면 제대로 된 종목 선택도 중요하지만, 일단 중요한 매매라고 판단하면 확신을 갖고 의미 있는 규모로 포지션을 구성하는 것이 중요하다. 키브 박사는 코헨의 매매 통계를 검토한 결과 전체 매매의 5퍼센트에서 대규모 이익의 대부분이 나왔다고 밝혔다. 한편 코헨은 전체에서 약 55퍼센트만이 이기는 매매였다고 추정한다. 이는 코헨이 크게 베팅했을 때 그의 결정이 대부분 옳았다는 뜻이다. 실제로 어떤 매매를 했을 때 탄력을 받아 성과에 가속도를 낼 수 있을지 가려내는 놀라운 능력은 코헨의 성공에 굉장히 중요한 요소이다.

르카르뷰는 시스템 트레이더이지만 이길 확률이 높다고 판단할 경우 레버리지를 높여 매매에 활용하기도 한다. 그가 레버리지를 이용한 매매에서 돈을 잃은 적은 한 번도 없다는 사실이 흥미롭다.

요점은 모든 매매가 똑같지 않다는 것이다. 위험 대비 잠재이익이 특별히 크거나 성공 가능성이 특히 크다고 판단되면 평소보다 더욱 큰 규모로 매매를 실행해야 한다. 물론 '큰 규모'가 어느 정도인지는 개인에 따라 다를 것이다. 하지만 이 개념은 평균 포지션 크기가 100만 주인 펀드 매니저뿐만 아니라 100주에 불과한 개인 트레이더에게도 똑같이 적용된다.

38. 복잡성이 성공의 필수 요소는 아니다.

쿡이 매매 신호를 얻기 위해 이용하는 일부 패턴과 지표들은 실제로 매우 단순하다. 이것을 적용해 성공을 이끌어내는 것이 바로 그의 능력이다.

39. 매매를 취미가 아닌 생업으로 보라.

쿡과 마이너비니는 "취미에는 돈이 든다"라고 지적했다. 월턴의 조언도 비슷하다. "총력을 기울이거나 아예 시작도 하지 않거나 둘 중 하나다. 잠깐 집적거려 본다는 태도로는 안 된다."

40. 다른 사업과 마찬가지로 트레이딩에도 탄탄한 사업계획이 필요하다.

쿡은 모든 트레이더는 다음 필수 질문에 답할 수 있는 사업계획을 세워야 한다고 조언한다.

- 어떤 시장을 매매할 것인가?
- 총 매매 자본금은 얼마인가?

- 주문은 어떻게 넣을 것인가?
- 어느 정도 자본인하가 발생하면 매매를 멈추고 자신의 접근법을 재점검할 것인가?
- 목표이익은 얼마인가?
- 어떤 절차로 자신의 매매를 분석할 것인가?
- 개인적 문제가 발생하면 트레이딩 절차에 어떤 변화를 줄 것인가?
- 업무 환경은 어떻게 조성할 것인가?
- 성공적인 매매를 했을 때는 스스로에게 어떤 보상을 할 것인가?
- 트레이더로서 꾸준한 능력 개발을 위해 무엇을 할 것인가?

41. 이길 확률이 높은 매매를 찾아라.

방법은 크게 달랐지만 인터뷰한 트레이더 모두 자신만의 방식으로 이길 확률이 높은 매매 기회를 찾아냈다.

42. 저위험 기회를 찾아라.

인터뷰한 트레이더 가운데 많은 사람이 저위험 매매 기회를 찾는 데 초점을 맞춘 접근법을 개발해왔다. 저위험 매매는 두 가지 요소가 결합된다는 점에서 유리하다. 바로 (기준에 적합한 아이디어를 선별하는) '안내'와 (저위험의 정의에 내재된) '통제된 위험'이다.

43. 타당한 이유로 매매하라.

코헨은 주가가 '너무 낮아서' 매수한다거나 주가가 '너무 높아서' 매도하는 것은 타당한 이유가 아니라고 지적한다. 왓슨은 피터 린치의 원칙을 인용해 '매수 이유를 네 문장으로 요약할 수 없다면 그 주식을 사지 않는 것이 옳을 것'이라고 강조한다.

44. 투자에 보편 상식을 활용하라.

왓슨은 자신이 귀감으로 삼는 피터 린치를 본받아 보편 상식을 조사해야 한다고 강력히 주장한다. 수많은 사례를 통해 직접 보여주었듯 해당 제조업체의 제품을 써보는 일, 유통업체의 매장을 방문하는 일은 누구나 손쉽게 할 수 있으면서도 가장 중요한 리서치이다.

45. 매수하기 힘든 주식을 사라.

월턴은 말한다. "주식을 사려고 할 때 좋아하는 상황 가운데 하나는 매수가 쉽지 않은 경우이다. 델을 42에 사겠다고 주문을 넣었지만 45에 주문이 체결됐다. 아주 좋았다." 마이너비니는 이렇게 말한다. "폭등할 준비가 된 주식은 일반적으로 더 높은 시장가격이 아니면 매수하기가 아주 어렵다." 그는 '덜 숙련된 트레이더들'이 저지르는 실수 가운데 하나가 '가격이 내리면 사려고 기다리는 것'이라며 "그런 기회는 결코 오지 않는다"라고 지적한다.

46. 같은 주식을 앞서 더 낮은 가격에 청산했다고 해서 사야 할 주식을 못 사면 안 된다.

월턴은 좋은 주식이기만 하다면 자신이 청산한 가격보다 더 높은 수준에 거래되고 있어도 그 가격에 기꺼이 다시 매수한다. 월턴은 이 방식이 자신을 트레이더로서 성공할 수 있도록 이끈 변화 가운데 하나라고 생각한다. 마이너비니는 자동청산될 경우 어떻게 복귀할지도 계획해야 한다며 '그렇지 않으면 해당 포지션이 50퍼센트, 100퍼센트 상승하는 것을 멀찍이 물러나 구경만 하게 되는 경우가 종종 있을 것'이라고 지적한다.

47. 손실이 발생하는 주식을 붙들고 있는 것은 실수일 수 있다. 설령 언젠가는 반등한다 해도 그 돈을 좀 더 효율적으로 활용할 다른 기회를 놓쳤다면 역시 실수

를 저지른 것이다.

매수한 가격보다 주가가 크게 하락하면 투자자들은 "여기서 어떻게 나가? 이보다 더 빠지지는 않겠지"라며 합리화하는 경향이 있다. 설령 그것이 사실이라 해도 이런 판단을 내릴 경우 꼼짝하지 않는 주식에 돈이 묶여 다른 매매 기회를 놓칠 수 있다. 월턴에게도 주가가 자신이 진입한 가격에서 70퍼센트나 내린 다음에야 주식을 던지고 나온 경험이 있다. 월턴은 "포트폴리오를 일단 깨끗이 정리한 다음 탄탄한 주식들에 그 돈을 투자했다. 그 덕분에 '데드 캣 바운스dead cat bounce(주가 급락 이후 일시적 반등—옮긴이)'를 노리고 손실이 나는 주식을 마냥 보유했을 때 벌었을 것보다 훨씬 많은 돈을 다시 벌어들일 수 있었다"라고 말한다.

48. 반드시 양단간의 결정을 내릴 필요는 없다.

마이너비니가 조언했듯이 포지션에서 이익을 실현할지 여부를 결정하기 어렵다면 이익의 전부가 아닌 일부만 실현해도 아무 문제가 없다.

49. 주가가 뉴스에 반응하는 방식에 주목하라.

월턴은 좋은 소식에 상승하면서 나쁜 소식에는 크게 하락하지 않는 주식을 찾는다. 부정적인 소식에 주가가 형편없이 반응하는 주식은 월턴의 표현을 빌면 '시장의 축복을 받지 못한' 주식이다.

50. 내부자 거래는 투자 대상을 판단하는 중요한 추가 정보다.

경영진이나 회사가 기꺼이 주식을 사들인다. 이것은 해당 주식을 매수하는 데 충분조건은 될 수 없을지 몰라도, 그 주식이 좋은 투자 대상임을 강력히 뒷받침하는 정보이다. 많은 트레이더(오큐머스, 왓슨)가 내부자 매수를 종목 선정 과정에서 중요하게 고려하는 요소로 꼽는다.

오큐머스는 내부자 매수 통계를 상대적 측면에서 보아야 한다며, "내부자가 자신의 순자산으로 매수한 주식의 규모와 임금을 비교한다. 예를 들어, 매수한 주식의 규모가 그 사람의 한 해 연봉을 초과하면 그것을 '상당한' 규모로 판단한다"라고 설명한다. 또한 오큐머스는 내부자 매수가 옵션 행사가 아닌 실제 신주 매수에 해당하는지 확인해야 한다고 지적한다.

51. 희망과 절망은 한 글자 차이다.

쿡은 "이 포지션이 다시 잘 풀리기를 바란다"와 같은 말을 자신도 모르게 하고 있다면, 당장 빠져 나오거나 포지션의 크기를 줄이라고 조언한다.

52. 분산 유감

분산은 위험을 줄이는 중요한 수단이기 때문에 흔히 미덕으로 여겨진다. 이 주장이 유효한 경우는 자산을 한두 개 주식에 몰아넣는 것보다 다양한 주식에 투자를 배분하는 것이 더욱 현명한 선택일 때이다. 그러나 일정 수준을 넘은 과도한 분산 투자는 부정적인 결과를 가져오기도 한다. 오큐머스는 포트폴리오 구성 종목을 10개 정도로 제한한다. 오큐머스는 "간단한 논리다. 내가 선정한 상위 10개 종목은 상위 100개 종목 대비 언제나 초과 수익을 낼 것이기 때문이다"라고 그 이유를 설명한다.

분산에 반대한다는 주장을 하려는 것이 아니다. 사실 최소한의 분산은 거의 언제나 바람직하다. 요점은 어느 정도의 분산은 도움이 되지만, 그 이상의 분산은 때로는 해가 될 수 있다는 것이다. 그러므로 투자자마다 각자에게 적절한 분산 수준을 설정해야 한다.

53. 데이터 마이닝에 유의할 것

실험 데이터가 충분히 많으면 패턴은 그저 우연히 나타날 수도 있다. 심지어 무작위 데이터라도 패턴이 나타난다. 이익을 내는 패턴을 찾기 위해 컴퓨터로 데이터를 돌리고 수천에서 수백만 개 데이터의 조합을 테스트하는 데이터 마이닝은 얼핏 굉장한 듯 보이지만, 예측력은 없는 트레이딩 모형(시스템)을 생성해내는 경향이 있다. 연구자는 '뒷북 분석hindsight analysis'으로 얻은 가치 없는 시스템을 이용해 매매하려는 유혹을 받을 수 있다. 쇼는 패턴을 찾기 위해 맹목적으로 데이터를 파헤치는 대신, 실험할 시장의 반응에 대한 가설을 먼저 세움으로써 데이터 마이닝의 함정을 피한다.

54. 시너지와 한계지표

쇼는 그의 회사가 찾아낸 시장의 비효율성은 단독으로 매매에 활용하면 이익을 낼 수 없지만, 서로 결합하면 이익 기회를 찾을 수 있다고 언급했다. 이 주장의 일반적 함의는 그 자체로는 한계가 있는 기술적, 기본적 지표들도 서로 결합하면 훨씬 신뢰할 만한 지표를 구성하는 요소가 될 수 있다는 것이다.

55. 과거의 우수한 성과는 동일한 조건이 형성될 것이라고 예상될 때만 의미가 있다.

투자(주식 또는 펀드)로 과거에 시장 대비 초과 수익률이 발생한 이유를 아는 것이 중요하다. 1990년대 후반 초과 수익률을 기록한 많은 펀드가 그처럼 우월한 성과를 기록할 수 있었던 것은 전략적으로 시가총액이 큰 종목을 매수한 덕분이었다. 그 결과, 대형주들은 나머지 시장에 비해 극단적인 고 PER에 호가가 매겨졌다. 앞으로도 이들 펀드의 초과 상승세가 계속될 것으로 기대하고 새롭게 투자를 시작한다면 이 투자자는 나머지 시장에 비해 훨씬 고평가된 대형주에 좌우되는 투자를 하는 셈이다.

기고가 조지 J. 처치George J. Church는 이렇게 지적했다. "모든 세대마다 나름의 어리석은 짓을 한다. 근본적인 원인은 모두 같다. 두 발 아래 땅이 움직이고 있는데, 과거에 일어난 일이 언제까지고 계속해서 일어날 것이라는 믿음을 고집하기 때문이다."

56. 유명세가 건전한 접근법을 망칠 수 있다.

1980년대 등장한 '포트폴리오 보험(주식 포트폴리오 가치가 하락할 때 위험 노출을 줄이기 위해 시스템을 이용해 주가지수선물을 매도하는 것)'이 전형적인 사례다. 도입 초기만 해도 포트폴리오 보험은 시장이 하락할 경우 손실을 제한할 수 있는 합리적 전략을 투자자들에게 제시했다. 하지만 이 전략은 유명세를 타며 자멸의 길을 걸었다. 포트폴리오 보험은 1987년 10월 주가 대폭락 당시까지도 널리 사용되고 있었다. 그런데, 주가 하락이 포트폴리오 보험의 매도세를 유발하면서 주가를 더욱 끌어내리고, 포트폴리오 보험의 매도세는 더욱 확대되는 도미노 효과가 나타났다. 수면 아래에 포트폴리오 보험이 발생시키는 대규모 매도 주문이 존재한다는 사실을 모두가 안다는 것 자체가 1987년 10월 19일 엄청난 주가 폭락의 원인 가운데 하나였다고 주장할 수 있을 정도다.

57. 동전처럼 시장에도 양면이 있다. 하지만 동전은 불공평하다.

동전의 앞면이나 뒷면에 내기를 걸 수 있듯, 주식에도 매수 또는 매도 포지션을 취할 수 있다. 하지만 동전과 달리 주식은 양쪽 확률이 동일하지 않다. 주가의 장기 상승 추세는 공매도에 대한 강력한 부정적 편향을 낳는다. 르 카르뷰는 "주식을 공매도하는 것은 어리석은 일이다. 확률이 불리한 방향으로 쌓이기 때문이다. 주식시장은 수십 년 동안 연간 10퍼센트 이상 상승해왔다. 어째서 그 추세에 저항하는가?"라고 했다(사실 여기에는 타당한 이유가 있다. 잠시 뒤에 그 이유를 살펴보겠다.).

매도 포지션이 불리한 또 다른 이유는 상승 가능성이 제한된다는 점이다. 주식을 제대로 선택해 매수하면 수백에서 수천 퍼센트의 이익도 얻을 수 있는 반면, 아무리 완벽한 매도 포지션도 최대 수익률은 100퍼센트(주가가 0이 될 경우)로 제한된다. 역으로 매수 포지션의 최대 손실은 100퍼센트를 넘지 않지만(매수 증거금 미사용 가정 시) 매도 포지션의 손실은 이론적으로 무제한이다.

마지막으로 지수 상품을 제외하면 시스템 매매는 공매도에 불리하게 물량을 쌓는다. 공매도 투자자는 주식을 빌려 매도한다. 이는 미래 어느 날 빌린 주식을 갚으라는 요구를 받고 비싼 가격에 해당 주식을 사들여 갚아서 포지션을 정리해야 하는 위험이 결부된 행동이다. 이 같은 쇼트스퀴즈를 공매도 투자자들 사이에 유발하려는 의도적 시도 때문에 고평가되고, 심지어 아무런 가치가 없는 주식도 폭락에 앞서 급등할 수 있다. 즉 공매도 투자자들은 주가 하락이라는 올바른 방향을 선택하고도 인위적으로 청산을 강요받아서 돈을 잃는 위험에 처하는 것이다. 공매도의 또 다른 어려움은 업틱에서만(직전 체결된 매매가격보다 주가가 올랐을 때만) 포지션을 취할 수 있다는 것이다. 이 '업틱 룰$^{uptick rule}$' 때문에 주문이 입력될 때 시장가격보다 훨씬 불리한 가격에 매매가 실행될 수 있다.

58. 공매도를 하는 이유

이 모든 불리한 점을 감안하면 공매도는 언제든 무모한 일이라고 결론을 내리는 것이 합리적으로 보일 수 있다. 합리적일 수는 있지만 옳지는 않다. 그 증거로 다음과 같은 놀라운 사실을 생각해보자. 이 책에서 인터뷰한 트레이더 열다섯 명 가운데 무려 열네 명이 전략에 공매도를 포함한 것이다(르카류부만이 예외다)! 분명히 공매도에는 매우 설득력 있는 이유가 있을 것이다.

공매도의 '존재 이유$^{raison detre}$'를 이해하는 핵심은 개별 매매가 아닌 전체 포트폴리오 맥락에서 공매도를 보는 것이다. 수많은 고유의 단점에도 불구하고 매도 포지션에는 한 가지 중요한 속성이 있다. 포트폴리오의 나머지 구성 요소와 역의 상관관계를 맺는다는 것이다. 바로 이 특성 때문에 공매도는 위험을 줄이는 가장 유용한 수단이 된다.

공매도로 위험을 줄이는 방법을 이해하기 위해 가상의 포트폴리오 두 개를 비교해보자. 포트폴리오 A는 매수 포지션만을 보유하며 연 수익률은 20퍼센트다. 포트폴리오 B는 포트폴리오 A와 모든 매매를 동일하게 실행하지만 공매도 요소를 약간 추가한다. 계산의 편의를 위해 포트폴리오 B의 매도 포지션이 정확히 그 해의 손익평형에 도달했다고 가정하자. 앞서 가정한 내용에 따라 포트폴리오 B도 20퍼센트 수익률을 기록할 것이다. 그렇지만 한 가지 중요한 차이가 있다. 자본인하율은 포트폴리오 B가 작을 것이다. 어째서일까? 포트폴리오의 나머지 부분이 하락할 때 매도 포지션은 가장 좋은 성과를 낼 것이기 때문이다.

위 예시에서 우리는 매도 포지션이 손익평형을 이룬다고 가정했다. 트레이더가 매도 포지션에서 순이익을 거둘 수 있다면 공매도로 위험 축소와 이익 확대 기회를 동시에 얻을 수 있다. 실제로는 매도 포지션이 단지 손익평형에 그치더라도 공매도로 위험은 늘리지 않은 채 이익을 확대하는 기회를 얻는다(정확히 말하면 포트폴리오를 구성하는 매도 포지션 요소에서 약간의 순손실이 발생하더라도 이 진술은 성립하지만, 이것을 충분히 설명하는 것은 이 책의 영역 밖에 있다). 어떻게 가능할까? 레버리지를 높여(완전 투자 상태라면 증거금을 이용해서) 매수 포지션을 거래하는 것이다. 매도 포지션이 포트폴리오의 나머지 부분을 헤지하기 때문에 위험을 늘리지 않고 이 단계를 실행할 수 있다.

이제 인터뷰한 많은 트레이더가 공매도로 매수 포지션을 보완하는 이유가 분명해졌다. 공매도를 이용해 (위험을 낮추거나 이익을 늘림으로써, 또는 두 가지 모두의 조합을 통해) 위험 대비 이익 수준을 높이는 것이다.

공매도로 포트폴리오의 위험을 줄일 수 있는데도 이것이 고위험 전략으로 여겨지는 이유는 무엇일까? 다음 두 가지 이유가 있다.

첫째, 전체 포트폴리오 맥락이 아닌 개별 거래라는 단순한 시각으로 공매도를 평가하기 때문이다.

둘째, 매도 포지션은 위험이 무제한이고 그것이 실제로 엄청난 위험으로 이어질 수 있기 때문이다. 하지만 이 위험은 다행히 통제 가능하다. 다음 항목을 살펴보자.

59. 공매도의 필수 원칙

공매도를 이용해 포트폴리오의 위험을 줄일 수는 있지만, 매도 포지션만을 단독으로 취할 경우 출자 원금보다 훨씬 큰 손실이 발생할 수 있다.

- 1998년 6월 아마존에 대해 1만 달러 매도 포지션을 취했다면 7개월 만에 12만 달러 손실이 발생했을 것이다.
- 1998년 10월 이베이에 대해 1만 달러 매도 포지션을 취했다면 7개월 만에 23만 달러 손실이 발생했을 것이다.
- 1997년 1월 야후!에 대해 1만 달러 매도 포지션을 취했다면 2년 만에 68만 달러 손실이 발생했을 것이다.

이 예에서 분명히 볼 수 있듯 매도 포지션에 발생한 단 한 번의 고약한 실수로 계좌 전체가 망가질 수 있다. 매도 포지션은 이론적으로 위험이 무제한이기 때문에 공매도에는 반드시 지켜야 하는 한 가지 원칙이 있다. 손실을 제한할 구체적인 계획을 세우고 그 계획을 엄격히 준수하는 것이다.

다음은 매도 포지션의 위험을 통제하는 방법으로 이 책에서 인터뷰한 트레이더들이 언급한 내용 중 일부다.

- 미리 정한 최대 손실 지점에 도달했다면 트레이더 자신의 약세 전망은 조금도 달라지지 않았더라도 매도 포지션을 청산한다. 왓슨은 이렇게 말한다. "회사가 결국 파산한다는 확신이 들어도 청산한다. (포트폴리오의 1퍼센트를 차지하는) 매도 포지션이 5퍼센트 손실로 이어지도록 내버려두지는 않는다."
- 매도 포지션의 최대 크기를 포트폴리오의 일정 비율로 제한한다. 따라서 매도 포지션의 가격이 오르면 포트폴리오에서 차지하는 비중이 늘어나는 것을 막기 위해 포지션의 크기를 줄여야 한다.
- 매도 포지션은 대개 실적 발표 등 특정 촉매와 연계된 단기 매매로 취급한다. 이기든 지든 상관없이 수주, 심지어는 수일 안에 매매를 청산한다.

60. 공매도 후보주(또는 매수일변도 트레이더가 피해야 할 주식)을 찾는다.

전적으로 공매도에 집중하는 갈랑트는 다음과 같은 적신호를 이용해 공매도 기회를 찾는다.

- 대규모 매출채권(재화와 용역을 제공하고 받지 못한 금액이 크다.)
- 회계사 교체
- 잦은 CFO 교체
- 주가 하락의 이유를 공매도에 돌리는 기업
- 당시 우세한 시장의 경향에 편승해 핵심 사업을 완전히 변경하는 기업

적신호가 켜진 종목들이 실제 공매도 대상이 되려면 다음 세 가지 조건을 충족해야 한다.

- 매우 높은 PER

- 단기간에 민감한 부정적 주가 반응을 일으킬 촉매
- 상승세의 정체나 반전

왓슨이 생각하는 이상적인 공매도 후보는 고평가된 단일제품 기업이다. 왓슨은 단일제품이나 주요 제품의 성능이 광고에서 주장하는 내용에 미치지 못하는 기업, 경쟁업체가 진입하는 데 아무런 제약이 없어서 앞으로 매출이 민감하게 영향을 받을 가능성이 있는 기업을 찾는다.

61. 가격에 대한 구체적 기대가 있다면 옵션을 활용하라.

시장에서 우세한 옵션가격은 '가격 움직임은 무작위'라는 가정을 반영할 것이다. 미래 주가 움직임의 상대적 확률을 구체적으로 예상한다면 주식을 매수할 때 보다 잠재이익이 더 큰(위험 수준은 동일하다고 가정) 옵션 매매 기회를 어렵지 않게 찾을 수 있다.

62. 사고 싶은 주식의 외가격 풋옵션을 매도하라.

오큐머스의 기법은 많은 투자자에게 굉장히 유용할 수 있지만, 실제로 활용하는 사람은 거의 없는 듯하다. 오큐머스는 자신이 어차피 매수하려는 가격을 행사가격으로 하는 풋옵션을 매도한다. 이런 방법을 이용하면 1) 원하는 매수가격까지 주가가 하락하지 않더라도 일정한 이익을 얻고, 2) 만일 주가가 하락하면 이미 받은 옵션 프리미엄을 보태 주식을 되사서 매수비용을 줄일 수 있다.

예를 들어 XYZ라는 회사의 주식이 24달러에 거래되고 있고 그 주식을 20달러에 사고 싶은 사람이 있다고 하자. 일반적으로 이 투자 목적을 달성하기 위해 그는 최고 가격을 20달러로 제한하고 매수 주문을 낼 것이다. 그 대안으로 오큐머스는 해당 주식을 기초자산으로 하는 20달러 풋옵션을 매도하라고 제안한다. 설령 자신이 바라는 매수가격까지 주가가 하락하지 않아도 만기에 가치 없이 소멸할 20달러 풋을 매도한 데서 어느 정도 이익을 거둘 수 있다. 반면 주가가 20달러 아래로 떨어지면 풋옵션 매수자는 자신의 옵션을 행사할 것이고, 그 경우 어차피 사려고 했던 가격인 20달러에 해당 주식을 매수하게 된다. 후자의 경우 옵션을 매도하고 받은 프리미엄을 주식 매수에 활용할 수 있어 매수가격은 그만큼 낮아진다.

63. 월스트리트의 리서치 보고서는 편향될 수 있다.

많은 트레이더가 월스트리트 리서치 보고서의 편향성을 언급했다. 왓슨은 이런 편향이 투자은행 업무관계에 기인한다고 지적한다. 애널리스트들은 자신이 속한 회사의 고객인 기업의 주식이 특별히 마음에 들지 않아도 매수 의견을 내야 한다는 압박을 은연중에 느낀다.

64. 성공의 보편성

트레이딩을 성공으로 이끄는 자질은 분야를 막론하고 성공에 중요한 요소가 된다. 시장에 특화된 것을 제외하면 어느 분야에서든 성공으로 이르는 적절한 청사진을 제시할 것이다.

성공한 트레이더의 공통점은 무엇일까? 고통스러운 실패를 극복하고 성공한 이들의 경험과 지혜는 일반투자자에게 무엇을 시사할까?

앞서 출판된 잭 슈웨거의 '마법사들' 시리즈가 선물옵션, 외환, 상품, 헤지펀드 분야의 대가들을 다룬 반면, 『주식시장의 마법사들』이 집중하는 대상은 주식 트레이딩으로 성공을 거둔 인물들이다. 각 장은 인터뷰 내용과 저자의 요약으로 구성되는데, 약세장이 찾아오자 해당 트레이더를 다시 접촉해 기존의 투자 철학과 원칙에 변화는 없는지 여부와 변화한 시장 환경에서의 성과를 묻는 후속 인터뷰를 추가한 것이 특징이다.

저자는 성공이 아닌 실패에 관한 질문으로 인터뷰를 시작한다. 각자 얼마나 철저하게 실패했으며, 그 원인은 무엇이었는지 집요하게 물어 마침내 어려운 고백을 이끌어낸다. '마법사들'은 실패의 원인을 불운으로 돌리거나 우연한 실수로 치부하지 않는다. 실패의 원인은 모두 달랐지만 이유를 정확히 알았기 때문에 실패를 되풀이하지 않을 수 있었고, 이른 시기에 경험한 실패가 훗날의 성공에 걸림돌이 되지 않음을 입증한 것 역시 공통적인 특징이다.

또한 '마법사들'은 예외 없이 자신의 성격에 맞는 전략을 개발했다. 월턴은 타인의 의견에 휘둘리는 것이 약점임을 알게 된 후 철저히 혼자서 일한다. 반면 왓슨은 타인과 소통하며 정보를 얻는다. 도전을 즐기는 갈랑트는 시장의 추세에 맞서는 공매도 전략을 택한다. 워런 버핏의 가치투자를 지지하는 오큐머스의 원칙은 투자 기회를 놓치지 않는 것이 아니라, 실행하는 모든 투자에서 이익을 내는 것이다. 따라서 그는 자신만의 까다로운 기준을 충족하는 주식이 나타날 때까지 투자에 나서지 않고 기다린다. 마이너비니는 기록과 고민, 정직한 노력이 성공에 정비례한다고 믿는다. 르카르뷰는 적극적인 매매활동과 성취는 별개의 문제라며 매매 자체보다 리서치에 대부분의 시간을 투자한다. 엘리트 수영선수 출신으로서 일상화한 훈련의 중요성을 아는 마스터스는 트레이딩 내역과 교훈을 기록하고 정리하는 것을 습관화하여 자신만의 모형을 구축한다. 벤더는 옵션시장 참여자들이 공유하는 전제와 완전히 반대되는 투자를 한다. 코헨은 타당한 이유를 찾을 수 있을 때에 한해 신중하게 매매에 진입한다.

오랫동안 엘리트 운동선수들을 상담한 뒤 현재는 전문 트레이더를 상대로 일하는 키브 박사의 경험과 조언도 상당히 흥미롭다. 그는 어느 종목이든 승리하는 선수에게는 공통적인 자질이 있다고 설명한다. 목표하는 수준에 이르는 데 필요한 훈련을 당장 시작하고, 해야 할 훈련을 매일같이 하는 것이 핵심이다. 키브 박사는 목표 설정은 물론 목표를 공개하는 것이 중요하다고 강조한다. 그에 따르면 목표는 성과를 측정하는 기준이다. 목표를 달성하지 못할 경우 무엇이 잘못되었는지, 무엇을 하지 않았는지 파악해 성과를 저해한 원인을 찾아낼 수 있으므로 달성 여부 못지않게 목표 설정 자체로도 의미가 있다는 것이다. 또한 목표를 공언할 때 목표를 달성할 가능성이 커진다는 주장과 그것을 뒷받침하는 사례도 주목할 만하다. 한편, 성과가 좋지 않더라도 실적만으로 자신을 규정해서는 안 되며 그럴수록 동료와의 교류를 늘리고 사회활동에 더욱 많이 참여하라는 교훈도 의미 있다.

트레이딩을 생업으로 삼으려는 전업 트레이더를 위한 쿡의 조언, 야심 차게 베어스턴스를 떠났지만 새로운 직장에서 뜻하지 않은 편견에 부딪혀야 했던 플레처의 이야기, 실제 상황과 모의투자 상황에서의 감정적 압박은 전혀 다르므로 트레이딩하기로 했다면 직접 부딪쳐야 한다는 마이너비니의 주장도 흥미롭다. 책에서 인생을 바꿀 문장을 찾았다는 마이너비니가 전하는 초보 투자자를 위한 조언도 가치 있다. 마스터스가 제시하는 4단계 트레이딩 접근법, 키브 박사의 '이기는 트레이딩'을 위한 방법도 주의 깊게 볼만하다.

한편, 갈랑트는 시장에 맞서는 공매도 전문 트레이더이지만 공매도 전략도 일반투자자와 무관하지 않다. 갈랑트가 제시하는 '유망한 공매도 후보주'의 요건은 결국 일반 투자자가 피해야 할 위험신호로 해석할 수 있기 때문이다.

마지막 장에서는 성공한 트레이더의 보편적 특성과 그들의 핵심 조언을 64개 항목으로 정리했다. 성공에 필요한 자질과 경계할 심리 상태, 트레이딩을 대하는 태도와 실질적 기법, 약점을 극복하는 방법, 자신에 대한 분명한 이해, 엄격한 자기규율 등을 요약한 마지막 장은 주식 투자는 물론 어느 분야에서든 성공에 이르는 의미 있는 지침이 되기에 충분하다.

부록의 〈옵션 기초 이해〉도 옵션 거래의 구조를 파악하는 데 도움이 될 것이다.

옵션의 기초 이해

옵션에는 기본적으로 콜과 풋 두 가지 종류가 있다. 콜옵션 매수자에게는 옵션 만기일 이전에 언제라도 기초자산이 되는 주식(또는 금융상품)을 특정 가격에 살 수 있는 권리가 부여된다(의무는 아님). 이 특정 가격을 행사가격strike price, exercise price이라고 한다. 풋옵션 매수자에게는 만기일 이전에 언제라도 기초자산이 되는 주식을 행사가격에 팔 수 있는 권리가 부여된다(따라서 풋옵션 매수는 약세장을 전망하는 매매인 반면, 풋옵션 매도는 강세장을 전망하는 매매임에 주목한다). 옵션 가격은 프리미엄premium이라고 칭한다. 옵션 거래를 예로 들면, IBM 4월물 130 콜 한 계약은 옵션의 유효기간 동안 IBM 100주를 주당 130달러에 살 수 있는 권리를 부여한다.

콜옵션 매수자는 특정 매수가격을 보장lock-in받고, 따라서 미래에 예상되는 기초자산의 가격 상승에서 이익을 추구한다. 콜옵션 매수자에게 발생할 수 있는 최대 손실은 옵션 매수 당시 지불한 프리미엄의 액수와 동일할 때이다. 이 최대 손실은 행사가격이 시장가격보다 높아서 옵션을 만기까지 보유할 때 발생한다. 예를 들어 행사가격이 130인 옵션의 만기 시점에 IBM 주식이 125달러

---

* 잭 슈웨거의 『선물시장을 위한 완벽 가이드(A Complete Guide to the Futures Market: John Wiley & Sons』 New York, 1984년)에서 발췌하여 각색함.

에 거래되고 있다면, 이 옵션은 가치 없이 소멸할 것이다. 반면 만기 시점에 행사가격보다 기초자산의 시장가격이 높을 경우 옵션은 어느 정도 가치를 지니고, 따라서 행사될 것이다.

하지만 시장가격과 행사가격의 차이가 옵션을 매수하며 지불한 프리미엄보다 작다면 이 거래는 순^{net} 개념 기준으로 여전히 손실을 기록할 것이다. 콜옵션 매수자가 순이익을 실현하기 위해서는 시장가격과 행사가격의 차이가 콜옵션 매수 당시 지불한 프리미엄보다 커야 한다(수수료 비용 조정 후). 시장가격이 높을수록 이익도 더 커진다.

풋옵션 매수자는 특정 매도가격을 보장받고, 따라서 미래에 예상되는 기초자산의 가격 하락에서 이익을 추구한다. 콜 매수자와 마찬가지로 풋 매수자의 최대 잠재손실도 옵션 매수를 위해 지불한 프리미엄과 동일하다. 풋옵션을 만기까지 보유한 경우, 행사가격이 시장가격보다 높고 그 차이가 풋 매수 당시에 지불한 프리미엄을 초과하면(수수료 비용 조정 후) 순이익이 발생한다.

콜 또는 풋 매수자가 부담하는 위험은 제한적이고, 잠재이익은 무한대이다. 매도자의 경우는 그 반대이다. 옵션 매도자(흔히 발행자라고 칭함)는 옵션이 행사될 경우 행사가격에 반대 포지션을 취할 의무를 지는 대가로 프리미엄을 받는다. 예를 들어 콜옵션이 행사되면 매도자는 기초자산 시장에서 행사가격에 매도 포지션을 취해야만 한다(콜옵션을 행사함으로써 콜 매수자는 행사가격에 매수 포지션을 취하기 때문이다).

콜옵션 매도자는 미래에 기초자산 가격이 횡보하거나 소폭 하락할 때 이익이 발생한다. 이 경우, 콜을 매도하고 받은 프리미엄이 이 거래에서 기대할 수 있는 최대 이익이다. 하지만 큰 폭의 가격 하락을 예상한다면 기초자산 시장에 대해 매도 포지션을 취하거나 풋을 매수하는 편이 일반적으로 더 유리할 것이다. 왜냐하면 잠재이익이 무한하기 때문이다. 풋 매도자는 가격이 횡보하거나 소폭 상승할 때 이익이 발생한다.

옵션 매수로 누릴 수 있는 잠재이익은 무한하지만 위험은 제한적이다. 따라서 초보자들은 트레이더들이 항상 (시장을 보는 견해에 따라 콜이든 풋이든) 옵션 매수 편에 서지 않는 이유를 쉽게 이해하지 못한다. 이는 확률을 고려하지 않아서 발생한 혼란이다. 옵션 매도자가 부담하는 이론적 위험은 무제한이지만 실제로 발생할 확률이 가장 높은 가격 수준(즉 옵션 거래 당시 시장가격과 가까운 가격)은 옵션 매도자에게 순이익을 안겨줄 것이다. 즉 옵션 매수자는 확률이 높은 작은 손실의 위험을 감수하여 확률이 낮은 큰 이익을 얻겠다는 것이고, 옵션 매도자는 확률이 낮은 큰 손실의 위험을 감수하여 확률이 높은 작은 이익을 얻겠다는 것이다. 효율적 시장에서는 꾸준히 옵션을 매도하거나 매수하기만 해서는 장기적으로 의미 있는 우위를 누릴 수 없다.

옵션 프리미엄은 내재가치와 시간가치로 이루어진다. 콜옵션의 경우 현재 시장가격이 행사가격보다 높을 때 그 차이가 내재가치가 된다(풋옵션의 경우, 현재 시장가격이 행사가격보다 낮을 때 그 차이가 내재가치이다). 사실, 내재가치는 현재 시장가격에서 옵션을 행사할 때 받을 수 있는 프리미엄의 일부에 해당한다. 내재가치는 옵션의 최저 발행가격 역할을 한다. 만일 프리미엄이 내재가치보다 작다면 옵션을 매수해 행사한 다음 그 거래로 발생한 포지션을 즉시 청산해서 순이익을 실현하는 것도 가능하기 때문이다(적어도 거래비용을 넘는 이익이 발생한다고 가정함).

내재가치가 있는 옵션(즉 행사가격이 시장가격보다 낮은 콜옵션, 행사가격이 시장가격보다 높은 풋옵션)을 내가격in the money, ITM 옵션, 내재가치가 없는 옵션을 외가격out of the money, OTM 옵션, 행사가격이 시장가격과 거의 일치하는 옵션을 등가격at the money, ATM 옵션이라고 한다.

내재가치가 0인 외가격 옵션도 가치를 지닌다. 만기일 전에 시장가격이 행사가격을 넘을 가능성이 있기 때문이다. 내가격 옵션의 가치는 내재가치보다 크다. 기초자산 시장에서 포지션을 취하는 것보다 옵션 포지션이 유리하기 때문이다. 어째서일까? 가격이 유리하게 움직일 경우 옵션과 기초자산 포지션에서 발생하는 수익은 동일하지만, 옵션은 최대 손실이 제한되기 때문이다. 옵션 프리미엄에서 내재가치를 초과하는 부분이 옵션의 시간가치이다.

다음은 옵션의 시간 가치에 영향을 미치는 가장 중요한 세 가지 요인이다.

1. 행사가격과 시장가격의 관계 | 깊은 외가격 옵션은 시간가치가 거의 없다. 시장가격이 만기 전까지 행사가격에 도달하거나 넘어설 가능성이 거의 없기 때문이다. 깊은 내가격 옵션도 시간가치가 거의 없다. 기초자산을 보유하는 것과 효과가 거의 같기 때문이다(가격이 극도로 불리하게 움직이는 경우를 제외하면 옵션과 기초자산 포지션에서 발생하는 이익과 손실이 동일할 것이다). 즉 깊은 내가격 옵션은 행사가격과 시장가격의 격차가 이미 너무 크기 때문에 위험이 제한적이라는 사실이 그다지 매력적인 요인이 되지 못한다.

2. 만기까지 남은 시간 | 만기가 멀수록 옵션의 가치는 더 크다. 유효기간이 길수록 만기 전에 특정 수준만큼 내재가치가 상승할 가능성도 커지기 때문이다.

3. 변동성 | 옵션의 시간가치는 만기까지 남은 기간 동안 기초자산 시장의 예상 변동성(가격 변화 수준의 척도)에 직접적으로 영향을 받는다. 변동성이 클수록 만기 전에 특정 수준만큼 내재가치가 상승할 가능성도 커지기 때문이다. 다시 말해, 변동성이 클수록 시장가격의 변동 가능 범위도 더욱 커진다.

변동성은 옵션 프리미엄을 결정하는 중요한 요인이다. 하지만 시장의 미래 변동성은 사건이 발생하기 전까지는 결코 정확히 알 수 없다(이와 달리 만기까지 남은 시간, 현재 시장가격과 행사가격의 관계는 언제든 정확히 표시할 수 있다). 따라서 변동성을 추정할 때는 항상 역사적 변동성^{historical volatility}을 근거로 해야 한다. 시장가격(옵션 프리미엄)에 내재된 미래 예상 변동성은 역사적 변동성보다 클 수도 있고, 작을 수도 있다. 이를 옵션의 내재변동성^{implied volatility}이라고 한다.

주식시장의 마법사들
STOCK MARKET WIZARDS

초판 1쇄 발행 2017년 2월 9일
초판 13쇄 발행 2024년 11월 30일

지은이 잭 슈웨거
옮긴이 김인정

펴낸곳 (주)이레미디어
전　화 031-908-8516(편집부), 031-919-8511(주문 및 관리)
팩　스 0303-0515-8907
주　소 경기도 파주시 문예로 21, 2층
홈페이지 www.iremedia.co.kr
이메일 mango@mangou.co.kr
등　록 제396-2004-35호

편　집 정은아
디자인 에코북디자인
마케팅 김하경

ISBN 979-11-86588-89-5 03320

-책값은 뒤표지에 있습니다.
-잘못된 책은 구입하신 서점에서 교환해드립니다.

이 도서의 국립중앙도서관 출판예정도서목록(CIP)은 서지정보유통지원시스템 홈페이지(http://seoji.nl.go.kr)와 국가자료공동목록시스
템(http://www.nl.go.kr/kolisnet)에서 이용하실 수 있습니다.(CIP제어번호: CIP2016025370)